普通高等院校“十三五”规划教材

中国旅游文化

主编　杨征权　姚桂招　张世艳

中央民族大学出版社
China Minzu University Press

图书在版编目(CIP)数据

中国旅游文化 / 杨征权,姚桂招,张世艳主编.--北京:中央民族大学出版社, 2017.6(2020.8重印)

ISBN 978-7-5660-1369-9

Ⅰ.①中… Ⅱ.①杨… ②姚… ③张… Ⅲ.①旅游文化-中国 Ⅳ.①F592

中国版本图书馆CIP数据核字(2017)第136016号

中国旅游文化

主　　编　杨征权　姚桂招　张世艳
责任编辑　舒　松
封面设计　王振华
出 版 者　中央民族大学出版社
　　　　　北京市海淀区中关村南大街27号　邮　编:100081
　　　　　电　话:(010) 68472815(发行部)　传　真:(010) 68932751(发行部)
　　　　　(010) 68932218(总编室)　(010) 68932447(办公室)
发 行 者　全国各地新华书店
印 刷 厂　北京鑫宇图源印刷科技有限公司
开　　本　787×1092(毫米)　1/16　印张:14
字　　数　310千字
版　　次　2017年6月第1版　2020年8月第4次印刷
书　　号　ISBN 978-7-5660-1369-9
定　　价　70.00元

前　言

学习中国旅游文化，有助于解释人类的旅游行为，揭示旅游活动发生发展的机理。人类的旅游活动固然要受到经济因素的影响，但从根本上来说，是人的一种自觉的活动，是文化驱使的结果。中国旅游文化从文化这个特殊的角度来审视旅游活动，研究旅游产生、发展乃至成为人类生活不可或缺的组成部分的内在原因，为人们认识旅游的本质提供最有效的方法和途径。中国旅游文化不仅注意对旅游现象的纵横比较，探讨旅游行为运动变化的机理、发展趋势，按照一定的理论方法对未来的情况进行预测，而且有助于旅游活动的全面发展。

学习中国旅游文化有助于人们正确地认识和了解旅游业发展的规律，自觉地促进旅游经济效益的提高。旅游业发展存在着支配它的客观规律，包括经济规律和文化规律。只有遵循这些客观规律，旅游业才能得到有效的发展。人们在进行旅游产品开发和旅游企业经营管理时，一般对经济原理相当重视，但对文化规律的认识还很不够，使许多活动行为具有盲目性，在很大程度上还处于自发的、不完全自觉的状态。开展旅游文化教育，能促使旅游从业人员进一步认识旅游业发展的文化规律，从理论认识上提高自觉性，从而减少在实践活动中的盲目性，更有效地按照文化发展的客观规律经营和管理旅游业。譬如，明确了旅游资源的文化内涵及其开发的文化规律，就能使开发出来的旅游产品适销对路，具有较强的竞争力和生命力。再如：旅游企业若认识和掌握了旅游企业文化建设的一般原理和方法，就会在经营和管理上取得重大突破，获得长期的良好的经济效益。还需要指出的是，中国旅游文化教程对于提高旅游从业人员的文化素质有着十分重要的意义。

本书的编写由达州职业技术学院杨征权，赣南师范大学外国语学院姚桂招，四川交通职业技术学院张世艳担任主编。具体分工如下：杨征权负责编写第一章、第二章、第三章、第五章；姚桂招负责编写第七章；张世艳负责编写第四章、第六章。限于编著者的水平与经验，书中疏漏与不当之处在所难免，诚望同行专家与广大读者不吝指正。

编　者

2017年3月

目　录

第一章　旅游文化概论 ………………………………………………………… 1
　第一节　旅游和文化 ……………………………………………………… 1
　第二节　旅游文化的概念 ………………………………………………… 8
　第三节　旅游文化的研究方向……………………………………………… 18

第二章　历史中的中国旅游文化…………………………………………… 24
　第一节　中国古代旅游形式和特点……………………………………… 24
　第二节　中国旅游文化的发展演变……………………………………… 27
　第三节　中国旅游的发展流变及其特点………………………………… 31
　第四节　中国旅游文学的发展流变……………………………………… 38

第三章　旅游文化主体——旅游者………………………………………… 43
　第一节　旅游者的产生…………………………………………………… 43
　第二节　中国古代民族旅游性格………………………………………… 46

第四章　客体旅游文化及其特色…………………………………………… 51
　第一节　旅游资源文化及其特色………………………………………… 52
　第二节　中国旅游之建筑旅游文化……………………………………… 74
　第三节　中国旅游之园林旅游文化……………………………………… 81
　第四节　中国旅游之旅游商品资源文化 ……………………………… 100

第五章　客体旅游文化之器物旅游文化 ………………………………… 105
　第一节　青铜器文化 …………………………………………………… 105
　第二节　玉器文化 ……………………………………………………… 111

第三节　陶瓷器文化 …………………………………………………………… 126

第六章　客体旅游文化之民俗旅游文化 ……………………………………… 135
第一节　民俗文化概述 ………………………………………………………… 136
第二节　民俗旅游的现状和问题 ……………………………………………… 169

第七章　中国旅游文化之旅游介体文化 ……………………………………… 173
第一节　前进中的中国旅游产业 ……………………………………………… 173
第二节　建设中的旅游生活文化 ……………………………………………… 179
第三节　旅游接待地的文化传播和影响 ……………………………………… 188
第四节　文化传播和市场宣传 ………………………………………………… 195
第五节　国际旅游市场的宣传开拓 …………………………………………… 200
第六节　世界遗产旅游概述 …………………………………………………… 207
第七节　中国世界遗产地的可持续发展 ……………………………………… 212

第一章　旅游文化概论

本章从旅游起源的角度探讨旅游和文化的特点，探讨中国旅游文化的产生、发展和演变。从历史和现代讨论中国进行旅游文化建设的必要性和可行性。

第一节　旅游和文化

一、旅游的概念

(1)旅行游览

南朝梁沈约《悲哉行》："旅游媚年春，年春媚游人。"唐王勃《涧底寒松赋》："岁八月壬子旅游于蜀，寻茅溪之涧。"宋无名氏《异闻总录》卷一："临川画工黄生，旅游如广昌，至秩巴寨，卒长郎馆之。"明吴承恩《著》："东园公初晋七，言开曼龄，是日高宴……会有京华旅游淮海浪士，闻之欢喜。"《人民文学》1981年第3期："旅游事业突起后，就有人在半山寺开设茶水站。"

(2)谓长期寄居他乡

唐贾岛《上谷旅夜》诗："世难那堪恨旅游，龙钟更是对穷秋。故园千里数行泪，邻杵一声终夜愁。"唐尚颜《江上秋思》诗："到来江上久，谁念旅游心。故国无秋信，邻家有夜砧。"明文征明《枕上闻雨有怀宜兴杭道卿》诗："应有旅游人不寐，凄凉莫到小楼前。"清陆以《冷庐杂识·孔宥函司马》："廿载邗江路，行吟动值秋……旅游复何事，飘泊问沙鸥。"

"旅游"从字意上很好理解。"旅"是旅行、外出，即为了实现某一目的而在空间上从甲地到乙地的行进过程；"游"是外出游览、观光、娱乐，即为达到这些目的所作的旅行。二者合起来即旅游。所以，旅行偏重于行，旅游不但有"行"，且有观光、娱乐的含义。

旅游是非定居者的旅行和暂时居留而引起的一种现象及关系的总和。这些人不会因旅游而永久居留，并且主要不从事赚钱的活动。

(3)字根

旅游(Tour)来源于拉丁语的"tornare"和希腊语的"tornos"，其含义是"车床或圆圈；围绕一个中心点或轴的运动。”这个含义在现代英语中演变为“顺序”。后缀“ism”被定义为“一个行动或过程;以及特定行为或特性”,而后缀“ist”则意指“从事特定活动的人”。词根“tour”与后缀“ism”和“ist”连在一起,指按照圆形轨迹的移动,所以旅游指一种往复的行程,即指离开后再回到起点的活动;完成这个行程的人也就被称为旅游者(Tourist)。

(4)最早的旅游

旅游的先驱是商人,最早旅游的人是海上民族腓尼基人。

在旅行作为一种社会行为,古代即已存在。中国是世界文明古国之一,旅行活动的兴起同样居世界前列,早在公元前22世纪就有了。当时最典型的旅行家大概要数大禹了,他为了疏浚九江十八河,游览了大好河山。之后,就是春秋战国时的老子、孔子二人了。老子传道,骑青牛西去。孔子讲学周游列国。汉时张骞出使西域,远至波斯(今伊朗和叙利亚)。唐时玄奘取经到印度,明时郑和七下西洋,远至东非海岸,还有大旅行家徐霞客作了游记。

(5)中国古代“旅游”概念

早在殷周之际,人们已经开始注意旅行的类别,殷人和周人习用“旅”字,专指当时最活跃的一种旅行——商旅。《易经》中,专讲行商客贾的一卦就称为“旅”卦。“旅”字之所以用于商旅,一是“旅”本来就含有行走之意,二是“旅”常被古人假借为“庐”,与“庐”字相通的“旅”字便成了当时商业旅游的专称。

东周时期,旅行分类更加清楚,东周人除了沿用殷周以来的说法,以“旅”称商旅,以“征”称军旅,以“归”称婚旅,以“巡”称天子之旅,以“迁”称迁徙之旅,特别是他们用“旅”字为中国旅游史引进了现代“旅游”的概念。

“游”的字义是浮行于水中。人能像鱼一样无拘无束,自由自在地“泳之游之”(《诗经·邶风·谷风》),当然是一件令人高兴的事情。所以当时人们把那些随心所欲,“优哉游哉”(《史记·孔子世家》:“优哉游哉,维以卒岁”)的旅行活动,如游猎、游览、游学等概称为“游”。“游”的提出,说明东周人已经有了比较明确的旅游范畴,能够把旅游与商旅、聘旅及行役(礼节性外交和长途公差)等功利性的旅游区别开来,标志着中国古代旅游从此进入了自觉的认识阶段。

有关“旅游”一词,最早见于六朝,齐梁时,沈约(公元441年—513年)《悲哉行》“旅游媚年春,年春媚游人”的诗句,用以专指个人意志支配的,以游览、游乐为主的旅行,以此区别于其他种种功利性的旅行。

(6)现代旅游业定义

①定义旅游的三要素,尽管上文中所提及的技术定义应当适用于国际旅游和国内旅游这两个领域,但是在涉及国内旅游时,这些定义并没有为所有的国家所采用。不过,大多数国家都采用了国际通用的定义中的三个方面的要素:

出游的目的

旅行的距离

逗留的时间

②对出游的目的定义

以该尺度为基础的定义旨在涵盖现代旅游的主要内容。

一般消遣性旅游,非强制性的或自主决定的旅游活动。他们只把消遣旅游者视为旅游者,并且有意把商务旅游单列出去。

商务和会议旅游,往往是和一定量的消遣旅游结合在一起的。参加会议公务旅游也被视为旅游。

宗教旅游,以宗教活动为目的的出行活动。

体育旅游,与重大体育活动联系在一起的旅游。

互助旅游,新兴的一种旅游方式,通过互相帮助,交换等互助的一方向另一方提供住宿,互助旅游不但节省了旅费,而且因为当地人的介入,可以更深入地体验当地的人文和自然景观。

③对旅行距离的定义

异地旅游(Non—10calTravel):许多国家、区域和机构采用居住地和目的地之间的往返距离作为重要的统计尺度。

旅行距离:确定的标准差别很大,从0到160公里不等。低于所规定的最短行程的旅游在官方旅游估算中不包括在内,标准具有人为和任意性。

④对逗留时间的定义

过夜游客:为了符合限定“旅游者”的文字标准,大多数有关旅游者和游客的定义中,都包含有在目的地必须至少逗留一夜的规定。

“过夜”的规定就把许多消遣型的“一日游”排除在外了,而事实上,“一日游”往往是旅游景点、餐馆和其他的旅游设施收入的重要来源。

⑤其他方面

旅游者的居住:在进行市场定位和制定相关市场战略时,了解旅游者的居住地要比确定其他的人口统计方面的因素,如民族和国籍等更为重要。

交通方式:主要是为了更好地进行规划,一些目的地通过收集游客交通方式(航空、火车、轮船、长途汽车、轿车或其他工具)的信息来获得有关游客旅行模式的信息。

(7)国际组织定义

①1937年,第一次定义国际旅游者

在两次世界大战的间歇期间,国际旅游收入增长迅速,因此在统计上迫切需要有一个更准确的定义。1936年举行的一个国际论坛,国家联盟统计专家委员会首次提出,“外国旅游者是指离开其惯常居住地到其他国家旅行至少24小时以上的人”。1945年,联合国(取代了原来的国家联盟)认可了这一定义,但是增加了“最长停留时间不超过6个月”的限定。

②世界旅游组织的定义

1963年,联合国国际旅游大会在罗马召开。这次大会是当时的国际官方旅游组织联盟(英文名字的缩写为IUOTO,即现在的世界旅游组织,英文缩写为WTO发起的。

大会提出应采用“游客”(Visitor)这个新词汇。游客是指离开其惯常居住地所在国到其他国家去,且主要目的不是在所访问的国家内获取收入的旅游者。

游客包括两类不同的旅游者:

旅游者(Tourist):在所访问的国家逗留时间超过24小时且以休闲、商务、家事、使命或会议为目的的临时性游客

短期旅游者(Excursionists):在所访问的目的地停留时间在24小时以内,且不过夜的临时性游客(包括游船旅游者)。

从1963年开始,绝大多数国家接受了这次联合国大会所提出的游客、旅游者和短期旅游者的定义以及以后所做的多次修改。

在1967年的日内瓦会议上,联合国统计委员会提议,应该建立一个单独的游客类别。旅游者至少要逗留24小时,然而,有些游客外出游览但于当日返回了居住地,这些人被称为"短期旅行者(Excursionists)"。这类游客包括了不以就业为目的的一日游者、游船乘客和过境游客。短期旅行者很容易与其他游客区分开来,因为他们不在目的地过夜。

二、文化的概念

(1)文化的定义

文化(culture)是一个非常广泛和最具人文意味的概念,要给文化下一个准确或精确的定义,的确是一件非常困难的事情。对文化这个概念的解读,人类也一直众说纷纭。但东西方的辞书或百科中却有一个较为共同的的解释和理解:文化是人类所创造的物质财富与精神财富的总和。

《博弈圣经》文化的定义:"我们把脱离大脑的感觉、思维、意识、观念,向主观、理性、真理,一级一级的私湍增量,称为文化。

文化,就词的释意来说,文就是"记录,表达和评述",化就是"分析、理解和包容"。文化的特点是:有历史,有内容,有故事。不少哲学家、社会学家、人类学家、历史学家和语言学家一直努力,试图从各自学科的角度来界定文化的概念。

(2)文化的来源

人类传统的观念认为,文化是一种社会现象,它是由人类长期创造形成的产物,同时又是一种历史现象,是人类社会与历史的积淀物。确切地说,文化是凝结在物质之中又游离于物质之外的,能够被传承的国家或民族的历史、地理、风土人情、传统习俗、生活方式、文学艺术、行为规范、思维方式、价值观念等,它是人类相互之间进行交流的普遍认可的一种能够传承的意识形态,是对客观世界感性上的知识与经验的升华。

海洋文化学者李二和早在《舟船的起源》和多篇文章中就曾指出:相信随着历史的发展和时间推移,随着人类更理性地认识事物和探索世界,随着人类在科学文化上的逐步觉醒,人类会把文化辨析得更加清楚,进而从更宽泛的生命文化谱系中更加地获益。李二和第一次将"文化"这个概念引入到更开放、更宽容的生命思维高度,从而更真实地思考和解读文化。作为一种对文化与生命的独特思考现象,已经引起社会各界的普遍关注。

"文化"乃是"人文化成"一语的缩写。此语出于《易经·贲卦·彖辞》:"刚柔交错,天文

也;文明以止,人文也。观乎天文,以察时变,观乎人文,以化成天下。”

所谓文,就是指一切现象或形相。天文就是指自然现象,也就是由阴阳、刚柔、正负、雌雄等两端力量交互作用而形成的错综复杂、多彩多姿的自然世界。

所谓人文,就是指自然现象经过人的认识、点化、改造、重组的活动就称为人文活动。

人文活动可以分为两个层次,第一个是认识的层次,第二个是运用的层次。

对一切已存在的自然现象加以观察、认识、了解,使之凝定为确定的知识,便是初级的人文活动,也就是前引易经文中的"文明以止"的意思(使天文被照明而且贞定为知识)。这一级的人文活动,其目的与意义是为进级的人文活动做基础和准备。

进级的人文活动便是运用由初级人文活动中所凝定的种种知识来为人生服务。这种服务也可以分为两层,一层是单纯为增加生活的方便而进行的,如先民耕田以食、织布以衣、架木以居、斫轮以行,以至今日所有的工业产品,都是人利用知识而将自然物的存在结构加以改造、重组而制作出来的。这可以说是一种以实用为重点的服务。

至于在实用之上的另一层服务,我们可以称为以彰显意义为重的服务。那就是利用这些自然物或人为加工物为代表与象征,以呈现出一套人所独具的生活方式。这些独特的生活方式就是所谓礼仪,包括种种法规制度、风俗习惯。

例如饮食,除了果腹的实用目的之外,我们还可以同时借以彰显精神上的意义。如当与人共食时,借让食、劝食等以联谊互敬;当一人独食时,借洁其粢盛、谨其举措来对越在天;或者,借种种自定义的戒规以自律(如佛徒之茹素),借特殊食物以怀古(如端午节粽子)。乃至单纯地借食物精美的制作、进食的优美仪态以彰显人文的丰盛。凡此都足以显示人的生活,实能超越一己的封限而具有无限扩展延伸的意义。这种能指向无限的特质便是人文活动真正的价值所在。所以称为进级的人文活动。这种能赋予一切自然物或人为加工物以意义的活动是一种有创造性的活动(此有异于上帝的创造而别称为道德创造)。这种形态的创造便称为“点化”。它一方面点化了人的生命,使人即于衣食住行的自然活动中,扩展拓深而顿时具有丰富充实的精神内涵;另一方面也点化了一切被人所用的物,使它在自然效用之余,同时也因参与了人的创造活动而成为亦具无限意义的礼物。于是人的自然行为化为礼行,自然秩序化为道德秩序。此世界不但因人初级的人文活动(认知)而自黑暗进至彰明;且因人进级的人文活动(点化)而自无心进至有情,当进至有情,不但因人我因遂其相通而合一,人物亦因同于此浑融的情意中而合一。人不但能敬人爱人,也能敬物爱物,人物都不在我之外,此即王阳明所谓“心外无物”,亦即孔子所谓“一日克己复礼,天下归仁焉”。世界到此合一无外的境界才是一个圆成的世界,而此圆成则是有待于人文活动的点化而后成功的。因此说“观乎人文,以化成天下”,而约称之为“人文化成”,或更约称之为“文化”。

于此,我们乃可约述“文化”一词的主要含义,即它是特指一种进级的人文活动,其目的在于点化人的生活及一切生活中所涉及的外物,以使之具有无限的道德意义。

以上是“文化”一词最核心的涵义引自《君友会王爱君文集》。若放宽一些,则一切人文活动,包括初级进级,都可称为文化。若再由此延伸,更可不克指这种人文活动本身,而指以一切人文活动的结果,即种种自然现象经人认识、改造、重组后的状态,所谓人文者,称为文化。此时所谓文化,即不再具有活动的创造义,而只具有静态的客观存在义。

(3)字根

文化一词,近世以来亦用以翻译英文之Culture,二者内涵亦略可相通。Culture源于拉丁文Colere,原意乃指人之能力的培养及训练,使之超乎单纯的自然状态之上。至十七世纪、十八世纪,此一概念之内涵已有相当的扩展,而重再指称一切经人为力量加诸自然物之上的成果。即:文化是指一切文化产品之总和。此相当于前文所述之最后一层引申义。总而言之,西方观念中之文化较偏于指人文之静态的客观存在,而不重于指活动的创造义,由缺乏中国传统中最为郑重的道德化、精神提撕一重意涵。

(4)文化的分类

斯特恩H. H. Stern(1992:208)根据文化的结构和范畴把文化分为广义和狭义两种概念。广义的文化即大写的文化(Culture with a big C),狭义的文化即小写的文化(culture with a small c)。

汉科特·汉默里Hammerly(1982)把文化分为信息文化、行为文化和成就文化。信息文化指一般受教育本族语者所掌握的关于社会、地理、历史等知识;行为文化指人的生活方式、实际行为、态度、价值等,它是成功交际最重要的因素;成就文化是指艺术和文学成就,它是传统的文化概念。

(5)文化的层次

文化具有多样性和复杂性,很难给其一个准确清晰的分类标准。因此,这些对文化的划分,只是从某一个角度来分析的,它是一种尝试。

对文化的结构解剖,有两分说,即分为物质文化和精神文化;有三层次说,即分为物质、制度、精神三层次;有四层次说,即分为物质、制度、风俗习惯、思想价值。有六大子系统说,即物质、社会关系、精神、艺术、语言符号、风俗习惯。

文化有两种,一种是生产文化,一种是精神文化。科技文化是生产文化,生活思想文化是精神文化。任何文化都为生活所用,没有不为生活所用的文化。任何一种文化都包含了一种生活生存的理论和方式、理念和认识。

文化的内部结构包括下列几个层次:物态文化、制度文化、行为文化、心态文化。

物态文化层是人类的物质生产活动方式和产品的总和,是可触知的具有物质实体的文化事物。

制度文化层是人类在社会实践中组建的各种社会行为规范。

行为文化层是人际交往中约定俗成的以礼俗、民俗、风俗等形态表现出来的行为模式。

心态文化是人类在社会意识活动中孕育出来的价值观念、审美情趣、思维方式等主观因素,相当于通常所说的精神文化、社会意识等概念。这是文化的核心。

有些人类学家将文化分为三个层次:高级文化(High culture),包括哲学、文学、艺术、宗教等;大众文化(Popular culture),指习俗、仪式以及包括衣食住行、人际关系各方面的生活方式;深层文化(Deep culture),主要指价值观的美丑定义,时间取向、生活节奏、解决问题的方式以及与性别、阶层、职业、亲属关系相关的个人角色。高级文化和大众文化均植根于深层文化，而深层文化的某一概念又以一种习俗或生活方式反映在大众文化中，以一种艺术形式或文学主题反映在高级文化中。

广义的文化包括四个层次：一是物态文化层，由物化的知识力量构成，它是人的物质生产活动及其产品的总和，是可感知的、具有物质实体的文化事物。二是制度文化层，由人类在社会实践中建立的各种社会规范构成。包括社会经济制度婚姻制度、家族制度、政治法律制度、家族、民族、国家、经济、政治、宗教社团、教育、科技、艺术组织等。三是行为文化层，以民风民俗形态出现，见之于日常起居动作之中，具有鲜明的民族、地域特色。四是心态文化层，由人类社会实践和意识活动中经过长期蕴育而形成的价值观念、审美情趣、思维方式等构成，是文化的核心部分。

心态文化层可细分为社会心理和社会意识形态两个层次。

课后思考

1.什么是旅游？中国最早的旅游形式是什么？

2.旅游文化是怎么形成的？

3.什么是文化？文化的形成与什么有关系？

第二节 旅游文化的概念

随着现代社会的飞速发展,旅游正成为一种备受青睐、生机盎然的生活形式。文化因素对现代旅游活动的影响,将会更加深刻和深远。要加快中国旅游业的发展,提高其国际竞争力,就必须高度重视旅游文化建设。这首先是旅游文化本质特征的必然要求。“现代旅游现象,实际上是一项以精神、文化需求和享受为基础的,涉及经济、政治、社会、国际交流等内容的综合性大众活动”。

旅游文化可以分为传统旅游文化和现代旅游文化,前者主要包括旅游者和旅游景观文化;后者则增加了旅游业文化和文化传播。旅游文化建设乃是现代旅游业发挥最大效益效能的新型经营管理思路。

一、什么是旅游文化

《中国大百科全书·人文地理卷》指出:“所谓旅游文化,指的是某个民族或某个国家在世世代代的旅游实践过程中所体现出来的本民族或本国家的文化。它包括只有这个民族、这个国家独有的哲学观念、审美习惯、风俗人情等文化形态。或者说,旅游文化,就是一个民族的共同文化传统在旅游过程中的特殊表现。”

旅游文化绝不是那种抽象的、形而上学的东西,而是包括旅游者、旅游从业者、旅游资源、旅游生活设施和接待地环境等在内的物质和精神的总和。它一方面包括具体的、可观的内容,如人、财、物等;另一方面还包括不可见的文化成分,如旅游者如何使用他的财、物,旅游业如何开发资源、增添设施、提高质量以满足旅游者的各种心理动机和需求,这种过程从酝酿到实施完毕,莫不带有文化传统、民族习惯的直接间接的影响和制约。而旅游者游玩、购物的结果以及从中可见的明显动向,旅游从业者为旅游者开发的旅游资源、提供的各种服务设施本身,则更物化地体现着种种民族文化心理的影响和制约。

旅游文化作为一种特定的文化形态有其特定的内涵和适当的外延。广义地理解,旅游文化是人类过去和现在所创造的与旅游有关的物质财富和精神财富的总和。它是以一般文化的内在价值因素为依据,以旅游诸要素为依托,作用于旅游全过程中的一种特殊文化形态。作为一种新的文化形态,旅游文化的理论基础,是那些鲜明地反映着旅游经济和旅游活动特殊需要的部分,如旅游学、旅游经济学、旅游心理学、旅游教育学、旅游社会学、旅游文学、旅游美学、旅游营销学、旅游管理学、旅游资源学、旅游发展史、旅游服务艺术、导游艺术以及各种符合旅游特点的娱乐形式等。旅游文化除理论基础之外,还有更广泛的外延成分。它涉及文学、艺术、哲学、博物学、考古学、民俗学、宗教学、体育学、饮食学、建筑学、生态学、园艺学、色彩学、公共关系学等学科中与旅游相关的部分;它更体现在旅行浏览、旅游娱乐、旅游食宿、旅游服务、旅游购物、旅游环境,以及旅游专业队伍建设等具体的旅游诸形态中。

一言以蔽之，旅游文化渗透在与旅游有关的吃、住、行、游、购、娱及相关的服务等各个方面。

学术界对旅游文化结构的理解，由于角度不同，标准不一，因而呈现出纷纭复杂的形态。归纳而言，主要有以下几种观点：

一是文化结构。一些学者借用文化的结构模式，将旅游文化分为物质文化、制度文化和精神文化。旅游物质文化，也称旅游文化的物质层面，指蕴藏着丰富文化意义的自然景观和人文景观，及其附设的必要的游乐设施，以及为旅游者服务的交通工具、饭店、餐馆和其他相关设施。旅游制度文化，也称旅游文化的制度层面，指国家有关管理部门或有影响的大旅游商所制定的各种法规、制度及相关的企业管理制度。旅游精神文化，也称旅游文化的精神层面，指旅游活动以及旅游业经营管理中反映出来的特定文化心理、价值观念和思维方式等观念形态。这三大层面往往是相互交织渗透在一起，共同组成旅游文化这一不同形态特质的复合体，并表现出系统的复杂性、形态的多样性、消费的广泛性和分布的迭置性。

二是地域结构。旅游文化有其整体性，但在同一性的基础上，各地区又显示出独特的差异性。以中国古代旅游文化为例，就有徽商旅游文化、齐鲁旅游文化、荆楚旅游文化、巴蜀旅游文化和岭南旅游文化等不同的地域结构。旅游文化的地域性是由旅游资源所处空间的不同、文化氛围的差异以及资源本身的地方特色所形成的，往往具有浓郁的乡土气息，不同空间的旅游文化，其各自的内在价值是根植于其他空间的旅游文化所无法替代的。

三是要素结构。有的学者将旅游分为旅游主体文化、旅游客体文化和旅游介体文化。旅游主体文化，包括旅游者自身的文化素质、兴趣爱好、性格心理、行为方式及思想信仰，以及旅游者的职业、生活背景与出游动机等。旅游客体文化，指自然旅游资源和人文旅游资源。旅游介体文化，指旅游业文化，包括旅游服务文化、旅游管理文化、旅游文化教育、导游文化、旅游政策，以及旅游接待地文化等。

四是主体结构。马波从旅游文化的两个主体和旅游交换的过程角度，把旅游文化分为旅游消费文化和旅游经营两大块；前者是以旅游者为主体的文化，后者是旅游从业者所反映或创造的文化。

五是时间结构。旅游文化作为一种动态发展的历史文化现象，自古至今有其萌芽期、发展期、成熟期、转型期和现代期等不同的发展时期，每个时期有着不同的发展模式和特点。任何一种新的文化形态的发展，都有赖于原有文化成果中那些合理而有益于自己发展的东西，并把它应用于自己的创造性实践中，这就是继承性。这种继承性在价值观、审美观方面呈现出历代相连续的特点。一种新文化在形成发展过程中，总是与特定的历史和环境联系在一起的，并为特定的对象——它所赖以产生的经济基础服务的，因而它必然具有自己与当代吻合、为当代服务的鲜明个性，这就是创造性，这种创造是基于实践的创造，是适应旅游业特殊需求的创造，因而具有鲜明的特色和旺盛的生命力。了解旅游文化的发展历史，分析它产生和发展演变的背景及其特点，对我们今天的旅游文化建设，有着重要的指导和借鉴意义。

由于旅游文化是一门刚诞生的学科，对它的研究也处于不断地发展和完善过程中，所以上述几种结构体系都各有优劣：有的内容过宽，把本不属于旅游文化范畴的内容也包括了进去;有的内容过窄,漏掉了本属于旅游文化的内容;也有的在所分各类中出现交叉重复现象。

比较而言,我们更倾向于把旅游文化分成旅游主体文化、旅游客体文化和旅游介体文化。以旅游的主体、客体和介体作为旅游文化三大块领域的标志,清晰明确,简便易行。旅游业连接着旅游主体和旅游客体,从而使旅游文化成为一个有机的统一体,所以称作旅游介体。对旅游文化主要可从旅游主体文化、旅游客体文化和旅游介体文化这“旅游三要素”来理解:旅游主体文化主要研究旅游者所追求的是什么,研究旅游者普遍存在的求知、求乐、求健、求美心理;研究对于旅游者的需求,哪些是我们要去满足的,哪些是我们不能迁就的,甚至是要坚决抵制的;还要研究在对某些要求不能迁就甚至要加以抵制的前提下,如何增加对旅游者的吸引力。旅游者的出游动机不仅是为了物质的享受和身心的畅快,更重要的是追求精神的享受和文化的启迪。没有旅游者,就没有旅游业,因此旅游文化研究不能不把重点放在旅游者身上。旅游客体文化主要研究在我们的文化中,有哪些东西是可以并应该向旅游者展示的,要按照什么样的标准来开发我们的旅游资源。旅游介体文化主要研究如何提高旅游企业和从业人员的文化素质,开发旅游市场。旅游文化也十分鲜明地体现在旅游企业及其从业人员身上,其文化素质的高低在相当大的程度上决定了旅游者能否获得良好的旅游享受,旅游资源能否得到合理的开发利用。旅游风景区及景观、景点的开发建设,往往由于固有自然条件的不同,开发者的文化素养不同,而表现出不同的文化特征。这些不同的特点,无处不体现着前人的文化素质,凝聚着人们的智慧结晶,表现出不同时代、不同个人、不同地方的文化特征。

旅游文化是一般文化在旅游生活中的特殊表现形态,它作用于人们旅游行为的全过程,是一种和谐的文化,一种追求新奇和享乐的文化。旅游文化的完美表现应该是:旅游景观从内涵到形体的完美统一,旅游设施从外观造型到内部装饰的尽善尽美,旅游服务从形体智能到心灵情操的和谐一致,旅游管理从风气到办事效率的完美体现,旅游营销从游客心理到宣传措施的准确定位,旅游经济从经济效益到经济社会效益的全面提高……所有这些都通过不同的侧面反映了旅游业的文化水准。

综上所述,旅游文化既包括旅游者的文化品格、文化需求以及对旅游地文化的感受,包括对旅游资源科学而正确的开发,也包括旅游业文化的构建,如为旅游者提供的旨在满足他们心理文化需求的各种旅游产品、专项旅游、各种富有民族和地方风味的服务设施等。旅游文化既包含文化氛围,也包括具体文化形态、文化内容及物质实体。旅游文化不但是一种特定的社会历史现象,是旅游过程中物质与精神有机结合的产物,也是可供现代旅游业发挥最大效益效能的新型经营管理思路与措施。所以旅游文化的建设应围绕并对应人们的这种文化生活需求,采取切实有效的措施,以促进旅游业的发展。

二、我国旅游文化建设的必要性

新中国的旅游业,可以说早在1949年厦门成立华侨旅行服务社时就萌生了,但接待人数很少,而且多属政治性接待,谈不上真正的旅游,与1978年开始以娱乐身心、发展经济为目的的旅游大相径庭。因此,自1949年起的30年里,中国旅游业尚处于草创阶段。

1978年党的十一届三中全会作出改革开放的重大决策，使我国旅游业得以走上正轨。目前，中国旅游业已初具规模，从草创阶段进入了一个新的发展阶段，而且一直保持着持续增长的势头。但是，中国旅游业虽然有着良好的发展机遇，却也面临着激烈的竞争和严峻的挑战。中国旅游文化的产生，可以说是国际国内文化背景下的必然产物。

我们喜逢放手大干的良机，却也面临着严峻的挑战。专家们指出，加勒比、地中海、夏威夷已经营多年，趋于饱和。在21世纪，中国和东欧将成为人们关注的新兴目的地。中国2004年入境旅游人数达到10904万人次，旅游外汇收入为257亿美元。而且中国加入WTO和北京2008年奥运会的举办吸引越来越多的国际游客来华观光游览。从1997年至2004年，中国出境人数累计达11100万人次。其中2004年中国公民出境总人数达2885万人次，中国已成为亚洲最大旅游客源输出国。据世界旅游组织统计，到2020年，中国将成为全球最大的旅游目的地和第四大出境旅游客源国。

但同时，国际旅游业从发达国家到发展中国家迅速发展，现在世界160个国家，基本上都形成了独立的旅游产业，同时也形成了愈演愈烈的竞争局面。我们的周围，就有许多强劲的对手，像泰国、新加坡、菲律宾等，它们都以差不多性质的旅游产品在相同的市场上与我们竞争。

中国作为一个古老充满神秘意蕴、拥有秀丽自然景色、富有特色旅游风味的旅游目的地，固然如人所说，是不会从世界市场上消失的。但为什么有着以堪称世界奇观的长城、秦俑为统领的丰富的旅游资源，植根于几千年文明史的华夏文化和绚丽多彩的民族风情的中国，在国际旅游市场竞争中却往往处于被动应付、效益欠佳的状态呢？为什么尽管泰国、新加坡等国家资源和面积都远不如我国，而它们的旅游业却生动而红火，有着令人羡慕的效益呢？这里面必然有着更深层的内涵值得挖掘和思考！

所以，越来越多的有识之士把目光投注到中国旅游文化的建设上。

(1)中国旅游业的国情背景

要对此作出比较客观、公正、全面的研究和评价，不能不探讨一下我国旅游业的基本国情。我国旅游业的基本国情，可简单地概括为大国、文明古国、远国、发展中的社会主义国家这些特点。

①我国是一个大国，地域辽阔，这既是优势又是劣势。其优势在于山川广阔、资源丰富，内蕴深厚，有可能吸引回头客，并使之总有新鲜感。其劣势在于资源分散，使旅游者处于紧张旅行之中，疲于奔命。而旅游资源分散导致我们难以将有限的资金集中开发，难以形成综合接待能力，更难以形成拳头产品，导致年年喊“保重点”，却年年保不住。同时，普遍设置旅游机构和到处都搞旅游开发又加剧了分散发展的态势。

②我国是一个文明古国，5000年未曾中断的历史和地上地下极其丰富的文化遗存，成为我国旅游业发展的主导优势，也成为吸引外国旅游者来华的主要动机。这就使我国旅游产品始终是以观光性的文化旅游为主，而旅游者则以中老年为主。目前的世界旅游潮流却是中青年旅游者越来越多，游览方式也从参观式日渐转为参与式。因此，我国旅游资源的天然优势遇到了市场层面小、市场层次高等障碍，如果确实能提供高层次、高质量的产品，这些障

碍是可以逐步消除的。日本交通公社曾经评价了中国旅游的7处世界一流旅游资源,其中6处都是历史文化资源,可见世界旅游者对中国的瞩目之处在于文化。这也是我国旅游业的潜力和前景之所在。

③我国是一个远国,从地理位置上看,我国远离欧美等主要客源国,欧美旅游者到中国旅游必须付出高昂的远途交通费。我们的实际旅游价格相对而言并不算贵,根据前些年国家旅游局对旅游者的抽样调查,认为我国旅游价格合适的和偏低的共占65%左右,认为偏高的只占20%。但是,由于高昂的交通费,我国包价旅游对外报价的直观价格(含国际间交通费)并不低,这就大大削弱了竞争力。而地理距离远也加重了信息隔膜,旅游者来华之前对中国了解很多的仅占12.4%,并且,由于来自不同的文化体系,文化距离甚至比地理距离更大。旅游者在我国的主要困难,以语言障碍为第一位。据调查,其中美国人占45%,日本人占40%,华侨占27%。地理距离与文化距离叠加,导致了我们不可能很顺利地打进欧美这一有着长期稳定性的自我循环体系,而只能从余量中尽可能地多占一些份额,同时,把目光部分转移到地理与文化距离均比较小的东亚太平洋地区。

④我国是一个发展中的社会主义国家,经济尚不强大,不可能有太多的经费用以开发所有的旅游资源。我们发展旅游事业具有政治与经济的双重目的:政治上扩大交往,增进了友谊;经济上赚取外汇,积累资金。所以在旅游业的发展过程中必须把社会效益与经济效益很好地统一起来,把重点建设与一般建设区分开来。国家制度从本质上规定了我们发展旅游业的根本目的是为了满足人民日益增长的物质和文化需求。

但由于多年来计划经济的影响,我国旅游业"市场、竞争、应变"的意识和能力不强,对国际市场的调查研究重视不够,因而旅游产品的组合,对外的宣传、推销,尚缺乏明确的市场指向和总体的战略布局,旅游产品较少进入国际线路组合,对外销售渠道相对来说面窄量少。但同时,国内同行间的竞争,却常出现削价竞争、肥水外流的情况,违背了发展旅游经济的初衷。当然,我国旅游促销经费十分有限,仅为旅游发达国家的几十分之一甚至更少,这也是一个很重要的限制性因素。

⑤我国旅游业正从初创期向发展期迈进,从卖方市场向买方市场转变。

旅游业的发展,通常要经过初创期、发展期和成熟期。我国旅游业的发展,现正处于发展期。我国前些年以外延式的数量型增长为主,资金投入量大,而且多投资于基础性设施,并具有还账性质,见效较慢,社会的接受和适应也需一段时间;同时,社会效益、经济效益、环境效益不协调,市场、体制、从业队伍、旅游资源都处于磨合过程中,矛盾较为突出。我国旅游外汇收入虽然已经进入世界前5名,但作为一个拥有13亿人口、960万平方公里土地、丰富多彩唯我独有的旅游资源的大国,我们的旅游外汇收入还不是太令人满意。从相对数据看,我们的增长速度好像很快,但由于原有基数小,实际增长的绝对值并不大。

我国旅游业目前"硬件不硬、软件不软"的局面,使我国旅游业的产品结构、供给结构都不能完全适应旅游市场要求,旅游产品的经营总体质量不高。而且,我国旅游业还面临着国际旅游市场竞争激烈的压力,我国旅游市场已由卖方市场转变为买方市场,具体体现在:第一,来华旅游者从过热增长逐渐降温,旅游者对旅游价格、路线、旅游旺季的选择性增强。在对外开放的前几年，我们对外推销是采用固定路线的办法，热冷线、淡旺季搭配出售，而且基本上坐等客人上门，外国旅游者多抱着一探神秘中国的心理，唯恐来不了，不太计较旅游路线、季节、价格，我国的旅游企业经济效益很好。近年来却不同了，国旅总社曾设计了800多条固定线路搭配出售，引起游客强烈不满，推销以失败告终。外国旅游者对价格、路线、季节的选择呈越来越强的趋势。许多国外旅游代理商往往同时与国内好几家旅行社洽谈，再从中选择价格低、路线好、季节佳的团，往往是只能组织1个团，却同时预订好几个团，以致旅行社反映外联难搞。第二，对服务质量要求提高了。刚开放时，我国旅游设施落后，饭店多从招待所转来，服务水准差，但游客对服务质量却无太强烈的反映，近年来我国新建了一大批现代化饭店和旅游服务设施，从业人员大多经过专门训练，服务质量有很大提高，但外宾反而对我国服务质量反映最强烈。

可见，面对日益激烈的国际竞争，过去那种“皇帝女儿不愁嫁”的日子已经一去不复返了。对此，我们必须有清醒的认识，在观念上有所更新，大力提高旅游质量，使潜在资源优势变成现实经济力，以获取更多的外汇收入和更大的经济效益。

(2)建设中国旅游文化势在必行

因此，要发展我国的旅游经济，就不能不结合上述国情文化背景，注重发掘、利用中国文化精华，低投入、高产出、高质量地开发中国旅游业。这乃是具有中国特色的中国旅游文化发展的必然趋势。除了我们下面各章将要分别论述的具体内容，在总体上，中国旅游文化的建设可以归结为以下几点：

①在旅游开发中坚持中国特色。任何国家、任何地区发展旅游事业，都必须扬长避短，发挥其优势，突出其特色，只有这样，才能具有持久而强烈的魅力。我国地域辽阔，气候齐全，地形地貌奇异瑰丽，风景名胜遍及全国。同时，我们是东方文明古国，有灿烂的传统文化，有浓郁的民族风情。丰富的旅游资源给我们提供了突出民族特色、塑造中国旅游形象的良好条件。坚持中国特色有两方面的含义，一方面是要突出我国天然垄断性的景观和文物，对旅游者构成特殊的吸引力；另一方面要避免一味跟在别人后面，照搬国外的旅游发展模式，否则不但吃力不讨好，而且穷于补拙，处处被动受制。许多欧美国家的旅游者来中国的目的，就是希望在我们这个古老的东方国度里，体验中国人的生活情趣。许多东方国家的旅游者来中国的目的，则是希望在相近的文化里，体验微妙的文化变异，追寻文化渊源，增加新的知识。可见，满足旅游者的各种文化心理的需求，是旅游业生存和发展的基础。从这一点出发，我们没有理由不去开发中国特色的旅游文化，以满足他们多种多样的特殊需求。有特色才有生命力，有特色才有竞争力。当今国际旅游市场竞争十分激烈，如果没有特殊的文化旅游产品就无法在国际市场上站稳脚跟，更谈不上逐步发展。我国已经进入了买方市场阶段，要想立于不败之地，就必须坚持走中国特色的旅游之路，使中国旅游业的发展符合中国的国情和国力。

②旅游资源的开发利用应有的放矢。我们国家有自己值得骄傲的民族文化、历史遗产、传统习惯和精美艺术，它们是发展旅游业最重要的旅游资源。但是，在未开发、利用之前，它们仅仅是宝藏，只有在开发、利用之后才能变为财富。在开发旅游资源的时候，切忌有座庙、

有个洞、有条水、有座山就要当作景观来投资建设，除了对客源、交通、食宿、供给等条件进行综合分析外，最重要的是进行横向比较研究，看看它有没有特色。旅游资源开发的重点应当是具有垄断性，具有不可替代性的景物，要注意弘扬中华民族的优秀文化传统，要把文化作为发展旅游业的出发点，把社会效益和经济效益很好地结合起来。例如北京的故宫、西安的兵马俑、云南的民族风情、桂林的山水、苏州的园林等，这些都是具有垄断性、不可替代的旅游资源。但它们同时又具有不可再生的性质，所以在开发、利用的过程中，必须科学地、严格地加以保护，以保证其永继利用。对那些旅游价值、生态环境价值、历史文物价值、科学研究价值很高的资源，在保护措施未妥善落实之前，宁可暂不利用，也不能贪一时之利而遗千古之恨。当今世界旅游的趋向是回归大自然，开发中应注意保护和表现景点的本来面貌，力求得趣自然，少搞人工景观，避免建设性破坏。

③努力改善旅游交通，满足现代旅游的需求。我国相对落后的交通运输，常常成为制约旅游业发展的瓶颈。而自然景观和人文景观丰富，又独具特色的、发展旅游业条件较好的地方，如神农架、九寨沟、张家界、云南贵州的一些风景区，又多在高山大川，交通不太方便。在商品经济时代，“时间就是金钱”，如果旅游者要用几天时间才能观赏一个景区，会影响其出游动机。目前客流的现状大致是，入境旅游者大部分集中在一些主要城市和景区，时间多集中于旅游旺季。这几年旅游行政管理部门会同民航、铁路、交通等部门，采取了一些季节性措施，如增加航班、车厢、包机、专列等，乃至在张家界、九寨沟等地新建机场，重点解决旅游旺季这些地方旅游者的进出问题，并已逐步见效。我们还应进一步加大力度改善我国的交通运输状况。在旅游方式上，现在多为观光旅游，旅游者在一个地方的停留时间不长，这也增加了客流量。如果积极诱导，丰富旅游生活内容，大力开展文化旅游和度假旅游，就有望让旅游者增加在一个地方的停留时间，从而相对减少客流量，提高旅游业的效益。

④提高服务质量，提高管理水平，提供优质服务。我国旅游业的发展，除受交通条件的制约以外，还受到服务质量和经济效益不高的制约。现有的旅游企业，除少数采用科学管理方式而有较高的服务质量和经济效益外，多数服务质量和经济效益都存在问题。特别是至今还未建立起完善的考核服务质量的指标体系，也缺乏对全行业经济效益的严格考核，这是对旅游业宏观管理的重大缺陷。旅游人才是旅游业最重要的生产力，建立一支训练有素、应变有术的旅游队伍，是事关旅游业能否兴旺发达的重要因素。在这个知识更新周期短、知识老化极快的时代，旅游人才的培养应采取多渠道、多层次、多形式的方法，多方培养，广招人才。

上述种种，是中国旅游文化建设中亟须解决的问题。只有搞好旅游文化建设，才能提高旅游经济效益，优化中国旅游形象，从而使中国在未来几十年中跻身世界旅游强国之列。

三、我国旅游文化建设的可行性

旅游文化的建设，不但是必然的，也是可行的。因为旅游本身就是经济与文化融会贯通有机结合的产物。

现代旅游业作为一种大规模的社会经济文化交流活动，已成为人类物质文明和精神文明建设的一个重要标志,旅游文化价值已有质的变化。因此,旅游业是一种必须具有文化内涵,必须在文化的观照下进行开发,必须让旅游业成为主体、客体与介体方面都以文化要求为参照标准的经济文化产业。对旅游者来说,旅游活动是一种经济性很强的文化活动;而对旅游经营者来说,旅游业则是文化性很强的经济事业。旅游文化就该体现这种经济和文化的完美结合。强调旅游业的文化特点,进一步挖掘、开发旅游文化内涵,抓紧对旅游文化的研究,抓紧旅游文化的国民教育,提高国民素质,正是为了使以经济效益为主的旅游综合性目标得以更顺利的实现,使我国的旅游业朝着健康兴旺的方向发展。

(1)旅游三要素的文化特性

旅游作为一种文化经济性产业,它的主要特性之一是"文化"。对此,我们可以通过构成旅游的主体、客体和介体三方面来加以说明。游客是旅游活动的主体,旅游资源是旅游客体,接待单位及其工作人员则是接连二者的中间体——介体。

从主体方面看,旅游是人们在经济发展到一定程度后产生的一种行为。心理学认为人们从事任何活动都是有动机的,外部的刺激作用于旅游者的主观意识,促使其产生旅游的需求,这就是旅游动机。人们在解决了温饱问题并且比较富裕了之后,就会产生出游愿望,这是一种享受要求。这种享受从本质上讲是文化享受。寻求异国情调实际上就是寻求不同文化的差异,民俗、民居、饮食等生活的各个方面都是文化的构成要素。文化素质不同的游客,对旅游的要求也不同。文人雅士爱找一些赏心悦目的自然风光和内蕴深厚的人文景观来欣赏,而文化素质较低的人,则只是到处猎奇,寻求刺激。这反映出游人不同的观念、知识、理想和欲望。现在,世界上国际旅游者大多出自欧美、日本,这固然与这些国家经济发达、人均收入高有关,但更重要的是因为这些地区教育普及、文化发达。中东地区产油国人均收入也很高,但由于国民文化素质低,教育不发达,宗教迷信占统治地位,因此该地区旅游至今仍不发达。应该说人们的文化教育素质越高,去异国他乡旅游观光、学习观摩、陶冶情操的愿望就越强烈。同样位于中东的以色列,近年来出游人数增多,这就与该国国民所受教育程度较高,希望出外拓宽视野、休闲求知有关。

从客体方面看,所有的旅游区域,包括风景名胜区、景观、景点都是满足主体要求的承载客体。如果客体不具备吸引人的景观、景点,游客就不会去。我们要发展旅游业,必须特别注意研究解决客体如何适应主体的问题,要从满足游客的精神需求方面来考虑问题。

旅游资源是旅游客体的重要部分。旅游资源一般可分为自然旅游资源和人文、社会旅游资源。自然旅游资源是指自然条件和自然风光,即能使人们产生美感的自然环境和物象的地域组合,包括地貌、水态、气候、动植物等。人文、社会旅游资源是指人们根据一定的意图,有意识地创造出来的,具有长效性和永续性价值的各种建造物,如古代遗址、古今建筑、纪念地、博物馆等,以及与人类社会生活有紧密联系的事物和活动,包括传统文化、民俗风情、各种节庆、艺术表演、医药保健、体育娱乐、工艺特产、饮食起居等。它们是人类历史与文化的结晶,是民族风貌和特色的集中反映。

人文和社会旅游资源本身就是文化的一种表现,潜存着种种足以触发人们追求新知异闻的文化因素。如典雅秀美的苏州园林是经过人的精心建设而形成的,凝聚着文人墨客的文化素养和能工巧匠的精湛技艺，是一种文化表现。即使是属于大自然造化的自然资源，尽管其本身并不包含任何文化的含义，但对其开发时必然注入人文的内涵，其基础设施和配套服务无不具有人为的因素。而对其的欣赏更体现出文化的成分：人们面对不同的自然景观，或感叹其雄伟，或赞美其秀丽，或从中得到启迪，或从中得到美的享受；即使面对同一自然景观，不同人文背景和文化素养的人，也会有不同的感受，并且人们在欣赏景观之余，还会联想起与之有关的历史和文化。比如游泰山，人们赞其瑰丽奇伟之余，还会联想到古代帝王、文人墨客的遗迹和有关的历史记载、民间传说等。

再从旅游介体看，旅游本身所固有的文化素质和文化气息，不仅在于旅游者可以通过欣赏异国歌舞、戏剧体会异国文化，文物、园林等旅游景点本身就是文化传播场所，而且在于旅游经营服务的每一个环节都表现出文化，如服务员的服装设计和服务水平，旅游建筑物的民族风格，旅游路线的编排制作等，无不渗透着文化。

(2)从历史实践和社会其他方面看旅游的文化性

旅游的文化性还可以从其历史实践和与社会其他方面的联系得到印证。

首先，从其历史实践看。古代和近代的主要旅游形式是帝王的巡游、僧侣的朝圣互访，以及文人骚客的出游。帝王除了正式的巡游之外，常常微服私访，这时往往一路上游山玩水，体察民情，住民间的小客栈，这种情况和我们现在所说的具有很强文化特点的“民俗旅游”颇有暗合之处。宗教徒的旅游，本身就是为了宗教哲学及相关天文、地理、建筑学及文化艺术的传扬。不同教派的建筑各具特色，至今仍是重要的旅游资源。文人的出游，更是出于赏心怡情的目的，而他们旅游的结果，往往不是留下风格独特的书法作品，就是写出精彩纷呈的名篇，好多都是现今文化宝库中的重要部分。即使像马可·波罗这样本意是来中国做生意的外国商人，之所以能在古代旅游中占有一席之地，也完全是由于他通过在中国的旅游活动，了解到有关中国政治、经济、文化习俗等方面的大量资料，并传播到了西方，而不是由于他的贸易活动。

其次，旅游可以发展、传播文化，是进行文化交流的重要渠道。文化的地域性很强，通过旅游，打破了地理上的限制，一个国家或民族可以了解到另一个国家或民族的生活习俗、价值观念等，取其精华，弥补自己的不足，使自己的文化更适合社会发展，更具有生命力。通过对本国文化优劣长短的认识，更有利于帮助自己清醒了解本国的文化，增加对自己文化的自豪感，激起爱国热情。对任何一个国家来说，旅游都是民族文化走向世界的桥梁，也是让世界了解本国的窗口。

最后，从旅游活动中不可缺少的旅游购物来说，我国传统的工艺美术品大多数取材于我国历史文化和民间传说，在漫长的历史发展中形成了独特的风格和制作工艺，如取材于我国古代文学名著《西游记》中的孙悟空、猪八戒，古代神话传说的“嫦娥奔月”等工艺品，以及苏州的刺绣、书画，贵州古老的蜡染工艺，深受国外游人的青睐。这些独具特色的传统工艺美术品、旅游纪念品和旅游礼品作为中华民族文化的重要组成部分，使旅游购物具有很强的文化内涵。

据预测，文化旅游、培训教育和数字娱乐消费将是未来文化消费的热点领域。文化旅游虽然不是旅游文化,却是旅游文化的重要组成部分。在加入世贸组织和申奥成功的背景下,中国的文化消费内容将不断丰富,方式将不断创新,其主要增长之一就是文化旅游消费。在对世界经济发达的国家所做的一项“旅游支出与国民收入相比的弹性系数”分析中,越是高收入国家,对旅游的需求就越具有刚性特征。据联合国教科文组织和世界旅游组织的研究:当一个国家的人均 GDP 产值达到或超过 800~1000 美元时,不仅是小康社会的主要标志,还包含一系列的内涵,也是旅游消费和旅游业发展进入大众化和普遍化的黄金时期。目前,我国人均国内生产总值已经接近 1000 美元,江浙等地人均国内生产总值已经超过 2000 美元,上海等地已经超过 4000 美元,因而随着经济社会的进一步发展,城乡居民收入水平的提高和闲暇时间的增多,对旅游文化消费的潜在需求将会越来越多地转化为现实需求。因此,在现代旅游业中,旅游经营者为了取得一定的经营效益,必须采取各种富有吸引力的足以体现旅游文化价值的措施,让旅游者徜徉在一个涵蕴古今文化优秀成果,具有中国民族特色的旅游环境之中。

课后思考

1.简述什么是旅游文化?我国的旅游文化有什么特征?

2.我国旅游文化建设有什么优点?

3.旅游文化三要素的辩证关系是什么?

第三节 旅游文化的研究方向

研究旅游文化,能扩充和深化旅游知识和文化知识,构建旅游文化学科体系,使之成为当今社会科学的正式研究对象。

一、旅游文化的研究内容

旅游文化的研究对象,就是通过对旅游三要素相互关联、运动的结构之演变过程进行系统研究,描述旅游文化发生和发展的历史演进规律。主要研究内容有:

(1)社会对旅游文化的制约

旅游文化是社会的产物,离不开社会、政治、经济的发展和整个科学文化与精神文明发展的制约。先秦时期,由于生产力水平低下,旅游主要出于谋生的需要;到了魏晋南北朝时期,随着社会、政治、经济和文化的进一步发展,儒家思想绝对统治地位的动摇,老庄思想格外活跃,人们开始有了较多的闲暇和悠闲的乐趣。这一时期的旅游和旅游文化活动,主要已不再是谋生的手段,而是一种生活的艺术,有着多种多样的表象方式和活动内容。旅游文化首先要对不同历史时期、不同国家和地区的社会、政治、经济、文化等制约旅游文化的因素进行研究。

(2)旅游文化的历史和传统

旅游既是一项经济产业,又是一项文化事业。在古代,作为一项独立完整的文化产业的旅游并不存在,但作为文化活动的旅游则古已有之。最迟在我国商代,就已开始了商务旅行,春秋战国以后,由于社会经济的发展和学术的繁荣,学术考察、修学旅行成为一种时尚。旅游活动的文化作用应是整个旅游文化研究重点中的重点。旅游文化传统、特点及其发展演变,则是旅游文化研究的另一个重点。

(3)旅游主体文化

旅游文化系统中最核心的要素是旅游者。旅游者是旅游文化体系的主体,又是旅游文化系统中的最终载体,因而在旅游系统中居于首要位置,作为旅游文化活动整个过程的直接参与者、策划者和指挥者,旅游文化主体的阶级差别、时代差别、人格差别、文化差别、精神面貌差别等,都将直接或间接地影响整个旅游文化的行为。

(4)旅游客体文化的变迁和生态环境的制约

旅游资源是旅游文化活动的客体和物质基础。生态环境客观的渐变过程对旅游文化系统的发展有着重要影响。同时,生态环境与旅游文化系统之间又存在着互动现象。不同国家、不同地区旅游资源的分布及其变化,旅游资源的开发、利用和保护,以及旅游资源对于旅游活动的影响,是旅游文化研究的又一重要方面。

(5)旅游介体文化建设

旅游业的旅游交通、旅馆建设、旅游服务等,在整个旅游文化系统中具有重要地位,它是旅游者与旅游资源之间的沟通媒介,所以称为旅游介体。旅游文化应对旅游业文化加强研究,以更好地为旅游者提供优质服务,促进旅游业的健康发展。

(6)旅游制度和精神文化

旅游制度文化是旅游文化活动的必然产物,主要指各种旅行制度、各级旅游组织及旅游管理系统、各种旅行行为规范和准则。旅游精神文化则包括旅游知识、旅游理论、语言、文字等符号系统,以及旅游心理、价值取向,人伦观念、审美情趣、宗教信仰等。旅游文化理念主要叙述旅游文化的基本概念和范畴的历史演变过程及其发展变化的基本规律,研究旅游文化学科的基本理论。

总之,旅游文化的研究内容相当广泛,它不但要研究旅游文化的特点及其发展规律,而且还要研究历史上那些制约旅游文化的外部诸因素及其相互关系。从纵向来说,需要对各个不同历史发展阶段上的旅游文化进行综合研究,揭示各个历史阶段文化具体发展过程和特点,比较清楚地描绘出旅游文化发生发展的历史过程;从横向来说,需要对旅游文化的各个组成部分及其相互关系进行系统研究。

二、旅游文化研究的历史和现状

"旅游文化"一词,在1978年以前的我国旅游图书资料中还从未发现过。因此,国内绝大多数旅游论著都将第一次使用"旅游文化"这一概念的1984年版《中国大百科全书·人文地理卷》作为我国旅游文化研究的开端。其实早在20世纪80年代初我国旅游业恢复发展不久,就有学者指出了旅游与文化的密切关系。如1983年《旅游学刊》第4期《论旅游业的发展》一文便提出"中国旅游业是一项经济事业,是外事工作的一个方面,又是一项文化事业,它具有鲜明的文化特征","文化比重及其价值在整体中的扩大,是一种必然的积极的历史趋势"。正是该阶段对中国旅游文化的实验性探索,促成了以后对这一特殊文化系统的深入研究。但由于受当时社会环境和理论水平的制约,大多数人仍将旅游业视为"吃喝玩乐业",所以有关旅游文化方面的研究总体上显得较为零散和表面化,缺乏真正意义上的理论著作指导,未取得突破性的研究成果。

1984年"旅游文化"作为一个专门的概念出现,此后,有关旅游文化的零星论述频频出现于报刊之中,部分文化学的论著也涉及了旅游文化问题,但总体上来说,这些研究还是零散的,没有引起旅游理论界和旅游实业界的足够重视。进入20世纪90年代,我国的旅游文化研究发生了明显的改观,中国旅游文化学会的成立和几个重要的旅游文化研讨会的举办,标志着我国旅游文化研究开始由自发的、零散的状态向自觉的、有组织的状态转化。1990年10月,中国旅游文化学会、北京旅游协会、中国旅游学院联合召开了"首届中国旅游文化学术研究会",与会人员围绕旅游文化的概念及其特征,旅游文化在提高旅游观赏水平、做好旅游服务以及促进旅游资源开发中的作用等问题,展开了认真而热烈的讨论,取得了丰硕的成果,旅游学界对旅游文化的基本概念求同存异,达成了一定的共识,为旅游文化作为一门独立的学科建设奠定了较为厚实的基础,并使广大旅游文化学者明确了未来的发展方向。会后出版的由白槐主编的《旅游文化论文集》一书对我国的旅游文化研究起到了巨大的促进作用。从此,中国旅游文化研究翻开了新的篇章。

近年来,我国专门研究旅游文化的机构和团体大量出现,全国性或区域性的旅游文化研讨会不断召开,所取得的研究成果数量多、质量高,旅游文化研究在广度和深度上表现出前所未有的强劲势头。一方面旅游文化学迅速拓展自己的研究范围,把触角伸向旅游活动的大多数领域,形成了新的分支科学,如旅游教育学、旅游娱乐文化学等;另一方面,旅游文化学不断集聚相邻学科的研究成果,完善充实自己的理论体系,然后再运用这些新的理论跨学科多维度地对旅游文化现象进行深层挖掘和研究。旅游文化的应用研究取得了明显的社会和经济效益。这里的应用性研究主要指旅游资源开发和特色旅游项目,如宗教文化、地方文化等。旅游文化还开始注意对旅游文化以外的文化现象进行探索性研究,如旅游企业文化研究、旅游接待地文化研究等,对引导其健康发展提出了一些很有创见的看法。

旅游文化逐步开始构建自己的理论体系,明确自己的学科地位。为了改变我国旅游文化研究的无序状态,1995 年喻学才、毛桃青等人发表了《论旅游学学科体系亟待建立》《旅游文化应有自己的学科地位》等文,认为旅游文化应从学术外层走向学科中心,其学科地位应得到确立和巩固。在旅游文化领域出版了五部具有相当影响的著作:一是陈来生、高立成主编,1992 年由复旦大学出版社出版的《中国旅游文化》,从旅游文化主体、客体、媒体三方面介绍和论述了中国的旅游文化;二是喻才学著,1995 年出版的《中国旅游文化传统》,从旅游文化史方面,为人们了解我国旅游文化的来龙去脉提供了良好的途径;三是沈祖祥主编,1996 年出版的《旅游与中国文化》,汇聚了数十篇关于旅游文化现象研究的论文;四是马波著,1998 年出版的《现代文化旅游学》,从理论上对旅游文化学进行剖析,并关注旅游文化在可持续发展中可能起到的调适作用;五是谢国安、华国梁主编,1998 年出版的《旅游文化学》,系统而深入地探讨了旅游文化特别是中国传统旅游文化的历史、现状和理论,是一部全面、系统而有较深理论水平的旅游文化专著。

总的来看,我国旅游文化研究的现状呈现以下特点:

一是大量的研究集中于旅游文化的概念、特征、内容及其结构体系等基本理论问题的探讨,但在这些基本问题的看法上分歧依然很多,说明旅游文化理论大厦的构建迄今还缺乏坚实的基础。

二是对诸如建筑、园林、宗教、民俗等人文旅游资源文化内涵的分析给予了高度重视,甚至有人将文化旅游资源的研究等同于旅游文化的研究,但对旅游景观开发中文化规律的探讨着力不多,至少缺乏比较深远的论述,理论滞后于实践。

三是在中国旅游文化史研究方面,出现了一些相当优秀的成果,但有关近现代旅游文化特征及其发展趋势的研究甚为罕见,对旅游文化的横向比较研究也较为薄弱,这无形中削弱了旅游文化研究的针对性和实用性。

四是旅游对接待地社会文化的影响以及这种影响对旅游发展的反作用开始受到人们的关注。

从总体上来看,我国的旅游文化研究仍处于起步时期,这与我国旅游业发展的现实是很不相称的。令人欣喜的是当前无论旅游学界还是旅游业界都已意识到了旅游文化研究的意义,这为我国旅游文化学的繁荣打下了良好的基础。

三、旅游文化的未来发展

旅游文化的特点与文化的特点密切相关,但同中有异:文化的特点决定并包含了旅游文化的特点,而旅游文化与文化在外延上并不相同,因此又有着不同于一般文化的类型和特点。

关于旅游文化的特点,理论界诸说并出,论述颇多。大致来说,旅游文化从其自身的范畴、结构和规律来看,主要有这样一些特点:一是地域性,二是延续性,三是民族性,四是实用性,五是多样性,六是广泛性,七是思想性,八是时代性。其中,地域性、延续性、民族性、实用性和多样性,是旅游文化最为显著的特点。受中国文明和中国旅游发展道路的影响,在中国特定社会、政治、经济、思想和文化的制约下,中国旅游文化形成了不同于异地他邦的类型和特点,如宗法性、封闭性、伦理性、尚近游黜远游、好群游慎独游的特点,它们贯穿于中国古代旅游文化的始终,对今天中国旅游文化的发展仍有着这样那样的影响。

文化发展的一个基本规律是文化的积累和变革。每一代都会在继承前人文化的基础上,增加新的知识和内容,这是文化的积累性;同时,文化又会随着社会经济、政治的变革发生变化和革新,这是文化的变革性。当我们考察文化的积累和变革的时候,常常会发现一些相对稳定、长期延续的内在因素,它们在文化积累中一再被肯定,在文化变革中一再被传承,这便是我们所说的文化的"传统"。旅游文化传统作为社会意识之一,其形成和发展与数千年物质文明和精神文明共同进步、交相推进,因而具有稳定性和变革性的特点。传统旅游文化在现代应适应形势发展,有所继承和创新。

(1)建立商品经济基础上的现代旅游文化

农耕自然经济是中国古代社会经济的主体,这种自给自足的封建经济从春秋战国时期一直持续到鸦片战争以后,对中国传统文化具有决定性的作用和影响。作为中国文化之一的中国传统旅游文化,其产生与发展自然也摆脱不了农业经济以及建筑于其基础之上的宗法制度的制约。

而旅游经济则是一种商品经济,现代旅游文化是一种建立在商品经济基础上的文化。但中国古代商品经济是为了补充农耕经济的不足和满足大一统中央集权国家的需要而产生和发展的,因此对农耕经济具有很强的依附性,缺乏独立发展的基础和个性。

虽然中国古代商品经济在历史进程中呈现总体上升的趋势,但是相对于占主体地位的自然经济而言,仍处于一种较为低迷的状态,尤其是在明朝中后期,转型的旅游文化终究未能冲破传统文化的束缚,就是最为典型的例子。所以,传统旅游文化只能是一种建立在农业经济基础上的文化,只要这种经济基础未从根本上改变,旅游文化也就不可能彻底变革。而现代旅游文化与市场经济建设相适应,只有大力发展社会主义商品经济,才能更好地建设现代旅游文化。

(2)树立旅游文化的新概念

传统旅游文化是被动的、消极的、保守的,而现代的旅游文化则是积极的、主动的、创新的。在古代,农民固守土地,从事周而复始的农业劳作,当然不可能萌生出门旅游娱乐身心的动机。但在温饱问题已经解决的今天,大多数人在工作、学习之余,产生了旅游的愿望。于是,在经济条件允许的情况下,越来越多的人去参加旅游活动,以实现休闲娱乐的目的。通过旅游,人们能增长见识、开拓视野,增强对旅游地风俗习惯的了解,从而加深地区间文化、经济交流。

现代旅游文化建设,必须打破旧的、封闭的旅游观,树立新型、开放的旅游观。同时积极开发新的旅游资源,推出更多的旅游项目,加大对旅游地文化内涵的宣传力度,激发游客的兴趣,从而吸引更多的客源。

(3)变封闭的旅游文化为开放性的旅游文化,变因循守旧的旅游文化为突破创新的旅游文化

传统旅游文化的封闭性是由中国所处的封闭地理环境和中国文化传统的保守性共同作用而造成的,而新型的旅游文化则应是开放的旅游文化。传统的旅游文化是因循守旧的文化,当代旅游文化应该是突破创新的文化。循例从众和因循守旧分别是中国人历来的认知方式和行为方式,这种认识方式和行为往往引发文化的守旧、单一趋势,扼杀个性和创新。

在中国古代,许多旅游文化现象都体现了这一情况。宋宁宗给宋迪的"潇湘八景"配了诗,于是一夜之间,天下八景泛滥成灾,以致许多州、县甚至普通乡镇都有了"八景"。中国古代的帝王巡狩,从上古时代的尧、舜、禹一直到清朝的乾隆,世道代代相传,而无根本上的改进和变动。

今天的旅游发展中,也存在着这种毛病。一有新的旅游景点或旅游线路开设出来,抄袭模仿者甚众,近些年来遍地开花的"主题公园"就是典型例子。要实现旅游文化的现代化,就必须打破这种缺乏创造力的趋同思维定势,鼓励旅游建设的多样性与独特性。

(4)义利并重的旅游文化方向

传统的旅游文化重义轻利,当代的旅游文化应该义利并重。

中国历史上重农抑商的观念由来已久,与之相对应,人们的价值观念也重义轻利。中国古代捐资修建旅游点的人很多,有富翁,有地方官,有的和尚道士甚至倾毕生精力四处化缘修复寺庙或道观。然而这一切的行为动机只有一条,那就是积德和留名,很少有人利用风景名胜来赚钱。

因此,中国旅游文化传统中是缺乏商业意识的。在商品经济日益发展的今天,我们要想做好旅游建设,必须义利并重,既讲社会效益,又讲经济效益,从而使其成为我国的一项支柱性产业。

(5)未来的旅游文化将是"世界的"与"民族的"二者的统一

未来的世界,以技术长足进步、信息迅速传递为推进器,市场将进一步扩大与深化,各国、各族人民物质生活和精神生活的联系将日益增强。

然而,文化交流的世界性并不意味着排斥、取消文化的民族性。世界文化的多样性,是在各民族特色文化的基础上形成的。未来的旅游文化既不可能是本民族传统文化的原型推进,也不可能是外来文化的整体移植,而只能是两者的有机结合,是两者在更高层次上的交融性再创造,是"世界的"与"民族的"二者的统一。但首先必须是民族的、独特的,才有资格和可能在世界文化之林占有一席之地。

课后思考

1.什么是旅游文化？旅游文化的形成与什么有关系？

2.旅游的三要素是什么？

3.旅游文化是否等同于文化旅游？二者有何关系？

4.简述我国现在的旅游文化的状况。

5.讨论我国的旅游文化建设的必要性。

第二章 历史中的中国旅游文化

本章从历史发展的角度探讨中国古代旅游形式及其特点，探讨中国旅游文化的产生、发展和演变。中国旅游文化之所以能够形成灿烂多姿的旅游文化局面，正是由于在历史语境中传承、综合、更新并发展的结果。

第一节 中国古代旅游形式和特点

中国古代旅游大致可分为帝王巡游、文官宦游、商人行旅、市民郊游和僧道云游。除此之外，还有游说之游、婚嫁之游、探险之游等。通过对中国古代旅游形式的考察，可以感受到中国古代旅游重实用轻娱乐、重安居轻别离、重近游轻远游、重群游轻独游的民族特点。

在各种远行、游猎、商游、游学、游说等旅行活动中，“帝王巡游”是最为突出的功利性旅游现象。奴隶主阶层的巡视和游历向来被认为是以消遣、享乐为目的的，但其最初也是出于现实的功用目的。帝王巡游的根本目的是为了控临天下，稳定他们初奠的疆土。在“人民少而禽兽众”的洪荒年代，那些上古“帝王”(部落联盟首领)如黄帝和尧、舜、禹等，都不断在被征服的土地上巡视，一方面是显示其入山林川泽而不迷的本领，同时也为了加强对疆土的控制。

随着夏启建国，阶级形成，巡游更成为帝王控临疆土维护王朝统治的工具。周王、秦皇、汉武，都有过规模盛大的巡游。帝王巡游对社会正常运转起着促进作用。《孟子》载夏谚道：“吾王不游，吾何以休；吾王不豫，吾何以助。一游一豫，为诸侯度。”表明在夏代百姓的心中，帝王巡游是以处理政事、为民谋福为宗旨的。因而《礼记·王制》记载，“王者五年一巡狩”，“命太师陈诗以观民风”；清代唐甄在《潜书·善游》中列举古代帝王巡游的种种好处：“政修治民，民心悦服；山川之色，更益美观；流览之怀，更为悦豫。”因而四海之民“唯恐天子之不好游也”。

随着封建制特别是科举制度的确立，以维护疆土为目的的帝王巡游逐渐让位于代天子布政的文官宦游。而帝王的宫、苑、台、观等，除其政治功能外，也由游猎、通神、生产等功利目的，逐渐转向以游憩、观赏为主。

在两汉，宦游作为入仕的一条道路，成为知识分子面广日久的功利性旅游形式。其功利性还表现在，人们普遍认为一个不事旅游的人就会孤陋寡闻，不能委以重任。如王褒由益州刺史举荐入朝时，在所上《圣主得贤臣颂》中直言："今臣僻在西蜀，生于穷巷之中，长于蓬茨之下，无有游观广览之知，顾有至愚极陋之累，不足以塞厚望以明旨。"而隋朝开始确立的文官制度更使文官宦游活动风行一时。为了消除魏晋南北朝时期的贵族专权现象，隋朝开始推行科举制度选拔官吏，从此在中国漫长的封建社会中掀起了读书热和官吏文人化浪潮，导致求学旅游、赶考旅游、赴任旅游、谪宦旅游的经久不衰，推动了游山玩水、寻访古迹等审美旅游的发展。唐朝的李白、杜甫、白居易，宋代的苏轼、欧阳修，以及明清的袁宏道、徐霞客、顾炎武、纪昀等都足迹遍及中国，遗踪四处可见，并成为后世的旅游资源。作为古代旅游主力的文人旅游，其出游的动机几乎都与"修身-齐家-治国-平天下"有关，把山水之游当作修身养性、调整心性的对象和工具，呈现出"内敛及身"的功利特征。

中国古代的旅游主体除了上流社会，还有下层社会的商人、市民和僧道等。就市民郊游而言，几乎历代都城附近都有一个旅游胜地供市民游览，如唐代长安的曲江池、北宋汴京的金明池、南宋临安的西湖等。《醒世恒言》卷14说得好："从来天子建都之处，人杰地灵，自然名山胜水，凑着赏心乐事。如唐朝便有个曲江池，宋朝便有个金明池，都有四时美景，倾城仕女王孙，佳人才子，往来游玩。天子也不时驾临，与民同乐。"杭州西湖，"车马往来繁盛，填塞都门"，人们"倾城而出，笙歌鼎沸，鼓吹喧天，虽东京金明池未必如此之佳"，直到"红霞映水，月挂柳梢"之际，游乐活动"尚犹未绝"。

在强调道德伦理的中国文化体系中，个人是通过他人、通过特定的社会关系来定义自我的，必须接受道德伦理和群体关系的制约。这与崇尚人性，强调个体对于家庭、群体、国家、社会之优先地位的西方截然不同。由于传统中国是一个典型的农耕社会，因此伦理本位就集中表现为家族本位或家庭本位，行动模式倚重家庭、家族，缺乏现代意义上的团体生活，很少出游。即使有旅游活动，地点上也大都以附近地区的近游为主，组织上以家庭、村落、地望为单位，形式上扶老携幼、举家出游，时间上大都与特定的农时节庆相关联，表现出浓厚的农本色彩。

商人旅游应该说是中国出现最早也最普遍的旅游形式。美国学者罗伯特·麦金托什于20世纪70年代提出：东方早期的旅行家，尤其是中国和印度，主要起源于贸易交往。20世纪90年代以来，我国出版的旅游学著作大多采用这一观点，认为旅行（或称最早的旅游）最初实际上远不是消遣和度假活动，而是出于人们扩大贸易、扩大对其他地区的了解和接触的需求而产生的一种现实活动。在整个中国封建社会，最为活跃的可以说是商务旅行，因而史书和文学作品中"商旅"一词到处可见。商人们忙碌经商之余也悠然游玩，他们常常"千里游傲，冠盖相望"，唐代金陵（南京）的长干里便是以商人远游经商而出名的。我们之所以将商旅放在后面论述，是因为这种旅游形式不但扩大了旅行的半径，促进了通都大邑的建设，造就了大批旅游城市，而且突破了传统旅游观念的束缚，与传统农耕经济背景下的民族旅游性格颇有不同。

而超尘出世的僧道们的云游活动则是对中国民族旅游性格的彻底反动。道教的葛洪登涉求仙的同时，踏迹揽胜、优游山水；陶弘景遍历名山大川，"仰青云，睹白日，不觉为远"；郭璞认为“朱门何足荣,未若托蓬莱”,因而“放情凌霄外,嚼蕊挹飞泉”。而佛教徒为了追求宗教信仰,超脱人世苦海和追求来世的幸福,更有着儒家中庸平和观念陶铸出的常人所没有的偏执气质和无畏精神:落发弃亲的出家行为,使其超脱了孝道和伦理的羁绊,敢于“父母在而远游”,“登高临危”去云游,在深山密林中禁欲修行,而在名山大川修建寺庙,客观上促进了旅游景点的建设;在虔诚信仰的激励下,他们跨越高山、远涉重洋去“西天”取经,出现了中国古代鲜见的冒险旅游和航海旅游,成为中国旅游史上独树一帜的壮举。

课后思考

1.中国古代旅游大致可以分为几种?

2.中国出现的最早的旅游形式是什么?

3.中国古代的旅游主体是那些?

第二节　中国旅游文化的发展演变

一、中国旅游文化的萌芽期

旅游的先驱是商人，最早旅游的人是海上民族腓尼基人。旅行作为一种社会行为，古代即已存在。中国是世界文明古国之一，其旅行活动的兴起同样居世界前列，中国早在公元前22世纪就出现了。

(1) 史前时期

史前时期是指夏朝以前的神话传说时期。虽然中国神话不如希腊神话那样丰富完整，但在先秦古书中，仍然保存了一些极有价值、能让我们间接了解先民旅游活动的神话传说。

中华民族的始祖黄帝，在秦汉时期的典籍中，特别是道家的著作中，是一个足迹遍布天下，性好远游的古代帝王。传说“黄帝游幸天下，有记里鼓，道路记以里堆”。“里堆”也即后世记载道路里程的土堆。

最早是先秦时期的旅行和旅游，最典型的旅行家大概要数大禹了，他为了疏浚九江十八河，游览了大好河山。西周的周穆王是我国最早有记载的帝王旅行家，他走遍了西北、华北等许多地区，甚至造成“西巡狩乐而忘归，徐偃王作乱”。孙子周游列国，孟子率领弟子“后车数十乘、从者数百人”，苏秦、张仪、公孙衍“连横”“合纵”游说诸侯等。我国保存最早的诗歌经典《诗经》也曾颂扬了殷商西周时代的民间出游活动(观乐、现社、观腊、观祭祀)。

(2) 夏商周战国时期

夏代的旅游资源，我们迄今所能见到的文字资料除了《尚书》《史记》等几部古书中关于大禹治水的记载外，“吾王不游，吾何以休？吾王不豫，吾何以助！一游一豫，为诸侯度”的谚语也反映了很多信息。夏、商、周三代的帝王旅游，一般叫“巡狩”或“游豫”，都是与农业生产密切相关的政治活动。

夏代发明的舟车到了商代更加普及和先进，使商人的足迹走遍了他们所知道的世界。商朝的商业旅游已很活跃，商代车工已能制造相当高级的两轮车，车轮有辐条，结构精致华美。殷商13族中有9族是专业商户。从殷墟卜辞等可见，商代君臣对商人远贾非常重视。在《易经》中有一“旅”卦，专门记载商旅的活动。到春秋战国时期，商业活动更有长足发展，出现了许多大商人，为了“市贾倍蓰”而不顾“关梁之难、盗贼之危”(《墨子·贵义篇》)，负货贩运，周游天下。

夏、商两代的旅游接待设施，因文献难征，不得而知。周代的旅游接待设施，已经相当普遍了。《周礼·周官》：“凡国野之道，十里有庐，庐有饮食。”夏、商、周三代最大的且有文字记载的旅行家，当推夏禹和周穆王。夏禹的旅行当然是与治水相关联的。周穆王是西周第五代国君，在位55年，天性好游，发下宏愿，要使天下都布满他的车辙马迹。反映他旅游生涯的《穆天子传》，是他的十名随行史官秉笔直书的实录。

到了东周，礼崩乐坏，王纲解体。大批周天子身旁的文化人离开中央，分别投奔各诸侯，官学下移。从此，在中国历史上出现了士阶层。由于诸侯争霸，周天子无力控制局面，士阶层显得异常活跃。孔子、孟子、苏秦、张仪，都是春秋战国时期众多策士中的杰出代表。知识分子朝秦暮楚，奔走不暇，开创了中国旅游史上的新纪元。因为在此之前，旅游者主要是帝王，而此后，像孔子这样没落的贵族，乃至他众多出身各异的弟子，像苏秦、张仪这样出身寒微的人，都加入到旅游队伍中来了。虽然那时的旅游，主要目的还不在欣赏娱乐，而是周游列国，致身卿相。

春秋战国是中国历史上旅游的第一个重要时期。随着生产力的迅速发展，这一时期的道路交通比商周时期有了提高，商旅因此而兴盛，由此形成了中国早期的旅游思想。此时期，交通比以前有所发展。陆路交通方面，当时已有“国中之道”和“野鄙之道”的区分。驿路四通八达，形成了陆路交通网。还有许多历尽艰难筑成的道路工程，如秦国修筑的褒斜道栈道，齐鲁建设的黄淮交通网络等。水陆交通方面，这一时期不仅利用自然河道，还广为开凿人工运河。

比如吴国开凿的邗沟，魏国开凿的鸿沟等，大大便利了南北航运。此时的造船业已较为发达，吴越两国是其代表。战国时期中国的造桥技术也臻于成熟，秦国建造的中渭桥是中国古代相当著名的一座桥梁，充分显示了当时造桥技术的高超。随着旅行活动的频繁，此时期的旅游业也有较大的发展。此时期各诸侯国为了自己的生存与争霸，竭力发展经济，并非常支持商业，因此商业旅行十分兴盛。而君主贵族的狩猎旅游活动十分普通，楚襄王、蔡灵侯、楚昭王等人都是典型的旅游君主。此外，民间的旅游娱乐活动已相当普遍。此时期的孔子就是一位大旅行家。他用了十几年的时间周游列国，足迹遍及山东、河南、安徽、湖北四个省份。

(3) 秦汉时期

秦汉时代是中国封建社会的初盛期。远行成为这一时期旅游活动的主要特色。

秦始皇统一全国后，规定车宽一律六尺，一边通行全国。水路交通方面，秦凿修了长34公里，沟通长江与珠江两大水系的灵渠，使南方地区只经水路便可与中原荆楚吴越相通。汉武帝时，国力强盛，相继修筑了“回中道”“褒斜道”“子午道”等，并最终形成了以京城长安为中心向四面辐射的交通网。汉代又不断开拓对外交通。当时有著名的丝绸之路，还有一条通向南方的“灵关道”。秦汉时代的交通工具较以前也有很大发展。

此时期的旅游活动中，最突出的是帝王巡游，代表人物是秦始皇和汉武帝；使者远行，突出实例是张骞通西域；学者周游考察，典型为司马迁周游写《史记》。

旅行与旅游从某种意义上说，就是在进行一种文化交流，不同的旅行者就是不同文化的传播者。秦汉时代，通过众多的旅行者，中国文化从东西南三个方向与外部世界展开了多方面、多层次的广泛交流。而且，游记在此期间萌生。比如枚乘《七发》和司马相如的《子虚赋》和《上林赋》。除游记外，秦汉时期还有一些反映旅游活动的诗歌。

二、中国旅游文化的形成期——南北朝时期

魏晋南北朝是中国历史上比较特殊的时期。一方面,社会动荡不安,一方面整个文化领域异常活跃。魏晋人为避战乱经常栖身于山水之间。

此时期的士人们“以玄对山水”,主张从自然山水中去领悟“道”的意境。这种对自然山水特质的全新观照,催发了人们欣赏自然风景的莫大热忱。因此山水旅游成为了魏晋人们的主流旅游方式。谢灵运、王羲之、郦道元是魏晋文人旅游的突出代表。

虽然长期处于战乱之中,但由于战争运输需要,魏晋南北朝时期十分注重交通和交通工具的建设与发展。三国的曹操大兴土木,在魏国建成一张水陆交通网。南北朝时还有两条通往西域的国际陆路通道。三国时东吴的造船业非常发达。孙权多次派部下横渡台湾海峡和琼州海峡。

三、中国旅游文化的发展期——隋唐宋元明时期

隋唐是中国封建社会的盛期,疆域辽阔,文化兴盛,经济繁荣。以此为依托,中国古代旅游业也呈现出一种前所未有的强劲态势。万里远行是唐代旅游的一大特点;天下漫游,是唐代文人的重要生活方式。

隋唐统一后,全国的陆路交通再次畅通无阻,数条主要驿路以国都长安为起点向外辐射,宽阔平坦,方便行驰。大运河的开凿是隋唐水上交通发展的一大标志。它成为南北物资交流的大动脉,商人游客往来的要道。隋唐又两座久负盛名的拱桥:安济桥和宝带桥。

发达的交通,加上社会安定、经济繁荣等诸多因素,直接促进唐朝商贸旅行的兴旺。同时,唐代的中外经济文化交流活动也得到加强,陆上“丝绸之路”在贞观年间大有扩展,“海上丝绸之路”也于隋唐开通。于是,唐代东西往来的商人、僧侣、使臣、艺人络绎不绝,中外交流旅行达到了高潮。

在民间,到郊外去春游和秋游已成为百姓们普遍的生活内容,清明节踏青与重阳节登高成为交友的最主要的方式。

隋炀帝是中国历史上非常有名的游历皇帝。唐代帝王巡游的代表是武则天和唐玄宗李隆基。玄奘是唐代佛徒中最伟大的旅行家。

北宋时政治暂时稳定,经济再度繁荣,为旅游提供了前提条件。市民文人在如画的风景中游而忘返,旅游乃是宋朝社会生活的一个重要组成部分。

频繁的战争使宋朝丧失了北方黄河流域的国土,所以陆路交通没有明显发展。但是这一时期航海造船业的长足进步,为海外交通提供了发展的基础。宋代造船厂遍布全国,以东南、华南沿海地区为最多。所造的船不仅体积巨大,而且在动力、性能、结果等方面都表现出造船工艺技术的先进。造船业的发达直接推动航海事业的发展,使宋代的海上旅行航程更远,范围也更广。

桥是人们旅行中不可或缺的建筑。宋代著名的桥梁有洛阳桥、卢沟桥、安平桥、广济桥等。

北宋的对外联系十分广泛,往来的旅行者很多,所以驿馆盛极一时。

元朝是一个横跨欧亚,疆域极为辽阔的大帝国,这为旅行奠定了大好的地域条件。但是,由于元朝统治者封闭的视野和极端的民族歧视政策,这一时期的国内旅游活动受到压抑,远不如唐宋时代。

元代通往西方的道路规模更大,效率更高,发挥了更为直接的重要作用。在这庞大的国际交通网中,元大都北京始终处于中心位置。元朝海上交通依然发达。元代驿站四通八达,纵横中外。

此时代杰出的少数名族旅行家有耶律楚材,最著名的宗教旅行家是丘处机和拉班·扫马,最杰出的航海旅行家是汪大渊。马可波罗是古代最伟大的西方来华旅行家。

由于严重的民族压迫政策,元朝的文人旅行家不多,主要的有关汉卿、王冕等。

明初,为了向海外显示国威,也为了重新建立与西域和海外各国的联系,明王朝连续派遣使者下西洋,去西域,形成了出使旅行的高潮。

明王朝建立后,朱元璋迅速整顿驿路混乱的状况,全国州县普遍设置驿站。海路交通较元代的陆路交通有了更大的发展。明朝时期的造船工厂分布之广,规模之大,配套之全,是历史上空前的,达到了我国造船史上的最高水平。

明代的旅行旅游活动主要有:文人游乐,代表人物有唐寅、袁宏道、袁中道等;出使远行,代表人物有郑和;科学考察,代表人物是徐霞客;外国来华旅行等不同类别。

明代留给后人众多的人文旅游资源,最著名的有长城、北京故宫、天坛、十三陵、平遥古城、江南园林等。

四、中国旅游文化的转型期——清时期

清朝是中国最后一个封建王朝,其前一阶段一直维持着传统的旅游形式,到了后一阶段,中国步入近代,旅行旅游也因此增添了新的社会内容:国门打开,出国旅行以各种形式广泛展开;西方科技输入,出现了轮船、火车等新的交通工具,并出现了西式新旅馆。由此,中国旅游业也进入了一个新的发展时期。

总体来说,中国旅游文化的发展史,从远古时期到现在,一直大规模发展,直到今天旅游文化空前繁荣昌盛。

课后思考

1、简述中国古代旅游的特征。

2、中国古代旅游形态是从什么时期开始转变的?

第三节 中国旅游的发展流变及其特点

中国旅游的发展及其演变，是在中国古代特定社会经济背景中形成的，反映了中国特有的民族性，也显示了中国文化特有的一些要素。从对中国古代旅游及其特点的综合考察可以发现，中国历史上，虽然在社会动荡不安、传统思想受到重创的时候，有时也会引发寄情山水的旅游热潮，如魏晋南北朝等时期；但旅游较为兴盛的时期，大抵都是商业经济较为繁荣，社会文化较为宽松的时代，如汉唐时期；而自觉的旅游意识，则尤其表现在16世纪的明朝中后期。在清朝高压政治和闭关锁国经贸政策的打压下，曾在明朝中后期一度繁荣的旅游又复归沉寂。近代随着封建大门的打开，国人出国考察、求学、经商的人数也不断增加。经济发展和社会思潮在其中所起的作用是显而易见的。

一、农耕自足经济对中国旅游的制约

社会经济发展水平对中国旅游的起源和发展演变，农耕自足经济对中国旅游的民族特性有着决定性的影响。

(1)经济水平决定着旅游发展

在新石器时代中期以前，由于生产力的低下和生活物资的高度缺乏，人类在饥寒交迫中不可能会有意识地外出旅游。新石器时代晚期，随着生产工具和生产技术的进步，手工业从农业和畜牧业中分离出来，商品经济得到迅速发展。到原始社会瓦解和奴隶社会形成时期，开始出现了专门从事商品交换的商人阶级。商品经济的发展使得不同产品交换的地域范围不断扩大，从而产生了商人旅行活动。

由于经济的发展、交通工具的发明、冶炼技术的提高和地理知识的积累，在商贸旅行盛行的同时，宗教旅行、游学旅行、考察旅行等也得以逐渐兴盛。封建经济的发展和交通出行的便捷，为更多的人在更大范围内的旅行提供了必要的经济基础和物质条件。隋朝虽然短暂，但南北统一，社会安定，水陆交通发达，封建经济繁荣，园苑大批兴建，迎来了本朝和唐代的旅游高潮。唐宋以后，随着商品经济的发展和文化转型的启动，关禁和宵禁松驰，商人逐利而行，活动规模和范围大为扩展。到明朝中后期，商人、市民尤其是广大妇女的踊跃加入，成为这一时代的旅游特征；文官宦游和文人漫游在商人远游风尚和市民文化的影响下继续发展着。

正如墨子所说，“食必求饱，然后求美；衣必求暖，然后求丽；居必常安，然后求乐”，中国早期的旅游活动实际上是当时社会生产和生活的一部分，只有当社会经济发展到一定的程度，旅游才会成为人们较高层次的享受。扬州每逢清明“城中男女毕出”，“四方流寓及徽商西贾、曲中名妓、一切好事之徒，无不咸集”，游乐项目令人目不暇接。西湖之春、秦淮之夏、虎丘之秋，都是盛况空前。

(2)旅游设施建设有赖于必要的经济发展水平

如果没有必要的旅游服务设施,旅游者的出行是十分困难甚至不可能的。在先秦时期,除了官方驿站和极少数民间逆旅(客舍)外,民间旅游的物资准备都是旅游者自己准备的。《庄子·消遥游》载,古代旅游者"适百里者宿舂粮,适千里者三月聚粮"。随着社会经济的发展,道路得到大规模建设和整治,"周道如砥,其直如矢"(《诗经·小雅·大东》),旅游物质设备也逐渐主要由中介服务体来提供,大大方便了旅游者的出行,使旅游者的出游范围和次数大为增加。

就出游最离不开的旅馆而言,潘岳认为在尧时已经出现:"语曰:许由辞帝尧之命而舍于逆旅。"逆旅即旅馆。这当然只是传说,但在周朝祖先公刘迁豳后规划新城时就已设计了"庐旅",此后还将旅馆建设与道路修筑结合进行,道旁栽树,每十里建庐舍,为旅行者提供饮食。周代还建立了专门接待国宾的食宿设施——"馆"。驿馆是官办招待所和交通机构,豪门贵族也有招贤纳士的客舍。与此同时,私营旅店也有了长足发展。与墨子齐名的杨朱在宋国投宿的逆旅就是丈夫为店主、妻妾二人为伙计的民间旅店。战国时民间旅店已经发展到让保守的统治者感到必须大力整治的程度。秦汉时逆旅有了更大规模的发展,不但接待商贾、游客,还接待官吏。三国时曹操把旅店的兴旺看作社会安定经济繁荣的标志之一而加以提倡。西晋初年虽又有人以"逆旅逐末废农,奸淫亡命,多所依凑,败乱渡度"为由主张关闭逆旅,但民间旅店"冬有温庐,夏有凉荫",所以依然"连陌接馆","近畿辐辏,客舍亦稠"。民间旅店最初不设在市内,是随着商业的繁荣、商业大都市的形成,以及城市结构的变革,才逐渐进入城市的。宋代的餐饮业和旅店业已相当发达,有正酒店、花园酒店、茶肆、熟食店等,这些酒店或装饰成彩门,或张挂名画,"勾引观者,留连食客",甚至还用音乐伴奏招徕顾客(见《东京梦华录》《梦粱录》)。到明代,旅店设施更加完备。时人张岱游泰山,未到目的地即有"牙家走迎,控马至其门",到旅店后住店、租登山工具、买门票(山税)都有人按章代办,出山有人送,到山有人迎,下山后晚上又有"巨戏开筵,酌酒相贺,谓之朝山归"。当时行业规模已经较大,有"优弹唱百十群,奔走祗应百十辈,牙家十余姓"(张岱《缳文集》)。

经济繁荣是旅游发展的基础,同时旅游对经济也有反作用力。各旅游地都出现了一批依赖旅游业为生的小商店、小商贩、小商品,苏州还出现了出租游船的船行,扬州也有出租马驴的租马局。张岱游泰山后估算,"入山者日八九千人,春初日满二万,山税每人一钱二分,千人百二十,万人千二百,岁入二三十万",惊呼"山税之大,足以见吾泰山之大也。呜呼泰山"!当时的人已清楚地看到旅游的作用:"西湖业已为游地,则世民所籍为利,日不止千金。有司时禁之,固以易俗,但渔者、舟者、戏者、市者、酤者咸失其本业,反不便于此辈也"(《广志绎·江南诸省》)。"以苏、杭之湖山而言之,其居人按时而游,游必画舫肩舆、珍馐良酿,歌舞而行,可谓奢矣,而不知舆夫舟子、歌童舞妓,仰湖山而待者不知其几。故曰:彼有所损,则此有所益"(陆楫《蒹葭堂杂著摘抄》)。清楚地指出了旅游经济(商业经济)与民生民计的关系。

反观第二次世界大战以后出现的现代旅游,特别是20世纪60年代以后迅速普及的社会化大众旅游,其繁荣主要是由于战后世界经济发展迅速,劳动生产率的提高使劳动者的带薪假期和奖励旅游得以实现并不断增加；而交通运输工具的进步大大缩短了旅行的时空距离，使出行更为便捷可行。而这些都是传统社会语境下不可能提供的。可见传统旅游的落后和现代旅游的发达，最大的制约就在于经济发展水平的高低。

(3)从中西方旅游发展对比中看社会经济的影响

各民族从野蛮期高级阶段向文明社会过渡时期的社会经济条件如何，对旅游观念以及旅游行为有着至为重要的影响。通过对中西方不同旅游发展状况的对比和解析，可以清楚地看到不同社会经济背景的影响。

在古代西方，临海环境、城市经济和民主社会，促成了古希腊罗马十分发达的旅游活动。繁荣的经济基础以及在此基础上形成的包括宽松的自由气氛在内的种种便利，孕育了自由的旅游观念和旅游行为。古罗马哲学家普鲁塔克在评论当时的旅行风气时不无感概地说："这个世界的涉足者把他们一生中最宝贵的时间都花在旅馆和船上了。"但到公元5世纪，随着罗马帝国的衰亡，城市衰落，商业凋零，贸易数量剧降，商务旅行者骤减，加上道路和安全等原因，以至出现了诺沃尔1936年在其所著《旅游业》中所说的情况：在欧洲"有可靠的证据表明，从罗马帝国衰落，直到上个世纪中叶这段时期内，是没有多少人外出旅行的"，旅行状况远不如罗马帝国时代。直到中世纪时城市开始复兴，中产阶级迅速增长，外交、贸易旅游才重新迅速发展。经济发展对旅游作用显而易见。

商贸经济对旅游的发展有着极大的推动作用，但我国上古却不具备古希腊罗马旅游赖以发展的城邦经济和政治自由。晋文公的"轻关、易道、通商"政策，能使"天下之商皆悦而愿藏于其市"，使"天下之旅皆悦而出于其路"(《孟子·公孙丑上》)，而重农抑商政策的推行则会大大抑制旅游行为的发生。中国传统的主导经济是以农业为基础的自然经济，农本经济导致重农抑商政策的推行，生产规模的狭小，限制了人们的眼界，制约着人们的旅游观念并直接影响到人们的出游行为。在中国传统农业社会里，旅游一直被视为影响社会稳定的因素，"游手好闲""泛游人""游食之民""游民"等都充满了贬损的色彩。为了适应农业经济的国本地位，从战国时李悝、商鞅到后来的许多统治者都推行过重农抑商政策。与对商人的抑制相对应的是把农民附着于土地之上，这样的结果必然使旅行和旅游受到遏制。处在小农经济的环境中，"安土重迁"已成了当时中国人的国民性，对离乡别家的旅游有一种心理障碍。这种民族旅游性格决定了娱乐性旅游的萎顿，旅游活动以实用性为主。到封建社会开始繁荣的中古时期，尤其到资本主义萌芽的明朝中后期，在商业经济不断发展并日渐成为社会生活的主导形式的背景下，传统的禁游之类律令，在强劲的新经济、新思潮的冲击下才逐渐分崩离析。正如马克思所说，商人对于以前一切都停滞不前的社会来说是一个革命的要素，"现在商人来到这个世界，他应该是这个世界发生变革的起点"。

中国上古与中古不同社会经济背景中旅游发展的不同表现形态，中外不同语境中旅游发展的不同模式，都反映出农耕自足经济对中国旅游的民族特性有着决定性的影响。

二、封建专制制度对中国旅游发展的遏制

恩格斯指出，农业社会"始终是东方专制制度的牢固基础；它们使人的头脑局限在极小

的范围内，成为迷信的驯服工具，成为传统规则的奴隶，表现不出任何伟大和历史首创精神”。在这种专制气氛中，包括旅游观念、出游方式在内的思想和言行无不受其框架之限。

(1)专制制度和宗法观念对中国旅游正常发展的遏制

中国古代的中央集权为了加强对基层百姓的控制，历来都千方百计防止他们四处流动和迁移，用“重农抑商”政策和“安土重迁”观念来束缚他们，从而使古代下层民众的旅行和旅游活动大为减少。周朝时，设有司寤氏专门负责“御晨行者，禁宵行者、夜游者”，制定了限制下层群众旅行的通行证制度和宵禁制度，前者规定“无节者不行于天下”，后者规定夜间不许出门和行走。至战国时，魏国和秦国的法家都制定并推行抑制旅游、禁止私营逆旅的制度。魏国李悝制定的《魏户律》规定：经营商贾和客店的，与给人家做赘婿的一样，都不准立户，不分给田地房屋；而在《魏奔命律》中更严厉规定：经营客店的人将要被处决，他们的同族兄弟要遣送从军，无须怜惜。秦国商鞅在《商君书·垦令》中提出：“废逆旅则奸伪、躁心、私交、疑农之民不行。逆旅之民无以食，则必农。农则田必垦也。”秦朝颁布了一系列有关旅游的法律条文，如《游士律》《捕盗律》《关市律》等，旨在禁止非法旅游，维护正常的交通秩序。此后历代都有类似法律。总体上来说，古代旅游法规大都是限制基层群众旅游的，目的是为了减少“游手好闲”之民，巩固农本经济，稳定统治秩序。南宋叶适所说的“古之善政者，能防民之佚游，使从其教”，集中反映了古代政府对百姓旅游所持的抑制态度。而这种集权制度和专制做法，对中国古代的旅游发展有着很大的阻抑作用。

农本社会中宗法制的社会结构，则从另一方面对古代旅游尤其是下层社会的旅游起着深层的抑制作用。宗法制讲究同族聚居，故产生了重血缘、重乡土的社会心理。与中国农耕经济和宗法制度相适应的儒学思想，就代表了中国古代特定地理环境和经济背景下中国人重视家乡观念、家庭观念、安土重迁的普遍心态。“父母在，不远游，游必有方”（《论语·里仁》），提出了重家庭轻出游的旅游观念和倡近游反远游的出游方式。隋炀帝的大肆巡游劳民伤财，最后国破人亡，成为唐朝君主的前车之鉴。李世民就竭力反对远游而倡导近游。宋王禹《李氏园亭记》就大为赞赏近游的好处：“游赏息，近而不劳。”综观古代中国民众的旅游形式，可以发现主要是近游和群游。

虽然专制政府对上层人士的旅行、旅游并无太多限制，但受到中国民族旅游文化的深层制约，即使上层社会的旅游活动，也时常受到宗法观念的制约，纵然是至高无上的皇帝，也要游而有度、游必有方，有时想摆脱公务外出旅游，大臣们却会以祖宗教诲、先帝遗训等加以反对，如果再有太后在上，就更不能轻举妄动，实在要旅游，就只得“微服出游”。

(2)休闲天性在经济繁荣、思想宽松背景下的释放

休闲娱乐是人的天性，即使在高度专制、固步自封、安土重迁的社会历史背景下，旅游休闲的成分还是时有流露，并日益显现，在合适的时空背景下（如经济繁荣时期或社会动荡、传统观念受到巨大冲击的魏晋南北朝时期）有时甚至会表现得相当突出。从历史发展的观点看，旅游不但是经济发展的产物，也是人类文化进步的结果。

据《风俗通义·祀典第八》载，原始部落首领共工的儿子“好远游，舟车所至，足迹所达，靡不穷览”，因而“祀以为祖神”，亦即当作旅行之神祭祀。传说黄帝妻子嫘祖好游，死后被尊为路神。夏以后,帝王巡游除了控临疆土之外,还因权力的滥用而出现了伴随性的娱乐活动。周穆王的巡游就富有浪漫神奇的色彩,具有很强的游乐性质,《列子》称周穆王因受到西方魔术师的诱惑而“肆意远游”,陶渊明更是认为“泛览《周王传》,流观《山海图》,俯仰终宇宙,不乐复何如”。夏初太康“娱以自纵”“淫湎康乐”而被后羿颠覆,但后羿自己也因沉湎游乐田猎而失国;商纣王大修宫苑台榭以狩猎游玩,恣意游乐却又专制残暴,最终被周所灭;西周末,幽王因宠幸褒姒而肆意游乐,终于国破身亡。秦皇、汉武的出巡虽有视察民情、张扬国威的成分,但也包含着寻仙和游玩的意味。与此同时,本来是先民的实用性活动的狩猎在帝王贵族那里开始演变为游戏娱乐活动,反映了人们追求轻松娱乐的天性。

在上层社会以巡游和狩猎为娱乐的同时,下层群众也在民俗性节日将旅游作为男女嬉戏的活动。《诗经》中《野有蔓草》和《泽陂》描述在郊外漫游时,意外遇到了漂亮姑娘,结伴同游;《溱洧》则描绘了三月上巳少男少女在良辰美景中结伴游春的美丽图景,这一情景在后世的春天修禊之游中常可看到。唐代的元旦点灯踏歌游、牛首踏青游、三月三日上巳修禊游、三月初九的“泼寒胡戏”、秋日登高游等,都能看到旅游娱乐活动的普及与下移。

但劳作与休闲、道德与娱乐向来是一对相互矛盾的美学范畴。美国学者乔治·桑塔耶纳在《美感》中称:审美判断和道德判断是一对既有联系又有区别的美学范畴。审美判断作为一种美的价值的判断,是一种情感而非理智的判断,道德判断反对人们贪图游戏和享乐。由于休闲性旅游的出现并在部分人那里尤其是上层统治者那里开始泛滥,造成统治阶级肆意游乐,妨碍了江山的巩固和社会的稳定,因而社会礼制和伦理思想开始对休闲性旅游设定规范,调控人们的旅游行为。《尚书·皋陶谟》中舜将丹朱的“漫游”作为反面教材警示君臣。《无逸》篇以周文王为正面教材,指出“文王不敢盘于游田”,所以才“享国五十年”之久,并进而提出了针对休闲性旅游的伦理规范:“无淫于观、于逸、于游、于田。”《尚书·大禹谟》中,禹的大臣益把限制游乐与加强法制、任贤去邪等相提并论,提出了“罔失法度,罔游于逸,罔淫于乐”的准则和规章。

当然,先秦也注意到游乐发生的必然性,并不反对适度游乐——“引逸”,只批评过度的游乐——“不适逸”。毕竟休闲代表人的自由,从繁重的劳作中解脱出来,人的自由本质便获得恢复,因此休闲比例的扩张是历史发展的必然。因而在魏晋南北朝时期,当政局动荡,帝王权威和传统观念受到前所未有的挑战时,在道家旷达逍遥、回归自然和佛教思想的双重冲击下,中国传统的稳健内敛的旅游风尚发生了一定的变异。作为物质生活和精神生活兼有的生活方式,旅游成为逃避现实和寄托情感的最好方式。《古诗十九首》所咏“生年不满百,常怀千岁忧。昼短苦夜长,何不秉烛游”,或许可以一个方面诠解这一时期的旅游特征。

明代前后的一段时期,商旅的迅猛发展,使人们的观念包括旅游观念也发生了一系列的重大变化。商业经营活动尤其是长途贩运、远距离行销的本身就是一个考察社会、游览名胜的旅行过程。而商旅生涯的不稳定性,必然导致传统的家庭纽带越来越松驰。旅游作为明朝中后期人热衷追求的生活方式之一,已形成一种“群体意识”,并强有力地改变着士大夫固有的思维模式和价值取向,开始追求“独抒性灵”和“适情悦意”,涌现出李时珍、徐光启、袁宏道、徐霞客、张岱等一大批著名旅行家。袁宏道在吴县任职时曾写信给一朋友,称自己“虽无钱可赠客子,然尚有太湖一勺水可游,洞庭一块石可登,不大落寞也”。空前普及化、大众化的旅游热潮,相应地造就了人们的旅游意识,刺激了社会各阶层的旅游欲望。这种思想意识又反过来推动了更多的人投入旅游热潮,促进了全社会旅游业的兴旺发达。如苏州市民不管男女老少,“当春夏月,远近各相率舟行,载酒肴,杂乐戏具……肩摩迹接”畅游石湖;杭州西湖经常“江舟如叶,湖舟如凫,锦塘苏堤,游人如蚁”。

广大妇女的踊跃参与,是明朝中后期旅游的突出特点。中国古代对妇女的禁忌特别多,必须谨守妇训,足不出户,蛰居闺阁。但明朝中后期妇女在商业经济对传统观念的冲击下,也开始追求个性的解放和性灵的抒发,在全社会旅游热潮的推动下,以从所未有的规模和方式投身旅游。

北京妇女对旅游极感兴趣,时称“都人好游,妇女尤甚”,每年从元旦拜节开始,继以清明踏青、泰山进香,“每每三五为群,解裙围松树团坐,藉草呼卢”,“至中秋后游踪方息”(《广志绎·两都》)。明末清初小说《照世杯》把市井妇女的情态写得十分传神:“我们吴越的妇女,终日游山玩水,入寺拜佛,倚立门户,看戏赴社,把一个花容粉面,任你千人看、万人瞧。她还要批评男人的长短,谈笑过路的美丑,再不晓得爱惜自家头脸。”在嘉兴,更有一种在传统眼光看来近乎淫靡的浪漫情调:莺泽湖中“多精舫,美人航之,载书、画、茶、酒,与客期于烟雨楼,客至则载之去,舣舟于烟波缥缈……柳湾桃坞,痴迷伫想,若遇仙缘,洒然言别,不落姓氏”。这种情形在传统的农业社会背景下是不可想象的。

但当时浸润于市民经济氛围的人们对这种风流韵事竟然见怪不怪,甚至还刻意追求这种浪漫情调,“间有倩女离魂、文君新寡,亦效颦为之”,以至于惹得一些正统的道学家们痛责道:“淫靡之事,出以风韵,风俗之恶,愈出愈奇!”这种男女杂沓、肆无忌惮的旅游方式,本质上是对数千年来奉行不移的“男女不杂坐,不同枷,不同巾栉,不亲授”的社会模式的大突破。这既与明代中后期人们开始摆脱传统思想的牢笼,倡求“目极世间之色,耳极世间之声,身极世间之鲜”(袁宏道)、“极声妓之乐”(唐伯虎等)的感官享受的社会思潮遥相呼应,也与外出商人数量激增,商妇独守空房难耐寂寞,遂对所受压抑施以反抗有关。究其深层的动力,还在于新兴商业文化、市民习俗和好游风尚的影响。

于是在开放的明朝中后期最终出现了禁抑旅游的现象。苏州虎丘每逢八月十五中秋之夜,“土著流寓、士夫眷属、女乐声伎、曲中名妓戏婆、民间少妇好女、崽子娈童及游冶恶少、清客帮闲、奚僮走空之辈,无不鳞集”。这对传统社会及其礼仪规范形成极大的冲击,以至于苏州地方官府感到不合礼法,不得不出面干涉,于隆庆二年(1568 年)十月在虎丘二山门断梁殿前勒石示禁:“照得虎丘山寺,往昔游人喧杂,浪荡淫佚,今虽禁止,恐后复开,合立石以垂永久。今后除士大夫览胜寻幽、超然情境之外者,住持僧即行延入外,其有荡子挟妓携童、妇女冶容艳装来游此山者,许诸人拿送到官审实,妇人财物,即行给赏。若住持及总保甲人等纵容不举,及日后将此石毁坏者,本府一体追究。”

商品经济的高度发展必然侵蚀、冲击自然经济以及以自然经济为基础的社会意识形态。中国古代旅游观念的改变,是因为商品经济打破了农本社会保守、封闭的状态,促使人们思想变得活跃,视野豁然开阔,越来越向往外面的世界。但我们也看到,同样是在明朝中后期,却出现了禁抑旅游的举动;同样是在妇女旅游非常兴盛的明朝,节烈妇女却仍然很多。这既表明了经济冲击和观念更新的不彻底性,也充分反证了中国古代商品经济尚未发展到足以彻底推翻传统的思想观念。

课后思考

1.请简述为什么说经济发展水平决定旅游文化的发展。

2.简述我国旅游文化发展的制约。

第四节　中国旅游文学的发展流变

旅游文学不但是民族文化的重要组成部分，而且具有丰富旅游内容、培育旅游客源、开拓旅游市场的作用。任何一次成功的旅游产品推介活动，将旅游文学及其相关的历史、典故、名流、传说融合进去，必然使旅游产品的魅力大为增强，从而吸引更多的游客。即便是十分普通的旅游景点，如能巧妙地与文学结合，也能提升景观的文化含量，使游客得到更多的文化享受，从而增加招徕力。

将精神的享受和精美的文字结合起来，实现自然美景与美好心灵沟通的语言艺术再现，给读者以身临其境的模山范水的审美享受，实在是旅游文学的最大价值。中国古代旅游文学，既不是景物的简单再现，也不仅是文人雅士潇洒的游踪记录，而是主客体共同炼制出来的精神珍品。就表现内容而言，中国的旅游文学主要再现的是名山大川和人文景观，但其中包含了大量的文人对外在景物的心灵解读。就文学体裁而言，涉及诗文词曲以及笔记随感杂录等。其中以游记散文居多，实际文学价值也最高。就创作动机而言，有无心而为之，如产生于战争、发配、飘零或求取功名过程中的感慨；有诚心而为之，或陶冶性情于名山大川奇观佳境而获得美的享受，或以考察研究为目的游历而成专门著述，文在山水而意在情思。凡此种种，难以尽述。

中国的旅游文学创作起源于何时，是一个很难回答的问题。梁代萧统的《昭明文选》专列“纪行”和“游览”二类，所选第一篇作品是班彪的《北征赋》。朱德才先生认为，我国第一篇游记散文的雏形是东汉马第伯的《封禅仪记》(《中国历代游记精华全编》序)。我们无须追溯到遥远的甲骨文时代，但事实上，涉及旅游的文学作品，至迟也应关心到《越人歌》：“今夕何夕兮，搴舟中流。今日何日兮，得与王子同舟。蒙羞被好兮不訾诟耻，心几烦而不绝兮得知王子。山有木兮木有枝，心悦君兮君不知。”小说家记录的鄂君子晳泛舟故事未必可靠，但已是较早记录旅游趣事的文字。然而，这类作品至多只能算是与游有关的作品，而不是真正的旅游文学作品。只有明确在旅游途中撰写并反映与旅游相关内容的作品，才是真正的旅游文学。所以，初期的旅游文学，即便是先秦策士为游说而周游列国，见诸文字记录的较有旅游气息的文字，似乎也不能认其为旅游文学。在中国古代，大多数文人的出行未必是为了游赏。在多种因素驱动下踏上征程，谈不上神定气闲的旅游，可以说，西周初年到战国后期，是旅游文学作品的萌芽时期。

两汉时期，旅游文学才开始发展。汉代辞赋中有着相当优秀的旅游文学作品，如枚乘的《七发》、司马相如的《子虚赋》《上林赋》，对后世游记散文具有很大影响。枚乘虚构的楚太子与访客的对话，客人引经据典、见解深刻，山川地貌、花鸟虫鱼、名贤先哲，无论动态还是静态的物象，均带有哲学的含义，将这位楚太子的病根充分暴露出来，最后使他“涊然汗出，霍然病已”。司马相如虚构了子虚、乌有、亡是公三个特别能吹嘘的人物，介绍了楚国云梦泽宽广的地域、丰饶的物产，描绘了齐国能吞云梦泽八九于其中的大苑囿，尊崇地刻画了天子那总揽山川、包容万物、吞吐世界的上林苑。作品将汉家的物华天宝表现得淋漓尽致，尽管是虚拟之物，然也是司马相如长期游历对自然景观的心灵感受。因此，可以认定为赋体的游记。而真正的山水游记散文，当数马第伯的《封禅仪记》，既有很高的文献价值，又是包含记游和写景内容的优美散文，具有很高的艺术性。汉末天下大乱，大量文士流离失所，但旅游文学的创作却掀起了一个不小的创作高潮。

文学艺术的发展，未必与社会的发展保持一致。魏晋南北朝时期，对于一个民族、国家，无论从百姓生活还是从社会发展来看，都是一个悲剧的年代。几近四百年的分裂、战乱所造成的灾难，简单的语言无法描绘。战争无论怎么看总是灾难性的，可是，战争往往导致文学艺术的畸形繁荣，这无疑是一个积极的副产品。汉末建安年间(196—220 年)，军阀割据势力为争夺地盘展开大规模厮杀，造成了“白骨露于野，千里无鸡鸣”(曹操《蒿里行》)的恐怖局面。流落他乡的诗人咏叹着他们的凄苦生活，军旅征战的诗人抒发着他们的豪情与理想。

魏晋南北朝时期，分裂衰退的社会现实与文人追求的旷达完美形成了巨大的反差，这种心灵与实际的错位，导致文人不遗余力地追求心理郁闷的释放。玄学盛行，奇谈时现，行为怪异，饮酒伤身，言语颠倒，掩饰痛苦。往往放浪形骸，又寄情山水；留意方外，又热衷科考。因此，不仅出现了诸多优美的山水游记作品，稍后更凝结出集文学、史学、哲学、佛学、文献学、自然科学于一体的旅游专著《水经注》和《洛阳伽蓝记》。

南北朝时期，文学创作的中心无疑是在南方。特定的时代环境下，文人产生的感伤情绪，借山水之游乐而宣泄出来，说明在有远见的文人中，已经对玄学及其副产品玄言诗产生厌恶之情，将才华有意识地移向美不胜收的自然景观，为山水诗和山水游记散文的创作进入繁荣时期准备了必要的文化心理条件。晋穆帝永和九年(353 年)的三月初三，王羲之与当时名流孙统、孙绰、谢安、支遁等四十一人集会于兰亭，曲水流觞，列坐其次，饮酒赋诗，各抒怀抱。面对青山绿水，仰望蓝天白云，不禁为人生短促命途无常而唏嘘。思古之幽情、顾后之忧愁涌上心头，诗情勃发，各成佳篇。王羲之总揽各家之诗，略述名贤之会，简短一序，一时书生意气、文人愁怀，集中袒露。

稍后陶渊明的田园诗及其《游斜川序》《桃花源记》，也是特殊的游记文学作品，只是其主要价值并没有表现在旅游心绪的表述而已。

谢灵运是中国山水旅游文学的开山鼻祖，《登池上楼》《游南亭》《登江中孤屿》《石壁精舍还湖中作》《石门岩上宿》诸篇，虽是气宇狭小，亦精致绝伦，是典型的山水游览之兴寄、文人情思之挥洒。而“旅游”两字则首见于沈约的《悲哉行》：“旅游媚年春，年春媚游人。”

唐宋两朝，无论从历史进程的哪个方面看，都是最可观的。就旅游文学创作来说，明显地高于中国封建社会的任何一个时期。一是多种文体涉猎旅游文学创作，二是不同的时期均有一流的作家写出精彩的旅游文学作品，三是游记散文的多元化发展，四是出现了完整的记游散文专集。而唐宋文人的游历，尽管原因有多种多样，但很大一部分文人是有意识地主动走出去接近自然山水，足迹几乎遍及朝庭所掌控的版图之内。旅游，对于唐诗的繁荣具有不可低估的作用。

盛唐社会，稳定的环境，发达的经济，繁华的城市，诱人的前景，宽松的政治，无不给文人以欢欣鼓舞。因而，诗人们满怀豪情去参与社会的一切事务，以手中生花妙笔去歌唱生活，赞美生活。赏心悦目的自然景观，正是衣食无忧心定气闲的成功者怡情逍遥之妙处；勃勃生机的模山范水，也是满怀期待充满自信的奋斗者鼓舞志气之佳地；意蕴丰赡的名胜古迹，又是赴任他乡辗转迁徙的失意者调适心态之坐标。

中唐旅途多有佳作的文人，当首推生于盛唐的张继，一首《枫桥夜泊》“月落乌啼霜满天，江枫渔火对愁眠。姑苏城外寒山寺，夜半钟声到客船”为世人所传诵。稍后的韦应物，出生于京城，成长于长安，但常年仕宦他乡，老于苏州，人在旅途的意义体现得相当典型。所以，他的《滁州西涧》于诗情画意中表现了寄托人生的失意之情，惋惜中充满着期待：“独怜幽草涧边生，上有黄鹂深树鸣。春潮带雨晚来急，野渡无人舟自横。”山涧、幽草、深树、黄鹂、春潮、夜雨、野渡、横舟构成了一幅迷蒙的山水画，而人，则活动于画面之外，将思绪忧愁倾注到画面上，雨夜待渡、去留难定的焦虑之情隐含于字里行间。

同一时代的诗人，游往边陲留佳篇者如卢纶、李益，游于近处而留下凄迷故事的如崔护。而游于佛寺并题诗为后人所关注的，有常建的《题破山寺后禅院》：“清晨入古寺，初日照高林。竹径通幽处，禅房花木深。山光悦鸟性，潭影空人心。万籁此都寂，但余钟磬音。”而中唐旅游文学创作大家，应是韩愈、刘禹锡、白居易、柳宗元四人。

由于社会的总体衰弱，晚唐文人的游兴，又远远不及中唐。所以，记游文学的创作进入相对的低潮。晚唐前三十年，是李商隐、杜牧活跃的时期。李商隐《乐游原》《夜雨寄北》于游中寄托人生秋思和旅途乡思，简洁而深邃。杜牧的写景绝句，一绝一景或俯瞰总揽，堪称晚唐最佳。《过华清宫绝句》《江南春》《齐安郡后池绝句》《赤壁》《泊秦淮》《山行》《清明》诸诗，或吊古，或愁叹，或调侃，不事雕琢而意味隽永。温庭筠《过陈琳墓》《经五丈原》《苏武庙》均于旅游从不同的角度为古人叹息，为时人示警。而他的《商山早行》“鸡声茅店月，人迹板桥霜”一联，尤为传神。罗隐、郑畋、韦庄、皮日休、杜荀鹤诸家，亦时有山水或旅途题咏佳篇，但从旅游诗的数量或质量上讲，均如秋蝉之鸣，难有高调。不仅记游写景的诗歌创作不景气，山水游记的写作也佳篇难寻，以杜牧《阿房宫赋》最为杰出。

时至两宋，诗坛记游写景小诗取得较大的成就，而记游散文的创作成就，远在唐代之上。在宋政权基本稳定之后，文人的待遇得到了较大的提高。纵情山水，游赏四方成为可能。宽松的政治环境和相对轻松的事务保障了达官显贵、地方官僚怡情养性的时间。即便是仍在奋斗过程中的士子，面对诱人的前途，在从容不迫的进取途中，也有雅兴留意身边的如画风景。

南宋的时代环境和宦海气氛已发生很大变化。文人都为家事国事而奔波，对模山范水少有留意，故佳作不多，但仕途忧患不乏叹息。或记载特定的景物以联系今古，或记录个人行踪以关乎国计民生。陆游《入蜀记》、范成大《揽辔录》《吴船录》及《桂海虞衡志》堪称山水游记的代表之作。尤其是范成大的《揽辔录》详细记载了他于宋孝宗乾道六年（1170 年）出使金政权途中见闻的北方山川和人情物态，反映了沦陷区人民的民族感情。同时的《使金纪行七十二绝句》，既是成系列的记游诗篇，又是南宋爱国主义诗篇另类风格的代表之作。

宋代的游记文学作品，政治内涵、人生喟叹远胜于唐朝，往往景物只为抒情所驱使，在文章中处于次要地位。借景抒怀，于描摹中感叹人生；寄情山水，于点逗处比照古今。赋予山水以更多的文人情感，为名胜古迹涂抹更多的历史哲学色彩。所以，宋代的山水游记小品以及写景诗词均具有更深刻的内涵。即便是一景一咏也往往具有深邃的哲理。如苏轼《题西林壁》“横看成岭侧成峰，远近高低各不同。不识庐山真面目，只缘身在此山中”，便说明了认识客观事物的科学途径。杨万里《小池》“泉眼无声惜细流，树阴照水爱晴柔。小荷才露尖尖角，早有蜻蜓立上头”，点出了美好事物初露端倪便有捷足先登者的古今事实。

元代百年间，在第一个非汉族建立起来的封建统一政权之下，并没有太多文人的游兴吟赏之作，倒是征战途中，也有吟咏之乐。耶律楚材作为契丹后裔，追随成吉思汗西征，军旅之暇，常赋诗为记，《河中春游有感》《河中游四园》《过阴山和人韵》《赠高善长一百韵》等诗，详尽描写了西征所见的沿途风光民俗和山川变迁，堪与《长春真人西游记》中丘处机的咏叹媲美。

当然，相对而言，元代的社会环境未能有效地让文人产生游兴，故实际的旅游文学作品的产量质量，均不能望唐宋之项背。但不等于元代文人没有旅游的条件，胡炳文的《钟山游记》，麻革的《游龙门山记》，朱德润的《游灵岩、天平山记》《游江阴三山记》等，都是元代游记中的佳作。元初诗人刘因是北方大儒，在诗坛具有承前启后的作用。他不奉召唤，留恋山水，往往得妙诗于佳趣之中。其《山家》：“马蹄踏水乱明霞，醉袖迎风受落花。怪见溪童出门望，鹊声先我到山家。”记录其酒醉之后访友人途中的心理活动和醉中所见。虞集的《赤城馆》、杨载的《次韵虞彦高游阳明湖》《暮春游西湖北山》、范梈《王氏能远楼》诸诗，集中于特定的景点仔细描绘，别有佳趣。揭傒斯《夏五月武昌舟中触目》则是流动观景，另得妙趣。

明、清二朝，由于进入封建社会的尾声，同时经济文化发展的稳定期较长，所以尽管出现了许多不如意的事件，但文人的游兴还是高于宋代，也写出了诸多高质量的游记作品。虽然传统的诗词用于吟赏烟霞的作品，难以与唐宋比肩，但出现了专门的旅行家和专门的旅游文学作品集，这是唐宋所难以比及的。

就游记散文而言，明代前期的创作虽然数量不少，但具有特色的作品不多。主要是山水游记文章在柳宗元那里形成了楷模，到宋人手里已经进行了全方位的开拓，给明清两代作家留下的余地实在有限。到明代中后期，由于王学左派思想的影响，徐渭、李贽的独立思维和多个文学流派的出现，特别是公安、竟陵的文学主张，有利于山水游记的大量产生，并形成了明代游记散文的特点：传神速写、随笔记录、简短生动、情趣盎然。同时，实地科学研究考察并加以记录描写，也是明代山水游记散文丰产的重要原因。明代游兴较足的作家主要有袁宏道兄弟、谭元春、李流芳、王思任、张岱等。仅袁宏道一人，就有八十多篇山水游记收入文集之中，既有名胜古迹，也有隽秀独到的小景，如《晚游六桥待月记》《雨后游六桥记》《满井游记》，湖光山色、趣闻逸事尽在数百字之中，具有很强的亲和力。张岱的《陶庵梦忆》《西湖梦寻》虽是回忆其逝去的繁华生活，然记游写景之作占三之一，描摹山水湖光，姗姗可爱。王思任《历游记》《游庐山记》等篇，记游写景，也关注人情物态，在游记小品中别具一格。

旅游文学中的惊人之作是徐宏祖的《徐霞客游记》，被誉为千古奇书、古今记游第一。徐宏祖以地理科考为目的，历时三十余年，走遍全国十九个省区，“升降于危岩绝壑，搜寻于蛇龙窟宅。亘古人迹未到之区，不惜捐躯命，多方竭力以赴之”（清杨名时《徐霞客游记》序）。所以，这部旅游巨著既有文学的可赏性，又有学术的可信性，更有科学的严肃性。似乎有意识接受《水经注》的传统，明代的游记散文爱好将游历的具体时间、路线、游伴、所见一一道来，徐宏祖表现得尤为全面。钟惺、谭元春、刘侗诸家的游记，也多类此。

在钟情于将湖光山色详细记录的同时，明代文人也没有忘记激情的释放，有触于中则发诸吟咏。明代开国文臣之首宋濂及朱元璋的第一谋臣刘基，年轻时均有游赏的经历并吟咏记录。宋濂时有闲情而得幽趣，写下《蓝珠岩》之类的诗篇；刘基元末颠沛而发感慨，吟出如《旅兴》这样的华章。杨基的《天平山中》，流畅婉转中流露出天真烂漫的快感，而《登岳阳楼望君山》则充满了人生的凄惘。高启一曲《登金陵雨花台望大江》虽寓有深意，但总体上继承了李白的气度。林鸿《秋日登石壁精舍》用国画手段勾勒出沿途的自然风光，给人以心境空明的感觉。茶陵李东阳对“台阁体”实施反动，初步将雅韵从御前送回山水之间，有《游岳麓寺》《夜过邵伯湖》《九日渡江》诸诗。稍后的“吴中四士”“前后七子”或仕宦游学，或刻意山水，均有所吟咏。公安三袁游兴更浓，诗兴亦高，每入佳境，必有评点。《严陵》《山阴道》《游虎跑泉》等，为袁中道诗中较为突出的游赏之作。尤为可贵的是，晚明江河日下之际，江南大地出现了如叶绍袁这样的文学家族，游历或流浪途中，尚能寄情沿途山水佳胜。

清代的旅游文学创作，总体成就不高。山水寻幽的兴致，远不能和唐宋元明相比。由明入清的书生大多沉湎于故园之思难以自拔，模山范水未能激发文人的雅兴豪情。顾炎武是清代较早留意山水的思想家。可他的著作不是记游，倒更像是严谨的科学考察。一方面，固然是满族建立的封建统一政权在广大汉族文人心目中尚未得到接受，而清代统治者的笼络措施未能及时跟上。另一方面，前人的记游作品已经达到难以逾越的高度，清人正为另辟蹊径而探索。可惜的是，随着清王朝高压政策的施行和有意识的引导，学术研究得到了世人的共同赞美，风气波及文学创作，使文学中原有的灵气丧失殆尽。

近现代许多文人，留意于佳山妙水之际，也曾留下诸多优美的篇章，形成了近现代旅游文学创作的小高潮。

课后思考

1.简述中国封建社会的制度对旅游文学发展的影响。

2.简述隋唐宋时期的旅游文学的特点。

第三章　旅游文化主体——旅游者

旅游活动的发展历史表明,先有了旅游者的旅游活动,才出现了为旅游者服务的旅游从业队伍。旅游者是旅游的主体,他们的数量、消费水平、旅游方式、文化需求等,是决定旅游业内部各种比例关系及其相应调谐的主要因素,因而是旅游文化的主体。

第一节　旅游者的产生

一、旅游者的基本成因

旅游者的产生,至少需要具备两大条件:客观条件和主观条件。客观条件包含有足够的可自由支配的收入、足够的闲暇时间、个人因素和社会因素等;主观条件即是旅游动机及其产生机制。

(1)客观条件

一个人的收入水平,或其家庭的收入水平和富裕程度,决定他能否实现外出旅游及其外出旅游消费水平的高低,是其外出旅游活动实现的重要物资基础。道理很简单,旅游活动是一项消费活动,旅游者必须为此支付一定的货币,才能完成旅游。而一个人或一个家庭的收入不可能全部都用于旅游,所以,最直接决定一个人能否成为旅游者并实现旅游活动的因素,是可自由支配收入。

所谓可自由支配的收入指的是在一定时期(通常指1年)内的全部收入扣除纳税、社会花费(健康和人寿保险、老年退休金和失业补贴的预支等)、日常生活必须消费部分(衣食住行等)以及预防意外开支的储蓄后的剩余部分。

一个家庭的可自由支配收入可以通过恩格尔系数进行相对衡量:恩格尔系数越低,则表明可自由支配收入水平越高。同时,可自由支配收入的多少决定了旅游者的消费水平、消费结构以及旅游者对旅游目的地和旅游方式的选择。可自由支配收入越多,旅游者可能选择的旅游活动的距离越远,选择舒适快捷的交通方式的余地越大;用在食、宿、游、购、娱方面的花销越多,行的费用支出比例相对降低。可自由支配收入越多,旅游消费额也越高。反之,则呈相反方向变化。

(2)足够的闲暇时间

一个人即使拥有很强的经济实力,具备了足够的可自由支配收入,也不能说明他就可成为旅游者。因为,旅游者的旅游活动都表现为异地性,旅游者必须离开常住地前往异地参观访问,这就要求旅游者只有拥有足够的闲暇时间,才能完成旅游活动。足够的闲暇时间,是一个人实现旅游、成为旅游者的又一必备的客观条件。

那么,何谓闲暇时间?对休闲时间的认识和理解首先需要从人生的时间构成谈起。一般地说,人生时间可分成工作时间、生活时间和闲暇时间这三个部分。工作时间即指人们为了维持个人和家庭生存的必要劳动时间,包括法定的就业工作时间和必要的附加工作时间,对于学生指学习时间;生活时间是指为了满足人们的生理需要(如吃饭、睡觉)以及处理日常琐事(如家庭事务、必要的社交活动)等而花费的时间。

由此可见,闲暇时间指的是人们除去工作和生活时间以外,可用于自由支配从事娱乐、消遣、社交或其他自己所感兴趣的活动的时间,亦称自由时间或可自由支配时间。

闲暇时间是人们非工作时间中的一部分,在现代社会中,它有四种分布情况:

每日闲暇、每周闲暇以及公共假日和带薪假期。

每日闲暇是每天在工作(学习)和生活之余的闲暇时间,其特点是零散地分布在一天中的几个时段中,虽可用于休息或娱乐,但却很难用于旅游活动。

每周闲暇通常指周末休息日或每周轮休日。目前,我国与世界绝大多数国家已实行了5天工作制,周末休息两天。(我国自1995年5月1日起实行每周五天工作制)。此闲暇时间虽比较集中,但由于时间短,一般只适合开展一些近距离旅游活动。

公共假日即通常说的法定节假日。由于各国不同的历史文化和宗教信仰方面的原因,其公共假日的分布也有所不同。西方国家最典型的公共假日是圣诞节、复活节。目前,我国的公共假日有元旦、春节、清明、“五一劳动节”、端午、“十一国庆节”和中秋公共假日通常连续多日,这为人们外出探亲访友或旅游度假提供了好时机,公共假日形成了旅游的高峰期。

带薪假期,这是一些经济发达国家以法律的形式规定的对就业员工实行带薪休假优惠制度。这种假期时间长,如瑞典为6周,西欧平均为4周,美国一般为2~4周,欧洲每年平均期限是22~25个工作日,它是人们开展旅游活动的绝好时机,西方国家大多数旅游者都是借助带薪假期进行国际旅游的。我国国家旅游局已向政府建议实施带薪假期,带薪假期也将成为人们旅游度假的出行时机。

(3)其他客观备件

拥有足够的可自由支配收入和足够的闲暇时间是一个人实现旅游活动的两个重要的基本条件。但这并不等于说,一个人只要具备了这两项条件便肯定能成为旅游者。实际上,一个人能否成为现实的旅游者,还要受到许多因素的影响和制约。这些因素可分为两类。

①个人因素

从个人因素来说,年龄、性别、种族、教育程度等可能影响到一个人旅游活动的实现。但其中有两个因素最为重要。一是个人身体状况。一个人要出去旅游就必须具备一定的体力,否则可能难以成行。旅游者中以身强力壮的中青年人占多数,根据国家旅游局对来华国际旅游者的统计,50 岁以下的旅游者占旅游总人数的 80%左右。而许多老年人虽然有退休收入,有充分的余暇时间,但其外出旅游的比例仍较低,究其原因在于他们自身年龄增高,体力不支。由此看来,旅游业界须针对老年人市场推出一些适合他们身体状况的旅游产品;二是家庭状况。很多调查表明,有 4 岁以下婴幼儿的家庭,因小孩拖累,外出旅游的可能性很小。

②社会因素

社会因素的包括很多,但主要指社会政治经济制度、社会治安环境、科技水平等方面内容。一个国家政府的外交政策往往决定旅游的可能性;社会环境安定、政治观点相近的国家和地区能吸引旅游者,而政治、经济、社会治安等各方面处在不稳定状态的地区,旅游者就会望而却步。如中东、海湾地区本是颇具旅游吸引力的地区,然而近些年来由于战乱不断,旅游者不敢前往;科技水平尤其是交通运输技术的发展,可极大地推动旅游的发展。类似的因素还有更多,不再一一列举了,因为在这里,我们主要是从旅游者本身必备的条件来谈客观影响因素的。

(4)主观条件

一个人具了旅游者形成的客观条件,并不等于就能成为旅游者,如果他没有主观上的旅游意愿,照样也不可能成为旅游者,也就说旅游者的形成除了客观条件外,还需要主观条件,而这一主观条件就是旅游动机。

课后思考

1.旅游者产生旅游动机的条件是什么?

2.假期对旅游者的产品的推动作用是什么?

第二节 中国古代民族旅游性格

一、旅游主体文化与民族旅游性格

在旅游文化中，最复杂也最重要的是旅游主体文化。旅游主体具有民族性、地域性、时代性和阶层性特点。

不同的民族处在各自不同的自然和文化生态环境中，因此必然具有不同的社会风尚和审美标准。中国与西方的民族文化和旅游性格之差异是相当显著的。中国近代第一批到欧洲考察的同文馆学生张德彝就发现，“盖西俗，无论男女，皆得遨游外国”（张德彝《航海述奇》），迥异于中国。西方旅游者多具有主动、热情、不畏艰险的外倾性特点，因而喜欢攀岩爬壁、驾船冲浪、跳伞蹦极、拳击赛车等，与保守稳健的中国人颇为不同。即使同是中国人，处在同一社会环境中的不同社会层次，其旅游爱好、旅游观念和旅游性格等也会因经济收入、教育程度、职业性质、居住环境、出游工具和闲暇时间等的不同而有所差异。清人张潮《幽梦影》就指出：“有山林隐逸之乐而不知享者，渔樵也、农圃也、缁黄（僧道）也；有园亭姬妾之乐而不能享、不善享者，富商也、大僚也。”相对来说，上层社会的旅游个性较为矜持和稳健，中层社会比较自信和富于冒险精神，下层旅游者则比较保守，通常会以较为狭隘与惶恐的眼光看待世界。美国旅游心理学家梅奥等因此告诫旅游公司“必须对民族及其他一些亚文化差异保持敏感，因为这些差异会影响人们对闲暇和旅游的偏好。在一个以满足某些群体的特殊需要为赚取利润最为可行手段的旅游市场中，这一点尤为重要。”

旅游主体诸特点中最突出的是民族性，亦即民族旅游性格。不同的民族处在各自不同的自然和文化生态环境中，因此必然具有不同的旅游文化和旅游性格。人类生存和文化孕育离不开自然环境，如梁启超所言，“往往因地理影响，形成民族特别性格，而此种性格，递代遗传，旋为历史上主要之原动力。”但是自然环境与人的活动并不是单向的，现代文化生态学家和文化进化论者对文化的成因进行深入的分析后指出，文化生态是人类在创造文化过程中与天然环境及人造环境的相互调适的关系及其内在联系，文化的基本特征固然受制于外部的自然环境，但也离不开人类社会内部各种因素的相互作用。文化生态学的创始人斯图尔德认为，文化的基本特征决定于自然环境，文化体制与总环境是相适应的。列宁指出：“地理环境的特性决定着生产力的发展，而生产力的发展又决定着经济关系的以及随在经济关系后面的所有其他社会关系的发展。”本尼迪克特认为，“一种文化就如一个人，是一种或多或少一贯的思想和行动的模式，各种文化都形成了各自的特征性目的，它们并不必然为其他类型的社会所共有。各个民族的人民都遵循这些文化目的，一步步强化自己的经验，并根据这些文化的内驱力的紧迫强度，各种异质的行为也相应地越来越取得了融贯统一的形态”，所有各式各样的行为都依据文化内部发展起来的无意识选择规范而被融会到了统一模式之中。

二、中国古代民族旅游性格

一个民族的旅游性格，无不遵循着该民族的文化模式。濒海的西方民族善于旅行、喜欢旅游，而陆居的中国人则不好远游。中国长期以来形成的自给自足的农耕型自然经济，具有高度稳定的发展定势，农业与手工业结合的自足体系不可能创造大量剩余产品，也没有大规模的远程贸易往来的必要性，这就形成了相对内向稳健、安土重迁、摈弃冒险的民族旅游性格，成为“最怕旅行的一个民族”（梁实秋《雅舍小品・旅行》）。对于自然和社会环境对文化地域性和民族性的影响，《汉书・地理志》是这么解释的：“凡民函五常之性，而其刚柔缓急，音声不同，系水土之风气……好恶取舍，动静之常，随君上之情欲。”“水土之风气”是指自然环境的影响，“随君上之情欲”则是指社会环境的制约。所以从历史发展的角度看，旅游不但是经济发展的产物，更是人类文化进步的结果。

在人与自然的关系上，由于中国长期处于持续稳定的农业社会，因而注重与自然的协调相处，注重天人合一，并由此而形成了重农轻商、安土重迁、喜静不喜动、求同不求异的民族性格。在人与人的关系上，中国文化强调道德伦理，并集中表现为家庭本位或家族本位，与西方的崇尚个人主义相去甚远。

在不同文化的影响和限制之下，相传是女娲用黄土捏出来、世居黄土大地的中国人，与自认是从海水中衍生出来、勇于开拓海外的西方人，因地理环境、经济形态的不同，使得二者根植其中的意识形态、审美观念、处事标准也有所不同，民族文化心理有着极大的差异。西方民族与生俱来的生存环境造就了他们独特的“海洋文明”和旅游性格；其所处的濒海环境，“交通便利，宜于商业，贸迁远服，操奇计赢，竞争激烈”，所以形成了“主动”的文明（伦父《静的文明与动的文明》）。农耕经济以及与之相适应的社会观念，对中国民族文化、民族性格有着决定性的影响。由于中国古代占据统治地位并绵延不断的是以土地为根本、种植为本业的农耕经济和以血缘姻亲为基础的宗法制度，在这种环境中孕育出来的，便是“群体的行为模式和生活方式”，便是安土重迁、安知天命的处世思想，以及与此相关的重安居畏客居的旅游观念。

在古代中国占据主导地位的儒家以孝悌为本，强调“父母在，不远游，游必有方”。而西方则这种思想较少。在欧洲的许多国家常可发现被农民们抛弃的村庄遗址，无论大小都有相对的移动性，正如德国历史学家和地理学家们曾经指出的那样，村民抛弃自己的庐舍后远走他乡，永不回头。民族旅游性格的形成与旅游主体所在的社会环境文化有着深刻的内在联系。中国旅游文化中思乡悲别的社会心理，与西方沿海民族不惜冒险旅游的精神是大相径庭的。而这对中国人的旅游动机无疑有很大的阻滞作用，西方文化强调支配自然、强调着眼未来、强调个人主义、强调自致的价值观念和行为取向，使性格普遍外倾的西方民族比诸较为内倾的中国人更乐于动，更乐于出游。

从消费观念上考察，在内倾型传统文化的影响下，中国人量入为出，储蓄意向强烈，其不消费动机与中国传统的消费观念、家庭观念等是有密切关连的。中国传统家庭是一种以家庭为中心的家庭，这种家庭注重追求家庭生活的和睦美满、延承久远，重视天伦之乐和子女培育，提倡勤俭持家、未雨绸缪，有别于西方以事业或消费为中心的家庭。中国人还崇尚节俭重视积累，重视有形的特别是耐用物质产品的消费，而轻文化娱乐消费和劳务消费，因为这些消费都是非实用的、过程性的、无法积累下来的。旅游消费由于在很大程度上是一种文化娱乐消费和劳务消费，因而被视为可有可无的奢侈品，最多只能偶尔为之。

我们可以从两个最具代表性的方面来对此加以证明：一是中国人特别是农民最大的消费支出就是造房，倾其一生积蓄，也要完成造房计划；二是极为重视饮食消费，因为“民以食为天”，“吃是真功，穿是威风，玩是花功”，吃是实实在在的享乐形式，不管是婚丧寿庆还是朋友聚会，吃喝都是第一位的。吃喝不仅是满足胜利需要的手段，同时也是重要的享受甚至娱乐方式。在物质基础并不富裕的情况下，其他物质消费和饮食消费的旺盛需求，必然对旅游行为的实现造成很大的阻抑作用。因而中国人的旅游动机总体上相对疲弱，在旅游消费上，注重经济实惠，重视有形物品的消费（如购物、吃喝），而不愿进行劳务性或发展性消费（如不愿化钱聘请讲解员，不太愿意参加各种形式的修学旅游），而西方人则对以旅游的形式参加各种修学班和科学考察活动十分踊跃。

这种民族特性在古代有关的政策法规中也能见到。早在周代就有司寤氏一职，专门负责“御晨行者、禁宵行者、夜游者”（《周礼·秋官》），出门旅行必须持有“节”，“无节者不行于天下”。到战国时，魏国和秦国的法家都制定并推行抑制旅游、禁止私营旅舍的制度。秦朝也颁布了一系列有关旅行的法律条文，此后历代都有类似法律。总体上说，这些法规大多是限制百姓的旅行、出游的，目的则是为了加强对基层百姓的控制，阻止其四处流动，减少游手好闲之徒，以稳定统治秩序。这种圈民于地的政策对旅游的正常发展有着很大的钳制作用，至少，中国古代的旅游主体一直以上层社会成员为主，社会的下层民众则被农本社会及其礼仪规范束缚在土地上而少有出游。

在自然经济条件下，人们固守土地，男耕女织，自给自足，与外界联系极少，但是商品经济却打破了这种保守、封闭状态，使人们思想变得活跃，越来越向往外面的世界。明朝中后期的旅游热，与商品经济发展所带来的交通、旅舍、食店、茶馆、酒肆、戏院等行业的发展也有着因果关系，因为饮食享受和文化娱乐是旅游过程中必要的需求。在传统的近游观念受到冲击时，长途旅游不但不再受以前的阻抑因素影响，其反而起到了激励探寻的积极作用。苏州文人文若虚与一帮“走海泛货的邻近”搞海外贸易而成暴发户；袁宏道、唐寅、张岱等莫不淡于仕途而酷爱旅游。当然，即使有以上的这些发展变化，由于当时中国虽有商业经济的发展，但其本源仍是个农业国家，求稳求静的农本文化的惯性，使稳健内敛的民族旅游性格未能发生实质性的变化。

再从旅游心理学的角度看，正如小爱德华·J·梅奥等分析，旅游者一方面受到好奇心的驱使，另一方面是受发现自己及其所生活的世界的多样性的驱动，这就构成了旅游动机的多样性。而不同文化背景下的旅游动机又必然会有很大的不同。就中西旅游动机的不同而言，主要表现在中国人对于单一性和稳定性（如平衡、和谐、没有冲突等）的需求较为突出，而对多样性和变化性的需求则十分疲弱，因而缺乏冒险的旅游动机；而西方民族则有强烈的探索意识，甚至不惜冒险。梅奥等人引用了美国心理学家安德森提出的“尤利西斯动因”说（该学说得名于古希腊荷马史诗《奥德赛》中主人公尤利西斯历时十余年的冒险旅行故事，用以说明能够促使一个人去做通常难以做到而且具有一定危险性的事情的动力），来说明好奇心和探索精神对于旅游动机的重要性。在征服自我、征服世界的过程中满足个人的好奇心、展现个人的竞技本能的需求，就构成了西方人强烈的旅游动机，成为动力巨大的“尤利西斯动因”，因而西方人富有冒险精神，更多地具有“他人中心人格”，喜欢参加登山、滑翔、冲浪和航海等惊险刺激的活动，还会选择非旅游地区或人迹罕至的地区进行探险旅游，以享受新鲜的经验和发现的喜悦；西方人用自己的全部感官来体验这个世界，他们不是专门寻求什么事物，而且不十分关心自己所发现的东西，他们不愿意承认物质上的障碍和局限性是不可逾越的。而中国人有着内敛的民族旅游性格，看待人生用的是一种清醒的眼光而不是浪漫的色彩，因而会毫不犹豫地放弃那些富有魅力却又捉摸不定的目标，喜欢波澜不惊的平和景观，以及能够寄托思乡、寻根情结的景点，感情世界始终面向家乡，所以内陆旅游多而航海旅行少，而对探险南极或攀登珠峰，首先会问这样干的目的是什么（林语堂《中国人》）；出游时注重内心的审美感受和道德修养，而不太注重对外在事物的客观考察。

上述不同之处，因中西方在人与人关系问题上观点的不同而得到进一步的强化和扩散：受个人自由主义影响，西方旅游者在出游动机上较少受到他人的影响和支配，想旅游就能自我决定；而中国人则有较强的群体精神和从众意识，易受他人支配，在重家庭轻个人、重安居畏客居、父母在不远游等群体意识的影响下，尽量不出游、少出游，实在要出游，也要近游、缓游、俭游，“游必有方”，缺乏主动性和冒险性，这与中国传统文化多“随遇而安”的适应性生存机制，缺乏主动出击、自我超越的发展机制密切相关。中国人出游喜欢阖家共游，而西方人出游有时竟会出现一家三口分赴三地的情况，这种在我们看来缺乏亲情的旅游方式，其实正体现了不同民族间受不同文化、不同社会心理的影响而表现出的不同旅游性格。

三、民族旅游性格的传承性和发展性

民族旅游性格一旦形成，便具有超常的稳定性，恩格斯在《自然辩证法》中称之为人类的“获得性遗传”。特定的文化对本民族的人们的行为具有如影随形般的调节和控制功能。中国人内敛稳健、安土重迁、量入为出、注重家庭和乡土观念的性格，就深深地影响着中国古代的旅游方式，形成崇尚近游、“父母在不远游”、观物比德等民族特点。虽然也有“行千里路，读万卷书”（司马迁）、“历九州而观风，亦哲人之所娱”（班彪）之类的壮游之举，但这在中国古代旅游文化中并非占据主导地位的原生文化，只能算作“次生文化”，不足以改变中国特定的民族旅游性格。

文化既是在特定的空间中产生、发展的，也是在特定的时间范畴里孕育、成长和演变的，因而必定打上时代的烙印。人类与其文化生态是双向同构关系，人创造环境，环境也改变人。随着时代的发展，特别是经济基础发生了较大变革之后，人们的思想观念和出游模式也会发生重大变化，呈现出文化的变异性特征。

比如，在古代生产力水平低下时期，人们期望了解世界、征服世界、享受世界却又受制于外在世界,因而虽有游玩时的乐趣,却多有受制于客观条件的无奈和悲凉。而随着社会的发展和生产力的进步,人们征服自然的能力逐步提高,出行的速度和便捷程度大为改进,人们利用不断发展的科技力量越来越多地摆脱了自然和传统的束缚,旅游的娱乐休闲成分不断增加,人们传统的旅游观念也会随之逐渐改变(如唐宋以后官办驿站和私家小店的逐渐繁荣在一定程度上冲破了禁止民间开设旅店的保守法令,就与商业经济的日益繁荣、市民阶层的日益壮大有着直接的关系),不再以客居在外和远游为畏途,旅游也就逐渐摒除了思乡愁绪和飘泊悲苦,有了越来越多的娱悦色彩。正因为乡愁是中国人古代旅游生活中的独特情绪,是一种集体无意识,因而在社会进步和节奏加快的现代,吴亮认为“抒情短章所要刻意表达的乡愁,如今已显现出一种过分矫饰的风格”,而“‘乡愁’在本质上尚不属于我们的时代,因为我们时代的特点是‘离乡’”。美国学者托夫勒的《第三次浪潮》说人类文明的每一次浪潮都是用以往不可想象的生活方式取代原来的生活方式,在此再一次得到了印证。

课后思考

1.浅谈一下中国旅游的民族特性。

2.民族旅游性格的形成原因。

第四章　客体旅游文化及其特色

旅游学界一般认为旅游客体即旅游资源，旅游资源具有作为旅游客体的基本属性，但旅游资源与旅游客体不能完全划等号，一切可供旅游主体游览的对象才能算旅游客体，或者说旅游客体未和旅游主体发生联系之前，就不能划入旅游资源的范围。一部分未经开发的未被人类认识的旅游资源，只能算是潜在的旅游资源，不能算旅游文化中的旅游客体。旅游资源学着重研究旅游资源的形成、特点、分类、范畴、审美，以及旅游资源的抒发、利用和保护；旅游文化学则着重研究作为旅游客体的旅游资源的类别、特点、历史范畴及文化功能。

旅游客体的范畴是什么？是否包括了所有的旅游资源？旅游学界对此看法有很大分歧，争议主要集中在界定旅游资源的范畴上。争议之一是旅游资源是否必须经过人工开发。一种观点认为：旅游资源应是原始的未经开发的自然的物质，这才符合"资源"的定义，即一般指天然的来源。而目前旅游界已趋向于另一种观点：旅游资源必须经过开发，成为对旅游者有吸引力的事物，成为对旅游产生经济效益、社会效益的事物。而未经开发的仅能算是"潜在的旅游资源"。争议之二是旅游资源是否为纯物质的。一种观点认为：只有客观存在的实体，如天象、地貌、文物古迹、民族风情等可直接利用的事物，是旅游资源，而故事、传说、宗教教义等非物质的东西不是旅游资源。然而目前旅游学界趋向于另一种观点：物质的东西，如花鸟鱼虫、水光山色、园林建筑等是旅游资源，而附着在这些物质基础上，并依附于这些资源物之上，与物质的旅游资源相辅相成的"精神"事象，也是旅游资源。如苏州寒山寺吸引了大批中外游客，尤其得到受中国文化影响的日本、韩国、东南亚游客的青睐，其吸引力不是寒山寺自身的寺庙和那一口铁钟，而是寒山寺的灵魂，唐代张继留下的那首脍炙人口的诗："月落乌啼霜满天，江枫渔火对愁眠，姑苏城外寒山寺，夜半钟声到客船。"游客在游览寺庙，凭吊枫桥，抚摸大钟之时，无不在潜心体会张继诗中的意境。从旅游资源范畴的争议中，可以看到人们对旅游客体的范畴，也有一个逐步深化认识的过程；当旅游者的范围局限于少数人时，当旅游者的步履受自然条件、交通条件的约束和限制时，当旅游者的视野受时代原因束缚时，旅游客体的范畴是狭隘的，人类对它的认识和界定也是片面的。随着社会生产力的提高，随着人类征服自然、了解自身能力的提高，旅游客体也经历着随时代的发展而内涵不断丰富、外延不断扩大的历史过程。

第一节　旅游资源文化及其特色

一、什么是旅游资源文化

旅游资源文化，是指具有旅游文化价值的资源和环境因素，这是旅游客体文化。资源和环境是相对于某项主体而言的，它因主体的不同而不同。就旅游而言，主体是旅游者，客体则是旅游者游行游览的自然和人文资源及其环境。当然，并非所有的自然和人文资源都是旅游资源，只有那些具有旅游文化价值，能满足旅游者游览、观赏、度假、疗养、健身、娱乐、品尝、朝觐、膜拜、参观、访问、考察、研究等需要的资源和环境因素，才称得上旅游资源。

旅游资源文化在旅游业中占有十分重要的位置。当一个人有了足够用于旅游花费的金钱和时间之后，从其娱乐和求知等旅游目的出发，他首先考虑的必然是去哪一个国家或地区才能满足自己的旅游需求，这时，吸引旅游者的决定因素，就是合其口味的旅游资源了。固然，当一个人准备去某国或某地区旅游时，同时也会考虑到那里的生活条件和服务设施，但这只是第二位、第三位的需要，因为高级的宾馆或小车，完全可以在本国或邻国获得满足，不必专门赶去遥远的某一个国度。只有那些具有不同民族特色和地域风情的旅游资源文化，没有别的办法可以替代，其观感也不是靠别人的介绍或纸上的书画就能真切感受到的，必须自己亲临其境才能获得真正的精神享受。所以说，旅游资源文化是一个国家招徕客源、开拓市场、发展旅游的重要的先天条件。在目前的情况下，旅游作为一种以营利为目的的经济文化产业，旅游资源文化可以说就是它的经营资本，而其他服务设施则都是为之配套服务的。只有把旅游资源作为一种综合性的文化开发对待，才能使旅游开发更具科学性、综合性、民族性和审美性，才会具有更丰富、更深广的内蕴。

1992 年国家颁布的《中国旅游资源普查规范》把旅游资源分为 2 大类 6 小类。2 大类包括自然旅游资源大类和人文旅游资源大类。2003 年国家颁布的《旅游资源分类、调查与评价》(GB/18972-2003)把旅游资源分为三个层次：8 个主类、31 个亚类和 155 种基本类型。8 大类包含地文景观类、水域风光类、生物景观类、天象与气候景观类、遗址遗迹类、建筑与设施类、旅游商品类和人文活动类。以此为基础，下面具体介绍各类别旅游客体所包含的内容。

(1) 旅游客体

①自然景观：纯粹的旅游客体

自然旅游资源又称自然景观，可分为 4 类和若干基本类型。

地文景观类；

水域风光类；

生物景观类；

天象与气候景观类。

现代高科技的发展使人类把旅游活动的范围扩大到宇宙,嫦娥奔月已由神话而变为现实,人们从坐视宇宙天象而发展到跃跃欲试,现在观测天象也成为旅游活动的一方面。陨石撞击木星,日食和彗星同时出现,吸引了国内外若干科学工作者和旅游者云集漠河。日、月、星体、陨石,都是宇宙吸引人类旅游观赏的因素。中秋赏月,四海同庆丰收年。彗星当空,流星赶月,引起人们的多少附会和想象。地球上的陨石坑和陨石残骸,也吸引着一拨又一拨的观赏人群。现在地球人类已将观测宇宙的目力加长,发出对各大行星的探测器,并安装了阿尔法频谱仪,太空旅游也指日可待。

自然景观是天赋的,无需人类过多的加工改造即可给游客带来美的享受,一个国家有没有、有多少可供游人观赏的自然景观,不以人们的主观意志为转移。沙漠内陆国家,无论作何种努力,也形成不了冰川盛景和威尼斯式的水城。自然景观的美来自自然界本身,"黄山归来不见山",首先在于黄山固有的如诗画般的奇松、飞云、灵泉、怪石。在人类社会产生之前,各种自然景观中潜在的美的因素,就已客观存在。原始时代人类的初民当时还不具备对大自然的审美能力,还在为自身的生存对自然界抱着恐惧的心态。桂林在古代是犯人流放的荒蛮去所,然而,"桂林山水甲天下"所具有的美的质因早已存在。当今天厌倦了都市文化生活的人们重返大自然时,原始的森林、荒无人烟的小三峡、亚马逊密林,就对猎奇探险者产生了诱人的吸引力。自然景观中虽有过客骚人留下的一些痕迹,但人类无能力对它进行大范围的加工雕琢,大草原上绝不可能人为地矗立起泰山、同样珠穆朗玛峰不可能人为地变为平川,"沧海桑田"仍只能是大自然的造化,自然景观究其本质是纯粹的旅游客体。

②人文景观:人造的旅游客体

人文旅游资源又称人文景观,是指跨时空的古今人类的生活遗存和行为创造的痕迹,是人类文明的载体,是人类文化的一个重要组成部分。它能满足旅游者对文化差异或文化认同的需求。人文景观的主要类型有:

遗址遗迹类;

建筑与设施类;

旅游商品类;

人文活动类。

将人文景观称之为人造的旅游客体,是指前人留给我们今天旅游开发并利用的,是不同时代的人创建并生活在其中的,是历史性的旅游资源。其创建者、发明者的本意并不一定是为了供后人旅游,如中国北京的明十三陵、埃及的金字塔,是中国的皇帝、埃及的法老为自己死后灵魂不灭,永享奢华修筑的,但它们一旦形成,其文化内涵便永驻不灭,成为后代人前往凭吊品味、鉴往知新的旅游景观。即使是无形的评议文学和传承于民间的社会风情,也保留着古代的风韵,成为人类的"活化石"。当代人可以根据当代多样化的旅游需求创造许多人文景观,如服饰、饮食小吃的现代化,宗教寺庙中梵乐和咏经的电子化,仿真的太空旅游,建造的大型游乐场馆等。相对于自然旅游资源的不可移植性而言,某些人文旅游资源是可以移植和复制的。中国式的燕秀园,在 1985 年英国利物浦国际园林节上获得金奖,它把北京北海公园静心斋沁泉廊和枕峦亭的仿制品有机综合在一起，充满中国皇家园林雍容华贵的气派，各国游人参观者达300万人。同样，美国1955年创建的洛杉矶“迪斯尼乐园”也在世界许多国家落户。中国的上海、广州、烟台、大连等近代作为殖民开放的口岸城市里留存的当年外国建造的许多欧式建筑，也是西方建筑文化的移植。过去人类创造的人文旅游资源的积淀，与今天人类创造的人文旅游资源，一同成为明天人类历史性的人文景观。

旅游客体的结构

旅游客体的结构就是旅游资源的地质地貌、水体、植被、气象、建筑、人文特色等要素的构成比例关系。令人神往的风景点、风景区、旅游区的风格和特征千姿百态各不相同。以中国园林为例，北方之雄，南方之秀；以江河为例，长江、黄河波涛滚滚切割河岸，漓江则清澈宁静倒映群峦。然而，究其本源，主要是各种旅游资源要素的不同组合形成的、旅游资源结构要素概言之为山、水、天气、花木、建筑物、人文特色，它们之间可以互相排列成多种组合。其中，有六种组合关系起决定景观特色的作用，它们是山水组合，山与植被组合、山与人文特色组合、水与植被组合、水与天象组合和建筑与植被组合。其他的组合关系起着辅助作用。

山水组合

山水组合是自然景观中最典型的结合体，古今文人不乏对美丽的山水风光的赞美之词，如“山清水秀”“东南山水，秀娟不可言，如少女时花婉弱可爱”“山中一夜雨，树钞百重泉”“水光潋滟晴方好，山色空蒙雨亦奇”……山与水的结合，山要有气势，山地造型要生动，富有四时变化；水要有形、有影、有色、有声，赋予景观活力、魅力，有层次感。山水组合又因水的形态不同而分为山与江湖的组合，山与瀑、潭、溪流、泉的组合，山与冰雪云雾的组合。毛泽东描绘庐山与长江的组合：“一山飞峙大江边，跃上葱笼四百旋。”苏轼诗句是写西湖风景区一湖秀水，三面环山的组合状态。“江作青罗带，山似碧玉簪”突出了漓江两岸山形映水、江面如镜的山水画面。四川大宁河小三峡内的“飞龙过江”一景是山与瀑结合的典型，飞瀑从江崖上越江飞泻对岸，比之“日照香炉生紫烟，遥看瀑布挂前川”的庐山瀑布更为壮观。雁荡山瀑布与周围峰石的配合是大自然鬼斧神工之作，其瀑布均是窄条的飞流，称为“漱”。天山牧场、日本富士山都从绿色的草地遥看披着银盔的山峰，绿、白、灰相间有序，再缀着朵朵红花、紫花、黄花，形成佳境。

山与植被的组合

山是植被的载体，植被是山的肌肤，它们的组合构成了景观的幽翠秀丽。青城天下幽、峨嵋天下秀，皆因其山上的植被垂直带长、热带、亚热带、温带、寒带植物竞相生长，茂密葱郁，只要山形拥叠，视野稍滞，葱郁的植被便使人产生幽深的感觉。我国名山景观中有大量与植被组合的景观，如秦岭主峰太白山八景之一“古枫幽静”、燕京八景之一“葫芦叠翠”、碣石山十景之一“东峰耸翠”等。植被远观一片苍翠，展示着生命之色，与旅游者的心灵内外交感，调动旅游者愉悦的精神状态。而近看则千姿百态，风格殊异：树形有刚健、挺拔与婀娜纤秀之分；花卉有色、姿、香、韵之异；叶有单、复、整、裂之别。更不用说那些香气四溢、奇形异状、色彩多样的果实了。

山与人文景观的组合

有许多风景点的主体是由人工建筑与山形、山势相协调构建而成的,我国的名山一般均以自然景观为背景,以人文景观为内容而构成。"山不在高,有仙则名",其实有僧也名,有史也名,佛教、道教的宗教建筑往往筑之深山,名人逸士往往隐居山清水秀的"云深不知处",帝王陵墓一般选择风景秀丽的山地。以北京明十三陵为例,十三陵坐落昌平军都山南麓,正对北京平原,背托大山,左右山峰对峙,墓群建筑雄伟,加上三面环山的背景,形成了威严雄伟的皇家气派。南京明孝陵、中山陵和北京的八达岭长城,均是让人工的建筑假以山势显得更为壮观,而留名千古。名山往往开发历史悠久,人文活动频繁,留下的人文景观使无生命的山地也产生了灵气。四川峨嵋山风景虽优美,如果没有千百年来佛教徒和名人留下的墨宝石刻、建筑、文物,在"蜀道之难,难于上青天"的时代,峨嵋将不会成为全国佛教徒和游人趋之若鹜的名道场。一处处风景固好,若无人们为它们命名"双桥清音""洪椿晓雨""罗峰睛云""大坪霁雪""象池夜月""金顶佛光"这些富有诗意的名字,这些景点便没有回味的价值了。

水与气象的组合

以水体为主的景观在不同纬度的气候条件下,在四季不同的气象条件下,给游人的印象自然不同。夏季迷人的海滨,在热带低纬度,常年阳光灿烂,水温适中,早晚凉爽,是游人理想的休闲境地。美国夏威夷海滩、中国的海南岛是理想的阳光海水沙滩游览地。西班牙南部濒临地中海的加的斯等四个省以"太阳海岸"著称,每年 300 个晴天,岩石海岸,海水平静清澈,被誉为"地中海浴池",西班牙人自豪地说"我们向全世界出口阳光和海滩"。而中高纬度的海滨,如中国秦皇岛、大连海滨,在夏季是避暑胜境,而冬季也会有笼罩在皑皑白雪中的景象。中高纬度的温带和寒带水体往往以美妙的雪景、观景出现,著名的有"西山晴雪"(燕京八景之一)、"少室晴雪"(嵩山八景之一)、"平冈积雪"(九华山十景之一)、"断桥残雪"(西湖十景之一)、"太白积雪"(关中八景之一)。中国西北的冰川雪岭、东北的林海雪原、阿尔卑斯山的冰雪公园、南极的冰雪世界都给人一种全新的"千里冰封,万里雪飘""红妆素裹,分外妖娆"的感觉和印象。葱翠的林木,在洁白的雪被中傲然挺立,壮丽晶莹的雪场可供游人尽情在冰雪中运动。冰雪还可以供冰雕、冰塑,我国的冰城哈尔滨每年要举办冰雪节,举行冰灯、冰雕活动。黄昏之时,冰雪公园内万灯齐明,冰雪雕塑形象逼真,光亮剔透,真是一个奇异绚丽的水晶世界。日本北海道、芬兰、瑞典也举办类似的冰雪旅游活动。

水与植被的组合

一般的风景区是山、水、植被共同组合,也有一些景区是以水与植被为主体,如冀中白洋淀、湖北洪湖,万顷水波,在盛夏之时,覆盖着荷莲。热带的海滨长着的红树林,其绚丽的色彩和奇异的盘根错节,形成海滨奇观。亚马逊河川两岸常有巨树合抱,笼盖河面,树木的气根、直生根裸露地面扎入水中,犹如巨蟒怪兽,增添了河谷的诡秘险恶的气氛。

建筑与植被的组合

在大气污染日益严重的今天,人们越来越重视都市构景中的植被因素,人们不仅种植树木花草,而且更重视树木花草与建筑的有机结合,形成有序的美景。花木可以造成绿墙、绿篱、绿桥，冬青树、合欢花树都可以种成一方方绿色屏障。房舍也可以结草为墙，爬山虎之类的攀援植物可为烈日下的房舍披上一层绿色隔热层、巴西的库里提巴市的建筑墙壁处处是绿草茵茵，该市居民将土壤肥料，草籽贮入空心砖内，砌成的大楼，很快长满绿色枝叶，形成外墙草坪，隔热、隔音、净化空气。许多国家的公共场所也采用树木构置绿色的雕塑品，哥斯达黎加的萨尔塞罗镇有一座用树木整形出的“绿色动物园”，园内有大象漫步、牛羊伫立、猴子嬉戏、孔雀开屏、长颈鹿远眺，长廊上还垂盘着六十米长的绿色巨蟒，这一切都是用意大利柏雕成的。有些国家还用花木拼成花钟，德国柏林玫瑰园用花来组成钟面的阿拉伯数字，用日晷的投影来指示这些数字，显示时间。还有一种特殊花钟是用花的生物钟来显示时间，马来西亚的新宝树花凌晨3时开花，牵牛花4时，蔷薇花5时，龙葵花6时，芍药7时，莲花8时……夜来香20时，昙花21时，这种别具一格的花钟与周围的公园建筑形成了一道特别的风景线。

上述六种组合关系之外的其他各种构景要素，在它们所处的总风格、总格局下起着辅助和点缀作用。在人造的旅游客体中，人们可以有机地综合已有的地形和水体，再辅以人工组合该景观适宜的同种其他要素；而在自然的旅游客体中，人们只能以对天然的景观加以要素组合的分析，在人力、物力许可的条件下，建构一点建筑，留下一点书法石刻，而前提是绝不能破坏其天然的气质。

(2)中国旅游资源文化的特色

中国国土广袤，历史悠久，民族众多，在漫长的历史进程中和辽阔的国土上，形成了无比丰厚的旅游资源。在我国环境与资源保护全国委员会出版的《中国资源》一书中认为，在土地资源、水资源、矿产资源、能源资源、气候资源、森林资源、草地资源、物种资源、海洋资源和旅游资源这些中国具有的资源中，中国旅游资源在全球具有明显优势和巨大吸引力。

中国旅游资源的特点之一——多样性。中国是世界上旅游资源最丰富的国家之一，资源种类繁多，类型多样，具备各种功能。中国拥有类型多样、富有美感性的、不同尺度的风景地貌景观，这在世界上是独一无二的。从海平面以下155米处吐鲁番盆地的艾丁湖底，到海拔8848.13米的世界第一高峰——珠穆朗玛峰，绝对高差达9003米。中国不仅有纬向地带性的多样气候带变化，还有鲜明的立体气候效应，尤其在横断山脉地区，即所谓“一山有四季，十里不同天”。中国不论南北东西都有繁花似锦的美景，不仅有类型多样的海滨、山地、高原、高纬度地区的避暑胜地，而且还有银装素裹的冰雪世界，以及避寒休闲度假胜地海南岛。多样的风景地貌和多功能的气候资源，为生物界提供了优越的生存栖息环境，使自然景观更加多姿多彩。不论是从旅游资源供给的角度还是从旅游消费的角度看，中国拥有世界旅游活动的各种资源和要素，可以开发成为适合现代旅游趋势的各种旅游产品。很少有国家像中国这样具有如此多样和复杂的旅游资源系统：这一方面是由于中国的国土辽阔，地质结构复杂，气候多样；另一方面也与中国历史悠久、文明发达有关。资源种类的丰富度和多样性是中国旅游资源的一大重要特征。

中国旅游资源的特点之二——丰厚性。中国旅游资源不仅种类多样，而且每种资源的积淀丰厚，拥有各种规模、年代、形态、规制、品类的资源特征。不论是古代建筑、古城遗址、帝都王陵、禅林道观、园林艺术、民俗风情，还是自然山水风景、海湖河流、山川原野，都多姿多彩，不可胜数，其资源之丰厚足以位于世界各国前列。以花岗岩山景为例，既有节理发育又经风雨剥蚀塑造的，以奇峰怪石、辟天摩地而著称的黄山；也有因断层发育使巨大花岗岩体突兀凌空，以险称绝的华山；还有因花岗岩主峰特性而导致球状分化，由其形成的造型奇异的各种小尺度的风景地貌散见各地。

中国旅游资源的特点之三——古老性。中国是古人类的发源地之一，也是世界文明的发祥地之一，流传至今的宝贵遗产构成了极为珍贵的旅游资源，其中许多资源以历史久远、文化古老、底蕴深厚而著称。古老的华夏文明是中华民族各族人民共同的精神财富，既有各兄弟民族文化融合的结晶，又吸取了世界各民族文化之长。中华人民共和国成立以来发现的旧石器时代遗址数不胜数，遍及 32 个省、自治区、直辖市。云南开远小龙潭的古猿化石分属于森林古猿和腊玛古猿；云南禄丰石灰坝发现的古猿化石，据测定距今有 800 万年历史。在众多的古人类遗存中，以元谋人历史最早(距今 170 万年)，周口店龙骨山的古人类遗物最丰富，龙潭洞猿人化石的一具头盖骨最完整。中国旅游资源的古老性还表现在，远在数千年之前，中国的先人就开发和发明了一系列的工艺艺术、宏大建筑，在世界文明史上留下了辉煌的一章。仰韶文化、半坡遗址、安阳殷墟、咸阳秦城、京杭运河、万里长城、秦兵马俑坑等，无不以古称胜。

中国旅游资源的特点之四——奇特性。中国拥有数不尽的特有旅游资源。在自然奇观方面，有一年一度的大理蝴蝶泉的蝴蝶盛会，洱源的万鸟朝山的鸟吊山奇景，能发出不同音符鸣叫的峨眉弹琴蛙，每届中秋的钱塘大潮，西藏高原上的周期性的水热爆炸泉，吉林松花江边的雾凇等。人文方面的奇景更是丰富多彩，秦始皇陵兵马俑坑和铜车马被誉为世界第八奇迹，已建成的兵马俑博物馆每年吸引上百万游人。长沙马王堆汉墓的完整女尸和大量帛书，江陵凤凰山汉墓保存完好的男尸，满城陵山汉墓的金缕玉衣，丝绸之路上的楼兰古城和众多古迹，徐州的汉墓，这些墓葬地和出土文物珍品成了吸引旅游者回溯历史的最佳场所。

(3) 得天独厚的中国自然旅游资源文化

自然景观旅游资源

自然景观旅游资源是指大自然赋予地理区域的能使人产生美感的自然环境及其景象的地域组合。但是，自然景观旅游资源必须经过人为的开发，建筑旅游设施，才能成为旅游资源。自然景观旅游资源主要有以下四种类型。

地文景观旅游资源：

主要是在自然环境的影响下，由地球内力和外力共同作用形成的。地表各种地文景观的形成和演变，直接受地层和岩石、地质构造、地质动力等因素的影响与控制。它包括五小类。

①山岳形胜：主要指风景名山、历史文化名山和冰雪山峰。

中国的五岳名山：东岳山东泰山(五岳独尊，四大奇观：旭日东升、晚霞夕照、黄河金带、云海玉盘)、西岳陕西华山(为五岳最高，华山天下险)、北岳山西恒山(道教圣地)、中岳河南嵩山(佛教少林寺之地)、南岳湖南衡山(五岳独秀)。

中国四大佛教名山:山西五台山(文殊菩萨道场,有“清凉佛国”之称)、四川峨眉山(普贤菩萨道场,三大奇观:日出、云海、佛光,“峨眉天下秀”“雄秀西南”)、安徽九华山(地藏菩萨道场,称“莲花佛国”“佛国仙城”)、浙江普陀山(观音菩萨道场,称“海天佛国”)。

中国四大道教名山:湖北武当山(道教第一名山)、四川青城山(青城天下幽)、安徽齐云山(乾隆誉为江南第一名山)、江西龙虎山(道教正一派发源地)。

还有闻名于天下的山东崂山(道教名山);安徽黄山(四绝:奇松、怪石、温泉、云海)和天柱山;浙江雁荡山(东南第一山、有“寰中绝胜”之称)、天台山(佛教天台宗发源地)和天目山;江苏镇江三山(金山、焦山、北固山);福建武夷山(三三秀水清为玉,六六奇峰翠插天);江西著名避暑胜地庐山(四大奇观:瀑布、奇峰、云海、植被)、鄱阳口锁湖插江的石钟山、革命根据地井冈山(朱德题名“天下第一山”);湖北“神农架”;湖南武陵源风景名胜区(包括张家界、索西峪、天子山)、岳麓山(岳麓书院,为中国宋代四大书院之一)和毛泽东故乡韶山;四川乐山(乐山大佛);重庆缙云山;贵州梵净山;广西桂林山水;广东四大名山丹霞山(中国红石公园)、西樵山、鼎湖山(有“北回归线绿宝石”之称)和罗浮山;海南五指山;台湾阿里山;吉林长白山;辽宁千山和医巫闾山;天津盘山(京东第一名山);世界最高峰——珠穆朗玛峰;等等。

国外著名的山有:日本富士山、朝鲜金刚山、韩国雪岳山、德国黑林山、希腊奥林匹斯山、非洲屋脊——乞力马扎罗山、欧洲阿尔卑斯山、美国落基山等。

②喀斯特地貌景观:我国喀斯特地貌分布广泛,喀斯特地貌为我国的旅游业带来无限生机,并且我国喀斯特地貌类型呈多样性,是进行科学研究的宝贵财富。

我国著名的喀斯特景观名胜区分布:广东肇庆七星岩有七座石灰岩山峰形如北斗七星,山多洞穴,洞中多有暗河、各种奇特的溶洞堆积地貌。广西桂林山水和阳朔风光主要是以石芽、石林、峰林、天生桥等地表喀斯特景观著称于世。云南路南石林风景区:地表峰林奇布,主要为高大巨型石芽群景观,大部分灰岩山峰分布在河谷两侧,各种形态的石峰似人似物,形态逼真、栩栩如生,全国35片石林中该省有20片;溶洞景观有:建水燕子洞,九乡溶洞等。贵州:该省黄果树瀑布岩壁为瀑布华地貌;本地溶洞地貌较多,主要有黄果树瀑布附近龙宫洞,贵州的织金洞,黔灵山麒麟洞、黎平天生桥。四川:九寨沟钙华滩流属于水下地表堆积地貌,如珍珠滩瀑布;黄龙风景区钙化池、钙化坡、钙化穴等组成世界上最大而且最美的岩溶景观。湖南:武陵源黄龙洞,冷水江波月洞,都是奇特溶洞景观,各种堆积地貌罗列其中,如神仙府洞,奥妙无穷。江西:鄱阳湖口石钟山景区绝壁临江洞穴遍布;彭泽龙宫洞长2000米,洞内可泛舟观景,堪称“地下艺术宫殿”。浙江的瑶琳仙境,位于桐庐县,是规模恢宏、景观壮丽的岩溶洞穴旅游胜地,也是浙江迄今发现的最大洞穴:洞长1000米,共有6个洞天,以“雄、奇、丽、深”闻名于世。江苏的宜兴石灰岩溶洞有“洞天世界”的美称,善卷洞、张公洞、灵谷洞又称“三奇”,洞壑深邃,多奇石异柱,泛舟其中如入海底龙宫。吉林的同化鸭园溶洞,有四个大厅,洞内满布石柱、石笋、石钟乳、石瀑、石帘、石莲花、石幔等堆积景观,并且深处有溶岩潭,深不可测,无法前往。

世界上著名喀斯特地貌景观主要有:“海上桂林”越南下龙湾,美国猛犸洞、马来西亚黑风洞、印尼加里曼丹岛石林等。

③风沙地貌景观:包括风蚀地貌和风沙地貌。前者包括风蚀柱、风蚀蘑菇、风蚀垄槽、风蚀城堡等,如新疆乌尔禾风蚀“魔鬼城”,罗布泊“雅丹”地貌;后者指风沙堆积作用形成的沙丘和戈壁,如中国敦煌月牙泉的鸣沙山、宁夏中卫的沙坡头都有鸣沙现象。还有一些“新月型”沙丘、“金字塔型”沙丘等景色也很壮观,如我国塔克拉玛干沙漠和巴丹吉林沙漠均有大量“新月型”沙丘、“金字塔型”沙丘分布。世界上著名的风沙地貌景观有非洲撒哈拉沙漠、美国“彩色沙漠”等。

④海岸地貌景观:包括海蚀地貌、海积地貌、岩石海岸、沙质海岸、红树林海岸、珊瑚礁海岸等多种形态。蓝天碧水、金沙细浪、日出夕照还有一些海上蜃景相映成趣。中国著名的海岸旅游资源丰富。如大连金石滩,这里有令人神往的礁石奇观,并且海蚀崖、海蚀溶沟等海岸地貌发育齐全,还是著名的海水浴场。河北昌黎黄金海岸、山东青岛海岸、江苏连云港和浙江舟山、福建平潭岛和厦门鼓浪屿、海南三亚天涯海角、台湾清水断崖、广西红树林海岸等都是中国较为著名的海岸景观资源。世界著名的海岸景观有南非好望角、挪威西海岸的峡湾风光、泰国普吉岛、法国科西嘉岛、澳大利亚大堡礁等。

⑤特异地貌景观:世界上较为罕见的地貌景观,如澳大利亚艾尔斯巨石、美国科罗拉多大峡谷、中国贵州以地缝、天坑、峰林三绝著称的马岭河地缝裂谷景观、黑龙江以石龙石海和火山口为特色的五大连池火山岩熔景观、福建鸳鸯溪白水洋水下石板广场、云南元谋土林等。

水域风光旅游资源

水域景观是大自然风景的重要组成部分,是“灵气”之所在。江河、湖海、飞瀑流泉、冰山雪峰不仅独自成景,更能点缀周围景观,使得山依水而活,天得水而秀。水域风光是动中有静、静中有动。它有下列几类。

①江河溪涧:包括大江大河及其冲积而成的著名峡谷,如著名的长江三峡(瞿塘峡、巫峡、西陵峡)、长江第一湾——虎跳峡、世界第一大峡谷(最深最长)——雅鲁藏布江大峡谷、世界第一长河——尼罗河、风景画廊——欧洲“蓝色多瑙河”、俄罗斯的母亲河——伏尔加河等。

还包括一些河川清流,如广西的漓江风光(“山青、水秀、洞奇、石美”)、美丽的富春江——新安江等。

另外是山涧溪流风景,如福建武夷山九曲溪,堪称“三三秀水清如玉”,湘西张家界山水的灵魂——金鞭溪,还有大宁河小三峡、福建鸳鸯溪、湖北神农溪等许多著名溪流景观。

②湖泊水库:湖泊是自然形成、水库是在自然河流或湖泊基础上人工修成的。

著名的天然湖泊有:“水天一色,风月无边”的洞庭湖、水光潋滟“欲把西湖比西子”的杭州西湖、云南昆明滇池和大理洱海(构造湖)、中国最大火山堰塞湖——黑龙江镜泊湖(火山湖)、王母瑶池仙境——新疆天山天池(冰成湖)、旷秀太湖(潟湖)、长白山天池(火山湖)、中国第一大湖——青海湖(构造湖)、中国第一大淡水湖——鄱阳湖(构造湖)、甘肃敦煌月牙泉(风蚀湖)。世界最大的咸水湖——里海、世界最深湖——俄罗斯贝加尔湖、世界最大淡水湖群——北美洲五大湖(苏必利尔湖、密歇根湖、休伦湖、伊利湖、安大略湖)。世界第一低地——约旦和以色列交界的死海、瑞士日内瓦湖、英国尼斯湖等。

中国著名的人工湖——水库有:新安江水库(浙江千岛湖)、甘肃刘家峡水库、江汉牡丹江水库、吉林松花湖、河北迁西潘家口水库(蟠龙湖)、长江三峡水电站的建成会使中国出现最大的人工湖。世界上著名的人工湖有埃及纳塞尔湖、俄罗斯古比雪夫水库、巴西与巴拉圭合建的伊泰普水库等。

③飞瀑流泉:从陡坎和悬崖倾泻下来的水流称为瀑布。

中国著名的瀑布景观有:中国三大著名瀑布,即贵州黄果树瀑布(岩溶型瀑布)、黄河壶口瀑布(差别侵蚀型瀑布)、黑龙江吊水楼瀑布(火山熔岩瀑布),还有著名的"飞流直下三千尺"的庐山香炉瀑布(构造型瀑布)、庐山三叠泉瀑布和开先瀑布、四川九寨沟瀑布群、湖南衡山水帘洞、江苏连云港云台山水帘洞(《西游记》水帘洞)、湖北神农架水帘洞、河南桐柏山水帘洞、福建武夷山水帘洞等。世界著名瀑布景观有:世界三大瀑布——非洲维多利亚瀑布、南美伊瓜苏瀑布和北美尼亚加拉瀑布,世界落差最大瀑布——南美洲安赫尔瀑布等。

地下水露出地表的天然露头称为泉。

中国名泉主要有七大泡茶泉,即镇江中冷泉、无锡惠山泉(天下第二泉)、杭州虎跑泉、上饶陆羽泉、扬州瘦西湖泉、庐山招引泉、怀远白乳泉;具有医疗保健价值的湖南安宁"天下第一汤"、安徽黄山汤泉、广东从化温泉、陕西临潼华清池、重庆南北温泉、东北五大连池药泉;具有酿造功能的青岛崂山神水泉(青岛啤酒)、四川"金鱼泉"(五粮液)、贵州赤水河畔清泉(茅台酒);具有观赏价值的乾隆御封"天下第一泉"的济南趵突泉(济南被称为泉城)、四川广元缩水洞的含羞泉、云南大理的蝴蝶泉、湖南嘉禾珍珠泉、河北野三坡鱼泉等。世界著名的泉有:美国黄石公园的间歇喷泉(老实泉)。

④冰川景观:主要是高山和高纬地区的具有特殊形态特征和地貌景观特征的水域风光资源。中国的珠穆朗玛峰冰川、天山一号冰川、四川海螺沟冰川和雪宝鼎、嘉峪关祁连山七一冰川以及世界上著名的勃朗峰、乞力马扎罗山、富士山、北极冰川、南极冰川等。冰川景观旅游资源主要以高大山体为依存条件,所以较高大的山脉一般成为冰川景观旅游的首选。

⑤风景海域:主要是与海岸和海岛和为一体的复合景观。包括海潮、海啸、海风、海市蜃楼等。如"壮观天下无"的钱塘江大潮;海南三亚亚龙湾有美丽的珊瑚景观和新月形沙滩,被称为"东方夏威夷";"夏都"北戴河具有迷人风光。世界上著名风景海域有:美国夏威夷瓦湖岛华基基海滩以"沙滩、浪花、排排棕榈树"著称;地中海各段分别以"天蓝色海岸""绿宝石海岸""金色海岸""太阳海岸""光明海岸"等美丽的名字闻名遐迩。如西班牙著名的"太阳海岸"以阳光闻名。

生物景观旅游资源

生物的存在使得世界变得精彩,各种动植物使地球表面生机勃勃。各种动植物让人类得到赏心悦目的感受,也有很多具有宝贵的科学研究价值以及美化和净化环境的作用。生物景观大致分为以下五类。

①森林景观：指具有独特的美学价值和功能的野生、原生以及人工森林。森林景观可以开展探险、探奇、探幽、科学考察、疗养、健身、生态旅游和野生动植物标本的采集。中国森林旅游资源主要有：湖南张家界国家森林公园（中国第一个国家森林公园）、云南西双版纳原始森林景观（“植物王国”和“动物王国”）、东北长白山原始森林（温带生物自由基因库、红松之乡）、广东肇庆鼎湖山亚热带季风常绿阔叶林（北回归线上的绿宝石）、安徽省金寨县天堂寨国家森林公园（中华植物王国之最）、广西省合浦县东南部山口红树林景观、四川长宁和江安之间的“蜀南竹海”、浙江“安吉竹海”、湖南“益阳竹海”等。世界主要森林景观有：欧洲北部的“亚寒带针叶林”（世界最大针叶林）、南美洲亚马孙河流域和非洲刚果河流域的热带雨林、地中海沿岸的亚热带常绿林景观等，瑞典有“锯木场”之称、芬兰有“森林之国”之称。

②草原景观：主要指大面积的草原和牧场形成的植被景观。中国著名的草原景观资源主要有：内蒙古锡林郭勒草原，是世界著名的天然草原；新疆巴音布鲁克草原，是中国第二大草原；甘肃夏河草原。世界主要草原景观有：澳大利亚中西部大草原；阿根廷潘帕斯大草原；非洲热带稀树草原。

③古树名木：主要是指单体存在的古老名贵的树木。中国名木主要有：世界植物活化石，水杉、银杏、鹅掌楸、珙桐等；黄山迎客松（黄山四绝之首）；陕西黄帝陵的“轩辕柏”已经有5000年的历史，堪称“世界柏树之父”；山东孔庙2000多岁的“孔子桧”；泰山“五大夫松”；等等。

④奇花异草：珍稀花卉和草类。古人给名花奇草起了许多优雅的名字：“岁寒三友”松、竹、梅，“四君子”梅、兰、竹、菊，“花草四雅”兰、菊、水仙、菖蒲，“园中三杰”玫瑰、蔷薇和月季，“花中四友”山茶花、梅花、水仙、迎春花；中国十大名花：“花王”牡丹，“花相”芍药，“花后”月季，空谷佳人“兰花”，“花中君子”荷花，“花中隐士”菊花，“空中高士”梅花，“花中仙女”海棠花，“花中妃子”山茶花，“凌波仙子”水仙花。中国主要观花之地有：苏州吴县赏梅胜地；洛阳牡丹“甲天下”；杭州玉帛玉兰林；云南奇花异卉大观园，如昆明市花山茶花、还有杜鹃花、百合花、龙胆等；中国最大杜鹃花观赏胜地贵州“百里杜鹃”林；福建漳州“百里花市”看水仙；此外还有扬州琼花、广州菊花、桃源桃花园等。世界著名花卉有：日本樱花、荷兰郁金香等。

⑤珍禽异兽及栖息地：现存数量较少或者濒于灭绝的珍贵稀有动物和保护珍稀动物栖息地的自然保护区。中国珍稀动物及栖息地有：中国国宝大熊猫及其故乡四川卧龙自然保护区，中国特有的金丝猴及四川九寨白河自然保护区，长江白鳍豚被称为“长江里的大熊猫”，世界屋脊之鹿——白唇鹿，东方宝石朱鹮（红鹤）及栖息地陕西洋县自然保护区，东北虎及栖息地长白山自然保护区，丹顶鹤及栖息地广东鼎湖山自然保护区，青海湖鸟岛自然保护区，保护藏羚羊、野牦牛等蹄类动物的阿尔金山自然保护区，还有辽宁老铁山蛇岛、海南猴岛等珍稀动物栖息地。世界上珍稀动物及栖息地有：澳大利亚大陆特有动物鸭嘴兽、袋鼠、考拉（树袋熊）、鸸鹋（澳洲鸵鸟），尼泊尔奇特万皇家公园是孟加拉虎最后的避难所和亚洲独角犀牛的栖息地，世界著名的羚羊保护区非洲卡拉哈里羚羊国家公园，还有南极大陆的“主人”——企鹅。

(4)气候天象旅游资源

主要指千变万化的气象景观、天气现象以及不同地区的气候资源与岩石圈、水圈、生物圈旅游资源景观相结合，再加上人文景观旅游资源的点缀，就构成了丰富多彩的气候天象旅游资源。有长时间保持的大气物理状况，如宜人的气候资源，还有美丽的高山冰雪景观，短时间的气象景观一般分为经常发生的雨景、云雾景、冰雪景、明月、日出、云霞和偶然发生的佛光、海市蜃楼、雾凇、雨凇等。

①宜人气候：人们可以用来避暑或者避寒，并能够满足身心需要，使心情愉悦、体魄健康的气候资源。

避暑气候分为三种类型：a.高原山地型，如中国避暑胜地庐山，在夏季比山脚下的九江市平均气温低5.6℃，中国南方大多数名山属于这种类型，如峨眉山、武夷山等；世界著名山地避暑胜地主要有：菲律宾的碧瑶、埃塞俄比亚的斯亚贝巴、厄瓜多尔的基多、墨西哥城等；b.海滨型，如中国的大连、青岛、北戴河等；c.高纬度型，即高纬地区气温低，许多避暑胜地位于这些地方，如夏季中国东北一些城市。

避寒气候：冬季，人们多去热带和亚热带的海洋地区避寒，很多热带、亚热带沿海城市成为著名的避寒胜地，如美洲西印度群岛的巴巴多斯，非洲佛得角群岛，中美洲的尼加拉瓜，亚洲巴基斯坦、马来西亚、新加坡、泰国，中国海南省，澳大利亚的悉尼海滨，美国夏威夷群岛等。

阳光资源：如地中海沿岸国家充分利用阳光和海水，建设海滨浴场，最著名的是西班牙，濒临地中海沿岸，晴天多、阳光和煦、沙滩柔软，海水蔚蓝，适于开发海水浴和日光浴。

此外，还有四季如春的迷人气候，如中国云南的"春城"昆明。

②大气降水景观：主要由于大气降水形成的雨景、雾景、冰雪等。中国著名雨景有：蓬莱十景之一的"露天银雨"、潇湘八景之一的"潇湘烟雨"、羊城八景之一的"双桥烟雨"、重庆著名的"巴山夜雨"。云雾景观：中国长江流域四大云海的"黄山云海""庐山云海""峨眉云海""衡山云海"，此外还有壮观的"泰山云海"。冰雪奇观：雪景与其他自然景观或人文景观交相辉映形成的奇观景色，如北京的"西山晴雪"、太白山的"太白积雪"、杭州的"断桥残雪"、长沙的"江天暮雪"、台湾的"玉山积雪"、九华山的"平冈积雪"以及东北的"林海雪原"，另外"冰城"哈尔滨的"冰雪节"，吉林的冰雪景观都闻名世界。雾凇和雨凇属于冰雪景观：雾凇就是树挂，著名的吉林雾凇与桂林山水、三峡风光、云南石林并称中国四大自然奇观。

③天象奇观：一般具有偶然的、神秘的、独特的特征，如极光、佛光、海市蜃楼、奇特日月景观等。

极光：太阳带电粒子从高纬度地区进入地球大气层，受磁场影响形成的色彩艳丽的发光现象，形状多样，千姿百态，在高空5~10千米亮度最强。北半球有一个极光带，利于观测极光，它通过美国阿拉斯加州北部、加拿大北部、冰岛南部、挪威北部和新地岛南部，每年有240天左右可见极光。中国的漠河和新疆阿尔泰，每年可见一次极光。

佛光：也叫"宝光""金光"，在低纬度高山地区云海中，由于阳光斜照使大气中的水珠发生衍射而呈现的色彩华美的光环,光环会随观测者而动,观测者的投影会进入光环之中,给人一种神秘的“神佛显圣”之感。中国可以观测到佛光的地区有庐山、泰山、黄山、梵净山、峨眉山,其中以峨眉山“金顶佛光”最为壮观。在德国的哈尔滋山、瑞士的北鲁根山也会有佛光出现。

海市蜃楼:由于气温垂直方向上的变化以及相应的空气密度垂直分布发生分异,引起光线的折射和全反射现象,使远处地面景物出现在人们的视野中,形成神秘的景致。一般多出现在海湾、沙漠和山顶。中国最佳观测地点是山东蓬莱阁和浙江普陀山。另外连云港海洲湾、渤海长岛、北戴河东联峰山、庐山五老峰和塔克拉玛干也都可观测蜃景。

武当叠影:武当山天柱峰金殿上空偶尔会出现与金殿一模一样的虚幻景象,使人们感到无比神奇,认为是真武祖师显圣,引来很多香客朝拜。一般出现在雨后初晴、或者既有阳光又有云雾的特殊天气,这一景观为武当独有,称为“祖师映光”或“金殿叠影”。

日月景观:主要有旭日东升、夕阳西下、日月并升以及夜间月景等景观。观测旭日东升的日出景观可以到庐山含鄱口、汉阳峰,黄山翠屏楼,泰山日观峰,华山东峰,峨眉山金顶,衡山祝融峰,蓬莱丹崖山,秦皇岛海滨等地。著名的夕阳西下的日落景观有浙江普陀山“普陀夕照”、杭州西湖“雷峰夕照”、河北承德“磬锤夕照”、湖南“潇湘夕照”等。日月并升景观在中国有五个地方,最佳观测地点是浙江海盐县南北湖畔的云岫山鹰窠顶。夜间月景可以给人不同的心理感受,如“人有悲欢离合,月有阴晴圆缺”“月到中秋分外明”等,明月与其他景致构成了著名的岳阳“洞庭秋月”、杭州“三潭印月”以及著名的“二泉映月”等。

(5)绚丽多姿的中国旅游资源文化

海外旅游者来华,不仅要欣赏自然景色,更希望观赏我国悠久的历史文化遗迹。如民族风情、工艺美术、名菜佳肴、文化艺术等,这些都是风味独具、唯我独有的人文旅游资源。至于古人类遗址、帝都古城、宫苑陵寝、古建工程、古寺宝塔、石窟碑碣、名人故居、园林苑囿等。

①中国宗教文化与旅游

宗教文化是中国传统文化的一个重要组成部分,灿烂的宗教文化不仅以其教义精深而浸入人心,而且各类宗教都以其独特的艺术形式向人们展示了一个丰富多彩的画卷。中国是一个多民族、多宗教的国家,佛教、道教、伊斯兰教、基督教等皆有其深厚的土壤和文化积淀。道教是在中国土生土长的宗教。它源于古代的巫术,秦汉时神仙方术。黄老道是道教的前身。需要注意的是道家和道教的区别。道家是先秦时的哲学派别。而作为宗教的道教的形成则晚得多。道教尊奉老子,有自己独特的醮仪戒规和组织形式。道教徒的理想是修炼成仙,因而多择深山大岳为修炼之地。道教名山亦多称为神仙所居的“洞天福地”,风景秀丽,融山水与宫观为一体。在仙山上既可以渴望长生不死,又享受山林之美的生活情趣。在我国,著名的道教名山有:山东的泰山、崂山,陕西的华山、终南山,山西的恒山,江西的龙虎山,四川的青城山,河南的嵩山,广东的罗浮山等。其中泰山被称为东岳,华山为西岳,恒山为北岳,衡山为南岳,嵩山为中岳,统称五岳。佛教是古代印度的宗教之一。佛教提出人们只有信奉释伽牟尼,努力修行,才能摆脱生死苦恼,达到解脱成佛的目标。公元前后,佛教传入中国。佛教在中国经历了一个漫长的与中国传统文化纷争、调整、适应和融合的过程。隋唐时期，中国佛教进入鼎盛阶段，出现了具有中国特点的佛教派别，如天台宗、华严宗、净土宗、禅宗等。佛教对中国文学的诗歌、小说、戏剧等产生了深刻的影响。唐朝诗人王维以禅入诗，通过对田园山水的描写，宣扬隐居生活和佛教禅理。小说《水浒传》《西游记》《红楼梦》《金瓶梅》等名著中均有佛教的描写。《西游记》中唐僧赴西天取经的故事在中国几乎是家喻户晓。佛教传入中国后大量兴建佛寺，“南朝四百八十寺，多少楼台烟雨中”。不少著名寺院建筑在风景秀丽的名山之中，既形成了“天下名山僧占多”的局面，又使佛教寺庙与大自然景色融为一体，交相辉映。如四川峨眉山，浙江普陀山，山西五台山，安徽九华山等。此外，不少信徒开凿洞窟，塑造佛像，以期达到弘扬传播佛法的目的，保存了大量的壁画、雕塑、石刻等艺术精品，如敦煌莫高窟、龙门石窟、云冈石窟、麦积山石窟、乐山大佛、大足石刻等都是佛教艺术的瑰宝。佛教徒也为中国文化保存了大量珍贵文物。

据统计，全国240多处重点文物保护单位中，有1/3是佛教寺庙、殿堂碑塔。藏传佛教具有浓厚的民族特色。拉萨的布达拉宫，是西藏的象征之一。藏传佛教格鲁派有六大寺院，即西藏的甘丹寺、哲蚌寺、色拉寺、扎什伦布寺，青海的塔尔寺，甘肃的拉卜楞寺。而塔尔寺尤为著名，声名远扬，香火袅袅，至今犹盛。伊斯兰教是公元7世纪的穆罕默德（570—632年）在阿拉伯半岛创立，伊斯兰教要求每个穆斯林信安拉，信诸天使，信《古兰经》等，信使者穆罕默德，信死后复活及末日审判，还要求每个穆斯林严格遵守五项宗教功课。伊斯兰教大约在公元8世纪传入中国，遂与中国传统文化相结合，既表现出伊斯兰教和中国穆斯林对中国传统文化的高度适应，又保持了伊斯兰教宗教文化的特色。各地穆斯林都有其独特风格的清真寺建筑。明代以后，中原内地的伊斯兰教建筑普遍采取了中国传统的建筑布局和木结构体系，但礼拜大殿仍严格遵循朝向麦加以及殿内不得饰以任何偶像的原则。西安的化觉寺，北京牛街礼拜寺和东四清真寺，银川大寺，天津北大寺，沈阳南大寺等，为其代表性建筑。基督教是与佛教、伊斯兰教并列的世界三大宗教之一。崇奉耶稣为救世主，分天主教、新教、正教三大派系，经典为《圣经》。基督教最早传入中国大约是唐初，其时被称为景教。西安碑林博物馆存有“大秦景教流行中国碑”。以后基督教在中国时传时断。19世纪基督教第四次传入中国，在各地都有教堂。著名的有北京西什库教堂、南堂；上海徐家汇天主堂；广州圣心大教堂；成都平安桥主教座堂；天津老西开教堂；南京石鼓路天主教堂；哈尔滨南岗尼古拉教堂等。天主教教堂一般正面悬挂大幅耶稣受难的油画，圣母像高立在祭台上，肃穆壮观。多采用哥特式建筑，巍峨高耸，寓意着向天升华，皈依上帝。中国宗教文化是一个丰富多彩的立体图画，它向人们展示的内容是多方面的，从宗教的生长和流传演变，从宗教文化与中国传统文化及自然山水的完美结合，从其独特的建筑风格、壁画、石窟、经幢、塔庙、道观乃至宗教习俗、经传、音乐、服饰等无不对旅游者开拓眼界、增长知识、陶冶情趣具有潜移默化的影响。

②中国舞蹈文化与旅游

民族舞蹈作为一种旅游资源，是我国旅游产业发展中富有魅力的动态艺术形象，使人赏心悦目，陶冶性情，美化心灵，促进人民的身心健康和社会风尚的完善，具有独特的内涵与价值。民族舞蹈不仅在文化市场能发挥出积极的作用，而在旅游产业中也同样有着极其重要的价值。

中国自然资源类型众多、人文积淀深厚璀璨、民族文化异彩纷呈、市民生活妙趣横生，所有这些都构成了多彩中国旅游的实在内涵。我们需要用最精华的产品、最鲜明的视觉形象冲破西方人心目中对中国刻板、单一的印象。比如从侗族歌舞“多耶”的形式中，我们可以看到族群力量的显现：在祭祀时“多耶”可多至上千人，村民们都要参与，拉手、搭肩组成圆圈队形；男圈在外，女圈在内，手拉手有节奏地踏步徐行，双膝微颤，双手随身体起落而摆动。这一特征体现的便是群体意识，拉手成圈、整齐步伐不仅具有民族认同的作用，更是一种力量和信心的源泉。在旅游业中，通过观赏当地具有特色的民族舞蹈作品，不仅使游客更多地了解了当地的文化内涵，民族舞蹈作品本身也对宣传当地文化起到了积极作用。

随着旅游业发展，民族传统舞蹈文化的价值逐步提高，除了给舞蹈专家们提供了更为方便和完善的条件外，关键是使中国的民族舞蹈文化得以保护和传扬。比如某市举办“甘囊香”国际芦笙节，吹芦笙、唱飞歌，将民族服饰、民族文化精华浓缩在一个舞台上，集朴素、华丽、历史和现代为一体，让人们在有限的时空里感受到民族民间文化的无限精彩。推出这样的民族舞蹈精品节目，创造了自己的品牌，从而吸引了中外人士的目光。在充分体现民族风情之美的基础上，更加说明了这个地方有历史、有现代、也有民情。

民族舞蹈是反映民族文化最直接和常见的方式，很多游客在各地旅游景点观看民族舞蹈最直接的期望就是通过观看民族舞蹈表演了解民族文化。

一份调查数据显示：有69.5%的游客在欣赏民族舞蹈的过程中怀有这种心理，其次为满足好奇心（10.4%）、和当地人接触（10.4%）、寻求身心放松（8.8%）。游客在观看民族舞蹈表演的过程中，希望能够看到传统的民族舞蹈表演，并通过观看民族舞蹈表演了解传统的民族文化。由于游客的心理期望会影响游客对真实性程度的要求，不同的心理期望会产生不同的真实性要求。所以是否在乎歌舞表演的传统性，会影响游客对真实性程度的要求。

根据调查样本，绝大部分游客表示在乎歌舞表演的传统性，其中37.1%的游客表示很在乎，42.4%的游客表示在乎，17.1%的游客表示一般，2.4%的游客表示不在乎，由此可以推断在欣赏民族舞蹈表演的过程中，绝大部分游客都希望自己能够观看到传统的民族舞蹈表演。在欣赏民族舞蹈旅游产品之前，游客根据媒体、报刊、杂志等了解民族舞蹈，形成对民族舞蹈传统性表现形式的心理预见和期望，在实际欣赏过程中，则根据自己对民族舞蹈旅游产品的期望来评判所观看的民族舞蹈旅游产品。

③人文景观旅游资源

是由各种社会环境、社会生活、社会历史、文化艺术、民族风情及物质生产构成的人文景观，是古今人类活动的艺术结晶和文化成就之一。中国人文景观旅游资源一般包括：革命遗址及革命纪念建筑物、古建筑及历史纪念建筑物、古墓葬、石刻等，以及历史文化名城、旅游城市、重要的博物馆、著名宾馆饭店、餐馆、工艺美术、名特土产、烹饪技术、风土民俗、娱乐活动等方面的内容。

人文旅游资源是人类创造的，因此一般来说可以复制也可以移植。一个亭台、一幢大殿、一座城堡等都可复制或移植别处。西安碑林就大量收集了全国各地的名碑胜碣。北京大钟(华严钟)原藏德胜门内汉经厂,后转西郊万寿寺,再后转该寺。陶然亭公园曾从中南海移来云绘楼、清音阁两组古建筑。世界各地的文化交流、经济贸易乃至战争掠夺,更使旅游资源发生远距离的移植。当今,人文旅游资源的移植,无论从速度上还是规模上都达到了惊人的程度。美国于1955年在洛杉矶市创建的"迪斯尼乐园"和"迪斯尼世界"更加先进,每年可接待1000万名游客。近年来世界各地的迪斯尼性质的乐园不断出现。我国各大城市也不断兴建各种现代化的游乐设施。我国园林艺术被西方认为是"世界园林之母",作为文化交流早已传到日本和欧美。美国更不惜重金为纽约大都会艺术博物馆复制了苏州网师园内的殿春簃。新加坡主要旅游中心之一的裕华园完全仿照我国园林建造。至于那些出土文物、工艺美术品、服饰、佳肴更是到处相互赠送,循环展览,宣传表演,复制推销,成为旅游创收的重要手段。

很多人文旅游资源的价值,在于其历史的悠久性。旅游者到文明古国去观览,首先就是因为它具有古老的文化历史。被称为古代七大奇观之一的我国"万里长城",就是由于其反映了我国2000年的古老历史文化而具有极大的吸引力。秦始皇兵马俑也因反映了2000年前的雕塑艺术成就而成为"世界上最大的地下军事博物馆"。意大利的古罗马斗兽场,也是由于其反映了1900年前的伟大建筑艺术成就而被誉为"世界七大奇迹"之一。因此,一般来说,人文旅游资源的历史越悠久,旅游价值就越大。

自然旅游资源一般不以其古老程度来衡量旅游价值的大小。只有当其生命长度可与人类文化相比较的时候,有时也显示出某些古老性来。如我国遗存很少的周槐、唐槐等。

自然旅游资源的本身是纯物质的东西。但精神文化的内容在人文旅游资源中却占了极为重要的部分,如不同的社会制度、历史、语言、民族风情等。宗教旅游就是一股重要的旅游流。儒学文化发祥地山东曲阜每年吸引着大量游客;孟姜女哭长城的历史传说也为山海关长城旅游增色不少,旅游旺季的姜女庙更是人山人海。水泊梁山的大量旅游者首先是因为看了《水浒传》,而被武松、李逵、林冲、宋江等108将的精神所感染。北京的"大观园"、石家庄的"荣宁府",人们明明知道是无中生有的臆造建筑,但由于《红楼梦》小说的感染,特别是电视连续剧《红楼梦》的渲染深化作用,旅游者也以假当真进入了《红楼梦》人物的角色中,将自身视作宝黛,在现场着服戴帽拍照留影。瑞士魏武市的葡萄节,每100年只举行4~5次,每次延续两个星期,十分隆重。菲律宾的"和平重聚计划"旅游是邀请第二次世界大战时在菲服役的各国部队的男女等人携带家属重返菲岛;还有夏威夷开展的纪念珍珠港事件凭吊旧战场的旅游活动。我国纪念古代大诗人屈原的龙舟大赛活动及我国的龙舟旅游活动等,都属于精神文化的旅游活动范畴。

人文旅游活动往往具有历史重复性或后延性质。如宗教活动本来是一项教徒内部的自发性活动,但随着旅游事业的发展,往往成为一股小小的社会潮流。几度萧条的寺庙,一时热闹非凡,叩头拜佛者接踵而至,朝圣队伍越来越大。不少非教徒也在这种神秘的气氛下不由自主地顶礼膜拜起来。仿古建筑也应运而起,香港修了"宋城",日进万金。不少地方都修建起明代一条街,清代一条街,修建了地下宫殿博物馆,修复了废弃多年的古建筑,如武昌黄鹤楼、秦皇岛老龙头、南昌滕王阁、北京慕田峪、滦平金山岭长城等,使将要湮没的古代文化得以再现和保存。

人文旅游资源除了古为今用的已有资源外，还需要改革更新和创造出适应时代潮流的新型旅游资源，如迪斯尼乐园、汽车和摩托车拉力赛、会议旅游、文化艺术旅游等特殊项目。旅游快餐、旅游活动房、多功能旅游船等新颖设施特别具有时代的气息；一些仿古旅游活动也具有强烈的时代风采，如1985年秋季举行的国际“丝绸之路”汽车拉力赛，就是一项极富时代特色的旅游活动项目。它将古老的“丝绸之路”与现代交通之路及其交通工具联系起来，这不仅让游人领略中国西北自然风光，参观和追忆古代文化，同时又进行了体育锻炼和新的文化交流。因此，这是一次古为今用的旅游典型事例。“丝绸之路”的旅游将促进那里新的繁荣，启迪我们开发更多具有时代气息的人文旅游资源和产品项目。

④文化遗迹旅游资源

“蚕丛及鱼凫，开国何茫然”。这是唐代大诗人李白在《蜀道难》中形容四川历史悠久的诗句，其中蚕丛和鱼凫，皆为传说中的四川古帝王。四川古文化遗址包括古建筑工程、古遗址、石刻及石窟造像、古代文人遗迹、古墓葬等，全省62处国家重点文物保护单位中，属于古文化遗址的占90%左右。古建筑中最为有名、也最为壮观的当数都江堰水利工程。该工程修建于公元前251年，设计科学，工程宏伟，至今仍灌溉着川西平原万顷良田，是川西平原成为“天府之国”的重要条件，堪称世界水利史之最。

古文化遗址中最神奇、也最令人叹为观止的当数广汉三星堆。三星堆遗址发现及出土较晚，但形成于约5000年前，出土的大量青铜器和玉器，不仅工艺技术精湛、造型精美，而且形象怪异而巨大，极具欣赏价值。此外，四川还有唐代大诗人杜甫的故居——杜甫草堂，唐代大诗人李白的故居——李白故里，宋代大文学家苏洵、苏轼、苏辙的故居——三苏祠，明代大作家杨升庵的故居——升庵祠等著名历史文化遗址；有广元皇泽寺、广元千佛崖、巴中南龛、安岳卧佛院等摩崖造像；安岳毗卢洞等石刻造像，有成都明蜀王陵、珙县僰人悬棺、乐山麻浩崖墓、成都古蜀船棺合葬墓等古墓葬。

⑤中国体育文化与旅游

中国体育，源远流长，随着社会经济、文化教育、医疗保健、政治制度的演变而逐渐发展起来，内容极为丰富。中国体育与旅游有着密切的联系。从中国体育的项目内容上看，许多项目带有旅游的性质或可与旅游相伴进行。

比如民间流行的踏青、登高、远足运动，本身就是一种广义的近距离的旅游，这些活动自汉代以来，盛行不衰，具有极大的普及性。许多大的体育盛会，往往吸引各地选手及体育爱好者前往参加、观看，这些选手和体育爱好者在参与比赛的同时，还要游览比赛举行地及沿途重要景观，体育与旅游于是相伴而生。

进入现代，我国经常举行一些重大的国际赛事，吸引着世界各地的体育选手与体育爱好者。在这些活动中，国际友人对我国许多著名景观的游览观光，几乎成了不可缺少的内容。大型体育场馆往往是建筑技艺与造型艺术的结晶，不仅具有举办体育比赛的功能，而且也是著名的城市建筑景观；现代体育盛会规模宏大，其体育场馆与配套服务、娱乐设施已具有独立的旅游及旅游服务功能。中国民间许多传统体育活动，具有很强的民俗色彩和浓郁的地方特色。

以民间体育活动为中心,同时举行内容丰富、形式多样的民族文娱活动,使民间体育盛会成为民俗风情、地域文化的全面展示,如蒙古族的那达慕大会、汉族和其他若干少数民族地区盛行的龙舟竞渡活动等,这些体育的盛会吸引了众多的旅游观光者,成为一种具有相当潜力的旅游文化资源。

⑥近现代饮食文化旅游

饮食,包括饮与食两个方面,饮,指饮茶、饮酒;食者,吃也,是人类赖以生存、生活的最主要的物质资料。汉时郦食其说"民以食为天",就深刻地概括了人类对饮食的依赖。饮食文化是以饮食为核心的文化现象。

它主要包括三个层次:

其一是物质层次,包括饮食结构和饮食器具;

其二是行为层次,包括烹饪技艺、器具制作工艺等;

其三是精神层次,包括饮食观念、饮食习俗以及蕴含其中的人文心理、民族特征等文化内涵。

饮食是人类赖以生存和发展的第一要素,人类文明始于饮食。饮食文化随着人类社会的形成而发展,随着人类社会的发展而进步,饮食超越了单纯的生理需要,不断丰富着自身的自身内涵,成为社会文化生活中的重要内容,是人们物质生活和精神生活的一个部分。

中国饮食文化历史悠久,源远流长,博大精深,具有鲜明的民族性和地域性,是中华民族文化宝库中一颗璀璨的明珠,也是中国旅游开发中的宝贵旅游资源。

中国饮食文化历史悠久,烹调技艺精湛,闻名寰宇,在世界上素有"饮食王国"之美誉。如同音乐、舞蹈、书法、绘画、戏剧一样,中国饮食文化是中国数千年灿烂的民族文化遗产的重要组成部分,也是一种宝贵的旅游资源。可以说,在今天的旅游活动中,饮食早已超越了单纯生物学意义上的目的,而是体现人们热爱生活、彰显自我、追求高雅、注重体验、丰富情趣的文化载体和符号,是一项包含着丰富社会意义的重要文化活动。如今"食在中国",品尝中国大江南北风味佳肴,是成千上万的海外旅游者到中国旅游的动机之一。

饮食是旅游业存在、发展的基础之一。饮食文化的形成发展与各种人文景观、文化现象、特殊的历史事件及其发生地等紧密联系在一起,使之成为多姿多彩的饮食文化景观。这种景观是旅游业的重要资源,也刺激着旅游的发展。风味饮食是重要的旅游吸引物。要吸引广大旅游者前往游览观光,不仅要有秀丽的自然风光、绚丽的历史文化古迹,而且还要有独具特色的风味饮食。

我国各地的饮食习俗不同,形成了各有特色的风味饮食,这些风味饮食可谓百花齐放、各具千秋。旅游期间,能在游玩之余品尝当地的风味,领略当地的饮食风情,别有一番情趣。

(6)中国饮食文化审美的构成要素分析

中国饮食文化审美的构成要素主要包括色、香、味、形、质、意六个基本方面,这六个方面付诸人的各部分感官,构成了中国菜点品尝与审美的全方位和多角度。

色的美感

古人在饮食上很重视色的美感,如孔子在《论语·乡党》中曾有“色恶不食”一语。色彩在饮食上具有“先导”作用,它作为先声夺人的要素首先作用于品尝者的视觉,进而影响着品尝者的饮食心理和饮食活动。

香的美感

香是菜点付诸人的嗅觉器官后而使人获得感觉的。菜点的香气刺激人的嗅觉器官,引起人的情感性冲动和思维联想,进而影响到饮食行为。香在吸引食客方面在空间距离上最具优势。所谓“闻香下马,知味停车”其含意便在于此。因此香气成为品评菜点的重要标准之一。

古人提到的“五香”,通常指烹调食物所用茴香、花椒、大料、桂皮、丁香五种主要香料。它的功能,是把有腥味、臊味、膻味的食品变得无异味,进而使食品清香扑鼻。福建名菜“佛跳墙”,就是因为香味四溢,能使“佛闻弃禅跳墙来”而出名,可见香味对菜肴是何等重要!

菜点香气的类型和程度是非常丰富的。诱人的菜点之香,能调动饮食审美冲动,成为正式品尝菜点的重要前奏。它同“色”一样,在饮食审美过程中,可产生“先入为主”的重要影响。

味的美感

味的美感是菜点审美构成要素中的最主要的部分。中菜特别重视味的欣赏,古人曾曰“食而不知其味,已为素餐”(即白吃“有味使其人,无味使其出”)。味与香的联系最为密切,且与香一样,具有丰富多样的特点。多样中求统一,在菜点的品评中叫做“五味调和”。俗话说“五味调和而味香”,便说明了味多样统一的关系。中国的“五味”是指酸、甜、苦、辣、咸。大多情况下是复合味,即以某种味为主,同时还具有其他几种味。中国的许多名菜很讲究复合味,如扬州红烧鱼,佐料多达20多种,味感十分丰富。

形的美感

中国菜点形美的实质——以造型艺术为食用服务

自古以来,中国菜点很重视形的美感,如孔子在《论语·乡党》中曰:“割不正不食。”这就是说切肉应注意刀法。在烹任加工中,讲究刀工,讲究造型规范、整一,一方面是讲究美感,另一方面是便于加工。

中国菜点形美更重要的是讲究食品造型艺术,一是实用性,即“食用性”菜点造型的目的是为了刺激食欲,启发品味。二是技艺性,如厨师对刀工、火候等基本技能的运用使菜点形色具美。三是美术性,如对菜点造型上运用美术手段。造型艺术是手段,食用是目的,主从关系不能颠倒。

食品造型艺术的原则——简易、美观、大方和因材制宜

任何菜点都是供食用的,其保存时间较短,因此一般不宜对菜点进行精雕细刻的装饰。同时,过分地装饰,精美的造型会让宾客欲食而不忍,也达不到增加食欲的目的。当然,特殊隆重的宴席例外。因此,食品造型艺术应遵循简易、美观、大方和因材(原料)制宜的原则。

中国菜点造型的主要形式:随意式、整齐式、图案式、点缀装饰式、象形式。

除具有上述五种设计技能外,还须具有较强的绘画、雕刻技能和主题构思能力。有些用于观赏的食品雕刻,其功用不重在食用,而在于渲染宴席气氛。

此外,在菜点造型的欣赏中,还应注意菜点与餐具之间的关系,强调内容(菜点)与形式(餐具)上的和谐统一。例如,椭圆盘用以装鱼,盆具用以盛汤,粉彩瓷器用以配富丽堂皇的菜点造型等。

质的美感

古人曰"饮食之道,所尚在质",这说明"质"也是菜点审美的标准之一。一方面是指营养质量卫生质量,烹调技术等因素;另一方面,也是更重要的方面,主要是指"质地",即以触感(或口感)为对象的松、软、脆、嫩、酥、滑、爽等质地美感。

菜点质的美感丰富多样,大致可分以下三类:

温觉感。就是菜点由于温度差异而在入口时产生凉、冷、温、热、烫的感觉。

触压感。是指舌、口腔的主动触觉和咽喉的被动触觉对刺激的反应。这种反应能对菜点的大小、厚薄、长短、粗细产生感觉,并产生清爽、厚实、柔软、细腻、松脆等触压觉。

动觉感。对菜点触觉美的感受主要来源于动觉感,其中牙齿的主动咀嚼对触感美的产生起着决定性的作用。主动咀嚼的触觉有单一感,即嫩、脆、硬、泡、黏、绵等,但更多的是复合感,即脆嫩、滑嫩、爽脆、酥烂、软烂……只有这种复合触感的形成才能构成对菜点触觉的最丰富、最全面、最微妙的审美感受。

意的美感

"意"是审美主体(包括创作主体)的思想情感。对意的刻意追求几乎成为一切艺术家努力的最高目标,可谓"意匠惨淡经营中"。中国菜点的制作也是如此。

中国菜点中的"意"的内容。意匠:即厨师的思想、情感、智慧在技术中的实现。意象:即体现厨师的思想、情感和审美观念的菜点造型。意趣:即体现厨师思想情感的趣味。意境:即体现厨师创作思想的烹饪境界。

中国菜点审美中意境的实现。中国菜点审美的最高境界是意境的实现,而这种实现多表现在主题明确的正规宴会之中。例如,国宴的庄严隆重,大气磅礴;婚宴的喜庆热闹;寿宴的欢娱典雅;文人雅集的潇洒风流;丧宴的肃穆悲凉……这些意境的实现不仅要求菜点品种、命名、烹法等多方面作相应的呼应,而且在环境、家具、餐具服务方式等方面要密切配合,围绕主题实现意境。

中国菜点命名方式。为了追求菜点审美中的意趣,除前面分析过的色、香、味、形、技术之美的因素以外,还有一种常见的手段即文学手段。运用这种手段对菜点进行命名,能形成耐人寻味的意趣。常见命名方式有以下几种:自然本名、工艺特名、乡土集锦、时令风俗、比附联想等。在宴会中,为了形成统一的意趣和意境,应要求各菜点名称相互呼应,形成和谐美。

由上述可见,中国菜点审美的内容形式、范围非常广泛,它可以说是一种以品味为媒介的多角多元性的中国文化艺术的综合欣赏。因此,对中国菜点的欣赏,应具备较全面的文化素养。只有这样,才能深入体察其中的无穷韵味。饮食文化作为一种需要开发的旅游资源在开发过程中也要尽可能地体现或者着重于色、香、味、形、质、意等几个方面的因素考虑，这样才能真正体现“人无我有，人有我佳”的旅游开发宗旨，才能够使旅游者真正体会到“外面的世界很精彩”，而不是千篇一律的“复制”产品。

中国饮食文化旅游资源开发中存在的问题。

盲目跟风，忽视地方特色。旅游者在旅游地什么口味的菜都能吃到，满足了旅游者多种口味的消费需求，但旅游地盲目追求多、杂、全，必然会导致口味的不地道，破坏了我国真正的饮食魅力，使旅游资源无形中被转移和破坏。如粤菜在全国各地盛行一时，旅游者在许多地方都可以看见“粤菜粤馆”，且几乎家家都冠以“正宗”“第一”之类的词语，但当旅游者吃完后往往大失所望，以致对粤菜产生怀疑，完全破坏了粤菜在旅游者心目中的良好地位。还有一个严重问题是外地菜肴的大量涌入，逐渐使本地特色被外来产品代替，使得地方特色饮食逐渐衰退，流失了当地宝贵的饮食文化资源。

品尝佳肴为主，文化韵味不足。目前，饮食文化在旅游产业的开发中基本上以品尝佳肴为主。

饮食文化旅游资源开发。

深厚饮食文化传统的发扬。旅游者往往只是看到菜肴的色、香、味、形等表面现象，而对质和意的美感并没有任何的了解，没有对一道菜有根本了解。

以享受为主，参与性不强。“酒食者，所以合欢也”不仅体现在进食中，而且表现在事物的制作过程中。品尝佳肴能令人身心舒适，制作这些食物更会让人联想到进食时的愉悦心情。

宣传不够。中国地域广阔，菜系众多，很多中国人一辈子可能都无法说出中国有名菜系的名称、特色和代表菜，更遑论其他地方的特色佳肴。但我国饮食文化旅游产品的宣传及推广还停留在风味小吃等传统项目上，忽视新产品的及时推出和更新。宣传推广的另一不足之处在于其不顾当地实际情况，盲目宣传，以点代面没有任何针对性。

中国饮食文化的旅游资源开发方向与途径。

于饮食中弘扬中华文化。中华饮食文化发展了几千年，形成了富有中国特色的形形色色的饮食习俗，弘扬饮食文化的传统特色也就是发掘其内在的文化思想。中国人赋予饮食强烈的文化意义，就拿菜名来说，将酿豆腐叫“玛瑙白玉”，让人在进食的同时浮想联翩，精神愉悦。所以在推出特色旅游饮食文化产品的同时，还要特别注意把握这些传统文化特色，弘扬民族文化，进而提高更多人的文化素养。

于情趣中不断创新。在中国人的饮食习俗中，人们的“趋吉”心理表现尤为强烈，不少年节和喜庆之日的食品都带有祈求平安幸福、向往进步光明之意。中国传统节庆多用“吃”来纪念或庆祝，因此出现了大量与之相关的食品。如汉族地区过年，家庭中往往少不了鱼，象征“年年有余”。因此，在旅游产业中对于饮食文化的开发，需要把握这条原则，它能让一道普通的菜肴富有韵味，从而吸引旅游者青睐于它。

于创新中求规范。饮食文化旅游的开发存在着传统饮食文化旅游和边缘饮食文化旅游开发之分。无论是传统开发还是边缘开发，都要注重在创新的过程中强调一定的规范，避免在某种因素下盲目地求效益而忽视了文化本身所具有的规范性和严肃性。

于规范中求可持续发展。坚持开发与保护并重,注重保护旅游生态环境。从表面上看,饮食似乎与生态资源的保护并没有的太大的联系,而实际上,食品原料的采集在很大程度上取决于当地自然环境的良好与否,保护好环境,才有可能拥有更多的原料提供给饮食生产。

总之,开发中必须注重旅游者的精神享受,在文化上做文章,要全面详实地搜集关于饮食文化资源的文化背景、历史渊源、民间传说、神话故事、文物特产等资料,进行加工整合。使之与旅游活动恰当地结合起来,让游客边听、边看、边尝、边思,乐在其中,这样既弘扬了中华饮食文化,又提高了旅游地区的综合吸引力,增加了经济收入。此外,还应开发特色饮食文化旅游,可推出皇家贵族饮食文化旅游、市井饮食文化旅游、农家饮食文化旅游、宗教饮食文化旅游等特色旅游项目。同时,还可利用我国独特的药用食物和中草药,让草药和美食相结合,借旅游或者是医药的舞台,开展各种各样的专题旅游活动。

(7)绚丽多姿的民族风情

中华民族的文化是以汉民族文化为中心,在融汇各兄弟民族文化的基础上逐步发展起来的,因而特别异彩纷呈,富有情趣。作为一个由56个兄弟民族组成的大家庭,我国各个民族、各个地方都有各具特色的民俗风情,不仅对于那些渴望了解中国的海外游客来说,具有很大的吸引力,即使对本国游客也有无穷的魅力。如汉族的元宵节、端午节、中秋节(至于汉族最大的节日春节,因与外国的盛大节日如圣诞节、感恩节等时间重合,所以海外游人不多,故暂不论),傣族的泼水节,彝族的火把节,苗族的跳笙会,白族的三月街,蒙古族的那达慕大会,维吾尔族的肉孜节,哈萨克族的库尔班节等,都是令人神往的。近年来,我国旅游工作者在开发民俗旅游方面做了许多工作,推出了一大批富有民族文化内涵的旅游产品,如西南民族风情旅游、潍坊风筝会、自贡灯会、西北朝圣旅游等,获得海内外游人的好评。一位美籍华人教授在观看潍坊风筝会后赞叹:“没有想到我们民族文化有这么好的瑰宝!”很多旅游景点都推出了非常有特色的文娱晚会,如九寨沟的羌藏歌舞表演,丽江的丽水金沙晚会等,也都吸引了大批游客。

(8)农家乐休闲旅游文化

农家乐是一种新兴的旅游休闲形式,是农民向城市现代人提供的一种回归自然从而获得身心放松、愉悦精神的休闲旅游方式;农家乐的发展,对促进农村旅游、调整产业结构、建设区域经济、加快农业市场化进程产生了良好的经济效益。

乡村旅游在国外已有30多年的历史,开展得比较成功的是一些欧美发达国家。在欧美国家,乡村旅游已具有相当规模,并已走上了规范化发展的轨道,显示出极强的生命力和巨大的发展潜力。

而在国内,真正意义上的乡村旅游始于20世纪80年代,它在特殊的旅游扶贫政策指导下应运而生,但由于起步较晚,目前尚处于初期阶段。目前我国各地的乡村旅游开发均向融观光、考察、学习、参与、康体、休闲、度假、娱乐于一体的综合型方向发展,其中国内游客参加率和重游率最高的乡村旅游项目是:以“住农家屋、吃农家饭、干农家活、享农家乐”为内容的民俗风情旅游;以收获各种农产品为主要内容的务农采摘旅游;以民间传统节庆活动为内容的乡村节庆旅游。

由此可见,农家乐旅游是乡村旅游的一种形式,它是传统农业与旅游业相结合而产生的一种新兴的旅游项目。

作为中国大陆近郊休闲产业,进入2000年前后,各种以农家乐为特色宾馆服务设施开始大量涌现,各个旅游组织开始推出农家乐乡村旅游线路,很多被冠以生态旅游、乡村旅游,诸多地方开始推出农家乐开业条件或等级评定地方标准;大中城市周边的农家乐有的达到星级饭店的标准。

其中位于广东省河源市的万绿湖区开始出现整体规模化的农家乐旅游农场,促进了这一旅游方式的长足发展。

课后思考

1.怎么旅游文化资源?

2.中国旅游资源的特色是什么?

3.中国旅游资源转变的原因是什么?

第二节　中国旅游之建筑旅游文化

中国的传统文化丰富多彩、形式多样、博大精深，其涉及领域广泛，包括历史、文学、社会、哲学、经济、宗教、艺术等。多姿多彩的传统文化是我国旅游资源具有浓厚文化意蕴的重要条件。

在众多中国文化中，古代建筑不仅产生世界性的影响，并且成为举世瞩目的文化遗产。欣赏中国古代建筑，就好比翻开一本沉甸甸的史书。那洪荒远古的传说，秦皇汉武的丰功，大唐帝国的气概，明清宫禁的烟云，还有史书上找不到记载的千千万万华夏子孙的聪明才智都被它们一一记录下来。

中国古代建筑的种类繁多，形式也极为多样，主要包括古城建筑、宫廷建筑、陵墓建筑、寺庙建筑、佛塔建筑、石窟建筑、桥梁建筑、军事建筑等。它们都具有悠久的历史传统和光辉的成就。其独特的文化历史与人文风格都可发展成为我国重要的旅游项目。

一、中国古代建筑的种类

(1)宫廷建筑

宫殿是人类文明发展的最重要标志之一，极具旅游价值。宫廷建筑是帝王为了巩固自己的统治，突出皇权的至高无上，满足精神生活和物质生活享受而建造的规模巨大、气势磅礴的建筑物，往往采用最严整的布局，最宏伟的建筑规模，最高的建筑等级和最豪华的建筑形式。其特点主要有三个：第一，宫廷建筑大都采用金碧辉煌的大屋顶；第二，用木材构建房屋，并被漆成象征喜、富的大红色。北京故宫的太和殿就是中国最大的木质结构大殿；第三，洁净宽阔的汉白玉台基是雄伟宫殿的基座。在我国，所有这一切都具有最充分的理论依据和最广博深刻的内涵，其建筑风格包括以儒家学说为核心的哲学、礼制、道德标准，也蕴含了极为丰富的历史文化与科技知识。

在中国众多宫殿中，尤以故宫、未央宫、长乐宫、大明宫、夏宫、麟德殿等极具代表性，游客可以在审美的同时了解到宫廷建筑的艺术特色，也可以感受到皇家的威严。每一部分都具有很高的艺术价值和旅游价值。

(2)陵墓建筑

中国古人基于人死而灵魂不灭的观念，重视丧葬。3000多年来，我国共有一统王朝与割据政权的大小帝王500余人，至今仍有迹可寻，已确认的帝王陵墓100多座。其历史之众，数量之多，规模之大，工艺之精，举世罕见。它们形成了我国独具特色的文化旅游资源。在历史的演变过程中，陵墓建筑逐步与绘画、书法、雕刻等诸多艺术融为一体，成为反映多种艺术的综合体，极具观赏价值。同时，陵墓建筑结合了古代风水理论，其中虽有些许不科学乃至反科学的因素，但它往往又很符合科学和自然规律，并且大都有积极作用。其随葬品非常丰富,其中往往包含珍贵文献古籍,如:游记《穆天子传》、重要历史著作《战国策》、重要军事著作《孙子兵法》,还有生产工具、武器、生活器皿、乐器、食品、纺织品、陶瓷品、金银器、绘画、雕刻等。

陵墓建筑为中国建筑中最宏伟、最庞大的建筑群之一,其建筑区内有百年松柏苍翠、树木深林,具有很高的旅游价值。我国著名的陵墓有黄帝陵、秦始皇陵、汉代长陵、茂陵、唐代昭陵、乾陵、明代孝陵和十三陵、清代东陵和西陵等,它们都是长盛不衰的旅游胜地。

(3)石窟建筑

石窟原是印度一种佛教的建筑形式,格局大抵是以一间方厅为核心,周围是一圈小柱子,三面凿几间方形的"修行"用的小禅室,窟外为柱廊。中国石窟起初是仿印度制造的,多建在我国北方黄河流域,其文化与宗教文化特别是佛教艺术有密切的关系。石窟艺术是一种宗教文化,取材于佛教故事,兴于魏晋盛于隋唐。它吸收了印度的精华,融汇了中国绘画和雕塑的传统技法和审美情趣,反映了佛教思想及其汉化过程,隐藏着中国社会史、佛教史、艺术史及中外交流史的博大精深。

石窟建筑艺术随时间和地点的不同,其发展情况也各不一样。它曲折地反映了各历史时期各阶层人物的生活景象。其旅游价值极高,我国最著名的石窟建筑有敦煌的莫高窟、山西的云冈石窟、洛阳的龙门石窟、甘肃的麦积山窟。它们让游客在欣赏艺术的同时也了解了当时人们的思想与生活状况,以及我国古代文化的多彩多姿。

(4)塔寺建筑

中国寺庙佛塔建筑也与佛教有着密不可分的关系。供奉佛像的佛殿、蕴藏深机的塔寺,一群极具中国古代气息的建筑物,并保留着许多阁楼和花木,被传统的民族文化所融化。中国塔寺建筑之美响应于群山、松柏、流水、殿落与亭廊的相互呼应之间,含蓄温蕴展示出组合变幻所赋予的和谐、宁静及韵味。这种平面铺开的有机群体实际上是把空间意识转换为时间进程。当人慢慢的游历在一个复杂楼阁的不断进程之中,欣赏这恰似柳暗花明又一村的美景时,感受到的是生活的安适和环境的和谐,也是人们忙碌生活中心灵安睡的地方,非常具有旅游价值。

我国塔寺景观相当丰富,许多名山都有寺庙的痕迹,佛教四大名山:五台山、普陀山、峨眉山、九华山;道教四大胜地:武当山、龙虎山、齐云山、青城山。"深山藏古寺",名山与古刹往往相得益彰,突出塔寺的灵性之美。在观赏美丽的风景同时还可以领略寺庙道观给人们心灵带来的那份清静与安宁。我国著名的塔寺建筑有洛阳的白马寺、山西五台山的南禅寺和佛光寺、北京的潭柘寺、杭州的金山寺、西藏的布达拉宫、大理千寻寺、天坛、应县的释迦寺、登封嵩岳寺塔、西湖雷锋塔等。

(5)其他建筑

桥梁建筑也是我国建筑文化中的重要内容,历史悠久,成就卓越。其中有许多桥经历了千百年的考验仍坚固完好。我国古桥不仅艺术造型上有高度的成就,表现出鲜明的民族风格,而且在建桥理论、构造处理、平面布局以及施工方法上都有不少独特创造。游客不仅可以在旅游过程中领略桥梁建筑的风格与文化,也可以感受那古桥上韵味奇特的往事。如今,很多古桥已经成为游览观赏的重地,其中西湖长桥、赵州桥、卢沟桥、风雨桥、宝带桥等极具旅游价值。

我国最著名的军事建筑当属万里长城,作为国家的北方屏障,民族文化的漫长融合过程为长城及沿线地区留下了浩如烟海的人文遗迹。长城不仅是凝聚非凡物力的巨大工程,还是一项蕴含着无穷智慧的艺术杰作。而且从许多关隘的券门上,我们可以看到不少精彩的古代雕饰。不论是砖雕还是石刻,其工艺之精湛、装修之富丽,都可以反映出当时工艺美术的极高技艺。还有长城历代留下的匾额题签也堪称一绝,文辞雄浑,书法刚劲,是中国文化史上的豪放之笔。

在人文旅游资源的构成中,建筑是极其重要的一类。我国古建筑以其宏伟的规模,惊人的数量,绚丽多彩的风姿,独特的民族风格,屹立于世界建筑艺术之林。上文的这些古建筑是中华民族历史文化极其珍贵的遗产,其浓厚的文化艺术具有鲜明的人文主义的特征,非常具有旅游价值,是中国传统伦理观、审美观、价值观和自然观的深刻体现。

二、历史文化名村

古村落是古代中国社会生活的基本单元,有着极强的地域性和传统性。许多地方的古村落由于远离城市,偏居一隅,保留了较多的原真风貌和传统文化,不但可供科学研究,而且可以进行旅游开发。山西的乔家大院,苏州环太湖东山、西山的古村落,现在都被开发成旅游景点,吸引着中外游人。

中国的历史文化名村中,最具代表性的是被列入世界文化遗产的皖南古村落,它以独特的风貌,引发游客的无穷赞叹。皖南古村落位于安徽南部黄山市黟县,境内山峦含黛,秀水萦回,小桥石路,民风淳厚。李白曾吟诗赞美:“黟县小桃源,烟霞百里间,地多灵草木,人尚古衣冠。”如今千年已逝,旧境犹存:进入古黟,如入世外桃源。山光水色之中,尚有大量古桥、古塔、古牌坊、古园林等历史遗迹,在几十个保存完整的古村落中,有明清时代的古民居4000余幢,被誉为“中国古代民居的博物馆”。这些明清住宅马头墙错落有致,与屋脊共同组合出富有变化的轮廓线;多为三合或四合式楼房布局,所围合的明堂较小,取“四水归明堂,肥水不外流”之意;木雕精美,主要分布在天井的栏杆和柱梁的节点上,刀法流畅,丰满华丽而不琐碎;彩画色彩淡雅,用料讲究,木制纹理天然可观,原不必彩饰,但常在楼板底面绘浅色木纹,以改善室内折射亮度,不使室内过于晦暗。

皖南古村落的代表西递、宏村,完好保存了中国传统的乡村住宅,其建筑和街道形式反映了中国历史上长期稳定存在的社会生活和经济结构,是封建时期在繁荣的商业经济基础上所创立的人类居住类型的真实例证。皖南古村落是传统文化的缩影,水墨画里的乡村。世界遗产委员会这么评价:“西递、宏村这两个传统的古村落在很大程度上仍然保持着那些在20世纪已经消失或改变了的乡村的面貌。其街道的风格,古建筑和装饰物,以及供水系统完备的民居都是非常独特的文化遗存。”

(1)爨底下村

爨底下的“爨”字,共有三十笔,发 cuàn 音,为了方便记忆可拆开说:兴字头,林字腰、大字下面加火烧，大火烧林，越烧越兴，岂不很热，而爨底下人全姓韩，取谐音（寒）则为冷意，冷与热在五行之中可以互补，宇宙万物有天就有地，有日就有月，有男必然有女，有冷就得有热，故而爨底下村在历史上曾辉煌过。

"爨"字从字意解释为：家，永不分爨，即永不分家。为灶，烧火煮饭。为姓，陕西省岐山县有爨家庄，全村千口余人皆姓爨。此字难写难认，会写则成爨，不会写则成一片，故而用谐音"川"字代之，但仍发爨音。最早是在 1942 年为方便抗日干部特别是外地抗日干部通讯联系，将"爨"改成"川"，爨与川并用至 20 世纪 50 年代末，基本就不用爨字了，1995 年搞旅游开发后，爨字又大放异彩。

四合院

爨底下的四合院与京城四合院相比有相同之处，也有不同的地方。正房多大，厢房多大，门楼开在哪边，中轴线在哪儿，完全靠风水学所规范。左青龙，右白虎，前朱雀，后玄武，其建筑思想相同。在工艺上也讲究干磨细摆，磨砖对缝。不同之处是，东西厢房向院中央缩进，减少占地面积，二进院中，内宅与外宅的中轴线上，不建垂花门，而建三间五檩的穿堂屋，以提高土地利用率。穿堂屋东侧开二门，大门开在前院东南角。雨水从大门左侧地洞排出。爨底下的四合院的正房、倒座房大部分为四梁八柱，厢房为三梁六柱。墙体四角硬，房顶双坡硬山清水脊，房脊两端起蝎子尾，下置花草盘子，板瓦石望板或木望板，条砖墙裙。门和窗的窗棂多富于变化：工字锦、灯笼锦、大方格、龟背锦、满天星、一马三箭、和斜插棂字等。地基四周全用条石砌成，房两侧墙腿下有迎风盖板，其石雕花纹繁多而不雷同，有大方格、斜方格、水波纹或花卉吉语等。

影壁

爨底下四合院前院东厢房的南山墙，后院东厢房的南山墙建座山影壁。上有帽，中有心，下有座三部分。帽上雕有寿桃，万字锦，檐头瓦当或虎头，或福字，磨砖假椽头或圆或方，精雕梅花，以取万事美好之意，心外角雕有四时花卉，内角雕云花，中心为字，或雕"鸿禧"或书"福"字，而"福"字左上点为蝙蝠造型，下为梅花鹿头造型，而右侧为寿星造型，寓意福、禄、寿。更有在福、禄、寿上布有梅花，以其梅花五瓣状示五福临门，实为绝妙之极。用料考究、做工精细、装饰华美的影壁其主要功能是显豪富、壮观瞻、避邪气、迎吉祥。

门楼

爨底下门楼大部分建在四合院东南角，也就是沿中轴线横向东移，寓发横财。同时也符合左青龙，右白虎的风水思想。而建于街南的四合院门楼建西北角。屋宇式门楼居多，歇山起脊，板瓦石望板或木望板，脊两端起蝎子尾，下置花草盘子，磨砖对缝四角硬，前有前门罩，后有后门罩，或硬木透雕荷花、牡丹，或装窗棂卡花，门额之上有圆形或多边形门簪，上雕迎祥吉语。门槛下置门枕石，外起石墩，雕有吉语、花卉、瑞兽。门上装铜制或铁制门钹，配门环，钌铞，门楼四角下有迎风盖板，上有戗檐博逢富丽而壮观。北方大部分村庄，地主老财的宅院特别好，而贫下中农的房屋却很差，形成很大反差，而爨底下村由于在历史上曾经有过辉煌，尤其清后期有闻名京西的大财主及远近知名的八大家，有钱的人多，没钱的人少，故而每家都盖起青砖灰瓦四合院，三合院，可谓整体精良。

高低错落

爨底下村坐北朝南，建于缓坡之上，层层升高，依山而建，依势而就使每家采光、通风、观景视觉都具最佳效果，充分体现了人与建筑，建筑与环境的完美结合。

构思巧妙

爨底下街道、胡同多用青石、灰石、紫石板铺路，质地坚固而漂亮，雨过天晴各色石板映射出迷人之彩。而院内多用方砖铺地，夏天不热，冬天不凉，走路不滑，还可调节院内湿度。地下则建地窖用以储存蔬菜、果品，因可用气孔、窖盖儿调节温度，萝卜、土豆等能储存数月。地面上，镶嵌外方内中央有圆洞的六个石窝，到秋季，六个等距离对称的石窝内树起六根带叉木桩，搭放荆芭，上晒粮食，下可行人。粮食晒干下棚，将木桩拔掉，既方便又漂亮，可谓构思巧妙。

文化遗存

明代老村遗址、清代民居、壁画、捷报、“二战”时期被日军烧毁房屋的废墟、抗日哨所遗址、20 世纪 50 年代、60 年代、70 年代的标语，古碾、古磨、古井、古庙使人们感悟历史，感悟沧桑，信步其中，如品陈年老酒。爨底下人重耕读，同时也注重风水，村庄周围环境与风水理论珠联璧合。在漫长的历史长河中，劳动人民为祈求丰富的生产成果和舒畅的生活状况，总结、积累了非常深奥的风水理论并形成不同流派。而这些理论，无论哪种流派都在或多或少地影响、指导、规范着人们的生产、生活。同时，无论哪种流派都离不开共有的风水理论七要素：左青龙，右白虎，前朱雀，后玄武，风，水，应案。只是有的注重“形势”，有的则注重“理气”。

爨底下村左有内青龙山，东坡梁，外青龙山，鳌峪东坡梁。这两条青龙山，气势磅礴，蜿蜒起伏，而令人称绝的是内青龙山于起伏之中隆起三组山头，颇似三个吉祥动物。即：卧虎，侧头而卧伏视全村，虎，兽中之王，为禄。龟，神龟啸天，仰天长啸，龟，为寿。蝙蝠送福，翔飞而来，蝙蝠，为福。福禄寿星照古村。

爨底下村右边有内白虎山，北坡楞子，外白虎山，柏峪台北坡，这两座白虎山顺势而下，而无大起之势，特别是内白虎山一落到底，垂驯至极。恰是左青龙昂首，右白虎低头。两青龙山和两白虎山交会于柏峪台东坡梁顶为祖山即：玄武。它舒展双臂将爨底下抱之怀中，令村庄西避寒气，负阴抱阳。而好中称奇的是从祖山左侧垂落下一条山梁，为红砂岩，落平全是黄土，微起后形成一圆润山包。红砂山梁为龙脊，两侧梯田为龙鳞，黄土处为龙脖子，山包则为龙头。可龙头之下即是村之明堂，村庄以明堂为轴展于两侧。村庄与龙头，龙头与祖山结合得如此巧妙，如此亲蔼，如此鬼斧神工。爨底下村对面山南坡梁为朱雀山。它从西南笔架山向东南垂落，至村对面趋平，然后骤落于村前左方，与青龙山对峙并向村内合围成出水口且锁势强烈。朱雀取象于鸟，势似翔舞之姿才为祥。南坡梁势平壮观，毫无犬牙之恶，丛林茂盛，青翠秀丽，尽管东部山顶稍低，巧有一溜翠柏傲立与山体相依相连翔舞盛情。村前南坡梁后有一山峰匀挺而尖酷似毛笔，但在村外才能观得，称之笔峰朝外，具笔峰便崇文，有文化才能当官，故而爨底下孕育出许多高官，曾任职于全国各地。真可谓：笔峰朝外官如林。风水理论中“风”和“水”也极为重要。无风花不开，无风雨不来，无风空气也发呆。刚风、疾风、冽风、狂风不好，春风、微风、柔风、和风甚佳。爨底下群山怀抱可拒西北刚烈之风，尽享微风拂面。水乃万物之源。爨底下村居斋堂西北沟中下部，上距柏峪黄草梁10公里，属来水，“乾方来水，天门开，流源长财源茂盛。”下离国道6公里，为出水，“巽方出水，地户闭财用不竭。”村西北，左有麻花儿沟之泉水，中有黄草梁之河水，右则爨宝峪之泉水，三水（很早以前有，近几十年干涸）汇聚自西北而入，直奔南坡根顺势向东，随之折向东南而去。恰以弧形绕村，“山环水抱必有气”。村左，东沟之泉水，村右，后堪之雨水，村前，巧有两口水井（龙眼）与龙头相对。冠带之水，滋村润民，福泽万物。水能聚气，水能聚财，水能避邪趋吉。村上一公里，百米南湖（一线天）像只喇叭，强纳东方紫气，拂祥入户。村下半公里，笔峰山垂伸一梁（门插岭）插入东山之坳，劲锁财神在家。在山区，四面环山的村庄比比皆是，但是，象爨底下这等风水要素面面俱佳，处处称奇者实为难得，风水宝地名不虚传。不管风水理论带有多少迷信色彩，然而爨底下村人，在优美的自然环境恩泽下，尽享其祥。村民相貌秀气，勤劳智慧，在家求财，财源广，于外当官，官运通。名京西，誉河北，辉煌历史气贯长虹。

东山之巅三尊神，福禄寿星照古村。背靠龙头对应案，笔峰朝外官如林。

上得爨头纳紫气，下有门插锁财神。昔日辉煌随风去，世纪之交又逢春。

（2）宏村

宏村位于安徽省徽州六县之一的黟县东北部，整个村依山傍水而建，村后以青山为屏障，地势高爽，可挡北面来风，既无山洪暴发冲击之危机，又有仰视山色泉声之乐。这里常常云蒸霞蔚，时而如泼墨重彩，时而如淡抹写意，恰似山水长卷，融自然景观和人文景观为一体，被誉为“中国画里的乡村”。

特别是整个村子呈“牛”型结构布局，更是被誉为当今世界历史文化遗产的一大奇迹。那巍峨苍翠的雷岗当为牛首，参天古木是牛角，由东而西错落有致的民居群宛如庞大的牛躯。以村西北一溪凿圳绕屋过户，九曲十弯的水渠，聚村中天然泉水汇合蓄成一口斗月形的池塘，形如牛肠和牛胃。水渠最后注入村南的湖泊，俗称牛肚。接着，人们又在绕村溪河上先后架起了四座桥梁，作为牛腿。历经数年，一幅牛的图腾跃然而出。这种别出心裁的科学的村落水系设计，不仅为村民解决了消防用水，而且调节了气温，为居民生产、生活用水提供了方便，创造了一种“浣汲未防溪路远，家家门前有清泉”的良好环境。

宏村又名弘村，都是取宏广发达之意。宏村汪九是唐初越国公汪华的后裔。村子始建于宋代，数百户粉墙青瓦、鳞次栉比的古民居群，特别是精雕细镂、飞金重彩的被誉为“民间故宫”的承志堂、敬修堂和气度恢宏、古朴宽敞的东贤堂、三立堂等，同平滑似镜的月沼和碧波荡漾的南湖，巷门幽深、青石街道旁、古朴的观店铺，雷岗上参天古木和探过民居庭院墙头的青藤石木，百年牡丹，森严的叙仁堂、上元厅等祠堂和93岁翰林侍讲梁同书亲题“以文家塾”匾额的南湖书院等，构成一个完美的艺术整体，真可谓是步步入景，处处堪画，同时也反映了悠久历史所留下的广博深邃的文化底蕴。

蓝天、白云、粉墙黛瓦的徽州民居如同一幅水墨画，美丽、静谧。村落中，偶尔有头戴斗笠的村民牵马走过，使得这幅画面意境更加丰富。

课后思考

1.列举中国的十大历史文化名村。

2.中国古代的建筑种类有哪些?

第三节 中国旅游之园林旅游文化

中国古典园林具有“世界园林之母”的美称，在世界园林体系中享有崇高的威望与声誉。它的造园理论与实践经验对其他国家的园林营造活动产生了重要的支持和帮助作用。而且作为自然山水园林的代表，中国园林在国际园林节、园艺展上受到广泛好评，多次荣获大奖。可以说，分布在祖国大江南北、种类繁多、地方特色鲜明的古典园林遗产，拥有比一般建筑更为浓厚的文化色彩和更为全面的艺术表现手法，全面深刻地反映了特定时空的文化发展历程与文化品格的演变。只要保护得当，开发得力，营销准确，在国内国际旅游市场上都将是经久不衰的旅游吸引物。

我国造园专家在园林游览空间的组织处理上灵活而经意，以因循、借景的手法，把有限的空间无限地引伸和扩展了。无论是广袤的云霞星空、黛山塔影，还是近处的荷花游鱼、寸草片石，都能组织到园林的观赏空间里，成为园林的有机组成部分；而园中的花木小径，可以添鸟语花香的生气，也可以起联络组景的作用。园林的借景，能打破围墙界线，扩大景观视野，层次丰富，曲径通幽。如玉泉山的塔，好像是颐和园里的一部分，苏州留园的冠云楼可以远借虎丘山景，而拙政园又可借北寺塔的塔姿。园林的花窗本身造型精巧，一扇窗就等于一幅画，而从窗中看出去，一丛草，几棵花，一块怪石，似乎又是一个世界，虽占地只有一两个平方米，却使人觉得外边别有洞天。

园林里到处都有历代文人墨客留下的描山状景、借景抒情的对联匾额、碑碣题刻，它们恰如点睛之笔深化了景点主题，增添了园林意境的感染力，启迪游览者作画中游、诗中行。皇家园林自有一批御用文人舞文弄墨，而私家园林更由诗人、画家直接或间接参与了设计和建造。因其蕴藉深厚，所以游览园林时切忌浮躁，不能走马观花，而要细细品味，才能享受到园林中蕴含着的独特的美。

一、中国古典园林文化概述

中国古典园林历史悠久，历经漫长的发展演变，形成了自然山水式的园林风格。它在精神文化意义上，是人以及人性的返朴归真，是人通过自身的实践与营构回到本然如此、自然而然的境界中去的文化过程。它与欧洲园林、西亚园林共同构成世界园林的三大体系，在艺术风格与文化意境上，中国古典园林独具一格，是中国文化旅游资源中的瑰宝。

(1) 中国古典园林的发展历程

中国造园艺术起源较早。根据考古资料显示，园林的雏形与甲骨文中的囿字有关。囿是一个种满绿色植物的区域，它的形成与古人的自然崇拜紧密相连。原始初民对大自然怀有既感激又恐惧的复杂心理，为了表达对神的敬畏心情并获得神的护佑恩赐，他们往往选择自然风光优美、植物茂盛、动物种类繁多的地方举行祭祀、集会歌舞活动。在后来的发展过程中,人们在合适的地方,掘地为池,称为“灵沼”,垒土堆山,称为“灵台”,形成了“囿”。这一时期的园林较为原始古朴,范围很大,地形地貌与自然植被基本上处于本然状态,人工规划设计的因素较少,主要为君王、贵族及其家眷祭祀娱乐所用。

秦汉时期是中国古代园林的生成时期,园林营造迎来了飞跃性发展。秦始皇统一六国之后,为了彰显自己的丰功伟绩,不仅建造规模宏大的宫殿、陵墓,还大兴苑囿,在渭水之南兴修上林苑。先秦时期的神仙方术思想此时依然盛极一时,方士大肆宣扬渤海之中有蓬莱、方丈、瀛洲三座神山,这种带有神秘气息的幻想对当时园林的营造产生了重要影响,形成了“三山一池”的园林布局风格,增强了园林文化的艺术表现力。

西汉时期,园林开始向官宦私家发展,出现了私人园林。这是不同于帝王苑囿的另一种园林体系,它的主人是王公贵族、富商大贾。这类园林往往冲淡了崇尚仙山圣水的不老之思,摆脱了皇家园林浓厚的政治色彩与宗教情结,开始具有民间化、世俗化的特点。

魏晋南北朝时期是自然山水园林形成时期。魏晋南北朝时期,国家四分五裂,社会动荡不安,人民颠沛流离。然而,这却是中国历史上一个文化发展空前活跃的时期。秦汉以来,以正统自居的儒家思想受到挑战,文人墨客对它提出质疑,转而研究老子、庄子以及周易,出现了盛极一时的玄学。恰逢此时,佛学也得到极大发展。魏晋人尤其是崇尚玄学的名士心灵得到洗涤,信仰“道本无为,道本自然”的思想,而山水自然就象征着“玄”“无”“道”。因此,魏晋人痴迷于山水自然,在山水中徜徉,达到山水自然、人体自然与心灵自然的天人合一。某种程度上可以说,魏晋南北朝时期的中国古典园林,就是这样一种体会道感悟道的文化方式。与秦汉时期相比,这一时期的中国园林发生一些重要变化。受到财力和空间的限制,规模逐渐变小,而且由于是政治避世的知识分子所建,具有相当的平俗性,向着纯粹自然山水的审美方向发展,自然山水取代建筑成为园林的主体因素,强调自然、古朴、恬淡、旷达,这标志着士人园林的诞生。

明清时期,中国古典园林的建造达到了顶峰。不仅叠石、堆山、理水技艺高超,而且园林开始从自然山水式向写意山水式转变。目前,我们所看到的著名园林大多是这个时期的杰作。皇家园林集中在北方,以北京颐和园和承德避暑山庄为代表。私家园林集中在南方,苏州和扬州的造园水平冠盖华夏大地。清朝后期,为了躲避北方战乱,豪商富贾南逃,在江浙一带置地建园。这批文人喜好风雅,亲自设计自己的园林,这个时期在造园的数量和质量上均达到一个高潮。自此,江南私家园林成了中国古典园林的代表,日益得到国内外游人的青睐。

(2)中国古典园林的构成要素

中国古人追求生活的艺术化。作为艺术珍品的古典园林,既要满足人们居住、宴饮的需要,同时还必须满足人们吟诗作画、欣赏游玩的需要。可居、可游、可观等性能主要通过五种造园材料实现,即山、水、建筑、花木以及楹联匾额。

山是园林中的骨骼。古人称石头是天地之骨,它可以将园林分割成不同的空间,形成不同的景区。颐和园万寿山天然的分割作用形成颐和园南北两种不同境界。山南湖水波光粼粼,山北丛林茂密幽静。游人遨游园中,别有一番情趣。一座山往往是园林中的制高点,游人登高远望，园里园外别致景色映入眼帘，美不胜收。山自身又是园林的构景要素，是游人欣赏体味的审美对象。文人士大夫自古雅好山水，心醉神迷。这种文化心理伴随历代文人骚客遍寻名山，雄伟险峻、秀丽幽静，形态不同的山带给他们不同的审美体验，也留下大量脍炙人口的诗歌名篇。“天姥连天向天横，势拔五岳掩赤城。天台四万八千丈，对此欲倒东南倾。”“岱宗夫如何？齐鲁青未了。造化钟神秀，阴阳割昏晓。”无论是天姥山还是泰山，诗人登山则情满于山，寄情于景，抒情言志。山于园林的作用可见一斑。

中国悠久精湛的叠山技艺使得园林中的假山造型独特，具有真山的自然之美。叠石所用石料有湖石、黄石、房山石、青石、英德石、黄蜡石等。石料不同，能产生不同的造型风格与艺术效果。湖石由石灰岩溶蚀而成，最著名的是太湖石。鉴赏湖石的标准是瘦、透、漏、皱、丑。瘦指山石体态苗条，有迎风玉立之势；透指石的纹理纵横，有自然之势；漏指石上大孔小孔，涡洞相套，上下贯穿，有玲珑之态；皱指石的表面沟痕密布，有真山之气；丑者，怪也，奇也，“丑到极处，便是美到极处”。湖石假山最有名的要数苏州环秀山庄。环秀山庄位于苏州景德路，原为五代钱氏金古园故址，入宋归朱伯原，元时属张适，明时为杜东原所有，乾隆年间蒋楫居之，道光末年属汪氏，又名颐园。此园东南为湖石山区，体积雄巨，造型奇巧，由清代常州叠石专家戈裕良设计建造。逼真地模拟自然山水，将峡谷、岩洞、曲蹬、飞梁、危峰、峭壁等巧妙组合。山势的起伏、岩石的脉理浑如天成。山峰有主有从，层次分明，细部则叠有无数窝洞皱纹，极其自然。假山虽不足半亩，却辟有60余米的山径，盘旋起伏，山重水复，移步换景，变化无穷。陈从周对其评价极高，曰：“造园者不见此山，如同做诗者不见李杜。”

与湖石相比，黄石则美在厚重、笨拙。黄石假山比较雄厚、质朴，最著名的是上海豫园的黄石假山。豫园肇建于明代，园主潘允端，后屡经兴废，犹存明代风格。豫园布局以黄石大假山为主，出于明代叠山名家张南阳之手。这座假山主峰高达12米，立面感强，层次分明，垒砌峭壁，洞壑幽深，磴道迂回，坡陀突兀，山间瀑布淙淙而下，山上古木苍翠，宛若真山。其胸有丘壑，故能“转千钧于千仞，如片羽于尺布”。乔钟吴在《西园记》一文中以赞叹的笔调写道：“层崖峭壁，森森若万笏状，其金碧秀润之气，常扑人眉宇，遥望之若壶中九华，天造地设，几不知其为人力也。”

水是园林的血液。“水，活物也”。“水为陆之眼”。造园必须有水，无水则园不称园。水的不同姿态能产生不同的美学效果。潺潺流水显得活泼、清新、明净；一汪池水仿佛温柔的少女，给人以宁静柔和的轻抚；飞来之水具有洒脱、不拘一格的特质；而隐匿在林间的水显得那般神秘、幽静，好似天外之泉。有了水，园林才有了生命力和灵气，呈现出多姿多彩、变化莫测的审美情境。

水的处理方式因园林面积而定。对于面积较小的园林，采用集中理水的原则，将不规则的水池设在园林的中心位置，旁边环以各种建筑、花草树木。水池虽小，然则“一勺如江湖万里”。对于面积较大的园林，分散理水更加切实可行，审美效果更佳。具体做法是将水面化整为零，分隔成若干个水域互相连通的水池，造成“迂回曲折、扑朔迷离”的感觉。扬州瘦西湖是我国著名的水上园林，总面积103.7公顷，水面面积达到49.9公顷，景点大多依湖而建，著名的有西园曲水、小金山、五亭桥、二十四桥，历来为文人墨客所歌咏。袁牧赞道：“水则洋洋然回渊九折矣”。杭州西湖湖中的三潭印月、湖心亭等都是采取这种理水方式而建,平添了许多魅力。颐和园万寿山南面的昆明湖,在扩建时通过修建堤坝,将昆明湖分割成大小不等的三个湖面。其间修建龙王庙、治镜阁和藻鉴堂等岛屿,仿照杭州西湖苏堤上的六桥建造了形态各异的六座桥,水与建筑相互映衬,给人以心旷神怡的美感,为园林增色不少。

事实上,中国园林的发展与理水艺术的发展是相始终的。白居易的白莲庄“有水一池,有竹千竿。”宋徽宗所造艮岳“瀑布下入雁池,池水清泚涟漪,凫雁浮泳水面,栖息石间,不可胜计”。明清两代在元大都西御苑太液池基础上建成的南海、中海、北海,水景更是主要部分,“海子广可五六里,架飞桥于海中,起瀛洲之殿,绕以石城,作洲岛拱门,以便龙舟往来。”

当然,水与山组合才能产生静动、柔刚、虚实交织的美感。明代人邹迪光曾经说过,“园林之胜,唯是山与水二物,无论二者俱无,与有山无水、有水无山,不足称奇。”山得水而媚,水得山而活就是这个道理。“湖上春来如画图,乱峰围绕水平铺。松排山面千重翠,月点波心一颗珠。”白居易的这首《春题湖上》形象地概括了山水相互映衬、相互依托的关系。

建筑是园林的眼睛,是园林重要的构景要素。园林中的建筑除了具有一般建筑的实用功能以外,还具有独立成景或点缀风景的审美功能,与山水林木相配合,共同构成极富诗情画意的景观,是人们宴饮、赏景的处所,也常常成为文人士大夫吟诗作画、歌以咏志的绝佳场所。园林中的建筑不仅数量众多,而且样式丰富,按其功能、形状和特点,大致分为宫殿、楼、阁、厅、堂、轩、馆、斋、亭、台、榭、舫、廊、桥等形式。

宫殿只存在于帝王苑囿之中,仿造宫廷中的宫殿营造,供帝王处理朝政、起居之用。楼较为普遍,多为两层单檐,朝向园区的一面开有长窗,两侧为封闭的山墙。楼大多建于厅堂之后,或依山傍水,一般用作卧室、书房,或用作观赏风景的观景点。避暑山庄烟雨楼位于澄湖的青莲岛上,每当山雨来时,雨打湖面,烟雾迷蒙,仿若人间仙境。阁近似于楼而更精巧,多为两层,四面开窗,造型轻巧,用以储物、藏书、供佛或登高观景之用。

厅堂常为园林中的主体建筑,多位于园中重要地段上。厅用于会客宴请、观赏花木或堂会演唱,要求能容纳众多的宾客,所以形体较大,空间较为宽敞。堂是园主一家之长的居住处,也用作家庭庆典的场所,空间稍小于厅,室内常用隔扇、博古架进行分割。

亭在园林中是颇为活跃、令人注目、比较空灵的审美因素。亭的功能是供人休憩,观赏园林景致,而且很多亭子由于高超的建筑技巧与精致的装饰,成为人们审美的客体。制高点上的亭便于登高远望、俯瞰全园景色。树丛中的亭若隐若现,给人以神秘的感觉,引人入胜。湖中心的亭虚无飘渺,仿佛身临仙境。古代能工巧匠创造了形态各异的亭,有圆亭、方亭、六角亭、八角亭、扇形、梅花形。中国园林中著名的亭很多,如扬州瘦西湖的五亭桥,颐和园十七孔桥东端的廓如亭,杭州西湖外湖中的湖心亭,西安兴庆公园里杨贵妃曾经游玩的沉香亭,以及因王羲之《兰亭集序》声名远扬的浙江绍兴兰亭等。

廊是我国独特的建筑物。它是无声的导游线,将位置不同的景点自然地连接起来,形成一种巧妙的过渡,还能增加风景的深度和层次感,增加空间的对比变化。廊的种类很多,有直廊、曲廊、复廊、爬山廊、双层廊、万字廊、花廊、游廊等。在中国古典园林中,颐和园的长廊最著名,全长 728 米,自东向西,将前山的景点串联起来。廊中建有留佳、寄澜、秋水、涛遥四亭，分别象征着春夏秋冬四季。曲廊的形态婀娜多姿，“随形而弯，依势而曲，或蟠山腰，或穷水际，通花渡壑，蜿蜒无尽。”游者走在其中，步移景变，尽得无穷的美感。

榭和舫都是因水而生的建筑物。榭建于水边，也称水榭。跨水部分由水中的石柱支撑，上面架上木板，周围设有栏杆。伫立水边，凭栏远眺，更增加了空灵之美。扬州的水阁凉亭和凫庄西岸的水榭都是水榭中的佳作。舫即旱船，模仿船形建在水边的建筑物。江南园林中的舫一般有三舱，前舱较高，中舱略低，后舱高起成两层楼，可登高远眺。如扬州瘦西湖大门外大虹桥东南角石舫，苏州拙政园中的香洲均建于水边，形似画舫，人入其中，在静态中平添了几分动感。

桥是园林中构景连景建筑，它方便游客跨越园中水体，又可连接风景点，点缀景观，增加园林的自然情趣。园林中的桥，多隐藏，两岸园路多迂回，桥身多曲折，和着它们的倒影，构成一幅幅诗情浓郁的画面，使诗人伫立，画家停步。园林中的桥种类繁多，造型多样，常见的有平桥、曲桥和拱桥。平桥造型简单、质朴，有山林野趣之美。曲桥蜿蜒曲折，造型优美，便于游览水景，延长游客观景时间，如上海豫园和杭州西湖的九曲桥。拱桥有单拱、多拱之分，倒影映在水中，形成玉带般的特殊景色。如颐和园 17 孔桥，远望拱洞犹如天边的门、空中的彩带，近观恰似少女美丽的珠链，映在水中，随风摇曳，天然入画。

在中国古典园林中，无论哪一种类型的建筑，其形体、大小、比例、位置、疏密、高下，均视功能和构图需要而随机应变、灵活运用。然而，造型轻巧淡雅不求瑰玮庄严，装修精致灵动不求富丽华赡，空间开敞流通不求封闭森严，则是共同的基本要求，以便与淡泊的山林境界和谐一致，而且建筑与建筑之间，建筑与景物之间也因此能融为一体，相互生发，富于诗情画意。

花草树木是园林的毛发，中国古典园林很重视花草树木的栽培及其与建筑山水的交相呼应。花木可以围合空间，反映时间，点缀山池，修饰建筑，组织道路，对比尺度，配衬主景，丰富层次，和谐色调，使人心情荡漾，精神愉悦。花草树木的自然属性更能给人以某种象征意义和精神寄托，如松柏的苍劲、梅花的高洁、翠竹的洒脱、杨柳的依恋、牡丹的高贵等。园林不可无花草，它给园林带来盎然生机。有了花草树木，整个园林都活了起来。几丛翠竹，几枝梅花，点缀在山石、楼阁之间，不仅使人感受到绿色的魅力，而且形成刚柔相济、虚实相生的情境。池中的莲花亭亭玉立，随风摇曳，不仅改变了水面的平静单调，而且与蓝天白云、厅堂楼阁的倒影相映生辉，形成一幅绚丽多姿又淡雅清丽的美丽画卷。

园林中的花木栽植要与其他要素协调，才能淡化人工造景的痕迹，使园林显现出自然情趣。如宽敞的庭院可种植牡丹、紫藤、玉兰、海棠、桂花等形体高大、色彩艳丽的花树；滨河低湿之地，宜柳条拂水，荻苇偃风；墙阴阶前，则以爬山虎、修竹、天竺、秋海棠等更为高洁耐赏。至于老梅宜冬，紫藤迎春，莲荷消暑，丹桂送秋，以配合时令，都是园林花木栽植的常见手法。此外，不同园林的花木品种方面，也有很大差异，如留园多白皮松，沧浪亭多箬竹，怡园多松、梅，个园多竹等。总之，园林中的花木栽植不仅仅是为了绿化，更是点缀、营造山林氛围所必不可少的要素，缺少了花木，园林便失去了秀媚和神韵。

中国古典园林是文化园林，这是举世公认的。除了因为它的本质是文人园林之外，拥有文字优美内涵深刻的题额与楹联也是一个重要原因。题额用简洁、婉转的语言将园林的妙处点明,有助于游客加深对园林主人造园时心理状态的理解和体悟。当然,受中国传统文化影响,这些题额往往非常含蓄,给人留下很大的遐想空间。题额四字居多,最著名的是"西湖十景":苏堤春晓、平湖秋月、花港观鱼、柳浪闻莺、双峰插云、三潭印月、雷锋夕照、南屏晚钟、曲院风荷、断桥残雪。当然题额不限于四个字,五个字的也很多。比如拙政园的"荷风四面亭",身临其境,没有风也会感到四周有轻风吹过,荷花飘香。小小题额的点缀,为游人平添了多少兴致。

相比之下,由于字数较多,园林建筑中的楹联更能体现景点的风貌和意境。苏州狮子林"古五松园"西南有著名的"真趣亭",唐寅曾为它撰写楹联:"苍松翠柏真佳客,明月清风是古人。"用平白朴实的语言,描绘了亭子周围的美景。苏州耦园东园东南角有"枕波双映轩",轩外有砖刻楹联一副:"藕园住佳偶,城曲筑诗城。"表达了夫妻俩携隐林下、读书明志的浪漫生活。上海豫园著名景点"点春堂"对面是小戏台,俗称打唱台。台的四面都有楹联,将东南西北四个方位与春夏秋冬四个季节巧妙的搭配起来,描绘了一年四季万紫千红的景色。东联为:"大地春回,看处处柳眠兰笑;小园苑住,听声声燕语莺歌。"此乃春景。南联为:"一曲薰风允矣,阜财能解愠;三生拳石宛然,含笑共争妍。"此乃夏景。西联为:"花扫闲阶,仰仙子凌波来去;榻悬高阁,迟诗人扶杖遨游。"此乃秋景。北联为:"遥望楼台,斜倚夕阳,添暮景;闲谈风月,同浮大白,趁良辰。"此乃冬景。

总之,园林中的楹联题额无不体现园林主人超凡的艺术造诣以及高洁的品格理想,引得游人赞叹不止,流连忘返。

(3)中西古典园林的文化差异

园林作为一种建筑属于文化的物质层次,不同的文化传统一定会对造园理论和艺术风格产生影响。中国传统文化根植于几千年的农耕生产方式与农业文明。在对待大自然的态度上,在人与大自然、人与天的关系上,中华民族崇尚的是天人合一的观念,强调人与自然的和谐统一。根据这种思想,人不能违背自然规律,不能超越自然界的承受力去改造自然、征服自然甚至破坏自然,而只能在顺从自然规律的基础上利用自然、调整自然,使之满足人类的物质和精神需求。天人合一思想是民族文化精神的主导观念和民族文化特质的典型表现。而源于希腊文明的西方文化是海洋文化,信奉天人对立,强调人对自然的支配,唯理主义十分盛行,追求严谨的理性精神是西方的文化传统。

中西方的审美观念具有天壤之别。中国人对大自然怀有强烈的热爱,认为自然之美是高于一切的美,"清水出芙蓉,天然去雕饰","自然者为上品之上"。在线条的使用上,以曲线为美,这令西方人难以理解。西方人理解美是从"真"的角度出发,追求科学的精神一以贯之,审美理想强调的是对客观物象形貌逼真的再现。公元前6世纪的希腊哲学家、美学家毕达哥拉斯提出他对美的看法,认为数的和谐就是美。他发现5个铁锤重量符合一定的比例,即弦长成一定比例时能发出和谐的声音,因此得出音乐的和谐来源于数的比例。希腊雕塑家波利克里托指出,艺术作品的成就产生于许多数的关系,而且任何一个细枝末节都会破坏它。他的代表作《持矛者》身体的各个部位、各个部位和整体的关系,都符合一定的数的比例。文艺复兴时期的艺术巨匠达·芬奇是这种观点的集大成者。他认为,事物的美完全建立在各部分之间神圣的比例关系上,艺术的真谛和价值就在于将自然真实地表现出来。

中西传统文化如此巨大的差异反映在园林的营造上,必然形成迥异的造园风格与艺术境界。在世界园林体系中,对比最鲜明的是以中国为代表的东方园林和以法国为代表的西方古典园林。法国以浪漫主义著称,却依然钟情于理性精神十足的几何式园林,中国则是自然山水园林。西方古典园林强调形式美。西方人认为自然美只是一种创造的素材,本身具有缺陷,只有通过人工的改造,赋予一定的理念,它才能够完美。造园完全按照数学、几何的要求,基本特点是布局严整,均衡对称,轴线的引导作用十分明显,善用直线和几何图形,甚至连花草树木都修剪得规规整整。

西方园林的艺术特色和布局特点大致表现在这样几个方面。第一,建筑物是园林绝对的统帅,山水只是陪衬物,体量巨大的建筑物建造在园林中显要的中轴线起点之上,并且作为整座园林的核心建筑存在。第二,在园林的主轴线上挑出几条副轴,布置林荫道、花坛、水池、喷泉、雕塑等景点,供人休憩观赏。第三,园林中开辟笔直的道路,交叉点上建造小广场,用喷泉、雕塑以及其他小建筑物点缀。第四,园林中的花木严格修成锥体、球体、圆柱体,草坪和花圃修成矩形、菱形、圆形,努力抹去自然的痕迹。第五,园林理水非常规则,整齐划一,水面被限制在整齐的石砌池子里。水池都是规则的几何图形,表现出严谨的理性精神。第六,园林设计追求整体的对称性和一览无余,严格按照纯粹几何结构和数学关系布局。第七,园林中的雕塑、建筑等景点追求形似与写实。总之,西方人在造园时,力图打造出一个充满理性精神与人工雕琢美的艺术作品,在这里人们看到的不仅仅是一幅美丽的画面,还可以清晰地看到人对自然的改造,人的意志、人的观念以及人的力量得到完全的、充分的展现。

中国园林是自然山水式园林,追求天然之趣是中国园林的本质特征。英国建筑师钱伯斯称赞中国园林是“从大自然中收集最赏心悦目的东西”,“组成一个最赏心悦目的、最动人的整体”。在 20 世纪以前,很多西方人对中国园林的自然美赞不绝口。一位法国画家称赞道,中国园林的基本原则是人们所要表现的是天然朴野的农村,而不是按照对称和比例的规则严谨地安排过的宫殿。无论是曲径通幽的羊肠小道,还是垂柳傍岸的曲折池岸,园林中处处都显示出未经人工雕琢的自然之美。而且中国园林似乎更重视叠山理水,山水是园林主导。建筑物只是园林中的一个基本要素,起到点景的作用,只能锦上添花,花终不能压锦。当然,作为一种艺术作品,中国古典园林强调的是整体的艺术效果,山水、建筑、植物之间必须巧妙组合,不能割裂独自存在。“山以水为血脉,以草木为毛发,以烟云为云彩”,它们不是分散的、孤立的、杂乱的,而是相互照应、相映生辉,形成有机统一的生命整体。这样的园林才是一首活的诗,一幅活的画,一个活生生的艺术品。关于中国园林文化特质的详细分析在本章第三节中进行。

二、中国古典园林的类型及其特征

根据所有者与文化特质的差异,中国古典园林分为四种类型,即北方的皇家园林、江南的私人园林、老山深处的寺庙园林以及偏居南隅的岭南园林。由于中国地域文化差异极大,加之不同社会群体的亚文化千差万别,因此,类型不同,园林的艺术风格、审美情趣、文化品格截然不同,从而形成了极富个性魅力的中国古典园林体系。

(1)气势恢宏的皇家园林

在几千年的封建社会中,历朝历代几乎都建造了规模庞大的皇家园林。目前,保存较好、艺术价值较高的大多为明清时期所建。清朝虽然是少数民族入主中原,但其对汉文化的继承发扬,可谓不遗余力。皇家园林的营造,其规模之大,数量之多,建筑之巨,是任何一个朝代所难以比拟的,包括紫禁城的御花园、景山、西苑、颐和园、圆明园、承德避暑山庄等。从康熙到咸丰,苑囿实际上成了清帝的主要居住场所和宫廷政权的所在地。

古代中国社会,君权始终凌驾于神权之上,帝王君临天下,享有至高无上的权力。专制的王权政治渗透到包括宫殿、陵墓、坛庙等所有皇室建筑中,园林自不例外。与其他类型的园林相比,皇家园林的皇家气派、皇家色彩十分浓重。

皇室气派弥漫于园林的方方面面。一般来说,皇家园林的规模非常宏大,私家园林望尘莫及。所谓普天之下,莫非王土,只有帝王才有能力将一个“大”字在园林的营造中发挥到极致。我国最早的帝王园林是周代文王的“灵囿”,方圆70里。秦汉的上林苑广300余里。唐朝长安宫城北面的“禁苑”,南北33里,东西27里。清代所建圆明园占地5200多亩,颐和园占地4350亩,承德避暑山庄占地8400余亩。作为名垂千古的一代英王,康熙帝在追求山庄“博大”的心理美感方面不遗余力,营造避暑山庄时,圈进了5.64平方公里的山林沼泽。山庄周围宫墙长20里,有丽正、德汇、碧峰等五个门出入。山庄之内四个制高点上设了“南山积雪”“北枕双峰”“锤峰落照”“四面云山”四个亭子,利用山高的优势,把目力所及都纳入到山庄的视野中,可以看到山庄外几十里甚至一二百里的美丽景色。古代帝王尚大的审美情结在清朝时期达到高潮。

皇家园林大多采用真山真水布局。皇室大权在握,财力雄厚,山林湖沼都可以根据帝王的喜好成为造园的元素。避暑山庄在这方面是集大成者。山庄虽是一座园林,却最大程度上保持了大自然的原生环境。“自然天成地就势,不恃人力假虚设”是当时的营建原则。山川林泉都是自然的,雉兔鹿鹤等动物也未经人工驯化。山庄的湖区由上湖、下湖、澄湖、东湖、镜湖、如意湖六个风景各异的湖泊组成,水面面积达870亩。湖上波光潋滟,长堤蜿蜒,恰如康熙所言:“自有山川开北极,天然风景胜西湖。”山庄的草原区面积广大,北倚山,南临湖,东与武烈水相邻。这里曾经是一片大草原,清帝建成了“试马埭”景区,作为巡幸山庄时的放牧之地以及举行马技、杂技、摔跤等娱乐活动的场所。山峦风景区位于山庄西南面,占山庄总面积的五分之四。整个山区峰峦叠起,丛林满坡,满山遍野苍松翠柏。这些真山真水使得避暑山庄形成了迥异于其他类型园林的独特风格,不仅体现了天子帝王的磅礴大气,也为今天的游客提供了一个自然天成、充满阳刚之气的旅游胜地。

皇家园林的皇权象征寓意十分浓厚。可居可游是中国园林的重要特征,皇家园林布局往往是宫苑合一,既可以满足帝王的休闲娱乐需求,也适合处理政务、接见外国使节,具有强烈的政治色彩。清朝著名的皇家园林颐和园在总体上可以分为三个景区。第一景区是宫廷区,位于全园的东部、万寿山的脚下。这里有皇帝处理朝政的仁寿殿,皇帝、后妃居住的玉兰堂、宜芸馆、乐寿堂以及各种服务性建筑，建筑物体量高大雄伟，威严壮观，雍容华贵。在布局上，遵循宫殿式的中轴对称原则，采取前殿、中殿、后殿格局，突出皇权的至高无上。第二个景区是前山、前湖区，也是颐和园最主要的景区。在万寿山的中央面南建有一大组大报恩延寿寺建筑群，这些殿堂依山就势而建，最高处是供奉佛像的楼阁，即佛香阁。这一组建筑全部采取宫殿形式，琉璃瓦顶，油漆彩画，金碧辉煌，成为颐和园全园的标志和风景中心。颐和园第三个景区是后山后湖区。在万寿山北麓，营造了一条苏州水城式买卖街。后山中央建有一组藏传佛寺须弥灵境庙，成组的佛殿、日月台、喇嘛塔，沿着北山坡形成颇为壮观的佛教建筑群，显示了清廷与西藏民族团结和睦的历史胜景。

(2)玲珑秀美的江南园林

自古以来，江南地区造园的条件无论在自然、经济还是人文方面都十分成熟。江南地区河流纵横，水网密布，气候温和湿润，树木四季常青，植物花卉品种繁多。江浙一带盛产石料，南京、杭州、湖州等地黄石远近闻名，苏州自古以来就以出产湖石著称，这些石料都是叠山的上等材料。江浙一带自古代起就是有名的鱼米之乡，手工业发达，商业繁荣。这里文风盛行，文化昌盛，自古以来文人才子辈出。宋室南迁之后，大批官吏富商涌入苏杭，文人画、山水诗盛行，掀起了造园的高潮。明清两朝，江南士子科举高中者为数不少，这批文人重归故里后，无不买田置地，建造园林，江南因此成为私家园林的集中地。

私家园林大多建在城市之中或者近郊，与住宅相连。主要分布在苏州、扬州、杭州、南京、上海、无锡、湖州以及常熟等地，其中苏州、扬州最具代表性，而以苏州为最多。因此有“江南园林甲天下，苏州园林甲江南”之说。苏州园林大多建于宋、元、明、清时代，目前声名远扬的包括建于宋代的沧浪亭、建于元代的狮子林、建于明代的拙政园和留园，建于清代的网师园和怡园。这些园林曲水慢流，建筑素雅，自然清秀，每年都吸引大量国内外游客前来参观旅游。

江南园林多为私家园林，与皇家园林相比，有很多不同之处。可以说，大多数园林规模都很小。建造园林需要很大一笔资金，即便是富商大贾也难以同帝王相比，更何况那些告老还乡的文人士子。受物质条件限制，不能购买大片土地，因而限制了园林的规模。园林规模有限，但却小得精致，小得灵秀，造园者不追求帝王园林的威严壮观，只希望营造一种宁静、平和的意境，而且园林的主题十分突出。清末苏州著名海派画家吴待秋的残粒园占地不足1/4亩，却也有山有水，有桥有阁。扬州的容膝园只能供三朋四友在园内促膝谈心，也是有廊有亭并叠有山石。环绣山庄是苏州历史悠久的一座名园，占地大约3亩。全园分为南北两部分，南部是厅堂建筑，北部是园林。整个园林以假山闻名海内外，可谓咫尺山林，小中见大，虚中有实，实中有虚。俞樾曾称赞它为“天然画本”，得到过“尺幅千里之势”的评价。

网师园位于苏州城南的阔家头巷内，原为南宋史正志万卷堂故址，称“渔隐”，后荒废。乾隆年间宋宗元重建，取渔隐旧意，改名网师园。清代著名学者洪亮吉曾经做诗称赞它的美：“城南那复有闲廛，生翠丛中筑数椽。他日买鱼双艇子，定应光诣网师园。”网师园的建筑浑然一体，园林与住宅紧密相连。园的面积很小，只有9亩，却有苏州园林中小家碧玉之美称。著名园林专家陈从周对它赞誉有佳：“苏州网师园，我誉为是苏州园林之小园极则，在全国的园林中亦居上选，是以少胜多的典范。”

拙政园是苏州著名园林，明正德年间御史王献臣建造，取“拙者之为政”之意。后屡易其主，其间经过多次改建，现存园貌主要形成于清末。拙政园是苏州面积最大的园林，占地却不过60余亩，不及避暑山庄的百分之一。但是，空间虽然狭小，却能以精致玲珑而独特的明净风格见长，达到了“灿烂之极归于平淡的艺术境界”。

在布局方面，江南园林不采取中轴对称的原则，而是顺从自然，山景、水景、建筑、花木既布局紧凑，又错落有致，形成了师法自然、高于自然的艺术境界。拙政园所在之处原是一片积水弥漫的洼地，现在水面约占全园面积的五分之三。整体布局以水池为中心，主要建筑物大多临水而建。池水交汇与转折之处以廊或桥相连，将人的视线引向远方，艺术地再现了江南水乡的天然之美。而且拙政园巧妙地布置花草树木，它们与山水建筑相得益彰，描绘了一幅境界悠远令人遐思的美丽画面。在中园核心景点远香堂东面有绣绮亭，亭子东面土山上广植牡丹、芍药，景色秀美如画。土山南面是“枇杷园”，名字来源于“摘尽枇杷一树金”，每逢夏季，硕果累累，挂满枝头。枇杷园东面是“海棠春坞”，院内满是海棠花。此地西南有“玲珑馆”，这里种植竹子。与馆旁边“嘉实亭”并排的是“听雨轩”，栽种了很多竹子、荷花与芭蕉。正应了李商隐的名句“留得残荷听雨声”“听雨入秋竹”“雨打芭蕉淅沥沥”。西园的主要建筑是“卅六鸳鸯馆”和“十八曼陀罗花馆”。曼陀罗又称山茶花，这里曾有名种山茶18株，如“西施舌”“渥丹”“东方亮”“洋白”等，其中尤以“十八学士”最为有名。虽然现在仅存15株，还是后来补种的，但同样能令游人一饱眼福，大开眼界。

在色彩使用方面，江南私家园林也形成了自己独特的风格。根据古礼思想，色彩在古代中国具有政治含义。帝王建筑雕梁画栋，色彩鲜亮浓重，而私家园林中没有艳丽夺目的色彩。无论是无锡寄畅园，还是苏州拙政园，它们的建筑，从尺度较大的厅堂、楼阁到较小的亭台、门廊都是白色的墙，灰黑色的瓦，赭石色的门窗和立柱，没有金碧辉煌，也少有大红大绿。建筑周围的植物，讲究四季常绿，最爱用青竹，或连绵成片，或于庭前屋后散置数株，水边植柳树，水中种莲荷，色彩鲜艳的花树用得十分小心，以免破坏了一片青绿的整体环境效果。室外环境如此，室内布置也一样。白粉墙，褐色的梁架，黑色的望砖，配上木料本色的家具，追求一种清静无为，淡泊雅致的意境。创造一种暗香盈袖、月色空庭的闲淡宁静，表现这些文人士大夫携隐林下、远离尘嚣的精神追求。

江南园林是文人园林，人文色彩浓厚，文化底蕴厚重。北宋著名学者沈括在《梦溪笔谈》中描绘了自己园林生活的丰富：“渔于泉，舫于渊，俯仰于茂木美荫之间……与之酬酢于心目之所寓者，琴、棋、禅、墨、丹、茶、吟、谈、酒，谓之‘九客’。”园林中处处散发出浓郁的文化气息，正如明代陈继儒《青莲山房》中所说：“主人无俗态，作圃见文心”。可以说，每座园林几乎都是一个“壶中天地”，是一个浓缩的“乌托邦世界”，是立志安邦报国的古代知识分子意志与理想、人格与精神的体现。

(3) 幽静深邃的寺庙园林

寺庙园林，一般可以理解为寺庙建筑、宗教景物、人工山水与天然山水的综合体。杜牧的“南朝四百八十寺，多少楼台烟雨中”以及赵抃的“可惜湖山天下好，十分风景属僧家”等著名诗句,形象地说明了寺庙园林自然迤逦、神秘朦胧的优美意境。

俗语道,深山藏古寺,寺庙园林基本上建在大山深处。宗教的诵经修行或者打坐静思活动需要远离红尘凡事,躲开市井喧嚣。因此,无论是道观还是佛教的寺庙基本上都处于山林之中,与自然环境融为一体。在苍山翠柏的衬托掩映下,更显出了庄严肃穆的宗教气氛。就布局来看,寺庙园林一般都采用宫殿、宅院的形式,建筑对称分布在中轴线两侧。我国宗教建筑数量很大,存留至今的著名道教宫观有泰山玉皇庙、碧霞祠,衡山南岳庙,华山真武宫,嵩山中岳庙,武当山紫霄宫、玉虚宫,青城山上清宫,这些大多是风景名胜所在。著名佛教建筑诸如杭州灵隐寺,天台山国清寺,峨眉山伏虎寺,苏州虎丘岩寺,雁荡山观音洞等,都是兼有山林之胜、深谷之幽的寺庙园林。

寺庙园林不同于帝王苑囿,也有别于文人园林,有自己的独特之处。首先,寺庙园林对公众开放,具有公共性。无论权贵或是平民,富有或是低贱,雅逸或是粗俗,都可以随意游览。这与宗教普度众生的终极关怀密切相关。其次,宗教景观与自然风景巧妙结合,因地制宜,形成独具特色的观赏胜地。再次,宗教园林除了必要的宗教建筑外,很少建造专门供游人游览的景物,人工痕迹很少,自然特色鲜明。

北京西山八大处是我国著名的寺庙园林。作为旅游胜地,八大处的魅力长盛不衰,自有其独特的自然和人文感召力。西山自然风光十分优美,峰峦叠嶂,山雄水奇。八大处山势峻峭,林木苍郁,景色壮美,环境优雅,历来为文人墨客以及广大游者称道。在三山八刹处形成了著名的十二景,即绝顶远眺、春山杏林、翠峰云断、卢师夕照、烟雨鹃声、雨后山洪、水谷流泉、高林晓日、五桥夜月、深秋红叶、虎峰叠翠、层峦晴雪。这十二景大致概括了八大处一年四季景色的精华,这里也因此成了北京郊区最负盛名的旅游地。

西园是苏州著名寺庙园林,始建于元至元年间,初名归元寺。明嘉靖年间,徐泰时置建东园(后为留园),同时将归元寺改为别墅宅园,易名西园。崇祯八年,更寺名为戒幢律寺,俗称西园寺,简称西园。西园包括戒幢律寺和西花园放生池两部分,园林部分主要是指西花园而言,位于五百罗汉堂后面,环境幽静,宽广明净。全园以放生池为中心,环池亭台馆榭,曲径回廊,掩映于山石花木之间。湖心亭六角翼然,势欲飞而点立于水中央,以曲桥贯通两岸,构筑巧妙。全园营造了怡然、静谧甚至是遗物忘我、超越世俗的意境。

(4)凭海临风的岭南园林

岭南在地域上主要涉及福建南部、广东全省、广西东部及南部。岭南园林受地域文化影响很大,其审美意境既不同于富丽堂皇的皇室建筑,也不同于文人气息浓郁的江南园林,具有轻盈、自在与敞开的岭南特色,而且热带风光、海洋气质十分明显。

岭南园林的建筑,重在选址,不以华丽夺人,而以素构取法,抒发出简朴清新的岭南气息。如著名的岭南自然园林惠州西湖,明代杨起元在《平湖堤记》中写道:“波澜荡漾,鱼虾产育,菱芊布叶,烟云合散,鸟鹭沉浮,桥梁亭榭,杳霭飞动,雨降水溢……渔歌樵唱,朝夕相闻,杭盈之匹,诚可无愧。”清代吴骞在《西湖纪胜》中这样比较杭州西湖和惠州西湖:“西湖西子比相当,浓抹杭州惠淡妆;惠是苎萝村里质,杭教歌舞媚君王。”惠州西湖出自民间,以淡妆取胜。这种旷貌幽致的自然素质,道出了充满民间气息的岭南园林风格。广东东莞可园始建于道光末年,原为张敬修别墅。以“可”称园,意思是不必取高华之噪,只要感到惬意即可。可园占地3余亩,但园中建筑、山池、花木的布置却精巧而丰富。园林以畅朗轻盈的乡土风格取胜,至今仍不失新意。为了达到“幽畅”风格,在园林西部建造高达四层的“邀山阁”,使“凡远近诸山”“江岛江帆”,“莫不奔赴于烟树出没中”。即使只有二层的“可堂”,也要形成“新堂成负郭,水木恰幽偏”的意境,给人以清新、雅致之美。

岭南私家园林中各类建筑的组合布局,不像北方园林、江南园林那样采取散放布局,而是均为有韵地接踵而成。两幢建筑之间需要带形连接时,不轻易采用空廊形式,而采取“冷巷”“桥廊”的方法处理。如广东番禺余荫山房,前庭与内庭之间屋屋相叠,其联系不以廊,而设冷巷相连,巷无顶,两侧墙内外可育卉植竹,风来芳随,日出遮荫,很有一番清凉之意。内庭以水为题,使不大的庭院顿感旷远。庭院的南北两方建筑不采用廊道,而采用跨水桥廊作联络,疏出另一回形水系,构出庭中层次。

为改善岭南园林高温燥热的环境条件,建筑物结合水型处理,常采用船厅的做法。所谓“船厅”,既不是我国园林中传统的石舫,也不是通常的水榭,实际上是一种跨临水面的厅堂,水流从地板下或旁边经过,使室内既可降温,又能临水赏景。岭南园林使用船厅较为普遍,而且船厅还经常做为全园的主体建筑引人观赏。如广东顺德清晖园,全园建筑物的配置以船厅为主体,因地制宜,互相衬托。船厅、南楼、惜阴书屋、真砚斋等古朴典雅,彼此间用曲廊连接。船厅西面景物以池塘为中心,涟漪微泛,缀以水榭凉亭、蔓草修竹,显得隽雅而恬静。船厅东面的景物,主要由假山和花卉组成,置身其间,暗香盈袖,花光照眼,令人心旷神怡。

著名的岭南园林还有很多,比如福建厦门菽庄花园、厦门鼓浪屿等,如今都成为著名的旅游胜地。

三、中国古典园林的文化特性

中国古典园林注重立意的清新,布局的巧妙,技法的精致,文化的悠远,贵在自然,妙在含蓄,美在意境。

(1)崇尚自然,追求自然

中国古典园林是自然山水园林。古代造园大师在造园时,首先要做的就是创造一个“木欣欣以向荣,泉涓涓而始流”的自然环境。为了实现这种“有自然之理,得自然之趣”的自然美,曹雪芹在用文字构建大观园时指出:“虽种竹引泉,亦不伤穿凿,古人云‘天然图画’四字,正恐非其地而强为其地,非其山而强为其山,即百般精巧,终不相宜。”中国古代著名造园大师计成在《园冶》中对这个理论作了精辟的阐述。在开篇的“园说”即造园总论中,计成提出造园无论从选地、堆山、挖池、开路还是建房、造墙、种植花木,都要达到“虽由人作,宛自天开”,“自成天然之趣,不烦人事之功”的意境。

为了使人造园林达到天成的魅力,古代造园家们形成了一系列原则,采取了特殊的艺术手法。造园首先要选地,“相地”至关重要,地段不同,造园方法也不同。山林之地,在各种类型的地段中最适合于造园,最能体现大自然的天然风貌。山地“有高有凹,有曲有深,有峻而悬,有平而坦”,只需“入奥疏源,就低凿水,搜土开其穴麓,培山接以房廊。”而对城市中的地，“必向幽偏可筑，邻虽近俗，门掩无哗”。

在布局上，中国古典园林采取灵活多变的手法。无论西方园林还是中国的宫殿、陵墓等建筑，布局均讲究平面展开，中轴对称，俨然一个规则的几何图形。白居易对自己的宅园赞誉有佳：“沧浪峡水子陵滩，路远江深欲去难，何如家池通小院，卧房阶下插鱼竿。”咫尺方地，若要达到自然天成的效果，不拘一格、自由多变的布局原则非常重要。亭台楼阁，廊庑榭舫，山水花木，都没有统一固定化的安排模式，根据实际情况穿插组合，如《园冶》所说的“花间隐榭，水际安亭”，形成不同层次的空间。在空间不断的明暗变化中，游者可以观赏到妙趣横生、变化多端的图景。

在《园冶》第一卷“兴造论”中，计成指出，“园林巧于因借，精在体宜”，以获自然之美。所谓“因”就是因地制宜，根据原有的地形地貌、树木水源，适宜堆山就堆山，适宜造池就造池，宜亭则亭，宜殿则殿。所谓“借”就是借景，即将园外的景物组织到园内所能看到的画面中来，与园内景物浑然一体，从而突破园子的有限空间，丰富园景的层次。借景包括远借、近借、仰借、俯借及应时而借，以达到极目所至，俗者屏之，佳者收之，巧而得体的审美效果。在中国古代各种类型的园林中，借景都有杰出的范例。皇家园林中首推颐和园的借景。颐和园西部数十里以外的西山群峰，从园内看去，一脉相承，北高南低，稍近的玉泉山和山顶宝塔浮现在群峰之前，使西山群峰层次分明，重点突出。园内，万寿山前山宫殿，倚仗山势严整排列展开，佛香阁拔出峰顶，居高临下，山下是浩渺的昆明湖，一线西堤绿柳，将西部园墙全部隐去，抹去了园内园外的明确界限。由园内东部向西眺望，万寿山佛香阁为前景，西堤玉泉山为中景，西山群峰为远景，湖光山色，交相辉映，美不胜收，令人陶醉。在私家园林中，也有着许多成功的借景范例。无锡寄畅园将锡山上的龙光塔借入园中，开阔园中景物视野；扬州何园将隔墙的片石山房假山峭奇的主峰纳入园内的画面，造成园外有园、两园一体的错觉。这种一切从实际情况出发，利用已有条件精心设计的做法是中国古代自然山水园林的造园要领。

大自然的神韵不是通过简单模仿即可获得的，古代造园家们仔细观察自然山水的生态形象，研究它们的地理特征，将概括提炼后的自然形象再现于园林中。经过这个再创造的过程，虽是人造山水，却具有了真山真水的气质与韵味。比如叠山，无论用土还是石头，都应该有主有从，有高有低，而不能两座山峰整整齐齐地并排矗立。山间石下还应该围以花草，绕以树木，于朴实随意间流露出大自然的清新，绝无人工之造作。南京瞻园造景有法，山水与建筑、花木之间相互融合，浑然一体。著名的南假山气势雄伟，山峰峭拔，洞壑幽深，苍岩壁立，虚岩生凉，俨如真山。有人形容其“一峰之竖，有太华千仞之意”。

理水也十分讲究，努力追求水体的自然之美。江南私家园林大多挖地成池，水池一般是整个园林的中心。形状与西方规则的几何图形绝然不同，很少方方正正，以曲形为妙。这种不规则的平面，要表现出自然界水边的各种野趣，有凸入水中的，有凹进岸边的。弯弯曲曲的池岸边，石头错落有致地堆积。池的一角可建亭子，亭旁植树，柳枝倒映，摇曳生姿。池面可建形态各异的小桥，将水面作不均衡不对称的分割。池中可种植水生植物，不可满布，宜疏落有致。江苏无锡寄畅园在私家理水艺术上是一个成功的典范。该园的锦汇漪是一个南北长东西窄的水面,造园者进行了分割布局。在水池北端,建造了七星桥和廊桥,将水池分割成大、中、小三个不同情趣的水域,曲折幽深,令人回味无穷。七星桥紧贴水面,池水清荡,倒影如画,更显得水面宁静幽深。西侧鹤步滩有两处用小石条平贴水面,半浸碧波。池面东侧,由南向北设置着临水的长廊,池边建有郁盘亭、知鱼槛、清响月洞以及涵碧亭等建筑,水中倒影横生,是全园中最佳观景处。整个水面的布局以聚为主,以散为辅,体现了重涯别坞、曲岸回沙的美妙境界。

中国古典园林在细部处理与装饰上,也努力达到自然之妙有的境地。连接不同景点景区的道路切忌笔直宽阔,以蜿蜒曲折为最好,以避免所有景色一览无余地暴露在游者眼前,达到曲径通幽的审美效果。小路多由石块、卵石铺就,拼出各种花纹图案,掩映在绿树青瓦之间。建筑上的门窗种类繁多,如长方门、圆洞门、八角门、梅花门,花窗、漏窗、空窗等。门窗的边沿上附有不同的线脚,窗上的花格条纹做工十分精细。

(2)讲究谐和,追求含蓄

对"谐和"的追求与顺应,是一切古老文明的最高理想。孔子曾经赞美自然界的和谐有序与生生不息:"四时行焉,百物生焉,天何言哉!"谐和的审美理想也参与了中国古典园林的文化营造。园林往往规划为不同的景区,各个景区都有自己的审美主题与中心意象。它可能是峰峦叠嶂的假山,也可能是碧波荡漾的湖水。比如假山,作为景区中心,它起着统领全局的作用。为了表现谐和,造园者还要用水穿流其间,再配以花草树木。水的流淌能显示出大山的胸怀宽广,草木的装点能避免山的光秃,显示出欣欣向荣、生机盎然,这样就形成了一幅富有生命活力而且谐和自然的画面。

含蓄是中国传统文化中备受瞩目的一种艺术法则,也是中国审美文化对世界的重大贡献。含蓄表现为一种深远、含而不露、意在言外的艺术风格,它不在字面上进行雕琢以追求词采声律,却往往在清新、质朴的艺术形式里,蕴藉着深远的诗意。在中国传统文化中,诗、画、书法等都普遍运用了含蓄的艺术法则。"言有尽而意无穷者,天下之至言也。"即将含蓄作为诗歌审美的最高标准。中国画讲究含蓄,在平面布置的构图中,重视对空白的处理,"计白当黑,妙在无处",把空白当作画面形象的组成部分,衬托画面主体,运用含蓄的艺术手法,扩大画面的意境,给观赏者以想象的空间。书法艺术是中国所特有的造型艺术,它被称为"无声之音,无形之相",有"意居形外曰媚"及"露则意不持重"等说法,也很讲究含蓄的创作手法。受诗、书、画的影响,中国古典园林的营造也十分重视含蓄的艺术风格。

为了实现园林的含蓄美,古代匠师以及参与园林设计的文人士大夫采用了很多建筑技艺与艺术手法。在对空间分割、交替的处理上,古典园林十分重视使用景点的藏漏开合。同一个景点,采用不同的包装手法,效果大不相同。

在美学上,一目了然会索然无味,而给审美主体留下一定的想象空间,则会产生朦胧的、丰富的、无尽的美感。苏州留园始建于明朝嘉靖年间,是封建大官僚徐泰时的私家花园,抗日战争时期,留园遭到严重破坏,几成废墟。建国后经过修葺得到恢复,现在有"吴中第一名园"之誉。留园以对建筑空间的处理见长。全园的精华是中部的山水景区和东部的建筑庭园景区。进入留园大门口,是一个宽敞的前厅,从右侧进入窄长的通道,通向古木交柯,长达

50 余米。这段行程原是沉闷的高墙夹弄,造园师巧妙地采用空间大小和光线明暗的对比变化,减小了游者行走时的单调感和闭塞感。进入古木交柯,视线由暗而明,由窄而阔。透过花眼露窗,山水景观若隐若现。直到曲溪楼下的六角形园门时,才会产生豁然开朗的感觉。登上濠濮亭,美景映入眼帘,有柳暗花明、峰回路转的感觉。涵碧山房是重重遮掩之后露出的第一景,其名取自朱熹诗句“一水方涵碧,千林已变红”之意,厅前是盛夏赏荷纳凉的最佳场所。沿西侧墙廊北上到“闻木樨香轩”,凭轩四顾,中园景色包括亭阁、石峰、溪谷、飞瀑、花木、禽鸟、泉水一览无余,尽收眼底。

采用抑景的手法把最好的景色藏在后面,不使游人一览无余,然后再通过曲径转弯略展一角,撩人心弦,最后才豁然开朗,令人精神一振。拙政园迎门挡以假山,类似于居宅建筑中的影壁屏障,称为“山抑”;运用植物题材如一片树丛的,称为“树抑”;也可以利用建筑题材,称为“曲抑”。北京颐和园入园后,只见一座座华丽的宫殿,看不到一点园林的景致,绕过仁寿殿后,峰回路转,三两步间,一幅高阁、平湖、远山的壮丽图景才呈现在面前。抑景手法的运用,将园林划分成几个既分割又有联系的景区,随着游览的脚步,景区依次过渡展开,生动地表达了中国古典园林讲究含蓄、幽邃、深藏不露的审美追求。

中国古典园林表达含蓄的手法还有很多,较为重要的有暗喻和象征,这在江南私家园林中表现得尤为突出。心忧天下、济世安邦历来都是中国士大夫、知识阶层的人生理想,当兼济天下的目标难以实现时,他们常常选择独善其身,不问世事,以山水自娱。但是,这些士大夫虽然隐逸遁世,却没有彻底忘怀“君国”“天下”,坚持操守,洁身自好,待到时机成熟,则出山从政。这样的人生追求与思想历程在文人园林中不能明目张胆地出现,大多以含蓄的方式表达出来。

柳宗元被贬为永州司马之后,修建了一座私园愚溪。园中景物命名都以愚字打头:溪水叫做“愚溪”,山谷叫做“愚谷”,水池叫做“愚池”,岛屿叫做“愚岛”,水泉叫做“愚泉”。以此表达改革失败后内心的苦闷,暗示皇上的愚昧无知,同时表达一心希望重回京师长安报效祖国的坚定决心。令人扼腕的是,壮志未酬,却客死他乡,时年仅 46 岁。

今天的人们,当凝视园林优美高妙的名字时,仍能感受到那通过美学形式积淀着的历史和人生。名字是一种符号,解读了踌躇满志却无处施展抱负甚至备受攻击,被迫携隐林下的士大夫知识阶层的无奈人生历程。沧浪亭是苏州现存最古老的园林,位于苏州市南三元坊附近。因莫须有罪名无罪被贬的苏州诗人苏舜钦回乡之后,怀着抑郁的心情,偶观盘门附近的美妙景色,做诗颂曰:“绿杨白鹭俱自得,近水远山皆有情。”花四万钱买下此园,并在水旁造亭,名之“沧浪亭”。此典出自《孟子》“沧浪之水浊兮,可以濯我足”,并自号“沧浪翁”。诗人的《沧浪亭》诗:“一径抱幽山,居然城市间。高轩面曲水,修竹慰愁影。迹与豺狼远,心随鱼鸟闲。吾甘老此境,无暇事机关”点破了他厌恶朝廷昏暗的政治斗争,从此甘心过闲淡的隐居生活,放浪山水间的决心与追求。

文人造园,其理想追求、道德品格无一不渗透到园林的营造中。漫步在江南私家园林中,会经常看到以“舫”“船”“舟”命名的景点,比如苏州怡园的“画舫斋”、南京煦园的“不系舟”、上海古漪园的“石舫”、嘉定秋霞圃的“舟而不游轩”等。在互相倾轧、尔虞我诈的黑暗社会和政治斗争中,坚持操守、刚正不阿的士人艰难地挣扎,渴望一叶舟舫能抗拒风浪,将自己渡向光亮安稳的彼岸。有诗曰:“世间最稳地,莫如岸上舟;亦绕烟水趣,而无风波忧。”这些知识分子在仿若自然山水的园林中,体会和感叹着自然的永恒、人生的无奈、政治的污浊。世事、理想、家园、人生乃至天地在这里奇妙地融合。对于几经波折仍旧怀抱安邦济世抱负的积极者来说,它给予闲散的境地和坚守的动力,对于心灰意冷决意徜徉于山水境地的悲观遁世者来说,它又给予生命的慰藉和情怀的寄托。

当然,皇家园林同样追求含蓄的美。使用的手法与私家园林大致相同,表达的思想意识却有很大差异。无论是京郊的圆明园、颐和园,还是远离国家政治中心的承德避暑山庄,毫无例外地都将各地美景囊括其中,并因此赢得了“秀美如我胜江南”的美誉。不是江南,更胜江南的园林风貌体现了帝王的审美观念,而且,历代帝王都追求四海升平、国泰民安、皇权稳固、长生不死,皇家园林中种类齐全的建筑以及装饰恐怕都是这些思想含蓄的表达方式。圆明园内有福海与海中三岛组成的象征着仙山琼阁的“蓬岛瑶台”,有建在水中的建筑“万方安和”,有苏州水街式的买卖街,杭州西湖的柳浪闻莺、平湖秋月以及三潭映月等著名景观。

在承德避暑山庄东部和北部丘陵起伏的地段上,如众星拱月之势围绕着12座色彩绚丽、金碧辉煌的大型喇嘛寺庙,目前尚存的有7座,俗称外八庙。外八庙中除了普仁寺、普善寺建于康熙年间,其余10座均建于乾隆年间。清王朝为了实现其“合内外之心,成巩固之业”的政治理想,顺应蒙、藏等少数民族信奉藏传佛教的习俗,兴建了这些建筑精湛、风格各异的寺庙,通过“深仁厚泽”来“柔远能迩”。

(3)讲究形式美,追求意境美

意境是中国文艺独有的范畴,是中国艺术追求的一种境界。它是心与物、情与景、意与境的交融结合,是情意物化、景物人化、具体景物融入艺术家感情和意图而构成的一种新颖独特的景象。意境离不开情景交融,物我同一,是享受的自我与观赏的对象的交融,即对象的形态或活动唤起主体的情感活动和意向,又消失在全神贯注的观照和创造中,而为对象的形态或活动所代替,也就是自身情感与对象形式合而为一。王国维运用东西方文化结合的方法,总结了我国古代意境理论,提出“何以谓之有意境?曰:写情则沁人心脾,写景则在人耳目,述事则如其口出是也。”

意境可意会而不可言传。它的妙处在于透彻玲珑,不可凑泊,如空中之音,相中之色,水中之月,镜中之像,言有尽而意无穷。意境的主要特征是,以有形表示无形,以物质表现精神,以有限表示无限,以实境表示虚境,使客观存在的具体形象与想象中的无限形象相统一,即有限的形象藏着某种超越这些外部形象本身固有意义的“象外之旨”“弦外之音”。如看齐白石的草木鱼虫,感受到的不仅仅是草木鱼虫,而能唤起那种清新欢畅的春天般的快慰和喜悦;听柴科夫斯基的音乐,感受到的不仅仅是一堆有节奏的音响,而是听到如托尔斯泰所说的“俄罗斯的眼泪和苦难”那种动人心魄生活的哀伤。

包括绘画、诗歌、雕塑在内的中国古代艺术,所追求的都不仅仅是描绘物体自身的形体特征,更重要的是通过有形的艺术形象,表达作者的一种感情,一种理念,甚至是作者本人对人生对宇宙的理解和认知。

就绘画而言,中国画根植于诗词和书法,好的中国画必然是诗画同源,创作者既是画家又是诗人,诗中有画的意境,画中同时又表现了诗的意境。中国画运用毛笔的不同技巧和方法,画出来的线条既可以造型,又可以抒情表意。凡是表现愉快的感情,线条一般都很流畅,而凡是不愉快的感情比如焦虑,线条经常顿挫,呈现一种艰涩的状态。线条使中国画表现出变化无穷的情趣和境界。西方绘画在画面处理上追求真实,无论是自然景物还是人物形象都要求刻画得十分逼真。

中国画则崇尚空灵,主张虚实相生,追求"同自然之妙有",在描写物象上不去追求自然形态的相似,而是在意象中表现自然物的本体生命,和艺术家在审美移情过程中用全身心的本体和生命拥抱对象所呈现的有机融合。形神兼备,妙在传神是中国传统绘画的核心内容之一。东晋顾恺之提出"形神写照",黄宾虹的论点是画有三种:绝似物象者,此欺世盗名之画;绝不似物象者,往往托名写意,鱼目混珠,亦欺世盗名之画;唯绝似又绝不似于物象者,此乃真画,即要求"形神兼备,气韵生动"。中国传统绘画在虚幻之处给欣赏者留有想象的天地,创造出一种笔墨所不能企及的意境。

中国园林也是一种艺术,而且在它的形成发展过程中,始终与山水画、山水诗乃至山水文学紧密相关,因此,意境也是中国古典园林追求的最高艺术境界,即理想美的境界。"形美以感目,意美以感心",中国园林以景寓情,感物吟志。通过艺术加工过的高山流水、清风明月、鸟语花香、亭台楼阁来激发人们对美的感情、美的抱负、美的品格、美的社会的憧憬、向往和追求。古代能工巧匠和文人士大夫表现意境的手法丰富多样,从现存皇家园林以及私家园林的造园实践看,大致有以下几种方法。

园林是一种空间艺术,造园之人利用对空间的包装处理实现对意境的孜孜追求。框景是一种重要的造园方法,即利用画框式的门洞、窗洞、框架或乔木树冠抱合而成的空隙把远处的对景框起来,使真实的风景产生图画一样的效果而更具观赏价值。这种方法由清代戏剧家李渔开创。李渔在西湖闲居时,购湖舫一艘,窗格四面皆实,中虚为扇面形,坐于其中,则两岸之湖光、山色、云烟、竹树,进入其中作天然图画,一日之内现百千万幅佳山佳水。之后,他在自家园林中"浮白轩"的厅堂中间开窗,用彩纸装裱窗框,在窗外不远处栽种翠竹、叠石堆山,望去极其兴奋,自言自语到,"坐而观之,则窗非窗也,画也;山非屋后之山,即画上之山也"。这种尺幅窗、无心画深受热爱附庸风雅的知识阶层的青睐,在江南私家园林中得到普遍应用。当人们漫步于其中,目光无论是穿越留园揖峰轩的尺幅窗,还是从拙政园"晚翠"月洞门北望"雪香云蔚亭",都难以分清哪个是真景,哪个是画面,简直是画中有景,景中有画,令人兴致大起,浮想联翩,回味无穷。

漏景是由框景发展而来,即在园林的围墙上或者廊的侧墙上设漏窗,又叫花窗,用以透视园外或相邻景区的风景。窗上雕刻各种图案,如几何图形、梅兰竹菊、吉祥动物等,也有以传奇小说、戏曲及佛、道故事的某些场面为题材,如沧浪亭的 108 式漏窗,留园长廊的 30 多种漏窗,都已名闻天下。而内容最具文化意义的,当推狮子林的琴、棋、书、画四雅漏窗。四个不同形状的漏窗中,依次塑有古琴、棋盘、书函、画卷,这些富于鲜明文化特色的图案内容,为园林增添不少优雅的情调。漏窗的使用使被隔的景色更加朦胧、虚幻,具有探幽之趣,使园林堂奥纵深，变幻无穷，增加了不少诗情画意的美感和意境。

园林建筑是一种造型艺术，程式化的形象和比拟在表现意境上使用得很广泛。用象征和比喻的方法表达自己观念和理想的做法由来已久，并且形成了至今仍然普遍应用的比德传统。根据比德传统，自然现象与伦理道德通过理性的确定认识，创造出了它们在情感上的对应关系。孔子曰，仁者乐山，知者乐水，山与人的稳定、可靠、巨大功绩、坚实品格，水与人的活泼、快乐、无穷智慧、博大胸怀都具有相通相应关系。在《楚辞·九章》的《橘颂》中，屈原写道："受命不迁，生南国兮。深固难徙，更壹志兮"，"秉德无私，参天地兮。"

所有这些对橘的描写其实都是对他自己品格操守的自颂。作为自然物质，无论四君子还是岁寒三友，都承载了宝贵的人文精神。人们在欣赏翠竹或者梅花时，已经不单单是在欣赏一种自然植物，而是在盛赞一种精神，并且感悟这种精神。梅花的文化品格是不畏严寒，铁骨冰心；兰花表现的是姿态端秀，清雅高洁；竹子象征着劲节可风，潇洒不俗；菊花则体现了傲霜挺立，甘于淡泊的情怀；苍松强劲刚健，独傲霜雪。梅兰竹菊松因为自己的品格不仅成为自古以来文人画家钟情的创作素材与主题，还走进园林，以其所具有的人文精神陶冶人们的情操，净化人们的心灵。

随意漫游一家中国古典园林，几乎都能观赏到这些品格高洁的植物。苏州狮子林指柏轩之西有"古五松园"，园里有五颗大古松，霜干虬枝，亭亭似盖。浙江湖州莲花庄原为书画大师赵孟頫的别业，中园菊坡园有六大景观，著名的有"鸥波荷香""松泉印月"以及"梅海探幽"。上海嘉定古漪园"浮筠阁"后是一座大土山，翠竹成林，俗称"竹枝山"。圆明园的"濂溪乐处"水中遍植荷花，乾隆皇帝特题名"前后左右皆君子"。在成都新繁东湖内，种植桃、荷、桂、梅，四季香艳，美不胜收。"怀李堂"前有五株高约五米的罗汉松，盛赞唐代李德裕治国安蜀的业绩。"瑞莲阁"是东湖百米长廊"月波廊"的起点，阁前湖光粼粼，荷花凌波，"阁拥平湖莲呈瑞，桥横曲水竹通幽"。

中国古典园林经常用诗词书画、题额楹联渲染气氛，提升意境。园林中的文化气息十分浓厚，无论帝王富贾，还是文人士子在园林中留下难以尽数的诗词歌赋，给具体有限的形象赋予无限的想象空间和别样的情趣。上海嘉定秋霞圃的峰石竹木宛如图画，沿着竹丛间的小路行走，栽种了紫竹、斑竹、孝慈竹、佛肚竹以及金镶玉嵌竹等十余品种。在花木从中隐约可见一座"丛桂轩"，名称来自《楚辞·小山招隐》中的"桂树丛生兮山之幽"。轩窗四面敞开，环顾东南西北，恰如春夏秋冬四幅自然立体画，可见意境的悠远。轩南有一组平面为长方形的建筑，形似船而不能游，故名"舟而不游轩"。凭轩临栏北望，"轩窗傍水琴诗静，涧谷新青草木香"的情趣油然而生。轩北水池"桃花潭"西北有一座黄石假山，山顶建亭，取名"即山亭"。

清代学者曾作诗赞叹道："法华古寺塔铃催，瑞竹轩窗面面开。陌上女郎连袂出，即山亭子探春来。"山南有"碧光亭"，取北宋诗人林和靖诗句"呼吸湖光饮山绿"之意而得名。每逢月夜在亭内赏景，确实有"栏前观荷数鱼，亭中吟诗赏月"的情趣。这些清幽雅致的题额和诗词不仅点出了景观的美妙之处，引起人们丰富的联想，还将空间环境的意境表现得淋漓尽致。

课后思考

1.中国园林的文化特征。

2.举例说明中国园林建筑的类型。

第四节　中国旅游之旅游商品资源文化

旅游商品，广泛的含义是指旅游者在其全部旅行游览过程中，有关食、住、行、游、购、娱六个方面所消费的产品，以及需用的旅游日用品之总称。而通常的意思是指旅游者购物部分。在我国，旅游商品销售的绝大部分为工艺品和纪念品，日用品所占份额微乎其微。近年来，我国旅游事业发展十分迅速，旅游商品日渐丰富，民族风格和地方特色日渐浓厚，取得了很好的经济效益和社会效益。但是，相对而言，我国旅游商品的发展无论从速度还是从质量上来说，都不尽如人意，落后于旅游发展形势。

一、中国旅游商品的主要品类和特点

按目前我国市场经营状况分析，旅游商品主要有以下几大类：

(1) 旅游工艺品

我国的工艺美术品历史悠久，技艺精湛，素负盛名，不仅是我国大宗的出口产品，也是旅游者向往的佳品。

作为旅游商品主要有：雕塑工艺品，包括牙雕、玉雕、石雕、竹木雕、泥塑、面塑等；金属工艺品，包括金银铜摆件、景泰兰、工艺刀剑等；饰品，包括金银首饰、首饰钻、骨制项链等；漆器工艺品，包括雕漆、金漆、脱胎漆等；刺绣工艺品，包括手绣、机绣、绒绣、珠绣等；抽纱染织品，包括抽纱、挑补花、编品、蜡染、扎染、绣衣等；地毯，包括羊毛手工毯、化纤机织毯、丝毯、天鹅绒毯等；天然植物纤维编织品，包括竹、藤、棕、草、柳、麻编等；民间工艺品，包括风筝、剪纸、皮影等；花画工艺品，包括国画、书法、油画、涤纶塑料花等；以及工艺伞扇、剧装道具、各种玩具等。

(2) 旅游纪念品

旅游纪念品是以旅游点文化古迹或自然风光为题材，利用当地特有的原材料，体现当地传统工艺和风格，富有纪念意义的小型纪念品。这部分产品体积小，便于携带，售价低，便于馈赠，又可带给旅游者以美好的回忆。如泰山的手杖、三峡的卵石雕、南京的雨花石、苏州寒山寺“枫桥夜泊”诗拓片等。

(3) 文物古玩

如端砚、徽墨、宣纸、湖笔等文房四宝，出土文物复制品、碑帖、拓片，以及不属于国家严禁出口的古玩等。

(4) 土特产品

我国地大物博，民族众多，土特产品十分丰富，是旅游者特别是港澳台胞和华侨华裔必购的自用品和礼品，如贵州茅台酒、西藏红、云南白药、东北人参、西北裘皮、苏杭丝绸等。

(5) 旅游食品

一日三餐是旅游者的基本需求,外出旅游总想品尝一下当地的特色美食,或大餐或小吃,必不可少。中、日、法、俄为世界四大餐种,虽然这种说法不甚准确,然而也说明中餐在世界上的地位。至于各地的风味小吃,则另有一番风味。

(6) 旅游日用品

主要包括盥洗用具、旅游鞋帽、旅游箱包、地图指南、防寒防暑用品、美容化妆品以及常备急救药品等。

从中国旅游商品的特点来看,我国的旅游商品,特别是旅游纪念品,与所有国家和地区的旅游商品一样,纪念性是其最基本的要素和特点。旅游者来到异国他乡,总是带有好奇或猎奇心理的。每到一地,总希望能买一些能反映旅游地的文化古迹、风土人情的纪念品,留作自用,以备细细回味;馈赠亲友,以与他们一起享受旅游时的快乐,使之有身临其境之感,意义是很深远的。如杭州绸伞,上印西湖景色和白蛇传的片断,旅游者在观赏或使用时自然会想到丝绸之乡、秀丽的西湖和脍炙人口的断桥传说。再如,三峡卵石雕,取之不尽的自然资源,施以雕刻绝技,寥寥几刀,形象跃然。观赏之余,三峡的惊涛骇浪和两岸入云的山峰,联袂浮现心头,给人以美好回忆。纪念性的特点决定了旅游商品一般都是就地取材、就地生产、就地销售。

艺术性也是旅游商品的主要特征之一。旅游工艺品区别于一般工业品之处,在于它有着高度的艺术性。它要利用传统工艺,充分表现民族风格和地方特色,当然也不排除适当生产一部分国外的艺术精品。

旅游者在旅游出发时通常是轻装简行,但在旅游过程中却又要求生活舒适,这就需要旅游商品具有一定的实用性。我们的旅游商品在实用性方面尚不能满足游客的需要,因此,如何更好地开发实用性的旅游商品,如针织品、箱包、服装鞋帽等日用品,必须加以重视和开发。

旅游商品从其用途来看,不外乎两大类。一类是旅游过程中旅游者为满足自己生活上的需要而购买的,基本上一次性的物品。这类物品,由于旅游者国籍、职业、信仰、爱好和习惯等的不同,要求花色繁多、品种齐全,以供旅游者有自由选择的余地。另一类是旅游者购买来供自己欣赏或馈赠亲友的旅游工艺品和纪念品,这类旅游商品要求富有纪念意义和艺术性,小巧玲珑,包装精美,便于携带。前一类一次性消费旅游商品的实用性,主要体现在物品本身的实用性上;后一类供带回去收藏或馈赠的旅游商品的实用性,则体现在造型和包装的实用、便于携带上。比如,旅游饮料要轻包装,洗盥用具要小型化、系列化,旅游鞋帽要轻便舒适安全,所有旅游商品都要小巧实用等。

二、中国旅游商品的地位及作用

发展旅游商品的生产和经营,有着不可忽视的地位和作用。

(1) 可以丰富旅游资源,增添旅游情趣

旅游商品不仅是供选购的产品,往往还是旅游资源的有机组成部分,能够使海外旅游者领略到更多的中国旅游资源的文化情趣。以江南为例,外国旅游者在这里的活动之一,就是观览苏杭的丝绸工艺、檀香木雕、土特产品等,琳琅满目、美丽多姿的旅游工艺品和纪念品,犹如在他们眼前又打开了一扇扇中国旅游资源的窗户,使他们目不暇接,沉浸在具有浓郁中国传统和江南气息的展览商品里。有些传统工艺品比较缺乏的城市,则注重发掘本地旅游的特色,制作别具一格的旅游纪念品招徕游客,让人们徜徉在工艺一条街上,既是观览,也是购物。现在全国很多地方都有供游客游玩购物的"旅游工艺一条街",丰富了旅游者的夜生活内容。

(2)能传播我国传统的优秀文化艺术,促进国际文化交流

旅游商品是一个国家之文化艺术、工艺技巧和物质资源相结合的产物。旅游者购得旅游商品,经过鉴赏、品评,就能加深对一个国家、一个地区的文化传统、艺术情趣、民族风格、风俗习惯的了解。一件称心如意的旅游商品,不仅能使旅游者如获至宝,陶醉在旅游的回忆之中,还可唤起其亲友对旅游地的向往。我国的丝绸享誉世界,立体柔和的立绒、轻盈透明的烂花乔其绒、鲜艳夺目的交织花软缎、光滑如镜的素色双丝软缎、熠熠生辉的星光缎、人物鸟兽栩栩如生的古香缎、有"天上云霞,地上鲜花"之誉的杭州织锦,充分体现了我国的优秀艺术传统和中华民族的聪明才智,令旅游者叹为观止。许多旅游者把中国的旅游商品视为中华民族文化的象征,或进行收藏,或馈赠亲友,从而扩大了我国的影响。

(3)能提供商品和市场信息,有利于开展正常出口贸易

旅游者来自世界各地,他们购物的动向和频率反映着各地和各国市场变化情况和人们的购物心理,预示着世界市场的发展趋势,从而无偿地为我们提供了各种商品信息。今天的世界是信息的世界,不同的旅游商品,经过多次交易而形成的市场需求信息,就有可能进一步转化为贸易出口商品,这方面的成功例子是不胜枚举的。

同时,旅游者的购物动向和评价,对同一种产品的不同反映,也有利于我们提高手工艺创作设计能力和技艺水平,针对各国旅游者的不同爱好和要求,灵活组织生产,不断提高水平。

(4)可以繁荣市场,回笼货币,换取更多外汇

这些年我国的国际旅游和国内旅游均获得较大发展,与此相适应,国内旅游商品市场也日渐繁荣,获得很好的经济效益和社会效益。旅游商品开发利用之后,国家又多了一条重要渠道把分散的货币尽快回笼,集中起来使用,发挥更大作用。发展国际旅游,旅游商品的开发更可为国家换取外汇,支援国家建设。

我国旅游商品收汇的绝对额和相对数都低的原因,是这方面工作尚未充分抓起来,有些地区旅游纪念品、工艺品实在少得可怜,质量又差,外国游客想花钱也没处花。相比起来,一些旅游发达的国家和地区,其旅游商品之丰富几乎让人难以置信,可以说旅游者最感兴趣的各种珍品,都有不同规格、不同质量以备不同游客之需的复制品出售,能够让你不仅看到而且能够买到带走。即使传统工艺品比较匮乏的国家和地区,也总是在开拓现代商品,开发具有自己特色的纪念品上下功夫,如新加坡的旅游资源是较为贫乏的,但他们注意利用自己中转旅游城市的优势，着力建设有自己特色乃至亚洲特色的“购物天堂”：货物五花八门、琳琅满目，而且价格公道，经济实惠；各旅游景点的旅游纪念品商店更是翻新竞奇，招徕客人。

三、中国旅游商品的发展方向

旅游行为的食、住、行、游、购、娱六个环节中，五项花费是基本固定的，而购物相对来说则是无限的。因此，要增加旅游业的外汇收入，发展旅游商品是关键之一。此外，由于我国旅游商品换汇成本通常低于出口商品，从而具备了正常贸易外汇收入所未有的优势，值得花大力气去开发。

旅游商品在过去的十年中发展是比较快的，但还不能适应事业发展的需要，还存在不足之处，主要是产品不够丰富、产品质量有所下降、各地柜台里的旅游商品雷同，富有地方特色的纪念品少，大多数旅游商品与外贸出口商品没有区别。

为了适应旅游业发展需要，结合旅游商品实际分析，我国发展旅游商品应注意四个方面：

(1)要突出民族风格和地方特色

旅游者的购物需求是复杂多样的，既有对商品的需要，又有生理的需要，更有精神文化方面的需要，旅游者除了需要旅途所需的手杖、草帽、登山鞋、折伞、变色镜、风雪衣等之外，更需要具有强烈民族、民间特色的旅游商品，如传统工艺品、文物仿制品、民族服装服饰、民族生活用品等，作为回去后的收藏品或礼品。因此我们应该充分利用我国特有的灿烂文化、秀丽风光、名胜古迹、民族文化的优势，创作出内容丰富多彩、造型别具风味的旅游商品以满足旅游的需要。即使是手杖、草帽之类生活用品，制作上也切忌粗制滥造，而要加工精美，既实用又美观，让人在旅途中增添一份美意。

旅游商品的生产，还要突出地方风格，避免雷同。缺乏地方风格、互相模仿、彼此雷同的现象在目前是比较普遍的。像苏州的双面绣，20世纪80年代初刚开发出来时被视为国宝，严禁一般游客携带出境，曾几何时，双面绣已降为大路货水平。苏州农村号称有十万绣娘在搞双面绣，全国各地的旅游商品销售点无处不见它的影子，乃至双面绣目前在海外已被视为一种廉价商品，处境每况愈下。要改变这种倾向，关键是提高创作设计水平，鼓励创新，反对模仿抄袭，对某种高档次的旅游工艺品，生产销售都应严加管理。

(2)旅游商品品类、档次要齐全，以适应不同需要

近几年中，国际游客正从高薪阶层向中薪阶层扩展，国内旅游也日趋大众化。多数人出国旅游除交通费、住宿费、饭费外，所剩的钱并不多，购买力有限，过去那种以为外国人都有钱，只着眼于生产供应高档的、珍贵的旅游商品的做法，对大众旅游者并不适用。为了适应国内外游客结构变化带来的影响和要求，我们生产和销售的旅游商品也必须改变结构，做到档次齐全，以适应不同需求。在商品设计制作中可采用不同价格的不同原料和工艺，金、银、铜、铝、不锈钢、塑料、竹、木、化纤品一齐上，这样，商品的原料、档次、价格各异，不同阶层的旅游者就可以根据自己的兴趣与经济条件进行自由选购。

(3)开拓新的领域,产品系列配套

与旅游业发达国家相比,我国旅游商品起步晚、基础差、品种少,尚未实现系列配套,这是旅游商品创汇长期徘徊的重要原因之一。开拓旅游商品新的领域,一要及时了解国际旅游者生活习俗变化的信息,二要培训有关厂家的生产技能,提高旅游商品质量,三要在原材料、资金、税收等方面给予优惠。

(4)重视广告宣传作用

过去,旅游商品的销售供应工作,多坐等旅行社带外宾上门,满足于"酒好不怕巷子深",忽略了"货好还要高声卖"。这也是我国与发达旅游国家购物收汇差距大的一个原因。在宣传开发上,我们一方面要对一贯受欢迎的传统商品保持长期的宣传,同时还应有计划、有重点地在一个时期内宣传一批优秀旅游商品,特别是在开放单位(特别是特种手工艺厂)的参观和销售现场,进行生产工艺操作宣传表演,从直观上强化旅游者的购物兴趣;针对不同国别的旅游者进行重点不同的商品宣传介绍,效果更佳:如日本团多数喜欢购买中国的文房四宝、拓片、印章、古字画、仿古金首饰品、佛教用品、刺绣服装等;德国团多爱购买我国文物的复制品或仿制品、瓷器、高档手工刺绣、抽纱商品;美国团多喜欢购买有中国民族风格和标记的工艺品、土特产品和高档抽纱品;法国团喜欢风筝和民族工艺品等。

目前,我国旅游商品的生产销售中,也还存在着一些问题,如生产厂家盲目上马、恶性竞争,产品不讲究特色和风格、不注重经济效益的可行性调查,少数个体户、投机分子乱设摊点、强迫兜售、以次充好、哄抬物价,导游人员索要小费、回扣,强拉游客前往购物等现象,虽然已经加以治理整顿,如发挥政府宏观调控、银行金融调节功能,调节、改革、促进旅游商品的生产和管理,但若想进一步的根治,还有待今后的努力。

第五章　客体旅游文化之器物旅游文化

人类文化通常分为三个层次,观念文化、制度文化和器物文化,这些观念文化、制度文化往往寄寓在器物之中,通过器物来反映。中国的器物文化博大精深,世所罕见:吃喝玩乐、衣食住行,信手拈来,都是文化。中国器物文化主要包括青铜器、陶器、玉器等。

第一节　青铜器文化

考古学上以使用青铜器为标志的人类文化发展的一个阶段,又称青铜时代或青铜器时代,由张光直院士最早提出。中国青铜文化,历史悠久、工艺精湛、技术娴熟、内容丰富,是世界文化宝库中的精华。国内出土最早的青铜器物属于甘肃马家窑文化。青铜器分成兵器、生产工具和生活用具三大类。铜器花纹是铜器断代的重要依据。国家级工艺美术大师朱炳仁先生为当代中国创立十大铜建筑,其中,灵隐铜殿、桂林铜塔、杭州雷峰塔及钱王铜殿,代表了中国现代铜艺术建筑和工艺的最高水平,被誉为"中国当代铜建筑之父"。中国的青铜器是古代文明的标志,对国内外旅游者有着较强的吸引力。

一、青铜器的发展

张光直院士在《中国青铜时代》一书中明确指出夏、商、周三代为青铜器发展鼎盛期,而后还有春秋战国时代,现存的司母戊大方鼎是世界上罕见的大型青铜器。不过依照杜正胜院士在《古代社会与国家》的看法,从石器时代到青铜器时代生产工具其实还没有突破性的发展,只有阶级和社会的转变,因为青铜器主要作为礼器和兵器,是政权的象征。

根据考古发现,商朝前期,以郑州的二里岗为中心,辉县的琉璃阁、洛阳的东干沟等殷商时期的遗址属于这个时代;商朝的后期,以安阳的小屯村为中心,郑州公园区的上层、洛阳的泰山庙遗址和墓葬属这个时代;周朝前期(西周),主要代表遗址为西安市丰镐村地带、宝鸡西周时期的墓葬;春秋时期以洛阳涧滨(涧滨)为中心、上村岭虢墓、新郑郑墓、寿县蔡侯墓为这个时期的代表;战国时期,洛阳涧滨为中心,辉县琉璃阁、古围村,长沙和唐山的战国墓地属于这个时代。

根据最新的发掘成果,中国南方也在商朝前期进入了青铜时代,最有代表性的是湖北武汉的盘龙城遗址、湖南长沙的炭河里遗址、江西新干大洋洲商代大墓等出土的青铜器,证实了长江流域也有发达的青铜文明。

在青铜时代,中国已经建立了国家(但这是郭沫若按照马克思主义历史观的分法,如果依照 WillianT.Sanders 与 BarbaraJ.Price 所提出的四个阶段:游团、部落、酋邦、国家,那么照此论述国家形成的必要条件有两个,一是血缘关系在国家组织上被地缘关系所取代;二是拥有合法的武力,那么商文化可能属于酋邦而非国家),有了发达的农业和手工业,并且汉字也已经发展成熟。

青铜时代创造的物质文化与精神文化。大约从夏代开始,中国进入青铜时代。到了商代,青铜器的应用几乎涉及社会生活的各个方面。由于青铜工具的锐利远胜于石器,加以当时的铸造技术可以制作出适合于不同用途的各种手工工具和农具,有力地推动了社会生产的发展。因此,拥有众多人口的都邑出现了。在这些都邑中,建造起巨大的宫殿;修造大型王陵;构筑起城垣与壕沟之类的防御设施。在都邑与各地之间有马车与舟船等交通工具相连接;还出现了契刻的甲骨文,用于记录社会生活中的事件;天文、历法、医学等科学也发展起来。青铜工具用于采矿业,可以采出更多的矿石。冶炼业发展的结果,反过来又促进青铜铸造业的发展。这种良性循环,使中国的青铜时代得到了充分的发展。它所创造的灿烂青铜文化,在世界文化遗产中占有独特的地位。

二、青铜器的分类

青铜器种类很多,名目繁杂。青铜器的分类方法很多,主要有以下几类:

铜器主要可以分为鼎、酒器、食器、水器、乐器、兵器、量器、铜镜及杂器等九类。

鼎:

鼎是青铜器最重要器种之一,是用以烹煮肉和盛贮肉类的器具。三代及秦汉延续 200 多年,鼎一直是最常见和最神秘的礼器。一般来说鼎有三足的圆鼎和四足的方鼎两类,又可分有盖的和无盖的两种。鼎有很小的,也有极大的,小的不足 4 寸,而鼎中之王应为于 1939 年殷墟武官村吴家柏树坟园出土的司母戊大方鼎,高 133 厘米、长 110 厘米,重 875 公斤,形制非常雄伟,不但在中国,在世界考古上也是最大的青铜器。有一种成组的鼎,形制由大到小,成为一列,称为列鼎,列鼎的数目在周朝时是代表着不同的身份等级的。列鼎通常为单数。据文献及考古发现九鼎应为诸侯之制,七、五鼎为卿大夫,三、一鼎为士级。但天子之制为十二鼎,是双数,但至今未见周天子之陵墓,故这个记载是否真实还有待证实。当然列鼎中的九鼎并非代表中央政权的九鼎。

酒器:

在中国古代有“无酒不成礼”之说,故酒是祭神享祖、礼仪交往、宴宾会客等活动的必备之物,盛酒的青铜器具也就自然成为礼器了。商代酒器最简单的组合是一爵一觚,用以斟饮。爵这种酒器的命名,是由于它的造型像一只雀鸟,前面有流,好象雀喙,后面有尾,腹下还有细长的足,而古代“爵”与“雀”同音通用,故而名之。爵、角、斝均为饮器,但形制有区别。角无柱,尾和流均呈三角形的尖端。斝的容量一般较大,有两柱而没有流和尾。商末周初，出现觯，与爵组合一起，觥也是一种饮器，其形制有盖、有流、有鋬，下有方座或四足。至于作为饮器的杯、樽出现在战国中期，至汉而盛行。

储酒器主要有尊、卣、方彝、瓿、罍、壶等。尊、卣相配套使用。方彝出现稍晚，也与尊相配合。一组尊，卣或尊，方彝，在古代是尊贵的酒器，有人认为尊贵之“尊”是因此而来的。战国以后，大腹的圆壶自名为钟，也是一种酒器。汉代，方壶自名钫，扁壶在战国自名钾。有些储酒器内附有挹酒用的勺，勺为长柄，前端作杯状。禁也可称之为酒器，它是托在酒器下面的长方台座。

食器：

青铜食具也是礼器，因为用什么样的青铜器皿盛煮食物可以代表不同的等级。真正意义的食器有簋、簠、敦、豆等，簋是食器中最常见的一种，是盛黍稷等食物用的容器。其形制分为有盖、无盖、有耳、无耳之别。商代晚期，西周、春秋时期较为流行。周代的簋，圈足以下多附有方座，这是由于古代人席地而坐，食器附座，便于取食。簋有器形很大的，如周厉王簋，高 59 厘米，重 60 公斤。簋与鼎相配，为偶数，如八簋、六簋、四簋、二簋，可代表不同的贵族等级。春秋中期后，出现了敦这种食器，渐次流行。春秋时代的敦圆体加盖，到战国时代，敦演变成盖器同形，全体呈卵圆形，俗称“西瓜鼎”。盨簋，敦同簋一样，呈偶数组合。

食器的另一类是豆。青铜豆有深腹的，有平盘的。战国时代有一种方体的豆，应叫琦。平盘的豆，自名为铺，可能即古文献中的笾，用以盛放干果肉脯之类。

水器：

水器之中，最常见的是盘，匜。在西周中叶以前，盘不是与匜相配而是同有管状流的盉相配合，西周晚期才被匜所取代。

鉴也是重要的水器之一，或者无耳，或有两耳、四耳。它是一种大盆，通常有三种用处：其一，是盛水用以洗浴；其二，贮水借以照面；其三，用来装冰，即《周礼》所说的冰鉴。鉴这个字解作镜子、光照、审查，即源于此。

乐器：

青铜制乐器的种类较多，最早的莫过于距今 400 年左右的铜铃。其他如铙、钟、镈、鼓、錞，于商代后期才流行起来。铙，流行于商代晚期，它的口朝下，上面有长甬，甬端置立于木制的器座上，演奏时，用木槌敲击器口的中间部位。铙可分两种，一种是独立的，器形较大，有的重达 150 余公斤；另一种有五件、三件大小不一，代表不同音阶的铙构成编铙。铙被倒置过来，悬挂起来演奏，以得到更为清澈的音响，这就是钟。编钟的件数逐渐增多，能奏出复杂的乐曲。甬钟在悬挂起来时，是前后倾斜的。而镈是一种平口的钟形乐器，是用环形的钮悬挂的，挂起来时，位置垂直，和甬钟不同。铜鼓在中原一带罕见，西南地区的大量铜鼓，是秦汉以后的，但地域色彩极浓。

兵器：

“国之大事，在祀与戎。”因此，最先进的技术最先用于制作兵器，青铜铸造技术也不例外。古代的青铜兵器和我们后来常见的十八般兵器有所不同，青铜兵器种类较多，如钺、刀、剑、戈、矛、铍、镞、殳、弩机、甲胄，等等，功能和形状也较为原始。

最常见的青铜兵器是钺。它是用于斩杀的刑具,因而又演化成为权力的象征。古代王者出师,手中常持钺。中国青铜剑制作,其时代可上溯到商。西周早期出现柳叶形的剑。东周时期,战争频繁,剑得到充分发展,长度可达1米以上。短剑应称之为匕首。这一时期出现了不少稀世珍宝,许多名剑和制剑大师的名字也从此流传百世。

铍其形似短剑,但能装长柄,多数呈柳叶形,茎部有一穿孔,其流行年代在战国末年以后。

戈是中国青铜兵器最常见的一种,也最具特色。戈是从收割作物用的刀发展而来的,其使用方法与刀相仿,是用戈援或啄或钩,因而称为"勾兵"。最早的戈是直援的,随后在援下延伸出胡,加长了起杀伤作用的利刃,也便于装柄。戈内是起与援平衡作用的,后来也作出锋刃。

矛是刺兵。把矛装在戈柲的上端能钩刺两用的这种兵器称之为戟,西周时代出现了矛戈混铸成一体的十字形戟,战国流行卜字形戟,战国时期新发现一种三戈联装的戟。秦汉的戟变成了"片"字形,如三国时吕布"辕门射戟"的戟,在中国应是家喻户晓的武器。

装有长柄的砍斫武器刀,在商代就出现了,尤其在西北地区比较流行,把刀和戈结合铸在一起的兵器,称之为勾乾、戟,西周时期常见。

量器:

我们通常所说的量器包括度、量、衡三方面。用以度量长度的,主要是铜尺。测量容积用的量器,依其容积自命名,有撮、勺、龠、升、参(三分之一斗)、半(二分之一斗)、斗、斛等名称。称量重量的有衡,即天平。《墨子》一书中说,战国时期中国已有了杆秤,有了杆秤就应有"权",但在考古学上尚未发现实物,故尚待考证。

铜镜:

中国铜镜起源较早,被确认最早的3件铜镜属距今4000年的齐家文化。它们的制作较粗糙,但系青铜镜已无疑问。夏、商、西周早期也有铜镜发现,随后西周春秋时期的铜镜得以确认。这时期的铜镜都是圆形的,背面有很窄的钮,并有几何形或鸟兽形装饰。战国两汉时期,铜镜得到了充分的发展,成为极其重要的,富有特色的一种艺术品。此时的铜镜背面常有各种不同的铸塑装饰物如虎、龙等。还有的铜镜铸有篆书阳文,这对我们研究这一时期的社会史有参考作用。唐代是铜镜制作的又一个鼎盛时期,平脱镜、螺钮镜、金背镜、银背镜屡有发现,纹饰题体丰富多彩,制作水准极高,一些保存较好的唐镜仍能光洁如初,唐以后铜镜制作开始走下坡路,五代北宋就基本上见不到铜镜流传了,这可能与玻璃镜制镜技术的输入及流行有关。

杂器:

除了上述这几大类型的青铜器之外,还有一些普通的青铜制生活用具,包括部分宗教礼仪性质的用品,如灯、炉、熏炉、杖首、梳、笄、线盒、带钩、金铫、熏器、滤斗、建筑饰件等。这类器物主要出现在战国以后,与青铜器功能发生变化有关。带钩、玺印、货币数量多,也有特色。三峡库区出土的摇钱树也是属于这一类的器物。四川三星堆出土的青铜人像、人面、神树等前所未见的器物,开拓了我们的视野,青铜人像中最庞大的一件,高达2.6米,下有方座，上面站立人形，戴冠长衣、赤足，两手作握状，专家考证其应为宗教用具。人面里最大的一件，高 64.5 厘米，宽 1.38 米，长耳突目，隆鼻阔口，富有神秘色彩，这也应是宗教用具，或者是一种图腾。神树中最大的一件高有 3.9 米，上有巨龙和禽鸟花果。这些青铜器改变了我们对边远地区青铜文化的认识。

三、青铜器纹饰

青铜器在中国历史占有非常重要的地位，是中国历史研究的重要资料来源，下面中国吉祥文化网就带领大家详细地了解中国青铜器常用的纹饰以及象征的意义。中国的青铜器时代形成于公元前 2000 年左右，至春秋战国时期，经历了 15 个世纪。到商代晚期和西周早期，青铜冶炼与铸造技术水平达到了巅峰。青铜器艺术所具有的强烈感情因素主要来自那些为商周时代所特有的装饰纹样，从饕餮、夔龙、凤鸟等纹饰可以看出它们与原始社会陶器、玉器纹饰的渊源关系。

常用于青铜器的纹样有：饕餮纹、夔龙纹、龙纹（爬行龙纹、卷龙纹、双体龙纹）、蛟龙纹、蛇纹（蟠虺纹、蟠虫离纹）、鸟纹、凤纹、波纹等青铜纹样。

（1）饕餮纹名称出自《吕氏春秋·先识览》："周鼎著饕餮，有首无身，食人未咽，害及其身，以言报更也。"主要特征是它的主体部分为正面的兽头形象，两眼非常突出，口裂很大，有角与耳。有的两侧连着爪与尾，也有的两侧作长身卷尾之形，实际上是由两条夔龙纹以鼻梁为中心，侧身相对组成的，夔龙纹也是当时流行的一种纹饰。多用作辅助花纹。饕餮纹的鼻、角、口部变化很多，从角、耳的不同形态可以认出其生活原型多是牛、羊、虎等动物。牛、羊是祭祀活动的主要"牺牲品"。饕餮纹多施加在器物的主要装饰部位，以柔韧的阴线刻出，或作阳线凸起。构图丰满，主纹两侧以富于变化的云雷纹填充，具有阴阳互补之美。饕餮纹主要流行于商代和西周前期，到东周以后再度流行，但已失去原先的主导地位和狞厉色彩，而成为华美的装饰。

（2）夔龙纹是青铜器上的装饰纹样之一。图案表现传说中的一种近似龙的动物——夔，多为一角一足，口张开，尾上卷。自宋代以来的著录中，在青铜器上，凡是表现一足的类似爬虫的物像，都称之为夔或夔龙，这与古籍"夔一足"的记载有关。"夔，神也，如龙一足。"有的夔纹已发展为几何图形化的装饰，变化很大。常见的有身作两岐，或身作对角线，两端各有一夔首。盛行于商和西周前期。

夔龙纹通常指那种长身弓起，头上有角的侧面龙形图像，有的腹下有鳍形足，有的没有。其变化很多，使用灵活。有时作饕餮纹两旁填充空白的辅助花纹。也可单独构成连续排列的装饰带，夔龙纹与圆涡纹相间排列的二方连续图案，被称为火龙纹。

（3）龙纹是青铜器上的装饰纹样之一。龙是古代神州传说中的动物。一般反映其正面图像，都是以鼻为中线，两旁置目，体躯向两侧延伸。若以其侧面作图像，则成一长体躯与一爪。龙的形象起源很早，但作为青铜器纹饰，最早见于商代二里冈期，以后商代晚期、西周、春秋直至战国，都有不同形式的龙纹出现。商代多表现为屈曲的形态；西周多表现为几条龙相互盘绕，或头在中间，分出两尾。传说龙的出现与水有关，《考工记·画缋之事》谓："水以龙，火以圜。”是用龙的形象来象征水神，因此在青铜水器中，龙的图卷或立体形象有更多出现。

根据龙纹的结构大致可分为爬行龙纹、卷龙纹、蛟龙纹、两头龙纹和双体龙纹几种。

爬行龙纹，通常为龙的侧面形象，作爬行状，龙头张口，上唇向上卷，下唇向下或向上卷向口里，额顶有角，中段为躯干，下有一足、二足或仅有鳍足之状，简单的也有无足的，尾部通常作弯曲上卷。大多作对称排列。盛行于商末和西周时期。

卷龙纹，龙的躯干作卷曲状，首尾相接，或者呈螺旋蟠卷状，常饰于盘的中心。《仪礼·玉藻》：“龙卷以祭。”郑玄注：“画龙于衣。”孔颖达疏：“龙卷以祭者，卷谓卷曲，画此龙形卷曲于衣，以祭宗庙。”古以为龙、蛇属于同类，故把龙画作蛇身蟠卷状。自殷墟到战国各个时期青铜器上都有这类装饰，只是图像结构有所不同。

双体龙纹，亦称“双尾龙纹”。其状以龙头为中心，躯干向两侧展开，这类纹饰呈带状，因而体躯有充分展开的余地，实际上是龙的整体展开的对称图形。盛行于商末周初。大多施于方彝或方鼎口沿上。

(4)蛟龙纹是青铜器上的装饰纹样之一。是两条或两条以上龙的躯干相互交缠的纹饰。结构多有不同，有单体接连式，龙的躯干有规律的向同一方向交缠连接的，也有甚多的龙体交缠在一起，成多叠式的。“诸侯画蛟龙，一象其升朝，一象其下复也”是蛟龙为龙交缠的图像。盛行于春秋晚期至战国早期。

(5)蛇纹是青铜器上的一种纹饰。有三角形或圆三角形的头部，一对突出的大圆眼，体有鳞节，呈卷曲长条形，蛇的特征很明显，往往是缩得很小，有人认为是蚕纹。个别有作为主纹的，见于商代青铜器上。商末周初的蛇纹，大多是单个排列；春秋战国时代的蛇纹大多很细小，作蟠旋交连状，旧称“蟠虺纹”。蟠虺纹，以蟠屈的小蛇的形象，构成几何图形。盛行于春秋战国。蟠虫离纹，图案表现传说中的一种没有角的龙，斜口、卷尾、蟠屈。盛行于春秋战国。

(6)鸟纹是青铜器上的装饰纹样之一。鸟长翎垂尾或长尾上卷，作前视或回首状。在青铜器上大多作对称排列。良渚文化出土的玉琮上已有明确的鸟纹。青铜器上最早出现的是二里冈期的变形鸟纹。殷墟时期已有鸟纹作为主要纹饰。西周早期起鸟纹大量出现，一直到春秋时期。商代鸟纹多短尾，西周鸟纹多长尾高冠。鸟纹包括凤纹、鸱枭纹、鸾纹及成群排列的雁纹等。

(7)凤鸟纹也是商周两代共有的青铜器纹饰，其发展衍变中出现的变异具有断代的意义。称为凤鸟纹的一类，头有华冠，有的有角，尾羽纷披，常用于主要的装饰面。商晚期至西周时期流行长尾的鸟纹和小鸟纹，多用于装饰带或作辅助性纹饰。

(8)波纹(环带纹)是一种宽大而流畅的曲线纹饰，形象活泼而流畅。西周颂壶腹部装饰的蛟龙纹与波纹配合使用。以浮雕手法制作的蛟龙纹饰蜿蜒成大波浪形，依壶体正侧、宽窄的不同而有起伏升降的变化。

第二节　玉器文化

一、中国玉器的发展

最早的玉器来自于新石器时代，这一时期的玉器主要以北方的红山文化和南方的良渚文化为代表。红山玉雕以动物题材为主，且多光素无纹，象征性极强；而良渚古玉则以规整的造型、精美细致的刻画线条以及传神的雕刻技法闻名于世。

商周时期，宗教信仰、图腾崇拜成为社会生活的主流，这一点在玉器制品上有着鲜明的反映，其宗教意义往往大于审美意义，充满神秘诡异的色彩。“天有时，地有气，工有巧，材有美，合此四者然后可以为良玉，”是该时期玉雕工艺的主要特色。它既摆脱了前代拘泥不恭的状况，又开创了中国玉雕史上的新局面，所制玉器雕刻风格更加细腻精美，达到了神形兼备的效果。

西汉至南北朝的玉饰动感紧凑。汉代发展了透雕、刻线、浮雕、粟纹等多种装饰加工方法，使我国的玉雕工艺跨上了一个新的台阶。

唐代善于融合中外文化艺术，更善于弃旧存新，因而创造了灿烂的盛唐工艺文化。当时的玉器雕刻博大清新，华丽丰满；其后的宋辽金玉器则在承袭前朝的基础上，又着力表现对象的内心世界，细部刻画精细，真实自然。

元、明、清是我国玉雕工艺史上的鼎盛期，玉器工艺空前发展，并在全国各地形成了颇具规模的生产地，渎山的大玉海和大禹治水玉山子是这一时期的代表作，元代的豪放，明代的清雅，清代的繁缛，各有所长，各有所精。

玉的矿物学研究始于欧洲。在1860年的第二次鸦片战争期间，英法侵略军掠夺焚烧了中国皇家园林圆明园，并将其宝物掠运至英法，之后将和阗玉器及翡翠器做了科学检验，首先得出其化学成分和物理性能的认识。

中国地质矿物界经历大约50年的勘探研究后取得丰硕成果，《中国和阗玉》一书便是这些成果的集中体现。书中确认和阗玉是由透闪石的极细微晶交织而成的致密块状集合体，确认了其化学成分、硬度和密度。和阗玉有白、青、黄、墨、绿等色，主产地为新疆昆仑山的塔什库尔干、叶城、和阗、且末、若羌和青海格尔木。

(1)玉及玉的内涵

中国文化学上的玉，内涵较宽，东汉许慎在《说文解字》中说，玉石之美兼五德者。即具坚韧的质地，晶润的光泽，绚丽的色彩，致密透明的组织，舒畅致远的声音的美石，被认为是玉。

古人辨玉主要根据其质地颜色，纹理，重量等方面，且“首德而次符”。德即质地，符即颜色，这基本反映了玉的自然属性和社会属性。今人视玉，仍有广义、狭义之分。广义的玉，定义为“温润而光泽的美石”,不仅包括阗玉、独玉、翡翠、玛瑙、松石,还包括水晶、岫岩玉以及寿山石、青田石、鸡血石等。狭义的玉,是指法国矿物学家穆尔所言的硬玉(翡翠,矿物成分是硬玉)和软玉(和田玉,矿物成分为透闪石和阳起石)。其余另将有工艺美术用途的岩石,称为彩石类,而有工艺要求的矿物晶体则称为宝石类。目前。宝石界提出一个比较合理的定义可以供广大的玉石爱好者参考。

①要有一定的温润晶莹和半透明质感。

②通常的摩氏硬度4~6.5,低于4以下者为石,超过6.5者可视为宝石。

③其比重在2.5~3之间。

④其颜色表现在一块玉料上,原则上要有白、青、黄、碧、墨五色中的一色,其他颜色及各色混合在一块石料上者,原则上不能称之为真正的好玉。

⑤必须是天然形成的矿物集合体

必须指出的是,构成玉料的上述五个条件,必须相辅相成,缺一不可。

“玉”字

“玉”字始于我国最古的文字,商代甲骨文和钟鼎文中。汉字曾造出从玉的字近500个,而用玉组词更是不计其数,汉字中的珍宝等都与玉有关,后世流传的“宝”字,是“玉”和“家”的合字,这是以“玉”被私有而显示出其不可替代的价值。“玉”字在古人心目中是一个美好、高尚的字眼,在古代诗文中,常用玉来比喻和形容一切美好的人或事物。比如:以玉喻人的词有玉容、玉面、玉女、亭亭玉立等;以玉喻物的词有玉膳、玉食、玉泉等;以玉组成的成语有金玉良缘、金科玉律、珠圆玉润、抛砖引玉等;有关玉的民间传说和故事如《和氏之璧》《鸿门宴》《弄玉吹箫》《女娲补天》等,更有多少人把自己心爱的儿女以玉来起名,如贾宝玉、林黛玉,还有多少年读不厌的《红楼梦》(又名《石头记》),是曹雪芹把人生的理想寄托在这块顽石美玉里了,对玉的爱在中国人的心目中扎下了深深的根。汉代许慎在《说文解字》中对玉的解释是:“玉,石之美者。”这一注解从物质上(石)和艺术上(美)两个方面科学地阐述了“玉”字的概念。还有“象三玉之连,其贯也”,即“玉”象形字初意是三块美玉用一根丝绳贯穿起来,是丰型,也喻意古人用玉象征万物,“三玉之连”代表天地人三通。形容玉的种类丰富多彩,可谓之“千样玛瑙万样玉”。这说明玉的天然美不以人的意志为转移,可谓之“美玉可遇而不可求,可一不可再”。表示玉的经济价值为他物所不及,可谓之“黄金有价玉无价,藏金不如藏玉”。玉的文化就是中国7000多年的文化,它是唯中国具有的、深奥的一种特殊文化,它充溢了中国的整个历史时期,有关它的趣闻,更是丰富多彩,光怪陆离,足见中华民族爱玉至深、至诚、至迷、至痴。因此而形成了中国人传统的用玉观念,这就是尊玉、爱玉、佩玉、赏玉、玩玉。

玉器的命名

汉《说文解字》曰:“玉之美,有五德。玉石颜色,温润光泽,仁德也;据纹理自外可以知中,此乃表里如一,心怀坦荡之义也;玉石之音,舒展清扬,此乃富有智慧,兼远谋之智德也;玉石坚硬,宁折不弯,勇德也;廉洁正直,洁德也。”

正因如此,自古以来,玉受到众多文人雅士的喜爱。正因为文人雅士的喜爱,玉也蕴含了更多的文化内涵。写文章时,有一句话是“标题善,佳作成一半”。同样道理,一件玉器的成功与否,与玉器的命名有很大关系。

传统的玉器雕刻大多是花鸟鱼兽、山水、人物。因此,在对玉器命名时,如果将一些花草树木、神话传说中的人物进行组合,通过谐音寄托善良美好的愿望,通过诗词歌赋命名,就在无形中提高了玉器的文化品位,也无形中提高了玉器的价值。

如一年四季的主要花卉;春芙蓉、夏海棠、秋菊、冬梅。芙蓉花可根据诗句命名为“芙蓉国里尽朝晖”。海棠花可根据李清照《如梦令》词:“昨夜风疏雨骤,浓睡不消残酒,试问卷帘人,却道海棠依旧。知否,知否,应是绿肥红瘦。”命名为“海棠依旧”或“绿肥红瘦”。秋菊历来与长寿相连,可命名为“爱菊者寿”或“万寿菊”,松菊雕刻在一起,还可命名为“松菊犹存”或“松菊延年”,寓人之高洁品格与不屈不挠精神,祝福长辈或上级健康长寿。至于冬梅,含义更多,如陆游的《卜算子·咏梅》:“驿外断桥边,寂寞开无主,已是黄昏独自愁,更著风和雨。无意苦争春,一任群芳妒,零落成泥碾作尘,只有香如故。”又如毛泽东的《卜算子·咏梅》:“风雨送春归,飞雪迎春到,已是悬崖百丈冰,犹有花枝俏。俏也不争春,只把春来报,待到山花烂漫时,她在丛中笑。”因此在给这类玉器命名时,可命名为“只有香如故”或“俏也不争春”等,喻人品之高洁。

如荷花,可命名为“君子之风”,其来源于周敦颐《爱莲说》,也可命名为“一品清廉”。一品指九品官级中最高的一级,莲与“廉”谐音,“一品清廉”喻意居高位而不贪,公正廉洁,这是古时百姓对清官的赞颂之词。

如月季花,可命名为“四季平安”。又因为月季是月月开花,也比喻事业“兴旺发达”。如玉兰花,可命名为“玉树临风”。因为玉兰在早春开花,花大纯白,常用来比喻春天,用玉雕成树配以玉兰花,喻男子才貌双全,玉树临风寓意俊才与美好,其来源于杜甫《饮中八仙歌》:“宗之潇洒美少年,举杯白眼望青天,皎如玉树临风前。”玉兰花、海棠、牡丹组图也可命名为“玉堂富贵”赞颂富贵之家,府第辉煌,荣华富贵。

此外,百合或(柏树)与柿树(狮子)、灵芝(如意)组合为“百事如意”;桂花与菊花,可组合为“贵寿无极”;菊花、牡丹可组合为“长寿富贵”;天竹和水仙可组成“天仙祝寿”等。

在玉雕的动物造型中,经常有鹿出现,可命名为“呦呦鹿鸣”。其源自曹操《短歌行》中“青春子衿,悠悠我心。但为君故,沉吟至今。呦呦鹿鸣,食之野苹。我有嘉宾,鼓瑟吹笙”。一可比喻渴求贤才,二可比喻对异性的向往。群鹿在山中也可命名为“鹿鸣耸翠”鹿鸣山在南召云阳境内,“鹿鸣耸翠”为古时南召八景之一。

玉雕中的牛可命名为“田园牧歌”“伏牛奋蹄”“俯首甘为孺子牛”还可喻为股市中的“牛市”。玉雕中的马可命名为“龙马精神”“一日千里”“马到成功”等。玉雕中的虎可命名为“虎虎生威”或“回眸时看小於菟。”其源自鲁迅诗:“无情未毕真豪杰,怜子如何不丈夫,坐看兴风狂啸者,回眸时看小於菟”。於菟:虎的别称;小於菟、虎幼仔。

历史故事或历史人物也是玉雕的一个重要体裁。如“莺莺听琴”不如“待月西厢”更有文化品位。“莺莺听琴”源自《西厢记》。有诗曰:“待月西厢下,迎风户半开,隔墙花影动,疑是玉人来。”因此,命名为“待月西厢”更好一些。另外如玉雕中三国人物、嫦娥奔月等,其故事与传说更是妇孺皆知，在这里就不一一赘述了。

总之，笔者认为，作为玉雕工艺的从业者，不仅要有高超的雕刻技术，更要有独特的艺术眼力和良好的文化素质。因为，良好的文化素质可提高艺术修养，艺术修养又促进雕刻技术，只有这样，二者才能相得益彰。因此，在工作之余，你不妨买些花鸟虫鱼的书或唐诗宋词看看，相信不仅可以提高自身修养，而且对你的工作也大有裨益。

玉的名词

子儿玉（籽料）为次生矿，它是高山上的原生玉矿经剥蚀崩落后，被流水搬运到河流中，经过河水、泥石流不断地翻滚冲击，最后形成了表面光滑，形状、大小、颜色不一的河卵石状，这是经过千百万年不停地冲刷成熟而成籽儿（即外形翻滚成熟而形成河卵石状），这也就是水产玉为何称为子儿玉（籽儿玉或子玉）的原因。籽料块度小而质地缜密，细腻温润、光泽如脂，矿物质不易侵入。有的籽料因长期浸泡在含有地下水的土沙中而带有各色的皮子，通常是在绺裂的地方或是玉石较松之处。籽料也有一种类似糖玉的“糖皮籽”，但是它和山料的糖玉明显不同，这就是为什么说“子料无糖，山料才有糖”。子料中的“糖皮籽”，是颜色带有类似酱油渍斑点的杂质，有的较为凝聚，有的较为分散；其实大部分带有漂亮的秋梨酱或虎皮色之下的籽料，往往可以见到这些酱油渍斑点杂质，所以玉雕行内常说“好皮没好肉，好肉没好皮”。

山料又称山玉，特指产于山上的原生矿，山料的外表因为有这一层璞，必须切割掉外表（即玉璞，与子料之皮不同），才可判断玉质的好坏。山料的特点是块度大小不一，呈棱角状，良莠不齐，质量常不如籽料。有不同玉石品种的山料，如白玉山料、青白玉山料等。极为珍罕。古代有名的和氏璧，被认为是石非玉，卞和因此被剁去双脚，直到去掉玉璞之后，才被视为宝玉，由此可知和氏璧绝非子玉。

山流水名称由采玉和琢玉艺人命名，指产于高原生矿较近的洪坡积、冰碛中的玉石，其块度大，有一定的棱角，稍有磨圆，表面较光滑，极为珍罕。

橘皮：用在打磨后的表皮现象，而不用在形容原石表皮在玉雕行业里所称的“橘皮状”，并非指籽料原石的表皮，而是指山料打磨后的表皮现象。看橘皮在玉器的表面，用肉眼或用放大镜可以看到，如同橘子表皮那样的皱纹、斑块和高低不平的现象。有的橘皮比较明显，斑纹大、凸起高，但有的橘皮很小很细，不用高倍放大镜迎光仔细搜寻很难辨别。橘皮的形成是因玉石内部结构不均匀、玉质各部硬度不一样。经过琢磨抛光之后，致密坚硬的部分不易磨损而突出表面，这种因为透闪石微晶纤维交织结构导致玉石抛光后形成高低不平的现象，成为软玉的一个特征。橘皮凸起的部分，往往是结构致密的透闪石团块，而凹下的部分是结构较松的部分，它的皱纹斑块和扭曲的特殊形状，反映了玉石内部微晶纤维交织结构的微观本原。

皮色：玉皮有各种颜色。玉石界以各种颜色而命名，如黑皮籽，鹿皮籽等。从皮色可以看出籽玉的质量，如黑皮籽，鹿皮籽等，多为上等白玉籽料。同种质量的籽玉，如带有秋梨皮色，价值更高。玉皮的厚度很薄，一般小于 1 毫米。色皮的形成，是由于和田玉中的氧化亚铁在氧化条件下转变成三氧化铁所致，所以它是次生的。有经验的拾玉者，到中下游去找带色皮的籽玉;而往上游,找到色皮籽玉的机会就会很少。此外,在原生矿体的裂缝附近也能偶尔发现带皮的山料,这也是由于此生氧化形成的。

糖皮:指山料外表分布的一层黄褐色玉皮,因颜色似红糖,故把有糖皮玉石称为糖玉。是山料的围岩与玉石之间的一种过渡色,只存在于山玉。糖玉的内部为青玉或白玉。糖玉的糖皮厚度较大,从几厘米到二三十厘米。常将白玉或青玉包围起来,呈过渡关系,糖玉产于矿体裂缝附近。对且末县塔特勒克苏玉石矿糖玉的糖皮进行研究,为和田玉氧化所致。在偏光显微镜下观察,糖皮由透闪石微晶组成。呈壕状和交织纤维结构,单偏光下可见淡褐色铁质在透闪石中呈云片状分布。由糖皮的化学成分经化学分析可知,糖玉糖皮与白玉近似,但有两点明显不同:一是 $Fe_2O_3>FeO$,而白玉中 $Fe_2O_3<FeO$;二是 SO_3 高,为 1.28%,而白玉中一般为 0.6%~0.24%,这些情况说明糖玉是氧化环境的产物,系和田玉形成后,由残余岩浆水沿和田玉矿体裂缝渗透,使 FeO 转化为 Fe_2O_3 的结果,糖皮即为氧化铁染的结果。

石皮:指玉山料外表包围的围岩。围岩一种是透闪石化白云大理石岩,在开采时同玉一起被开采出来,附于玉的表面,这种石包玉的石与玉界限清楚,可以分离。当它经流水或冰川的长期冲刷和搬运,石与玉即分离。围岩另一种是透闪石岩。如和田玉在形成过程中交代了粗晶状的透闪石,由于交代不彻底,在玉的表面常附有粗晶状的透闪石,这种石皮与玉界限过渡。工艺界称玉的阴阳面,阴面是指玉外表的这种石质。

玉的"五德"

"玉,石之美,有五德者。"也就是说漂亮的岩石,具有玉的五德,都可以称为玉。中国文化主流的儒家学派对玉的评价是至高无上的,认为玉有玉德,人只有具备了玉的这些高尚品德才能成为君子,实现人的最高境界。所以玉的一个定义除了是"石之美者",还应具备玉的"五德"。

什么是玉的"五德"呢?

"润泽以温,仁之方也"——温和滋润具有光泽,表明玉善施恩泽,富有仁爱之心;

"鳃理自外,可以知中,义之方也"——玉有较高的透明度,从外部可以看出来其内部具有的纹理特征,表明玉竭尽忠义之心;

"其声舒扬,博以远闻,智之方也"——如果敲击玉石,会发出清亮悠扬悦耳的声音,并能传到很远的地方,表明玉具有智慧并传达给四周的人;

"不挠而折,勇之方也"——具有极高的韧性和硬度,表明玉具有超人的勇气;

"锐廉而不忮,洁之方也"——有断口但边缘却不锋利,表明玉自身廉洁、自我约束,并不伤害他人。

"君子比德于玉。"我想久久的玉友本是赞玉、赏玉、佩玉、藏玉之人,皆爱慕玉之"仁、义、智、勇、洁",而以其瑕疵为憾,便应尽量远离非德之为。

愿我们修身养性,具备玉之五德,成为人之美者。

(2)玉器的类型和意蕴

美石名玉,向来就是风雅之物。自古以来,玉器在人们心中的地位始终是神圣、崇高的。人们用它礼天祭祀,用它辟邪驱魔,也用它温润、净化自己的心灵。它是静穆的,玉的实质不过是一块普普通通的石头；但它又是灵动的，“君子如玉”，玉是高贵人格的完美体现。

中国古玉器不仅有着 8000 多年的悠久历史和丰富多彩的品种，而且还有着丰富的文化内涵。这是玉器之所以成为历代官吏显示身份地位的随葬品的原因，也是成为重要文物并构成中国玉文化体系的原因。

中国古玉器的文化内涵不仅包括设计艺术、碾琢工艺、文字记载等，而且还包括古玉器丰富的政治价值、礼仪功能、宗教功能、经济价值和装饰功能。

古玉器的政治价值表现在古玉器是社会等级制的物化，是古代人们道德和文化观念的载体。出土的玉器基本上出自有身份和地位的大中型墓葬，春秋战国就有“六瑞”的使用规定，6 种不同地位的官员使用 6 种不同的玉器，即所谓“王执镇圭、公执桓圭，侯执信圭、伯执躬圭、子执谷璧、男执蒲璧”；从秦朝开始，皇帝采用以玉为玺的制度，一直沿袭到清朝；唐代明确规定了官员用玉的制度，如玉带制度。

在古代，玉象征伦理道德观念中高尚的品德，儒家有“君子比德于玉”的用玉观；东汉关于“玉、石之美者，有五德”的说法，就是将玉石的 5 种物理性质比喻为人的 5 种品德：“仁、义、智、勇、洁。”古玉器的礼仪功能一直占中国古玉器的主流，“六器”是封建社会礼仪用玉的主干，即用 6 种不同形制的玉器作为祭祀、朝拜、交聘、军旅等礼仪活动的玉器，这就是《周礼大宗伯》所说的“以玉作六器，以礼天地四方，以苍璧礼天，以黄琮礼地，以青圭礼东方，以赤璋礼南方，以白琥礼西方，以玄璜礼北方”。

古玉器的宗教功能体现古人在图腾崇拜中的用玉，在佛教和道教中的用玉。玉器的经济价值从古到今不减。大中型墓葬中出土较多的古玉器，除了表征墓主的身份和地位外，也是财富的象征；商代至春秋战国时期，有以玉作币、以玉作交换和贡品的做法；清朝有“古铜旧玉无身价”的说法。

玉器的装饰功能始终是玉器的主要功能。包括玉珠串、手镯、玉佩等人体装饰用玉；玉剑饰、玉带钩、玉带扣等服饰装饰用玉；玉山子、玉制瓶、玉制炉熏等陈列装饰用玉等。

在中国玉器上述 5 种功能中，经济价值和装饰功能是玉器的自然属性，现代玉器仍然具有这两种功能。其他 3 种价值和功能则是人为赋予的，是古玉器不同于现代玉器的特有的功能。

玉器——统治阶级权力的象征

据范文澜著的《中国通史简编》中介绍，早在 7000 年前的河南渑池仰韶村的仰韶文化可能是黄帝族文化的一个遗址。河南安阳县后岗下层的仰韶文化可能是炎帝族文化的一个遗址(因为有红陶)。史载黄帝轩辕氏始制“冕旒垂玉”，将当时最有“价值”、最“美”的玉据为己有，将公共资料作为自己的财富搞个人崇拜，破坏了原始社会人类对于生产资料的社会公有制。史记黄帝“合符釜山君执镇圭、公执桓圭、侯执信圭、伯执躬圭、子执谷璧、男执蒲璧”，标志着原始社会已经崩溃，奴隶制社会已经产生，玉器已成为统治阶级权力的象征。

民国著名地理学家、玉专家章鸿钊所著的《石雅》引说文玉部写道：天子用全，纯玉也。上公用駹，四玉一石。侯用瓒，三玉二石。伯用将，二玉三石。

秦、汉、晋、唐各代都有严格的用玉制度。

秦始皇废诸侯,弃旧制,但秦始皇在位第三年即去泰山封山埋玉,28 岁时又渡江沉璧(江即济川),又用玉制传国玺,在这高五寸五分方四寸蟠螭钮的国玺上刻虫篆文八字"受命于天即寿永昌"。

汉代由夏商周三代的封圭制转变为封玺印制和冕旒制。印有金、银、铜等级之分的冕旒有天子前四寸、后三寸、白珠为旒十二,三公诸侯前四寸、后三寸、青玉珠为旒七,卿大夫有前无后,黑玉珠为旒五之别。

晋代天子除继用封玺制和冕旒制外还采用佩玉制。天子佩玉垂珠,太子佩瑜玉(瑜即红),诸侯佩山玄玉(玄即黑),三夫子佩于田玉(于田玉象征白),九嫔佩采玉(采即花),郡公侯县佩水苍玉(水苍即青)。

唐带天子佩白玉,诸侯一品佩山玄玉,二品至五品佩水苍玉。在唐代还有"虎符、鱼符、龟符制"。唐高祖避祖李虎,废除虎符改为鱼符。武则天时改为龟符。中宗初年又改为鱼符。符分左右两半,字都刻于符阴,上端有一"同"字,侧刻"合同"两半字,首有孔可以系佩,又可用于发兵,又是过宫殿门和城门的通行证,五品以上官佩带,符分玉、金、银、铜。

从黄帝到秦、汉、晋、唐各代严格的用玉制度说明了玉器在奴隶社会和封建社会是统治阶级权力的象征。

礼制玉器

玉是山川之精华,上天恩赐的宝物,具有沟通天地、鬼神的灵性。被用来作为氏族的图腾物。氏族首领的标志和祭祀祖先、鬼神的礼仪用品。过去文物器物学著作,常根据《周礼》记载界定玉礼器六种,现根据考古学新成果,将各种礼制活动供奉和仪仗品,代表鬼神和权力,等级标志物玉器归纳为礼制玉器。主要品种有:

玉冠饰:红山文化出土马蹄形器(又称箍形器),筒状,一端削成斜口,上面有两个穿孔,多数人认为是束发的玉冠。良渚文化出土的透雕玉冠饰,造型为变体飞鸟形,扁平体。用线刻和镂空手法雕刻神人、神兽图案。下端磨成插榫槽口,规则地琢通五个小孔。另有三叉形冠,如山字形,中间叉体略短。

现雕神人纹:戴羽冠,倒梯形脸,环眼,长方大口,呲露两列牙齿。中叉有纵向通孔,可供嵌插用。唐宋时代的玉冠为盛开的莲花形状的圆雕,冠下有发髻贯穿,绾发束于头顶。

玉雕神祇:原始社会氏族图腾崇拜物,神化的祖先、氏族英雄人物、首领、动物及自然神祇。如红山文化中龙、鸮、鸮,良渚文化中透雕人首牌饰,龙山文化神人面玉人佩,商代玉羽人、人兽面合体饰等玉雕。

璧:起源于新石器时代,由研磨谷物的石环状石器演变形成。形状为圆形扁平体,中部挖空。圆形璧面称为"肉",中心孔洞称"好"。肉大于好者称璧。璧的造型按古代天圆地方宇宙观念,用以象征太阳和天宇,据《周礼》记载,为祭天的礼器。在实际应用上璧又是权力等级的标志,或佩戴或随葬,同时又是社会交往中的馈赠品、信物。

璧按类型划分,可分拱璧、系璧两类;拱璧为持握、供奉的礼器,包括大璧、谷璧、蒲璧。大璧直径约为 20 厘米,用青色玉制成,圆形以与天空的色泽对应,"苍璧礼天",大璧是天子礼天的用器,诸侯贡献天子亦用大璧。谷璧,璧面满雕纵横排列有序的饱满谷钉,寄托对风调雨顺、五谷丰收的愿望。蒲璧，璧面蒲后为瑞草，象征草木繁茂，欣欣向荣。拱璧的形制，色泽与纹饰都与礼天的礼仪有一定联系。

系璧，形制较小，一般直径为10厘米以内。用作佩饰，系于腰部。玉璧的形制和纹饰又有时代和地区特色。

概括地说，新石器时代崧泽文化的玉璧形体较小，中孔与肉等同；至良渚文化时璧的形体渐大，中孔相对变小，趋于定型，此时的玉璧多为素面，切削成型不够精细，璧面欠平整，有少例琢刻鸟纹、神兽面纹。商代玉璧璧面多光素平整，边缘轮廓圆润、无棱角。西周时大型玉璧多光素无纹饰；小型璧环刻精美的龙、凤、鸟纹。

春秋战国时的玉璧；器形渐薄（有的径尺大璧，厚度仅有1厘米左右）立面平直，转角手感锋利，通常在璧面外缘勾勒出极细窄的弦纹；璧面琢刻谷纹、蒲纹。

战国两汉玉璧间或有出廓形式：内部透雕、外侧边缘加饰龙凤或吉语，精致华丽。唐代玉璧流行龙戏珠及云朵纹图案。

汉代以后，玉璧日渐式微，形制纹饰多重复前代。春秋战国时出现的璧、璜等组合的“组佩”，为重要礼仪佩饰，相传至明代。

玉刀、玉斧的文化意义

玉，是华夏民族喜爱的珍宝。玉文化，在中华文明发展历史的影响是十分巨大的，古代玉文化几乎涵盖了当时先民生活的方方面面。

先祖把礼仪玉推崇到十分重要的地位，按照古人万物皆有灵性的观念，认为玉是山川的精华，上天恩赐的宝物，具有沟通天地鬼神的灵性。被用来作为部族的图腾物，部族首领的标志和祭祀祖先、鬼神的礼仪用品。

鉴赏的玉刀、玉斧刃部个别有使用痕迹，多数没有使用，光整如新，可见这些玉器不仅仅是为生产所用，还具有其他用途。

我国早期出土的龙山文化虎食人纹玉刀，刀身上刻有两组阴线纹饰：虎食人图的主题。通过刻画一只身躯完整的老虎和一个只有头部孤苦无助的人，突出老虎锋利的牙齿、竖立的鬃毛、匍匐欲跃的姿势，塑造出神态凶猛的老虎吃人的场面。对于虎食人图所表达的思想，有人认为：它代表胜利。虎是持器者所在氏族的图腾，人头是敌人，以图腾攫取敌人，表示战胜敌人。

总之，古玉及其文化，经历近万年的漫长岁月。玉器是中华民族的国粹。勤劳聪明的古代先民创造了璀璨夺目的中华玉文化，成为世界文明史的一朵奇葩。

(3) 古代采玉的方法

居住在昆仑山山前的原始氏族先民们在劳动中发现了和阗玉，不断采集，并通过“玉石之路”输入中原，从而使和阗玉登上了华夏民族文化艺术之堂，谱写出壮丽的史诗。各族人民在漫长的岁月中，不断总结积累采玉经验，使采玉方法不断完善。使块块美玉都凝结着各族人民的勤劳和智慧。

几千年的历史进程中，采玉的方法由简单到复杂，由易到难，由一种方法发展到多种方法。最初人们在河边拾起美丽的和阗玉，以后又到河流中捞取卵圆形的子玉，再后来从河谷的阶地砂砾中挖出那些早期河流冲积物中的美玉；再沿河追溯继而发现了生长在岩石里的原生玉矿。

①拣玉和捞玉

拣玉和捞玉是古代采玉的主要方法。就是在河流的河滩和浅水河道中拣玉石、捞玉石。采玉是有季节的，主要是秋季和春季。夏季冰雪融化，河水瀑涨，流水汹涌澎湃。山上的原生玉矿经风化剥蚀后，其玉石碎块由洪水带入河流中，再由河水携带奔流而下，到了低山及山前地带因流速骤减，玉石就堆积在河滩和河床中。秋季气温下降，河水渐落，玉石显露，人们易于发现，所以秋季为人们拣玉和捞玉的主要季节。冬季河水冻冰，玉石不易发现。待来年春季冰雪融化，玉石复露出，又成为拣玉和捞玉的好季节。

古代采玉有官采和民采。

官采：即在官员监督下，由采玉工人捞玉，所得之玉全部归官。

民采：直到嘉庆四年(1799 年)才开玉禁，规定在官家采玉之后或官家采玉范围之外进行，人们在白天或晚上分散拣玉或捞玉。

②挖玉

挖玉是指离开河床在河谷阶地、干滩、古河道和山前冲积、洪积扇上的砾石层中挖寻和阒玉砾。这些地方的玉也是由流水带来的。比较著名的挖玉地点是玉龙喀什河东岸，洛浦县吉牙乡的古马特。

③攻玉

古代攻玉有两种含义：一是指加工琢磨玉，二是指开采玉。一般主要是指开采山玉，即开采原生玉矿。采山玉比采子玉难，玉石在昆仑雪山之巅，交通险阻，高寒缺氧。

(4)现代采玉方法

现代的采玉方法比古代前进了许多。在采玉方面已不像古代那样富于迷信色彩，而具有科学性。“挖玉”这一开采和阒砂矿的手段已经停止，只在采淘砂金的同时，从挖出的砾石中、顺带选出玉块，产量微乎其微。

①拾子玉

拾子玉就是在河道中拾取流水携带和冲刷暴露出来的子玉。在昆仑山北麓，凡上游有玉矿，中下游就可找到子玉。拾玉是分散而自由进行的，拾玉既有专门从事者，也有随机者。专业拾玉者多是中老年人。专业拾玉人有很丰富的经验，很注意选择拾玉的地点和行进的方向。他们找玉的一点往往在河曲折处内侧的石滩，河道由窄变宽的缓流处和河心砂石滩上方的外缘。这些都是水流由急变缓处，有利于玉石的停积。拾玉进行的方向最好是自上游向下游行进，以使目光与卵石倾斜面垂直，易于发现。但要随太阳方位而变换方向，一般要背向太阳。自上游而下最佳的拾玉时间是上午。但在河流流向变化的地方或阴天则另当别论，可灵活掌握。河流中下游的子玉块度都不大，多在 0.2~1.5 公斤之间，其中小于 0.5 公斤者约占 30%，仅有少数可达 3~5 公斤。

喀拉喀什河和玉龙喀什河两条大河历来是拾玉子的主要河流，是世界上有名的玉河。喀拉喀什河古称乌玉河，河边的县城墨玉即以此而得名。玉龙喀什河即古代著名的白玉河。

②开采山玉

现代采玉与古代采玉有一个显著不同,就是开采原生玉矿占主要地位。新中国成立以来,各地建成多处玉矿山,用较先进的方法采玉,使得采玉规模扩大。规模较大者为于田县阿拉玛斯玉矿和且末县玉矿,其他地方如塔什库尔干县、叶城县、皮山县、和田县、策勒县等都曾短期开采玉矿。

(5)玉雕工艺

古语说“玉不琢不成器”。任何一块好的玉石,只有经过人工雕琢,才能赋予其新的价值和魅力。我国玉雕工艺,源远流长,为世所公认。

早在原始社会阶段,我们的祖先就用玉石制作成镞、矛、刀、斧、铲等一类生产工具和各式各样的玉雕装饰品,如1973年发现的浙江余姚河姆渡新石器时代遗址,其中28件用玉料和莹石制作的璜、管、珠一类的装饰品,距今已有7000年的历史。

在奴隶社会,即商周时期,玉雕工艺又有了新的进展,琢磨精细,纹饰优美,并新出现有鱼、龟、鸟、兽面、兔、蚕等形象的玉雕佩饰。常见的纹饰有夔龙纹、蟠螭纹、云雷纹、窃曲纹、方格纹等,特别是当时玉雕阳文线条的出现,是技法处理上的一大飞跃。如1976年河南安阳殷墟妇好墓出土的玉人,人物长脸尖颌、大鼻、双目炯炯、抚膝稳坐,造型严谨,色泽晶莹,象征着奴隶主贵族形象,生动、逼真。周代由于崇尚礼制,礼器的大小和尺度都标志着奴隶主贵族内部不同身份有不同的礼制。据《周礼·考工记·玉人》载:“玉人之事,缜圭,尺有二寸,天子守之。命圭,九寸,谓之桓圭,公伯守之。”周代在玉器上着意进行精雕细刻,严谨工整,线条较商代婉转自如,且渐繁杂,如人形、龙兽、鸟禽之类的眼形,在商代为“臣”字眼的原有风格上又将两端线条接长,使其为似是而非的变形的“臣”字眼,这是周代玉雕工艺掌握线条变化规律的一个重大成果。

战国时期,玉雕工艺精益求精,品种日益增多,如玉璧纹饰出现阳线和阴线交错的技法,纹饰更加繁杂,有卧蚕纹、谷纹、联云纹、鸟首纹,同时还出现浮雕和透雕的技法。两汉时期出现心形佩、龙形佩、玉人、动物等玉佩。唐代佛教盛行,除有玉雕佛像外,还出现玉带方饰版、梳子背等,图案大量吸收花卉、鸟兽、虫鱼、人物为主要题材,既广且繁。宋元时期,实用玉器以玉杯、玉盘等较多,纹饰以龙凤呈祥为主,同时还有花卉、鱼水以及水中跳跃的鱼等图案的玉雕。至明清时期,我国的玉雕制作工艺发展到了顶峰。明代使用三层透雕法,纹饰为前代所不及,常见有松、竹、梅、缠枝花卉,麒麟、人物、鸟兽等纹饰,有的玉佩纹饰上还增添上了“福”“禄”“寿”等吉祥寓意的字样。清代玉雕工艺、特别是在乾隆年间更有新的发展,这时在玉材选料、加工、磨光等工序上都更加讲究,雕琢得精细玲珑,令人喜爱。众所周知的“夏禹治水图”玉件,就是一件天然形状的大山,全身雕琢着各种事物,除雕有山水、花鸟、走兽外,人物动作形象各有不同,有的肩负重担,有的引水入渠,有的推车运土,雕刻得栩栩如生,形象逼真,是件价值连城的瑰宝。

玉雕象征着我国悠久的民族传统文化,正如恩格斯认为的,人类从发明工具的石器时代开始就产生了与实用价值并列的审美价值。

古人云:“黄金有价玉无价。”因此,玉雕的收藏价值是可想而知的。在玉器收藏方面笔者认为：一是要注重它各个时期的艺术风格和特点；二是要注意它的造型、纹饰、技法、玉色、玉质等，并全面进行对比、分析。比如，在鉴别动物造型时，玉雕龙纹的主要特征是头部跟爪部的变化；又如，民间有“汉兽不回头，回头不到汉”的说法。这些古玉雕刻的特征值得借鉴。

（6）祖山神玉、昆仑玉石

“被明月兮佩宝璐，世溷浊而莫余知兮。吾方高驰而不顾，驾青虬兮骖白螭。吾与重华游兮瑶之圃，登昆仑兮食玉英。与天地兮同寿，与日月兮齐光。”2000 年前的屈原做梦都想着脚踏祥云游览昆仑。

发脉于帕米尔高原的昆仑山，横贯亚洲中部，势如巨蟒，被誉为“亚洲脊柱”。昆仑山由新疆、西藏入青海、四川，在新疆、青海境内，有 3000 多公里长，平均海拔 5600 米左右。昆为高的意思，仑则有屈曲盘结的状貌。昆仑是所有名山大川中最为神秘的地方，在古人的超凡想象里它是大地上一个巨大的隆起体块。古书中或称昆仑为墟、或称为丘，它是“万山之宗”“龙脉之祖”，这样神奇的地方自然就会有诸神居住。最早的传说是人面虎身、长着尾巴的神守护在那里，以后就变成了美丽的女子——西王母。相传她是昆仑山的仙主。在众多古书中记载的“瑶池”，便是昆仑河源头的黑海，那里海拔 4300 米，气象万千，为道教昆仑宗派的发源地。

作为中国第一神山，千百年来昆仑山留下了无数美丽的传说和难解之迷。

共工氏驾龙凌空，猛地撞向昆仑山（不周山）。一声震天巨响，昆仑山拦腰折断，山体轰然崩塌。天地发生巨变，山川移动，河川变流，大地向东南塌陷。天空向西北倾倒，日月星辰都改变了位置……

上古的神话也许应验了亿万年前的喜马拉雅造山运动。

从大约 45 亿年前地球上出现了以片麻岩、板岩和片麻状花岗岩组成太古代地层到使亚洲发生褶皱、变质、断裂的喜马拉雅运动形成的新生代地层，地球内部经历了多代地壳变化，产生了各种各样不同类型的石类。据当代科学考察，喜马拉雅造山运动的地质板块活动之剧烈是世界上独一无二的。昆仑山与喜马拉雅山脉交会处也是两大地质板块交会点。不断的运动和撞击，在板块间巨大的挤压力量和地底岩浆的共同作用下，一种神奇的矿物结构形成了，那就是神奇美妙、独一无二的昆仑玉石。

《诗经小雅》：“他山之石，可以攻玉。”开采山石料在古代叫“攻玉”，也指开采山玉，即开采原生玉矿，但这要冒极大的风险。自古至今，有无数人为此倾家荡产，损身殒命。在昆仑山野牛沟采玉的多是回民，他们来自青海、甘肃、宁夏等地贫穷的乡村。

玉矿不像别的矿一样矿石连片，而是断断续续地藏在石岩芯里，矿脉真的如古诗所云“如烟似雾、飘忽不定”。偶尔露出的矿脉又被厚厚的岩石层包裹，每取一块玉必须去掉大量包在玉外的坚硬岩石。这就决定采玉人不但要付出十分艰辛的劳动，同时，还要有一双识玉的慧眼，识别玉和石的不同。与玉相连的岩石叫玉石根，看来像玉却是石，最难区分。取得不好，玉石俱碎，前功尽弃。

传说昆仑山的神仙们把昆仑玉种在苗圃中，精心呵护一千年就能泌出一滴玉膏，然而玉非常难种，常常眼看快成膏时却忽然毁了，数百年的心血瞬间化为乌有。中国几千年的历史上,对玉的定义一直模糊而唯心。1863年,法国地质矿物学家德莫根据被英、法联军从中国掠去的大批传到欧洲的清代乾隆玉器进行化学检验,发现中国玉材料主要有两种:角闪石类和辉石类。角闪石类主要为产自昆仑山脉的昆仑山玉,另一种辉石类为以缅甸翡翠为主的缅甸玉。

从摩氏相对硬度差异上比较,昆仑玉硬度略低于翡翠,所以被称为“软玉”,翡翠则被称为“硬玉”。自此,数千年来中国对玉的定义不清的状况在地质学的含义上得到界定:分布于中国昆仑山脉和阿尔金山脉,由镁质大理岩与中酸性岩浆接触交代而形成的软玉矿,与超基性岩无关,其成因不是区域变质形成,而是典型的接触交代形成。

角闪石族矿物根据所属晶系的不同,可分为斜方角闪石和单斜角闪石两个亚族。单斜角闪石属单斜晶系,主要有透闪石、阳起石、普通角闪石等。当玉石的主要成分为透闪石时,称透闪石玉。研究表明昆仑玉的矿物成分以透闪石为主,含量一般在95%以上。这在世界上已经发现的软玉中是非常独特的。

2005年5月,据新华社报道:地处昆仑山南麓的青海省格尔木市昆仑宝玉石有限责任公司矿区发现一块重近9吨的昆仑玉石,这是目前有记录的最大的昆仑玉巨石,堪称“中国昆仑玉之王”。据专家介绍,系出名门的昆仑玉与和田玉同处于一个成矿带上,昆仑山之东曰昆仑玉,昆仑山之北曰和田玉,两者相距直线距离不过300公里,所以昆仑玉与和田玉在物质组合、产状、结构构造特征上基本相同,可谓大自然中的孪生姐妹。有的晶莹圆润、纯洁无瑕、无裂纹、无杂质的上品昆仑玉,甚至还能超过和田玉。

青海昆仑玉质地细润、淡雅清爽,油性好,透明度高,可分白玉、灰玉、青玉、白带绿、糖包白等。利用X射线粉晶衍射、电子探针等测试手段,对青海昆仑玉矿物、化学成分分析和显微结构的观察发现,其主要结构类型为:毛毡状结构、显微纤维—隐晶质结构、显微纤维结构、显微叶片状—隐晶质结构、显微叶片状结构以及放射状纤维结构。特别是昆仑玉“白加翠”,是其独有的一个奇特品种。白中带有碧绿的玉质颜色,纹理细腻独特,色泽美丽丰富,让人觉得神清气爽,美不胜收。

青海玉产地就在传说中的西王母瑶池附近。民间传说昆仑玉还有着消灾免祸的非凡功效。

虽然这些传说带有一定的唯心迷信色彩,但经科学检测,昆仑玉石中含有硒、锌、铜、钴、锰等多种微量元素。长期佩玉,对人的健康十分有益的微量元素会逐步被人体吸收,保持体内各种元素的平衡,确实能够起到祛病健身的作用。

东南大学生物工程系采用现代技术研究表明:人体本身会产生温度场、磁场、电场,从而构成一个“生物信息场”。这个“生物信息场”产生的生物波与玉产生一种奇特的光电效应,这种光电效应可以使人“除中热,解烦懑,润心肺,助声喉,滋毛发,养五脏,安魂魄,疏血脉,明耳目”。

赵汝珍《古玉辨》:“岂知此乃精神贯注之结果,并非无理性之言也。盖古人视玉极重,佩之宛同载祖搬迁。其一举一动,必特别小心。必视而后动,虑而后行。若是,则必少生是非,少遭意外。即偶遭意外,因心志有可靠之保护,必有意外之幸运。因之遂谓旧玉可以护身。”也就是说佩玉者视玉极重，所以精神极其专注，即使偶遭意外，可能会因为心志集中，而有意外之幸运。玉保平安，从精神层面考虑，作为一种信念它反映了人类追求美好的共同愿望，若剔除其中的迷信成分加以科学分析确有一定的道理。

青海软玉的出产可以说是自1990年以来中国玉石市场上极震动的一大事件。随着时间的推移，青海玉和新疆玉的产地问题已被淡化，因为，青海和新疆的界分仅仅是行政区划而已。从宝石学的角度来看，青海软玉的质量完全达到和田玉分级分类的公认标准，可以和出产于若羌、且末、喀什等地的新疆玉石一样列入和田玉的范畴。自1999年以来，青海软玉白玉、青白玉的优质老坑料在市场上得到普遍认可，加上资源日益稀少，优质青海白玉原料价格由1992年的每公斤5元，飞扬到目前每公斤数千元甚至上万元。对此，许多人为没有及早地认识青海软玉，在其价位低廉之时错失商机而抱憾。目前，青海软玉由于文化和地理背景上的差异还远远没有和田玉的辉煌显贵，但在不远的将来，随着资源的日益稀少，青海软玉将会拥有更高的地位和价值。

岫岩玉

人类从何时起发现并使用岫岩玉，至今尚未见到文献资料记载。但从东北旧石器文化遗址、新石器时代红山文化遗址、太湖流域新石器时代良渚文化遗址及其他地区原始文化遗址中出土的古玉器中，有许多是取材于岫玉这一点可以推断：岫玉的发现和利用，至少在距今12000多年以前旧石器晚期即已开始了。

红山文化中的岫玉

新石器时代是中国玉器制作和使用的开始阶段。在各地新石器文化遗址出土的文物中，有大量的玉器，但出土玉器最丰富、玉器制作成就最辉煌的是红山文化和良渚文化，尤以红山文化为最。红山文化距今约5000年至6000年，分布区域包括辽宁、吉林、黑龙江、内蒙古东部及河北部分地区，是我国北方新石器时代文化中最重要的文化之一。这里仅就红山文化出土的几件具有特殊重要意义的玉器，说明岫玉在红山文化中的重要地位和影响。

奇特的玉猪龙

该玉曾征集于辽宁省建平县，是用青色岫玉琢制而成的，在红山文化遗址和墓葬中出土数量较多，只是大小有别，首尾间切口也不尽相同。由于其造型奇特、神秘，特征明显，数量较多，所以被视为红山文化中具有特别象征意义的遗物。现首都人民大会堂辽宁厅摆有大型仿制品。

中华第一玉龙

1971年春，在内蒙古自治区翁牛特旗三星他拉村，因造林挖土，挖出了一件大型玉龙，经有关专家多年考证研究，初步鉴定属于红山文化遗物，距今已有5000多年的历史。这件大型玉龙，是用一整块碧绿色岫岩玉圆雕而成，细部采用浮雕、浅浮雕手法表现，通体琢磨，光洁圆润。龙体卷曲成“C”形，但刚劲有力，龙首高扬，显得极有生气。玉龙高26厘米，完整无缺。玉龙雕琢精细，造型奇特。这是迄今所知我国最早的龙的形象，极其珍贵，因此被人们称为“中华第一玉龙”。

二、玉器与文化

文化的定义有很多,据说有500多种。按照许嘉璐先生的说法,文化是人类所创造的一切物质、制度与精神。我们认为这个定义包含这样几个要点:

①自然界赐予人类的一切都不是文化,如山川土石;

②即使人类在蒙昧时期所创造的,也是文化;

③非人类创造的不是文化,如猴子所画的画,蚂蚁所堆积的蚁山,蜜蜂所造的巢;

④文化是人类有意创造的,无意识形成的东西不是文化。

玉器作为一种重要的物质文化遗物,不仅在中华大地上有着广泛的分布,而且在各个历史时期扮演着不同的角色,同时在社会生产和社会生活的各个方面发挥着重要作用,从而在中华文明史上形成了经久不衰的玉文化传统。因此,我们可以说,玉文化,就是人类所创造的玉器、用玉制度与玉文化内涵。

(1)佛教文化与玉文化

佛教文化也是中国文化的独特文化。佛教传入中国和其他汉文化圈的国家和地区,为时已久,许多人虽然并不信奉佛教,但佛教文化在中华大地长期而广泛地存在和流传,人们的日常生活与之息息相关。佛教存在的大量经典是用梵文(Sanskrit)和巴利文(Pali)书写的,通过诸如《法显传》《大唐西域记》等高僧行记,特别是专门解释经典词汇的著作如唐玄应《一切经音义》、慧琳《一切经音义》(其二)、宋法云《翻译名义集》等,这些古代的印度文字,它们的音训,成为中国约定俗成的词汇,其中有些是佛教的专门词汇,有些则是一般词汇,且已深入民间,渗透到中国社会的各个领域,并产生了广泛的影响。语言是一种最普遍最直接的文化因素,我们日常生活中就有许多用语来源于佛教,比如,世界、如实、实际、平等、现行、刹那、清规戒律、相对、绝对等,我们常说,"道高一尺,魔高一丈",这个"魔"就是梵文的音译,觉悟、境界、供养、大千世界、本来面目、芸芸众生等也都是从梵文而来。

目前国内学者大体上就玉文化的研究范畴取得一致意见。主要包括以下几个方面的内容:玉器发展史;对玉器多重文化的研究,主要包括生产工具、祭器、装饰品、权力、等级的标志,殓葬、吉祥物、德行操守的象征,美好事物的代名词、药物等;对玉器生产制度的研究和玉器学术史的研究等。对佛教文化的研究也进行得很深入,已经成为一门专门的学问——佛学。但是对中国传统文化的这两种重要组成部分的相互影响的研究还很有限。本文不揣浅陋,对中国玉文化和中国佛教文化的相互影响作一些初步的探讨,祈正于方家。

(2)玉文化在佛教汉化过程中的作用和影响

一般认为,佛教传入中国是在西汉时代,经过几百年的传播和发展,佛教与中国文化密切结合,形成了中国佛教的特殊精神面貌,即中国化的佛教。随着中国文化与友好邻国的交往,又传到了朝鲜、日本、越南等地区,这种佛教文化交流,起着联结中外民族文化纽带的作用。

宗教是社会意识形态之一,它与文学、艺术(包括音乐、建筑、雕塑)哲学有着多方面的联系。在宗教自身的发展过程中,不断受到上述因素的影响,并不断影响着这些因素。研究宗教,要有众多学科的配合,才能互相启发,取长补短。佛教自印度传入中国后,在中国封建社会的土壤上，形成了具有民族特色的宗教体系，呈现出了中国的气象和特质，从而成为中国封建社会上层建筑的组成部分和中国古代思想文化的重要内容，其影响一直延续到今天。

(3) 玉的收藏和鉴别

①玉的收藏

玉有神圣的审美价值，是神物，又是瑞信，也就成了无价之宝。远古时代，各部落、联盟、酋邦的统治者就将玉收贮珍藏起来。红山文化、良渚文化的有权势人物无不占有大量玉器，并视其为最宝贵的财富。

先秦文献记载“珠玉为上币”，在特定的历史阶段内某一地区也用玉作货币使用，但玉的蕴藏不多，不可能用来制造通货。商周墓曾出土玉贝，贝是货币，玉贝是否在社会通用尚不得而知。

中国原始社会后期以及文明时代，各诸侯国和帝国的统治者都把大量的玉器作为镇国之宝或当作财富保存起来。中国古代最大的玉器占有者是商纣，他一生收藏了多少件玉器无法查明，但周武王灭殷纣王时焚玉 4000 件，武王缴获殷旧玉达 14000 件，这个数字非常庞大。清代宫廷收藏的玉器主要是乾隆后期积累的，流传至今者多达 30000 件。

玉作为财富为历代统治者所关注。中国有个成语叫“价值连城”，就是指秦昭王愿以十五城（一说五十城）交换赵国的和氏璧，可知其璧价格之昂贵。现在，众多玉器收藏家悉心收藏古今玉器，其目的也不外是积累财富、保值增值。

②玉的鉴别

玉的鉴别是依其质地、色彩、体积以辨其等次、进入市场，其价有差，所以，最早鉴别玉的等次的人，是采玉人和玉商。玉器的鉴别除了玉材之外，还要加入设计和制作的工本费、流通费以及利润，按其等次定价。

玉最初为皇帝、朝廷专用，民间禁用，但大约在宋、元、明、清时对玉禁控制放松，玉材也流入民间。据清内廷档案记载，和阗玉在内廷分为五等，一、二等供内廷使用，三等至五等存贮备用。乾隆皇帝时对内廷玉器作鉴别等级，所见似有甲、乙、丙三等。清代以前评定玉和玉器的等次，都是依据评定人的经验，这可谓传统鉴别法。

到 20 世纪，中国已引进检验玉的科技设备，分析其化学成分、显微结构、物理性能等状况，称为科学鉴别法，但玉和玉器优劣的评定还是要靠经验，一般少用科学检验的方法。

玉器的鉴定，分新玉和旧玉两类。新玉的鉴定侧重于真假品种、质地优劣与雕工的精粗。旧玉的鉴定除了新玉的几个基本要求之外，还要识得玉器的制作时代和在历史上的价值。玉器历史价值的证实，是以明确的时代为基础的。熟悉各时代玉器的常见造型、特色工艺、流行色质。

古玉的鉴定价值和辨别真伪两项工作，可用的科学方法仍是很少，也不能脱离实践经验。20 世纪 50 年代之后，中国考古工作者发掘出土了一大批玉器，可较为清晰地勾勒出它的历史面貌。这些出土玉器中有不少堪称鉴定标准器，用这批鉴定标准器为依据的鉴定古玉的活动，与传统的经验鉴别活动相对应，可称为科学的鉴定法。

第三节　陶瓷器文化

举世闻名的中国陶瓷，是中国的伟大发明之一，也是中国对世界文明的一个伟大贡献。中国是世界上陶瓷出口最早的国家，素有“瓷国”美誉。世界各国人民通过陶瓷器皿来了解中华文明。

陶瓷是由黏土或主要含黏土的混合物，经成形、干燥、烧制成的制品的总称，分为陶器、瓷器和炻器。由于炻器数量很少，本节主要介绍陶器、瓷器两类。

一、陶器

我国早期的陶器，以新石器时代的最为著称。新石器时代是陶器的鼎盛时期，当时的人们运用自己的智慧和心血，烧制了大量各具特色、异彩纷呈的陶器。掀开了中国陶瓷文化史上灿烂辉煌的篇章。

陶器是将具有可塑性的黏土，经水湿润后，成形，干燥，在700～1000℃的高温中烧造而成的坚固的制品，是人类最早通过物理变化和化学反应使物体的本身发生质变的一种创造性活动。对黏土的认识，火的利用，贮存的需要，农业生产和定居生活的发展，这些都极大地促进了陶器的产生。

陶器的发明对远古人们的生产、生活及社会组织产生了深刻的影响，使社会经济形态从以采集、渔猎为主过渡到以农业（包括牧业）为主，推动人类社会从“蒙昧时代”进入“蛮荒时代”。它体现了人类对水、土、火的认识和把握，开启了民族传统文化的先河，为以后的建筑、雕塑与工艺美术等奠定了基础，是新石器人类文明发展的重要标志。

由于空间与时间的不同，需要与追求的不同，标准与审美意识的不同，而具有不同的风格特征与文化内涵，使陶器成为这个时代纵向断代和横向区分地区类型的标尺。从考古中证实，我国新石器时代陶器的分布遍及全国各地，其分布主要有黄河流域、长江流域、东南地区、西南地区、北方地区等五个大区域，尤其在黄河流域和长江流域达到了最高水平。

（1）黄河流域

黄河流域是我国新石器时代陶器发展鼎盛的地区之一，它优良的经济地理环境，为当时的定居生活提供了有利条件，也促进了陶器的繁荣，因此具有系统的陶器发展序列和密集的文化遗址。黄河流域新石器时代的陶器，以裴李岗为代表，距今为8000年，有大地湾文化、磁山文化、后李文化、北辛文化、白石村文化等类型。裴李岗文化陶器大多为红陶，有泥质陶和夹沙陶两类，素面磨光，有些辅以篦纹、划纹和乳钉纹；全部手制，多采用泥条盘筑法；器型有弯月双耳圜底球形壶、筒形罐、碗、圜底钵、三足钵、高足碗形鼎等。裴李岗遗址发现横穴式陶窑，这是我国最早的陶窑。

中期文化为彩陶的繁荣时期，主要有仰韶文化和大汶口文化。1921年，仰韶文化因其最早的发现地——河南省渑池县仰韶村而得名。仰韶文化年代约为公元前4575—前2550年。仰韶文化以磨光红陶和彩陶著称，造型多样，器物手制成型，即用泥条盘筑法，实用美观；纹饰多以黑地绘红彩，其精美的纹饰，鲜艳醒目；陶窑分有模穴窑与竖穴窑两种。仰韶文化的代表性类型有半坡类型和庙低沟类型。大汶口文化分布于黄河下游，于1959年首次发现，得名于其发现地——山东省泰安县大汶口镇。大汶口文化以红褐色陶为主，灰、黑陶不多；纹饰有划纹、堆纹、锥刺纹、戳印纹、花瓣纹、涡纹、星纹；均为手制，晚期出现轮制。代表性器物有釜形鼎、钵形鼎、觚形杯、圆孔的圈足豆等。这种文化分布于山东和苏北地区年代为公元前4040—前2240年。

晚期文化有上游的马家窑文化，因1924年首先发现于甘肃省临洮县马家村而得名。分布区域为黄河上游的甘肃、青海东北部，约为公元前2575—前1730年。陶器有夹沙陶和泥质陶两种。最为世人称道的是1973年在青海大通县上孙家寨出土的一件彩陶舞蹈纹盆；齐家文化，因1924年首次在甘肃省和政县齐家坪发现而得名，分布在青海、甘肃和宁夏境内，年代约在公元前1890年—前1620年，陶器采用手制，彩绘以黑色为主，工艺较发达；中游的中原龙山文化，下游的龙山文化，以下游的龙山文化最为卓越。龙山文化因1928年首先发现于山东章丘县龙山镇的城子崖而得名，年代约为公元前2310年—前1810年。龙山文化多为泥沙质灰黑陶和细泥磨光黑陶，大都素面无纹，朴素雅致，或饰以弦纹、镂孔和划纹，器型有深腹平底罐、曲腹盆形鼎、三足盘、蛋壳高柄杯等，尤以蛋壳高柄杯为极点，其质地纤薄，雕镂精细，体现了当时工艺之精湛。

(2)长江流域

长江流域新石器时代的陶器发展迅速、成熟，与黄河流域争奇斗艳，平行延贯又交流融合。成为当时我国陶器文化的主体部分。

长江流域的早期文化以河姆渡文化为代表，另有仙人洞遗址、彭头山文化、石头皂市遗址。河姆渡文化年代为公元前5000—前3000年，因1973年首次发现于浙江余姚河姆渡而得名，生产泥质陶、夹炭黑陶和夹沙陶，全部为手制；多饰以刻画花纹或绘黑、白、红、褐彩，少数有镂空装饰；还有一些动物形象雕塑作品，造型朴实，拙稚感人。如猪纹长圆形钵为夹炭黑陶，腹身接近长椭圆体，器表平滑，黑色纯正。器外壁两面均刻有猪纹，刻痕为白色。猪纹图案与实物形象稍有出入，嘴部极长，四腿颇高，脚趾与禽类有相似之处，这可能是因为新石器时代的家猪刚由野猪发展而来，进化程度达到此一阶段，也可能是当时河姆渡人的联想和审美原则使然。猪身饰以圆涡纹和花叶纹，颇添盎然生趣。

中期文化有大溪文化、马家浜文化、崧泽文化，以马家浜文化为代表。马家滨文化因1959年首次发现于浙江省的嘉兴县的马家滨而得名，年代约在公元前4090年—前3100年。马家浜文化陶器以夹沙红陶为主，有少量泥质红陶、灰陶、黑陶和黑衣陶；器表素面磨光或饰弦纹、绳纹、划纹，附加堆纹及镂孔；器型有盘、盆、罐、杯、瓶、尊、豆、釜、鼎等。

晚期文化有屈家岭文化、良渚文化、山背文化、石家河文化。其中良渚文化最为出众，其分布区域为浙江、江苏部分地区，因1936年最先发现于浙江余杭良渚而得名，年代约在公元前2750年—前1890年。良渚陶器种类较多，有夹沙黑陶、泥质灰胎黑陶，夹沙红陶和泥质红陶;采用轮制成形,器型有豆、盘、圈足壶、贯耳壶、尊、罐、缸、鼎等,均规整匀称;常用纹饰有凹凸弦纹、刻划纹、锥刺纹、竹节纹、镂孔。彩陶纺轮的蛋壳彩陶反映了其制陶工艺的较高水平。

二、瓷器

中国是世界上率先发明瓷器的国家,为人类历史写下了光辉的一页。瓷器的发明,堪称我国的“第五大发明”,它在技术和艺术上的成就,传播到世界各国,为我国赢得“瓷器之国”的盛誉,成为中国陶瓷文化的重要内容。

中国由陶向瓷的过渡完成于东汉。瓷器的产生,与高温烧成技术、制瓷原料的精选,以及釉的发明这三个条件紧密相关。瓷器是以精选的瓷土或瓷石为原料,经过配料、成形、干燥、焙烧等工艺流程制成的器物。瓷器烧制必须具备三个条件:

①原料必须是富含石英和云母等矿物质,以保证胎质的洁白。

②在1300℃的高温中烧成,使胎质致密坚硬,不吸水,叩之能发出清脆的铿锵之声。

③在表面施釉高温下烧成的玻璃质釉,胎釉紧密结合,釉层不易剥落,厚薄均匀,吸水率低于1%。

瓷器和陶器的分别,主要体现在:使用原料不同,釉料不同,烧成温度不同,坚硬程度不同,透明度不同。瓷器无论在实用性还是艺术性上都比陶器具有诸多优点,便逐渐取代了汉朝之前陶器在陶瓷史上的主角地位,成为我国独具特色的民族艺术奇葩。

(1)东汉至南朝瓷器

东汉时期,原料粉碎和成型工具的改革、胎釉配制方法的改进、窑炉结构的进步,产生了瓷器。浙江是汉代瓷器生产的中心所在地,东汉的瓷窑遗址主要分布在浙江的上虞、慈溪、宁波和永嘉等地。这一时期内,浙江名窑有越窑、瓯窑、德清窑等。

①越窑:汉代最早的烧瓷名窑,也称“会稽窑”。所产瓷器多为青瓷,釉质青翠莹润,色泽如茶。器形繁多,样式新颖,茶具、酒具、餐具、文具、容器、盥洗器、灯具和卫生用瓷等一应俱全。工艺上不仅采用轮制,更增加了拍、印、镂、雕、堆、模制等多种方法,基本上摆脱了东汉以前承袭陶器和原始瓷器工艺的传统,具有风格清新的特色。

②瓯窑:位于浙江温州、永嘉、瑞安一带,始于东汉,终于宋。其窑场数量及规模远不如越窑。瓯窑瓷器胎质细腻;呈色较白,未完全烧结,釉为淡青色,透明度较高,但不够稳定,有剥落现象,时称“缥瓷”。纹饰简单,常见的有弦纹褐彩、莲花瓣纹、水波纹等,另善使点彩,尤其起笔细落笔粗之特色,似与所绘彩料有关,新颖罕见,不失为独创风格。瓯窑器形种类,大多与越窑相同,有罐、碗、钵、壶、盘等。

③德清窑:位于杭嘉湖平原西端,浙江省德清县内,故名。德清窑始于东晋,终于南朝初期,主要生产黑釉瓷,兼烧青瓷。其黑瓷胎多呈砖红、紫色或淡褐色,胎质较薄,也有灰白色和灰色。器内和器底有支烧痕。釉层较厚,釉色滋润纯正,乌黑油亮且不易剥落。器形有碗、碟、盘、耳杯、桶、筒形罐、鸡首壶、盒等,均为日常用品,一律底座平而宽大,不施模印或刻画装饰,风格简单朴素,大方端正。其青瓷胎为灰色,施化妆土,釉色均匀温润,色调较深,一

般作青绿、豆青或青黄色，造型与黑釉瓷器相同。

(2) 北朝的瓷器

北朝的瓷业，由于长期战乱，导致发展迟缓，失去之前那种蓬勃朝气，但南方的青瓷、白瓷、黑瓷由于深受民众欢迎，逐渐传入北朝。

北朝青瓷大约始于北魏晚期，主要产地为河北和山东地区。山东淄博寨里窑出土的青瓷胎质粗糙，釉面厚薄不匀，釉色青黄不一，胎釉结合疏松，容易剥落，可知其制作尚未成熟。河北各地发现的北朝青瓷，在工艺上比山东要先进许多，火候颇高，釉色匀亮，薄而透明，风格浑厚质朴，器形以日用器皿为主，制作规整，大方耐用。

北朝白瓷的出现稍晚于青瓷，明显带有青瓷的特征，釉色乳浊带有淡青色，釉料中含铁量仍偏高。其胎釉的白度、烧成硬度与吸水率均处于较低水准，与现代白瓷相去甚远。器形有碗、杯、三系罐、四系罐、长颈瓶等。

比较成熟的黑瓷出现于北齐。黑瓷胎质坚硬细薄，制作规整，釉层较厚，色泽漆黑。匀净光亮，最难得的是器形独特，流行宽肩、反弧形收缩、深腹、阔口、无颈、平底，线条挺拔，极具异族情调。

(3) 唐五代瓷器

唐代由于社会、经济、文化的繁荣和交通的发达，促进了当时诗文书画等艺术的发展，瓷业也有长足的进步。唐代陶瓷品种主要有青瓷、白瓷、黄釉瓷、黑釉瓷、花釉瓷、长沙窑釉下彩瓷、纹胎瓷和唐三彩陶器等。“南青北白”足以概括其特点，典型代表者有南方的越窑青瓷和北方的邢窑白瓷。最负盛名的是唐三彩釉陶，独特的造型，绚丽斑斓的色彩，盈满浪漫热烈的异国情调和豪华放纵的生活气息，令人惊叹。

唐末大乱，五代并起，各种产业纷纷凋零，但制瓷业并没有受到影响，以吴越的秘色瓷和邢窑的白瓷为其代表。这一时期的陶瓷数量不多，却很讲究，原料处理精细，胎壁纤薄，造型新颖规整，比唐代更为秀雅轻巧。其秘色瓷更胜在釉层匀薄、晶莹润泽，釉色青绿如茶，深得当时尚茶雅士之心。

①越窑：遗址在今浙江上虞、绍兴、余姚、宁波、萧山等地，唐代时属越州所辖，因而称为“越窑”。其中心窑场在上虞，以上林湖窑场最具代表性。越窑盛行青瓷，始烧于东晋，至唐时技艺娴熟。形成自己独特的风格，瓷胎细腻坚致，叩之声脆，釉色呈色黄或青中泛黄，浑厚滋润，隐露精光。造型丰富秀美，有执壶、罂、瓶、罐、耳杯、把杯、盏托、粉盒、油盒、碟、水盂、唾壶等，品类齐全，产量巨大，不仅内销，更数量可观地远销朝鲜、日本、印度尼西亚、伊拉克、埃及等国。越窑由此名列青瓷产地之首。

越窑青瓷在五代被称为“秘色瓷”，专为帝王供奉之器，庶民不得使用。秘色瓷制作精绝，质地细腻，釉色如碧玉翡翠，“明彻如冰，莹润如玉”。唐代陆羽《茶经》中有记载：“碗，越州为上，其瓷类玉类冰而益茶，茶色绿。”说越州秘色瓷的青色更能增益茶水的颜色。韩渥有诗“越犀玉液发茶香”，用越窑秘色瓷盛茶，能使茶的香味更醇醉，这是对越窑青瓷最高的赞誉。

越窑青瓷的代表作品有褐彩云纹镂空熏炉和越窑仙人宴饮执壶。

②邢窑:唐五代最著名的白窑瓷场,有邢窑白瓷“天下无贵贱而通之”的美誉。窑址在今河北省邢台县,因唐时地属邢州,故名邢窑。

邢窑除烧造白瓷外,还制青、黑、黄釉瓷等产品。而白瓷亦分粗细两种,邢窑白瓷胎质坚实,胎质细洁纯白,器内施满釉,器外釉不到足。在胎、釉之间有一层化妆土,作为护胎釉。尤为难得的是其细白瓷的釉面光滑,色泽雪白莹润。邢窑产品器形规整,制作精致,有碗、盘、钵、托子、杯、砚、盒、瓶、壶、罐等,多为日常用品,均少带纹饰,以凸显釉质之美,风格朴素淡雅。

邢窑代表作品有白釉莲瓣座灯台。通高30.4厘米,插烛筒口径6.5厘米,1956年于河南陕县出土,现藏中国历史博物馆。照明用具,通体施白釉,釉厚处色泽闪青,釉层薄且有润泽感。由灯盏、灯柱和灯座三部分组成。灯柱细长,上饰多圈凸弦纹,承托灯座,灯盘中心灯盏呈直身环形,灯座凸雕莲瓣纹一周,底边无釉,墨书一“永”字,整体挺拔有力,秀美别致。

“唐三彩”陶器是初唐时期出现、盛唐时期兴盛、“安史之乱”以后渐趋衰落的多彩陶器。它是唐代社会、经济、文化发展的产物和反映,尤其是伴随着厚葬的社会风俗之兴衰而变化,唐三彩多为明器,是这一社会习俗的形象载体。唐三彩并不限于三彩,而是多彩陶器。唐三彩有独特的釉色美和造型美及情调美。斑斓多变的釉色、灵动豪放的造型、浪漫飘逸的情调,使唐三彩有着永久的艺术魅力。

(4)宋代瓷器

宋朝是中国陶瓷史上是一个名窑蜂起、名瓷迭出、承上启下的非常重要的历史时期,在我国陶瓷史上作出了杰出贡献。宋代瓷窑众多,各具特色。宋代有五大名窑,分别指官窑、哥窑、汝窑、定窑和钧窑。还有八大窑系,即定窑系、磁州窑系、耀州窑系、钧窑系、龙泉窑系、景德镇窑系、建窑系和越窑系。

宋代瓷器集前代之大成,创出丰富多彩的造型,有“唐八百、宋三千”之说。宋代瓷器有碗、盘、碟、洗、砚滴、盏、托、瓶、壶、罐、钵、尊、盆、奁、唾壶、渣斗、炉、腰鼓、瓷塑等,大都施纯色或驳色单彩釉,表面平滑或有碎纹。釉色有多种深浅不一的白、蓝灰、紫灰、鲜红、暗紫、青绿、褐、黑等色,更有因酸化作用而产生的光怪绮丽、变化如行云流水的窑变色,绚烂如霞。装饰方面有划花、绣花、印花、锥花、堆花、暗花、珐花等。纹饰题材极其丰富,常见的有花卉、龙凤、鹤、麒麟、鹿、兔、游鱼、鸳鸯、鸭、山水纹、回纹、卷枝、卷叶、曲带、云头、莲瓣、钱纹等。北宋的瓷器,胎质较厚,釉上有蜡泪痕。至大观政和之时,所烧瓷器胎薄如蛋壳,釉薄如纸,胎釉结合紧密,犹如相融,轻敲可闻声如玉磬,可谓美不胜收。

定窑在今河北省曲阳县涧磁村及东西燕山村。古属定州,故名。始烧于唐代,宋代时发明覆烧工艺,规模扩大,宋、金为其繁盛时期,至元代时衰没。

①定窑:唐代时已是著名瓷场,专烧白釉、黄釉瓷,到宋代发展迅速,比之前更大更有名,大量烧制白瓷,其次有黑釉、酱釉、绿釉、白地褐花等品种。白瓷胎土细腻,胎质薄而有光,釉色纯白滋润,上有泪痕,釉为白玻璃质釉,略带粉质,因此称为粉定,亦称白定。其他瓷器胎质粗而釉色偏黄俗称土定;紫色者为紫定;黑色如漆的为黑定,传世极少。

装饰方法有划花、刻花、印花等类,早期较流行刻花,后兴起刻花与篦划纹结合,中期盛行印花装饰，至晚期更为成熟。花纹式样众多，有牡丹、萱花、飞凤、蟠螭、双鱼等，皆典雅妍丽，美轮美奂。定窑是烧制白瓷的著名窑场。宋代定窑白瓷最为出名。自北宋中后期起，定窑烧制的白瓷口沿一周不施釉，现出白色胎骨，以“白釉芒口”为特色。代表作有划花水波纹海螺，北宋前期作品。高 12.3 厘米，口宽 8.4 厘米，长 19.3 厘米，1969 年于河北定州静志寺塔基地宫出土，现藏定州市博物馆。胎质厚重，色泽洁白，施白釉，釉色透明滋润，尾部无釉，为淡黄色。通体以划花、堆塑手法装饰，壳为螺旋状，饰以重叠的海浪纹和曲线纹，螺口不规则，有三条凸弦纹，螺尾有一吹孔，口边亦有一圆孔，以调节音量节奏。

②汝窑：位于河南省临汝县，宋时隶属汝州，故名“汝窑”。在北宋后期元祐至崇宁间 20 多年里为宫廷烧制御用青瓷器。汝窑专烧青瓷，胎为体细腻坚致，体有厚薄。釉为天青色，汁水莹泽，厚若堆脂，以淡青为主，近似传说中的柴窑“雨过天青云破处”之色，也有豆青、虾青和茶叶末等，釉中有如棕眼、蟹爪纹、芝麻花等细小钉痕。装饰技法以下刻花为主，刻花较少，纹饰多为花鸟纹。主要器物有碗、碟、盘、瓶、樽、洗、盏托、水仙盆等。

代表作有汝窑三足奁，高 13.1 厘米，口径 17.9 厘米，足径 17.9 厘米，现藏北京故宫博物馆。此奁为圆筒形，直口平底，下连三个鸡腿状矮足。里外施釉，釉呈天青色，上有细碎线纹开片。口沿及底边各有两道凸弦纹。器形凝重大方，装饰端庄简洁，风格如西汉铜酒樽。

③官窑：我国古代由朝廷直接控制的官办瓷窑，专烧宫廷、官府用瓷。官窑始于宋代，有北宋官窑和南宋官窑之分。

北宋大观政和年间，徽宗在汴京（即今河南开封）建窑烧制御用瓷器，命名为官窑。汴京官窑瓷器胎质细腻，胎釉都纤薄如纸，釉色有粉红、月白、大绿、灰油等。器形有鼎炉、葱管、空足、冲耳、乳炉、贯耳、壶环、耳壶、尊等。不久，由于金兵入侵，汴京被破，官窑也随之终结。

南宋时在今杭州市凤凰山南麓乌龟山郊坛另设新窑，称“郊坛下官窑”。此官窑瓷器胎为黑、深灰、浅灰、米黄色等，有厚薄之分，胎质细腻。釉面乳浊，多开片，称为“蟹爪纹”，釉色有粉青、淡青、灰青、月白、米黄等。因器口中施釉稀薄，微露紫色，足上却偏赤铁色，有“紫口铁足”之称。官窑代表作之一是葵瓣口折沿洗。宋，高 2.8 厘米，口径 14.6 厘米，现藏故宫博物馆。洗敞口折沿，口沿为葵瓣形，壁有凸凹线条，如瓜棱式，口往下渐敛，平底。胎薄体轻，器表施天青色釉，釉色晶莹明润，开较大纹片。器形规整，制作精细，装饰淡雅。

④哥窑：瓷器以器表的纹片而著名，胎质细薄，色呈紫黑、深灰、土黄等色，釉色以青为主，浓淡不一，也有淡紫、米黄、紫口铁足等，釉为汝浊釉，色调淡雅，开大小纹片，像裂痕或鱼子纹，号称“百圾碎”。以纹色分类，有黑兰纹、鳝血纹、金丝铁线纹、浅黄纹等，以纹片形状命名有梅花纹、细碎纹、网形纹、大小格纹。

哥窑传世制品皆简练古朴，制作精良，纹样奇特，风格自然生趣，工艺上的缺陷通过窑工的独特创造而成一种自然天趣之美。器物主要有贯耳瓶、鱼耳炉、五足洗和各式盘、碗等，造型与官窑颇为相似。哥窑鼎是哥窑的代表作之一，通高 17.3 厘米，足径 9.2 厘米，现藏故宫博物馆。此鼎唇口上两侧各立一对应环形竖耳，鼓腹，丰底，下承三个细长管状足。器里外均施米黄色釉，釉质丰满盈润，上开无数细小碎纹片，称“金丝铁线”纹，为哥窑独具之特色。鼎内底有七支烧钉痕。

⑤均窑：始于唐，兴盛于北宋，地处河南禹县，宋时称均州，故名“均窑”。

均窑烧造的瓷器品种较多，以钧瓷最为有名。均瓷胎质细腻坚硬，较为沉重，呈灰白、灰黑、灰黄、灰褐等色，其釉分两种，基本釉色是各种浓淡不一的蓝色乳光釉，其他还有玫瑰紫、海棠红、茄色紫、梅子青、深紫、米色、天蓝、胭脂红、朱砂红、葱翠青，以及窑变的各种颜色，各色错综相间，绚烂多彩，气韵非凡。相传以胭脂红为最美，釉中有兔丝纹与蟹爪纹，华丽而雅致，均瓷釉的调配技法相当独特，致使其釉上纹路与众不同，早期釉上有显著的牛毛纹，盛期则多为离合状态的条纹和粗如滴露的泪痕，以及蟠曲蜿蜒的蚯蚓走泥纹，这也是均瓷的重要特征之一。

均瓷造型有尊、钵、洗、炉、花盆、盆托、奁等，主要供宫中陈设和文房使用。代表作品均窑玫瑰紫釉尊，高 18.4 厘米，口径 20.1 厘米，足径 12 厘米，现藏故宫博物馆。口沿外撇，直颈较长，圆腹，宽圈足，底有五孔。器里壁为月白色，外颈部为天蓝色釉，微泛紫红，腹部为玫瑰紫色，艳如晚霞，足部为酱色。此绚丽釉色为铜红釉在高温窑变下产生的效果，充分显示均窑釉的丰富多彩和明亮光华，具有变幻莫测的诱人魅力。

(5)元代瓷器

元代瓷业的发展在我国陶瓷史上也具有相当重要的地位，是元代手工业的重要组成部分。至元十五年(1278 年)，在景德镇设立“浮梁瓷局”，这也是我国统治阶层首次在地方建立瓷业管理机构，为明清景德镇瓷政开了先河，使景德镇一举成为我国陶瓷中心，为我国瓷业发展作出了巨大贡献。

①青花瓷的创烧

青花系景德镇在元代始创，它是指在瓷坯上用钴料描绘纹饰，然后上透明釉，在 1200℃左右高温以还原焰一次烧成的瓷器，又称“釉下蓝”“釉里青”“白釉蓝花”。元代景德镇的青花瓷采用瓷石加高岭土的二元配方制胎。胎质细腻洁白，因氧化铝含量高而不易变形。釉色微微闪青，光润透亮，清澈明丽，与浓艳的青花相映和谐。纹饰以松、竹、梅、花鸟、鸟兽、人物纹为主。器物多为大件，有瓶、罐、盘、碗等。

②釉里红瓷的创烧

元代中期景德镇的重要发明之一。制作工序与同时代的青花瓷大体相同。它是以氧化铜作着色剂，于胎上绘画纹饰后，罩施透明釉，在高温还原焰气氛中烧成。因红色花纹在釉下，故称釉里红。釉里红对窑室气氛要求严格，比青花瓷更难烧成，因而产量很低，元代釉里红瓷器出土与传世的极为少见。釉里红与青花瓷在装饰和釉色上有少许不同，釉里红的纹饰较为简单朴素，题材颇少，釉色具有较浓阶层，纹饰线条常有晕散。

元代景德镇瓷器作品甚丰，代表作有枢府瓷撇口碗、枢府瓷高足杯、黑釉高足碗。

(6)明代瓷器

明代景德镇的瓷业因吸引众多具有娴熟经验的工匠纷纷来驻，成为当时全国制瓷中心，对各地的影响很大，有官窑和民窑之分。

①官窑：明太祖于洪武二年(1369 年)在景德镇珠山麓建立御器厂，设大龙缸窑、青窑、色窑、风火窑、匣窑、大小横窑六种共 20 座，专为宫廷生产供奉瓷器。官窑按惯例以帝王年

号称之，如永乐年间的景德镇官窑称为永乐窑，成化年间则称成化窑，以方便区分各代瓷器特色。

官窑制品大都制作严谨，精益求精，质量为上，不计成本，成品挑选极为严格。明代各官窑瓷器都极其精致且独具风韵。永乐以甜白、鲜红、翠青釉瓷名传于世；宣德以宝石红、祭红、霁青成就最大；成化以斗彩细腻莹润取胜；弘治以纯正均匀的娇黄釉为优；正德以素三彩、孔雀绿最佳；嘉靖以"青釉""瓜皮绿""枣皮红"引人注目；万历以青花五彩名扬一时。

②民窑：即民间瓷窑，相对于宫廷兴办的官窑而言，生产的瓷器都为满足国内外市场普遍需要的日用瓷和陈设瓷，销售地区极为广泛。民窑的产品称客货，风格与官窑迥异，除去一些限制生产的花纹和器形，可以说民窑瓷器的造型和纹饰题材更丰富自由。明代景德镇拥有为数众多的民窑，是我国陶瓷窑的主体，其制品粗细，并不比官窑逊色多少，可见也有着雄厚的基础。比较著名的有崔公窑、周公窑、壶公窑、小南窑等。

崔公窑见于嘉靖隆庆时期，为景德镇民窑之冠。以仿制宣德、成化窑瓷器为主，据说成就甚至超越此两窑，四方争相购买。隆庆万历之时，有吴门人周丹泉于景德镇设窑烧造，人称"周公窑"。他善于仿定窑的文王鼎、炉、兽白戟、耳彝等器物，制作精良且极其逼真，就连当时精通古玩的行家，也难以分辨其真假。每一名品都被富人以重价收藏，一时名气之盛，无出其右者。

万历时，浮梁人昊十九于景德镇设"壶公窑"，他号壶隐道人，擅长诗、书、画，也善于烧瓷，以制壶见长，他烧制的壶，色泽青淡，尤如宋代官窑哥窑产品，不带冰纹。难得的是紫金壶，为仿宜兴时大彬、陈曼生的制品样式，壶底题"壶隐道人"款。其他器形也色料精美，不输于官窑制品。尤其以流霞盏卵幕杯最为著名，瓷质极薄极轻，能透见指纹，色泽莹润洁白，明亮有如流霞。

(7)清代瓷器

清代全国瓷业的中心仍在景德镇，是我国古代制瓷业的高峰期。这与清朝历代帝王对瓷器的珍赏是分不开的。顺治十一年，将明朝的御器厂改为御窑厂，康熙十七年，派遣内务府官驻厂督造，使景德镇御窑完全恢复盛时景观。雍正时下谕解除贱民，宣布四民平等，陶瓷工匠一跃成为工艺家，脱离了"贱民"的地位，使景德镇瓷业更是蓬勃发展。乾隆皇帝狂热爱好各类艺术，专派唐英任内务府员外郎督造，景德镇由此而越发重要。这些因素对景德镇瓷业的发展起了重大作用。

因而康熙、雍正、乾隆三朝，景德镇瓷业有突飞猛进的发展，达到历史高峰，几乎所有工艺和品种都有提高和创新，青花瓷和釉里红更进一层，色釉品种繁多，以郎窑红、豇豆红、霁红、仿钧、胭脂水、洒蓝、霁蓝、油绿最著名，釉上彩更是丰富，创制了粉彩、珐琅彩、釉下彩和墨彩等。造型和装饰方面比明代绚丽多姿，难以统计。

瓷器的发明是我国古代劳动人民在制陶过程中，发挥才干和智慧，积累长期实践经验，不断改进原料选择与处理方法，提高烧成温度，总结施釉技巧，而做出的创造性成果。瓷器取代陶器，不仅方便了人们的日常生活，丰富了人们的审美情趣，也证明了中华民族是具有伟大创造力的民族。其在每一个工艺过程中凝聚的古代先民的智能和辛勤汗水，更是蕴含了重要的历史价值和艺术价值。瓷器在汉唐以后源源不断地输出到世界各地，促进了当时中国与外界的经济、文化交流，并且对其他国家人民的传统文化和生活方式产生了深远的影响。同时，瓷器还是人类从“野蛮时代”进入“文明时代”的重要标志，它是中国对世界历史、文化、艺术、科技等方面作出的一项重大且不可磨灭的贡献。

第六章　客体旅游文化之民俗旅游文化

一般来说,传统民族民俗文化包括六大门类,即衣食住行方面的生活文化;婚姻家庭和人生礼仪文化;民间传承文化(包括民间文学艺术、民间歌舞、民间游乐等);科技工艺文化;信仰、巫术文化;节日文化。而民俗旅游是指对那些可以对旅游者产生吸引力,为旅游业所利用,能产生经济、社会和生态效益好的传统民族民俗文化进行旅游开发以满足旅游者需求的旅游形式。

根据国际著名旅游人类学家、耶路撒冷希伯来大学科恩教授的定义,民俗旅游是观光旅游的一种变体,其目标所指的人群在自己居住的范围内不完全属于该国政治或社会意义的主体民族;由于在自然生态的文化特性方面的与众不同,这类人群被贴上了旅游性标志,即把古雅的土著习俗以及土著居民包装成旅游商品以满足旅游者的消费需求,是以少数民族传统文化为特色的观赏、娱乐、商品及服务。民族民俗文化是非资源性的,有其自身的发展方向和运行机制并沿着历史所提供的特定条件和环境发展、演变,因而它是民俗旅游发展的源泉和动力。

(1)民俗旅游产生的原因

随着人类社会的不断进步和发展,面对人际关系的疏离和冷漠、生活本身的程式化、竞争的无情以及环境的破坏,人们迫切渴求返璞归真,并希望通过旅游找回生活中失落的朴素、真诚、热情和简单。这种旅游需求促进了民俗旅游的产生。作为民俗旅游必不可少的旅游资源,一部分传统民族民俗文化,由于它能满足人们求新、求异、求乐、求知的心理需求,加之它与其他文化有一定的差异,而且这种差异越大,对外来人的震撼就越大,从而对国内或国际游客产生的吸引力也就越大。民俗旅游资源的神秘性、真实性和体验性对民俗旅游的发展起了极大的拉动作用。

(2)民俗旅游的开发模式

民俗旅游的开发模式具体来说有以下五种:

①本原式。这种开发模式包括天然民族村寨和原生民俗开发两种形式,它的开发形成以传统民族民俗文化的原样开发为主,不仅要求绝对完整地展示传统民族民俗的原本风貌,而且也不能有任何形式的篡改,它强调民族民俗的原版性、原汁原味性。

②主题公园式。它是指在旅游点兴建的,把某一时期或某一民族或某一区域的民族民俗文化,依照一定的方式和风格加以集中反映的人造旅游景观。它一般采取缩微方式和活态形式来表现民族民俗文化,主要有民俗文化村等形式。

③资源凝聚式。一般以民俗博物馆的形式体现。这类博物馆专以民族民俗文物为收藏对象,并以资源凝聚的方式和固态的形式展现民族民俗文化。

④节会式。包括节庆和集会两种开发形式。节会凝聚着一个地区或民族的民俗风情精华,是该地区或民族文化的集中体现,旅游者参与其中不仅能便捷地了解和考察异域他乡的民族民俗文化,而且在大众性的狂欢中也能受到感染和熏陶,并获得情感上的共鸣和交流。

⑤物品式。主要是民族民俗商品。民俗旅游形式多样,既有有形的,又有无形的;既有物化的,又有观念上的;既可以为固化的,又可以为活化的。那些有形的、物化的民俗事象,如工艺品、食品、生活用品等都可以开发为民俗旅游商品。

第一节　民俗文化概述

一、什么是民俗

中国文化博大精深、源远流长,无论是在物质文化生产还是在精神文化生产中都彰显着民族的集体素养。民俗学家王光荣先生说:"文化,即人们生活行为的模式、人类的意识形态、思维方式,是人类精神生产和物质生产成果的总和。从性质上分为物质文化、精神文化及制度文化;从范围上分为精英文化、大众文化、民间文化、习俗文化、汉民族文化及其他民族文化。"由此可见,民俗是文化不可或缺的部分。更有学者提出了"民俗文化为各个学科的基础学科"的论断。

民俗涉及的内容繁复庞杂,基本上涵盖了人类生活的各个方面。要对传统民俗事象进行归纳分类并非易事,学者们的观点也不尽相同。

有的学者将民俗分为十类,即生产贸易民俗、衣食住行民俗、社会家庭民俗、人生仪礼民俗、生态科技民俗、信仰民俗、岁时节令民俗、语言文学民俗、民间游乐民俗、民间艺术民俗,或巫术民俗、信仰民俗、服饰饮食居住民俗、建筑民俗、制度民俗、生产民俗、岁时节令民俗、人生仪礼民俗、商业贸易民俗、游艺民俗;也有的学者将民俗分为三大类八小类,即物质生活民俗(包括生产民俗、商业民俗、生活民俗等)、社会生活民俗(包括社会组织民俗、岁时节日民俗、人生礼仪民俗等)、精神生活民俗(包括游艺民俗、民俗观念等);还有的学者将民俗分为三类,即心理的民俗、行为的民俗、语言的民俗。

当前比较常用的民俗分类方法是四分法,即将民俗分为经济民俗、社会民俗、信仰民俗和游艺民俗。经济民俗是指在创造和消费财富过程中形成的民俗,主要包括生产民俗、商贸民俗、服饰民俗、饮食民俗、居住民俗、交通(旅行)民俗等。社会民俗也称社会生活民俗,是指在特定条件下,个人或群体在社会生活中所结成的社会关系惯制以及使用并传承的集体行为方式,主要包括家庭乡里民俗、交际民俗、人生礼仪民俗、岁时节日民俗等。信仰民俗是指在物质文化与制度文化基础上形成的有关意识形态方面的民俗,主要包括民间信仰、民间巫术、民间禁忌等。游艺民俗是指民间传统的文化娱乐活动形式，主要包括口承文艺活动、民间歌舞、民间戏曲与曲艺、民间竞技与游戏等，具有鲜明的娱乐性和群众性。

二、中国民俗

元旦民俗

亦称元日、元正、正旦、朔旦、朔日等。在农历的正月初一。因其日为岁之元（第一天）、时（季）之元、月之元，故又称“三元”。相传自尧、舜时，已为节日。古时，岁首时间不同，夏朝岁首与今相同，商朝在农历十二月，周朝改在农历十一月，秦及汉初在农历十月。汉武帝太初元年采用“太初历”，以孟春正月为岁首，此后沿用两千多年，元旦乃成为汉族人民一年中最重大的节日。这一天标志着新的一年及春季的开始。自从秦起，朝廷于此日有朝贺之礼，群臣朝见皇帝，称觞祝寿，称为“贺正”，皇帝受贺，则有赐宴作乐等仪节。此外，民间普遍有祭祖先、饮椒柏酒、屠苏酒、食五辛盘、爆竹于庭、钉桃符、贴画鸡、放鸠、浴五木汤、挂钟馗、食胶牙饧、贴春联、为亲友尊长拜年等庆贺娱乐活动。辛亥革命后，正月初一改称春节，公历1月1日称新年。解放初，定公历1月1日为元旦。然农历的正月初一，由于其悠久的历史传统和丰富的文化内涵，仍然受到普遍的重视。在春节里，人们探望亲友，休息和进行各种娱乐活动。除汉族外，古代及近代，也有部分少数民族以农历元旦为年节，用自己的习俗庆贺节日。《渊鉴类函·岁时部·元正》引《汉杂事》：“正旦朝贺，三公奉璧上殿，向御座北面，太常使赞曰‘皇帝为君兴’，三公伏，皇帝坐，乃前进璧。”又汉崔寔《四民月令》：“正月之朔，是谓正日，躬率妻孥，洁祀祖弥。及祀日，进酒降神毕，乃室家尊卑，无大无小，以次列于先祖之前，子妇曾孙，各上椒酒于家长，称觞举寿，欣坎如也。”南朝梁宗懔《荆楚岁时记》：“正月一日，是三元之日也……鸡鸣而起。先于庭前爆竹，以避山臊恶鬼。贴画鸡，或斫镂五采及土鸡于户上。造桃板著户，谓之仙木。绘二神贴户左右，左神荼，右郁垒，俗谓之门神。于是长幼悉正衣冠，以次拜贺。进椒柏酒，饮桃汤。进屠苏酒、胶牙饧下五辛盘，进敷于散，服却鬼丸。各进一鸡子。凡饮酒次第，从小起。”宋吴自牧《梦粱录·正月》：“正月朔日，谓之元旦，俗呼新年。一岁节序，此地之首……士夫皆交相贺，细民男女亦皆鲜衣，往来拜节。街坊以食物、动使、冠梳、领袜、缎匹、花朵、玩具等物沿门歌叫关扑。不论贫富，游玩琳宫梵宇，竟日不绝。家家饮宴，笑语喧哗。此伉城风俗，畴昔侈靡之习，至今不改也。”清叶调元《汉口竹枝词·时令》：“新年春酒竞相邀，轿子何嫌索价高。提盒天天来送礼，汤圆春饼与年糕。”

桃符：

亦名“桃板”。古代神话传说谓东海度朔山有大桃树，其下有二神，名神荼、郁垒，能食百鬼。故农历元旦，民间习以桃木板画二神于其上，悬于门户，以驱鬼辟邪。此俗起于汉代，至五代以后，渐代之以用纸书写的春联及刻印门神像。汉王充《论衡·订鬼》引《山海经》：“门户画神荼、郁垒与虎，悬苇索以御凶魅。”南朝梁宗懔《荆楚岁时记》：“正月一日……贴画鸡或听镂五彩及土鸡于户上。造桃板著户，谓之仙木。绘二神贴户左右，左神荼，右郁垒，俗谓之门神。”宋王安石《元日》诗：“爆竹声中一岁除，春风送暖入屠苏。千门万户曈曈日，总把新桃换旧符。”宋陈元靓《皇朝岁时杂记》卷五：“桃符之制，以薄木板长二三尺，大四五寸，上画神像狻猊白泽之属,或书祝祷之语,岁旦则更之。”元方回《乙未岁除》诗:“诸公富贵新桃版,我是春前旧土牛。”版,同板。

小挂千:

旧时北京等地过春节时,店铺门前所粘刻有吉祥语的小红纸或小黄纸。清富察敦崇《燕亦岁时记·挂千》:“挂千者,用吉祥语镌于红纸之上,长尺有咫,粘之门前,与桃符相辉映。其上有八仙人物者,乃佛前所悬也。其物民户多用之,世家大族鲜用之者。其黄纸长三寸,红纸长寸余者,曰小挂千,乃市肆所用也。”

闹嚷嚷:

明代元旦日,男女老幼所戴之饰物。以纸做成,缠于铜丝之上。为古代“人胜”、宋代“闹蛾”之遗。明沈榜《宛署杂记·民风一》:“岁时元旦拜年……戴闹嚷嚷。”原注:“以乌金纸为飞蛾、蝴蝶、蚂蚱之形,大如掌,小如钱,呼曰闹嚷嚷。大小男女各戴一枝于首中,贵人有插满头者。”清姚之骃《元明事类钞·元日闹嚷嚷》引《北京岁华记》:“元旦人家儿女剪乌金纸作蝴蝶戴之,名曰闹嚷嚷。”

年糕:

江南地区,用糯米或黏性较大的米,加水磨成粉,蒸制而成的糕。因是过农历年的食品,故称。又称“水磨年糕”。各地式样不一,以江浙一带最为重视。冬腊水制成,可存贮数月之久。清顾禄《清嘉录·十二月·年糕》:“黍粉和糖为糕,曰年糕。有黄、白之别。大径尺而形方,俗称方头糕。为元宝式者,曰糕元宝。黄白磊砢,俱以备年夜祀神、岁朝供先及馈贻亲朋之需。其赏赉仆婢者,则形狭而长,俗称条头糕。稍阔者,曰条半糕。富家或雇工至家磨粉自蒸,若就简之家,皆买诸市。春前一二十日,糕肆门市如云。”按:吴人所制“糕元宝”,黄者代表黄金,白者代表白银,清代诗人吴锡麒曾作诗嘲讽之。

五辛盘:

亦称“辛盘”。即在盘中盛上五种带有辛辣味的蔬菜,作为凉菜食用。魏晋以下,元旦日有食五辛盘的风俗。意在尝新。源于汉代立春日食生菜。唐宋以下,演变为立春日之“春盘”。南朝梁宗懔《荆楚岁时记》:“正月一日……进屠苏酒、胶牙饧。下五辛盘。”原注引晋周处《风土记》:“元日制五辛盘。”原注:“五辛,所以发五藏之气。即大蒜、小蒜、韭菜、芸薹、胡荽是也。”《庄子》所谓:“春正月饮酒、茹葱,以通五藏也。”《食医心镜》曰:食五辛以辟厉气。”唐韩鄂《岁华纪丽·元日》:“肴列辛盘,觞称椒酒。”

糯花米:

用糯米淘净晒干,在锅中拌炒爆而成,南方作为新年食品,并有用来占卜之俗。起于宋以前。宋范成大《上元纪吴中节物俳谐体三十二韵》:“撚粉团栾意,熬稃膈膊声。”注:“炒糯谷以卜,俗名孛娄。见吴郡、姑苏二志,张司直寅《太仓志》因之。范志云:亦曰米花。李戒庵《漫笔》有《米花》诗:春入吴城千万家,家家爆谷卜年华。就锅抛下黄金粟,转手翻成白玉花。红粉美人占喜事,白头老叟问天涯。晓来妆饰诸儿女,数片梅花插鬓斜。《姑苏志》云:‘又曰卜流言,卜流年也。’”

拜年：

正月初一起，由家长带领小辈出门谒见亲戚、朋友、尊长，以吉祥语向对方祝颂新年，卑幼者并须叩头致礼，谓之“拜年”。主人家则以点心、糖食等热情款待之。亦有士大夫之族，不亲自登门，仅遣子弟或仆役持帖代拜者，宋时已成风气，相沿至近代，改用贺年片。南朝梁宗懔《荆楚岁时记》：“正月一日，是三元之日也……长幼悉正衣冠，以次拜贺。”宋《嘉泰会稽志》：“元旦男女夙兴，家主设酒果以奠，男女序拜竣，乃盛服诣亲属贺，设酒食相款，曰岁假，凡五日而毕。”宋周辉《清波杂志》：“至正交贺，多不亲往，有一士人令人持名衔，每至一门撼数声，而留刺字（贺年帖）以表到……吕荥阳公言：‘送门状习以成风，既劳于作伪，且疏拙露见。’司马温公在台阁时，不送门状，曰：‘不诚之事，不可为也！’”清顾禄《清嘉录·正月·拜年》：“有终岁不相接者，此时亦互相往拜于门。门首设簿，书姓氏，号为门簿。鲜衣炫服，飞轿生风，幽巷静坊，动成哄市。薄暮至人家者，谓之拜夜节。初十日外，谓之拜灯节。”《江苏风物志·岁时风俗·新春贺年》：“接待贺年客人，除茶烟外，还有一茶生、瓜子、糖果、糕点等品。扬州、仪征一带，有一种漆器‘桌盒’，盒为圆形或方形，有盖。盒内分九个格档，中间一格放一枚大福橘周围八格分别装着各色糖饵。主人从桌盒内取出果饵奉客时，每样都说点吉利的话，如花生谓‘长生不老’，瓜子谓‘瓜瓞绵绵’，糖块谓‘甜甜蜜蜜’，黑枣谓‘早早发财’（或‘早娶新娘’‘早生贵子’），橘子谓‘走大局’，等等。客人们略为尝食，但很少动那橘子。”

立春民俗

二十四节气之一。在农历正月初，阳历的 2 月 4 日或 5 日。为冬至后的第四十六日。是一年节气中的第一个节日，标志春节的肇始。自先秦以来，一直受到特别的重视。历代统治者都在这天出东郊，举行盛大的迎春典礼，以祈求丰年，奖励农耕。先秦至汉，此日天子亲率三公九卿诸侯大夫至东郊迎春，祭春神青帝句芒，车旗幡帻皆为青色。郡国亦如之，并陈列土牛以示民节令早晚，寓重农之意。晋代以下，更有食春盘、贴“宜春”字，剪彩燕、宫中赐群臣彩胜、鞭春牛、咬春，盛德在木。天子乃斋。立春之日，天子亲率三公九卿诸侯大夫以迎春于东郊。还，乃赏公卿诸侯大夫于朝。命相布德和令，行庆施惠，下及兆民。

打春牛：

亦称“鞭春”“打春”。自汉代始，立春之日，最高统治者除举行盛大迎春典礼外，有陈列土牛模型，以示时令的习俗。汉以下各代沿之。宋代时，自京都至各州县，于立春日，俱于衙前陈列土牛、耕犁，设坛以祭先农神。主管官吏，届时皆各持彩杖鞭牛三下，表示奖劝农耕之意，称为“吏春”。此俗大约起于南朝。后世大略相同，迄于清末。某些地方，所打春牛也有用黍杆为骨架，而以纸糊成，施以彩绘者。此风习表示了古代社会对农业的重视与对丰收的祈望。《后汉书·礼仪志上》：“立春之日……施土牛、耕人于门外，以示兆民，至立夏。”《隋书·礼仪志二》：“后齐五郊迎气……立春前五日，于州大门外之东，造青土牛两头、耕夫犁具。立春，有司迎春于东郊，竖青幡于青牛之旁焉。”宋孟元老《东京梦华录·立春》：“立春前一日，开封府进春牛入禁中鞭春。开封、祥符两县，置春牛于府前，至日绝早，府僚打春，如方州仪。府前百姓卖小春牛，往往花装栏坐，上列百戏人物。”《古今图书集成·岁功典·立春》:"通州太守迎春于东郊,老幼聚观,土牛过,则争撒麻麦米豆,以中牛为得岁。永丰县鞭土牛将散,则诸人蜂拥,争拾其碎土。"清富察敦崇《燕京岁时记·打春》:"打春即立春。在正月者居多。立春先礼部呈进春山宝座,顺天府呈进春牛图。礼毕回署,引春牛而击之,曰打春。"清顾禄《清嘉录·正月·打春》:"立春日,太守集府堂,鞭牛碎之,谓之打春。农民部以麻、麦、米、豆抛打春牛……百姓买芒神春牛亭子置堂中,云宜田事。蔡云《吴歈》云:"春恰轮当六九头,新花巧样赠春球。芒神脚色牢牢记,共诣黄堂看打牛。"

春饼:

古代立春日所食之面饼。与数种生菜同食,则号为春盘。江南所制,不同于北方。清代时,春饼用白面为外皮,圆薄平匀,内包菜丝,卷成圆筒形,以油炸成黄脆,食之。今其俗犹普遍存在,称为"春卷",有甜、咸等不同馅心。《类腋·天部·正月》引孙国敉《燕都游览志》:"立春日,于午门赐百官春饼。"清顾禄《清嘉录·正月·春饼》:"春前一月,门上已插标供买春饼,居人相馈贶。卖者自署其标曰应时春饼。"又引蒋耀宗、范来宗《咏春饼联句》:"十月琼肌贵,吴侬制不同……匀平霜雪白,熨贴火炉红。薄本裁圆月,柔还卷细筒。纷藏丝缕,馋嚼味融融……"

春盘:

唐宋以后,立春之日有食春饼与生菜之俗。饼与生菜以盘装之,即称为春盘。源于汉代,与六朝元旦之五辛盘也有一定联系。故春盘或亦称辛盘。明、清之时,于春饼、生菜外,兼食水红萝卜,谓能去春困,因而整个尝新活动称为"咬春"。表示迎接春天之意。汉崔寔《四民月令》:"立春日食生菜,取迎新之意。"唐岑参《送杨千趁岁赴汝南郡觐省便成婚》诗:"汝南遥倚望,早去及春盘。"唐杜甫《立春》诗:"春日春盘细生菜,忽忆两京梅发时。"宋周密《武林旧事·立春》:"后苑办造春盘供进,及分赐贵邸、宰臣、巨珰,翠缕红丝、金鸡玉燕,备极精巧,每盘值万钱。"《宋史·礼志》:"立春赐春盘。"《类腋·天部·正月》引《四时宝镜》:"东晋李鄂,立春日命以芦菔、芹芽为春盘,相馈贶。"清潘荣陛《帝京岁时纪胜·正月·春盘》:"新春日献辛盘。虽士庶之家,亦必割鸡豚,炊面饼,而杂以生菜、青韭菜、羊角葱,冲和合菜皮,兼生食水红萝卜,名曰咬春。"

春幡:

也称"春幡胜""幡胜"。古代立春之日,剪有色罗、绢或纸为长条状小幡,戴在头上,以示迎春。此俗起于汉,至唐、宋时,春幡之制作更为精巧。《后汉书·礼仪志上》:"立春之日,夜漏未尽五刻,亦师百官皆衣青衣,郡国县道官下至斗食令史皆服青帻,立青幡。"前蜀牛峤《菩萨蛮》词:"玉钗风动春幡急,交枝红杏笼烟泣。"宋高承《事物纪原.岁时风俗.春幡》:"《后汉书》曰立春皆青幡帻,今世或剪彩错缉为幡胜,虽朝廷之制,亦镂金银或缯绢为之,戴于首。"宋辛弃疾《汉宫春·立春日》词:"春已归来,看美人头上,袅袅春幡。"《岁时风土记》:"立春之日,士大夫之家,剪彩为小幡,谓之春幡。或悬于家人之头,或缀于花枝之下。"宋周密《武林旧事·立春》:"是日赐百官春幡胜,宰执亲王以金,余以金裹银及岁帛为之,系文思院造进,各垂于幞头之左入谢。

人日

农历正月初七名“人日”，原因不可考。或传说这一天为人类的诞生日，故称。旧时有登山、饮酒、剪贴彩胜，食菜羹和煎饼的风俗。民间又传说这一天“老鼠娶亲”，晚上禁点灯烛。据记载，此节日当起于晋代以前。晋董勋《问礼俗》：“正月一日为鸡，二日为狗，三日为猪，四日为羊，五日为牛，六日为马，七日为人。”南朝梁宗懔《荆禁岁时记》：“七日为人日，以七种菜为羹，剪彩为人，或镂金箔为人，以贴屏风，亦戴之头鬓，又造华胜以相遗，登高赋诗。”注：“剪彩人者，人人新年，形容改从新也……春日登临，自古为适，但不知七日竟起何代。晋代桓温参军张望亦有《正月七日登高》诗，近代以来，南北同耳。北人此日食煎饼，于庭中作之，云‘熏天’，未知所出。”唐韩鄂《岁华纪丽·人日》注引《寿阳记》：“越伯会为豫州刺史，立义楼，每至元日、人日……乃于楼上作乐，楼下男女盛饰，游看作乐。”宋苏辙《踏青》诗序：“眉州之东门十数里，有山曰蟆颐，山上有亭榭松竹，下临大江，每正月人日，士女相与游嬉，饮酒于其上，谓之踏青。”《古今图书集成·岁功典·人日》：“七日，俗谓‘人七’日。民间忌点灯，为鼠娶妇。”又“人日采七种菜，和米粉食之，曰七宝羹”。

彩胜：

亦称“华(花)胜”“彩花”。古代立春日和人日(正月初七)，用有色岁绢或纸，剪成的双燕、小幡、人形、花朵等头饰，统称“彩胜”。胜，妇女头饰。剪成小包括通草和红绒的制品。妇女与儿童插在发上迎春，并互相馈送。此俗肇端于汉、晋。至唐宋时，皇帝于节日颁赐臣下，以示庆贺。此后遂成为装点节气时令的一般饰物。晋傅咸《燕赋》：“四气代王，敬逆其始，彼应运而方臻，乃设象以迎止。翚轻翼之岐岐，若将飞而未起，何夫人之工巧，信仪形之有似。”南朝梁宗懔《荆楚岁时记》：“正月七日为人日，以七种菜为羹，剪彩为人，或镂金箔为人，以贴屏风，亦戴之头鬓。又造华胜以相遗。”注：“华胜起于晋代，见贾充夫人《典诫》。”又：“立春之日，悉剪彩为燕戴之，贴‘宜春’二字。”元张宪《端午词》：“五色灵钱傍午烧，彩胜金花贴鼓腰。”

元宵民俗

汉代正月十五日为祭祀、祈福之日，后受到道教思想影响，以此日为“上元”，以七月十五为“中元”，十月十五为下元，共称“三元”。至北魏时已成为固定节日。至唐代，张灯成为最主要、盛大的活动，其夜又称“元夜”“元夕”。此夕京城内，宫廷与民间盛陈灯彩，金吾不禁夜，纵士女尽兴游观。至宋代更为繁盛，又有食汤圆、灯谜、百戏、烟火等活动，后世相沿，遂增加，一般自十三日开始，称“上灯”，至十八日止，称“落灯”。宋元话本、小说及文人诗词中极记其盛。《新唐书·严挺之传》：“睿宗好音律，每听忘倦。先天二年(公元713年)正月望夜，胡人婆请然百千灯，因驰门禁，又追赐元年酺，帝御延喜、安福门纵观，昼夜不息，阅月未止。”唐苏味道《正月十五夜》诗：“火树银花合，星桥铁锁开。暗尘随马去，明月逐人来。游会皆秾李，行歌尽《落梅》。金吾不禁夜，玉漏莫相催。”宋朱淑真《元夜》诗：“十里绮罗春富贵，千门灯火夜婵娟。”宋辛弃疾《青玉案·元夕》词：“东风夜放花千树，更吹落，星如雨。宝马雕车香满路，凤箫声动，玉壶光转，一夜鱼龙舞。”明田汝成《西湖游览志余·熙朝乐事》：“正月十五日为上元节，前后张灯五夜。相传宋时止三夜，钱王纳土，献钱买添两夜。”《水浒传》第三十二回:“且说这清风寨镇上居民,商量放灯之事,准备庆赏元宵,科敛钱物,去土地天王庙前扎缚起一座小鳌山,上面结彩悬花,张挂起五七百碗花灯。土地大王庙内,呈赛诸般社火。家家门前,扎起灯棚,赛悬灯火。”参阅宋孟元老《东京梦华录·元宵》、吴自牧《梦粱录·元宵》。

灯市:

唐代始,正月十五夜张灯,至宋代臻于极盛。自腊月末至正月初,民间已有各种奇巧灯彩应市,称为“灯市”。后世相同,直至近代。宋周密《武林旧事·元夕》:“都城自旧岁孟冬驾回……天街茶肆,渐已罗列灯球等求售,谓之‘灯市’。自此以后,每夕皆然。”明田汝成《西湖游览志余·熙朝乐事》:“腊后春前,寿安坊而下至众安桥,谓之灯市,出售各色华灯。其像生人物,则有老子、美人、钟馗捉鬼、月明度妓、刘海戏蟾之属,花草则有槴子、葡萄、杨梅、柿橘之属,禽虫则有鹿、鹤、鱼、虾、走马之属,其奇巧则琉璃球、云母屏、水晶帘、万眼罗、玻璃瓶之属。而豪家富室,则有料丝、鱼魫、彩珠、明角、镂画羊皮、流苏宝带;品目万殊,难以枚举。”明刘侗、于奕正《帝京景物略·春场》:“八日至十八日,集东华门外,曰灯市。贵贱相沓,贫富相易贸。”清符曾《上元竹枝词》:“珠络流苏照宝灯,星球佳制出时兴。游人齐集琉璃厂,巧样争夸见未曾。”参阅《清嘉录·正月·灯市》。

闹蛾:

亦称“夜蛾”“蛾儿”。用纸做成的灯蛾儿。宋代正月十五元夕夜,妇女戴之,以应时节,盖取蛾儿戏火之意。至明代,仍很流行,“闹嚷嚷”即其遗制。宋范成大《菩萨蛮》词:“留取缕金幡,夜蛾相并看。”宋康与之《瑞鹤仙》词:“花影乱,笑声喧。闹蛾满路,成团打块,簇着冠儿斗转。”宋辛弃疾《青玉案·元夕》词:“蛾儿雪柳黄金缕,笑语盈盈暗香去。”宋周密《武林旧事·元夕》:“元夕节物,妇人皆戴珠翠、闹蛾、玉梅、雪柳……而衣多尚白,盖月下所宜也。”

玉梅:

人工制作的白绢梅花。宋代元宵节,节物尚白色,每年正月十四、十五、十六日夜,青年妇女盛行戴玉梅,以为应时的头饰。届时街头巷陌,皆有售卖。此风习延续至宋以后。宋晁冲之《传言玉女》词:“娇波向人,手然玉梅低说:‘相逢常是,上元时节。’”宋李邴《女冠子》词:“东来西往谁家女,买玉梅争戴,缓步香风度。”宋孟元老《东京梦华录·正月十六》:“市人卖玉梅、夜蛾、蜂儿、雪柳、菩提叶。”

走百病:

明清时,北京等地正月十五日,妇女夜间约齐外出行走,一人持香前导,且须去桥,谓可健身却病,称为“走百病”,又称“走桥”。江南苏州一带称为“走三桥”。明刘侗、于奕正《帝京景物略·春场》:“八日至十八日……妇女着白绫衫,队而宵行,谓无腰腿诸疾,曰走桥。”明周用《走百病行》:“都城灯市春头盛,大家小家同节令。姨姨老老领小姑,撺掇梳妆走百病。俗言此夜鬼穴空,百病尽归尘土中。不然今年且多病,臂枯眼暗偏头风。踏穿街头双绣履,胜饮医方二钟水。谁家老妇不出门,折足蹒跚曲房里。今年走健如去年,更乞明年天有缘。蕲州艾叶一寸火,只向他人肉上燃。”清顾禄《清嘉录·正月·走三桥》:“元夕,妇女相率宵行,以却疾病。必历三桥而止,谓之走三桥。”

团:

本写作“糰”等。一种以糯米粉做成的食品。入水煮者,称水团或汤团,多于新年及元宵日食之。亦有蒸熟者。多有馅。唐代为端午节食品。今称大而干的为团,小而汤煮的为圆子。团,盖取其形圆之义。唐韦巨源《食谱》中有“玉露团”“如意团”。至宋代杭州水团、糍团等名色。后世沿之。五代王仁裕《开元天宝遗事》:“宫中每到端午节,造粉团、角黍,贮于金盆中。”宋吴氏《中馈录》:“煮沙团方:沙糖入赤豆或绿豆沙,煮成一团,外以生糯米粉裹作大团,蒸或滚汤内煮亦可。”清袁枚《随园食单》:“萝卜汤团,水粉汤团。”清顾禄《清嘉录·三月·青团烤熟藕》:“市上卖青团、烤熟藕,为居人清明祀先之品。”

汤圆:

民间食品。唐代叫牢丸(清俞正燮说)。宋代叫圆子(又写作“元子”)。因在元宵节煮食,后又称作元宵。今或称汤团。南宋都城杭州已有专卖圆子的店铺,张家元子铺最有名。系以糯米粉包以甜或咸的馅心,放沸水中煮熟而成。亦有不包馅,如今之酒酿圆子等。宋朱淑真《圆子》诗:“轻圆绝胜鸡头肉,滑腻偏宜蟹眼汤。”宋吴自牧《梦粱录·荤素从食店》:“又为粉食店,专卖山药元子、真珠元子。”清袁枚《随园食单·点心·水粉汤团》:“用水粉和作汤团,滑腻异常。中用松仁、核桃、猪油、糖作馅,或嫩肉去筋丝捶烂,加葱末、秋油作馅亦可。作水粉法:以糯米浸水中一日夜,带水磨之,用布盛接,布下加灰,以去其渣,取细粉晒干用。”清薛宝辰《素食说略·汤圆》:“周必大有《元宵浮圆子》诗,朱淑真有《圆子》诗,是元宵汤圆之名,古已有之矣。今人捏馅作小块,入糯米粉滚之,再湿再滚,大小合宜而止,曰元宵。以水和糯米粉,擘块,实以馅包之,曰汤圆。古人作此,当亦不外此二法也。”清王誉昌《崇祯宫词》:“饮醇食德宽如海,那为牢丸计一丝。”自注:“段成式(记)食品,有‘汤中牢丸’。一日帝谕买元宵来,即粉团也。所司随进一碗,帝问其价,一曰‘一贯钱’。帝笑曰:‘朕在藩时,每以三十文买一碗,今算一贯耶?’仍谕准给一贯,所司凛凛者累日。”

送穷,社日,挑菜,花朝

送穷:

农历正月的最后一日(二十九或三十日),夜无月,称为晦日。民间相传,于此日,弃破衣于巷,祭“穷神”,号曰“送穷”。表示了古代人民希望摆脱贫困,生活富裕的愿望。此俗产生于唐以前。《天中记》卷四引《岁时记》:“高阳氏(即传说中的帝王颛顼)子瘦约,好衣弊食糜,正月晦日巷死。世作糜,弃破衣,是日祀于巷,曰送穷鬼。”唐韩愈《送穷文》注引唐《四时宝鉴》:“高阳氏子,好衣弊食糜,正月晦巷死。世作糜,弃破衣,是日祝于巷,曰除贫也。”唐姚合《晦日送穷》诗:“年年到此日,沥酒拜街中。万户千门看,无人不送穷。”

社日:

古代春、秋两季祭祀土地神的日子。春以祈谷,秋以谢神。汉以前,仅有春社,汉以后才有春、秋二社日。自宋代起,以立春、立秋后的第五个戊日为社日。社神。相传为古代共工氏之子,名曰后土,掌土地与农业之事。其俗起于先秦。《礼记·祭法》:“共工氏之霸九州也,其子曰后土,能平九州,故祀以为社。”又《礼记·月令》:“择元日,命民社。”郑玄注:“社,后土也，使民祀焉，神其农业也。”南朝梁宗懔《荆楚岁时记》：“社日，四邻并结综合社，牲醪，为屋于树下，先祭神然后飨其胙。”注引郑玄曰：“百家共一社，今百家所社综，即共立之社也。”《北史·李士谦传》：“士谦宗族豪盛，二社会宴，饮醉喧哗。”参见“春社”“秋社”。

春社：

春季祭祀土地神的日子。古无定日，先秦、汉、魏、晋各代择日不同。自宋代起，以立春后第五个戊日为社日。然此后又有官社、民社之分。民社下为二月二日，俗称“土地公公生日”；官社日期不变，其祭祀为国家祀典，在社稷坛举行。古代春社日，官府及民间皆祭社神祈求丰年，里中有饮酒、分肉、赛会、妇女停针线之俗。《礼记·明堂位》：“是故夏勺、秋尝、冬烝、春社、秋省，而遂在蜡，天子之祭也。”唐张籍《吴楚歌词》：“庭前春鸟啄林声，红夹罗襦缝未成。今朝社日停针线，起向朱樱树下行。”唐王驾《社日》诗：“桑柘影斜春社散，家家扶得醉人归。”元方太古《社日出游》诗：“村村社鼓隔溪闻，赛祀归来客半醺。”

挑菜：

宋代风俗。每年春二三月，百草生发，青年妇女多至郊外挖取野菜，以应时节，供制春盘，称为挑菜，当时并以二月初二日为挑菜节。宋陆游《水龙吟·春日游摩诃池》词：“挑菜初闲，禁烟将近，一城丝管。”宋史达祖《夜行船·正月十八日闻卖杏花有感》词：“草色拖裙，烟光惹鬓，常记故园挑菜。”宋周密《武林旧事·挑菜》：“二月二日，宫中排办挑菜御宴……用此以资戏笑。王宫贵邸，亦多效之。”清端木国瑚《沙湾放船》诗：“时节刚逢挑菜好，女儿多见采茶忙。”

花朝：

亦称“百花生日”。晋代在农历二月十五日，至宋以后，始渐改为二月十二日。传说此日为百花之神生日。宫廷民间皆剪彩条为幡，系于花树之上，名叫“赏红”，表示对花神的祝贺。此日如天朗气清，则预兆一年作物的成熟。一船士民，于花朝日俱各至郊外看花游春，这是中国人民最富诗意的传统节日之一，与八月十五的中秋，分别称为“花朝”与“月夕”。宋吴自牧《梦粱录·二月望》：“仲春十五日为花朝节，浙间风俗，以为春序正中，百花争放之时，最堪游赏。都人皆往钱塘门外玉壶、古柳林、杨府、云洞，钱湖门外庆乐、小湖等园……玩赏奇花异木。最是包家山桃开浑如锦障，极为可爱。此日帅守、县宰率僚佐出郊，召父老赐酒食，劝以农桑，告渝勤劬，奉行虔恪。天庆观递年设老君诞会，燃万盏华灯，供圣修斋，为民祈福。士庶拈香瞻仰，往来无数。崇新门外长明寺及诸教院僧尼，建佛涅槃胜会，罗列幡幢，种种香花异果供养，挂名贤书画，设珍异玩具，庄严道场，观乾纷集，竟日不绝。”清顾禄《清嘉录·二月·百花生日》：“《诚斋诗话》：‘南京亦以二月十二日为花朝。’《宣府志》：‘花朝节，城中妇女剪彩为花，插之鬓髻，以为应节。’《昆新合志》云：‘二月十二日为花朝。花神生日，各花卉俱赏红。’”又：“虎丘花神庙，击牲献乐，以祝仙诞，谓之花朝。蔡云《吴歈》云：‘百花生日是良辰，未到花朝一半春。红紫万千披锦锈，尚劳点缀贺花神。’”

上巳及民俗

上巳：

古代节日。因在三月上旬的巳日，故称。起于上古，三国魏以后定为三月三日，成为水边饮宴、郊外游春的日子。于祓禊外，并进行曲水流觞的活动，尤为文人雅士所喜爱。流觞，亦称“流杯”，即投杯于水的上游，听其流下，止于何处，则其人取而饮其酒。唐时此风犹盛，至宋渐稀。后世上巳日，民间有戴荠菜花、挑荠、听蛙鸣等习俗。《后汉书·礼仪志》：“是月上巳，官民皆于絜东流水上，曰洗濯祓除去宿垢火为大絜。”刘昭注：“谓之禊也。”《续齐谐记》：“昔周公城洛邑，因流水以泛酒，故《逸诗》云：羽觞随波。”晋潘尼《三日洛水作》诗：“羽觞乘波进，素卵随流归。”晋王羲之《兰亭诗序》：“流觞曲水，列坐其次，虽无丝竹管弦之盛，一觞一咏，亦足以畅叙幽情。”北齐刑邵《三日华林园公宴诗》：“方筵罗玉俎，激水漾金卮。”宋吴自枚《梦梁录·三月》：“三月三日上巳之辰，曲水流觞故事，起于晋时。唐朝赐宴曲江，倾都禊饮踏青，亦是此意……杜甫《丽人行》云‘三月三日天气新，长安水边多丽人’，形容此景，至今令人爱慕。”后亦有不用三日，仍用巳日者。元白朴《墙头马上》第一折：“今日乃三月初八日，上巳节令。洛阳王孙士女，倾城玩赏。”清顾禄《清嘉录·三月·田鸡报》：“三日，农民听蛙声于午前后，以卜丰稔，谓之田鸡报。谚曰田鸡叫拉午时前，大年在高田；田鸡叫拉午时后，低田弗要愁。”参见“祓禊”。

祓禊：

古代于春秋两季，有至水滨举行祓除不祥的祭礼发习俗。源于上古。春季常在三月上旬的巳日，并有沐浴、采兰、嬉游、饮酒等活动。三国魏以后定为三月初三日，称为祓禊。《周礼·春官·女巫》：“女巫掌岁时祓除衅浴。”郑玄注：“岁时祓除，如今三月上巳，如水上之类。衅浴，谓以香熏草药沐浴。”汉应劭《风俗通》：“禊者，洁也，故于水上盥洁之也。”汉张衡《南都赋》：“暮春之禊，元巳之辰，方轨齐轸，祓于阳滨。”南朝宋刘义庆《世说新语·企羡》刘孝标注引晋王羲之《临河叙》：“暮春之初，会于会稽山阴之兰亭，修禊事也。”汉至唐代，赋咏极多，如东汉杜笃《祓禊赋》、晋张协《洛禊赋》、隋卢思道《上巳禊饮诗》、唐沈佺期《上巳日祓禊渭滨应制》，皆写此事。

挑荠：

挑摘野地生长的荠菜。多由妇女儿童进行，城市家庭食此尝新，农家以此节省园蔬和卖钱。一般在春季上巳（三月初三）日前后挑取。民间又流传此日为荠菜花生日。有在社台上放荠菜花，谓可驱虫蚁，及戴荠菜花之俗。源于宋代。宋周密《武林旧事·挑菜》：“二日，宫中排办挑菜御宴。先是内苑预备朱绿花斛，下以罗帛作小卷，书品目于上，系以红丝，上植生菜、荠花诸品。俟宴酬乐作，自中殿以次，各以金篦挑之。”清顾禄《清嘉录·三月·野菜花》：“荠菜花，俗呼野菜花。因谚有‘三月三，蚂蚁上社山’之语，三日人家皆以野菜花置灶陉上，以厌虫蚁。侵晨，村童叫卖不绝。或妇女簪髻上，以祈清目，俗称亮眼花。”南京民谚：“三月三，荠菜花赛牡丹。女人不插无钱用，女人一插米满仓。”

寒食及民俗

寒食：

自古山西太原、雁门一带，从冬至起有断火一百五日之俗（亦有断火一月者），在此期内，民间只吃冷食。相传起于春秋时晋文公为纪念臣介子推被焚死之事。至东汉时，周举、曹操明令禁止，乃改为三日。魏晋以下，“寒食”遍及于各地，指清明前一日、二日或三日，因不举火,故又称“禁烟节”,并与清明日相衔接。民间在节期内有食饧粥、折柳插门、上墓、斗鸡、打球、秋千、拔河等习俗与活动。《后汉书·周举传》:“太原一郡,旧俗以介子推焚骸,有龙忌之禁,至其亡月,咸言神灵不乐举火,由是士民每冬中辄一月寒食,莫敢烟爨,老小不堪,岁多死者。举既到州,乃作吊书以置子推之庙,言盛冬去火,残损民命,非贤者之意。以宣示愚民,使还温食。于是众惑稍解,风俗颇革。”李贤注:“《新序》曰:‘晋文公反国,介子推遂不出而之介子之上。文公求之不得,乃焚其山,子推遂不出而焚死。’……俗传介子推以此日被焚而死。”《艺文类聚》卷四引陆翙《邺中记》:“并州俗,冬至后百五日,为介子推断火,冷食三日,作干弱,今之糗是也。”又:“寒食三日,作醴酪,煮粳米及麦为酪,捣杏仁,煮作粥。”唐王昌龄《寒食即事》诗:“晋阳寒食地,风俗旧来传。雨灭龙蛇火,春生鸿雁天。泣多流水涨,歌发舞云旋。西见子推庙,空为人所怜。”宋吴自牧《梦梁录·清明节》:“清明交三月,节前两日谓之寒食,亦师人从冬至后数起,至一百五日便是此日,家家以柳条插于门上,名曰明眼,凡官民不论小大家,子女未冠笄者,以此日上头。”宋周密《武林旧事·祭扫》:“清明前三日为寒食节,都城人家皆插柳满詹,虽小坊幽曲,亦青青可爱,大家则加枣锢于柳上,然多取之湖堤。有诗云:莫把青青都折尽,明朝更有出城人。”枣锢,用面粉制成的一种点心,穿于柳枝,插在门楣之上,称为“子推燕”。

饧粥:

饧,麦芽糖稀。自古寒食节有食粥的风俗,唐宋以后,人们喜在杏仁粥内浇以糖稀,杏仁饧粥乃成为一种普遍的节令食品。旧时清明前后,街头巷尾皆有小贩吹箫卖饧。《玉烛宝典》卷二引晋陆翙《邺中记》:“并州(今山西太原一带)之俗,以冬至后百五日,有介子推,断火冷食三日,作干粥,是今糗也,中国以为寒食。又作醴酪,醴者,火粳米或大麦作之;酪,捣杏子仁,煮作粥。”原注:“今世悉作大麦粥,研杏仁为酪。别者,一饧沃之也。”唐佺期《岭表逢寒食》诗:“岭外逢寒食,春来不见饧。洛中新甲子,明日是清明。”唐李商隐《评事翁寄赐饧粥走笔为答》诗:“粥香饧白杏花天,省对流莺坐绮筵。”宋王易简《齐天乐·客长安赋》词:“柳色初分,饧香未冷,正是清明百五。”

桃花粥:

唐代民间岁时食品。寒食节前后,以新鲜之桃花瓣煮粥,至明末此俗犹存。唐冯贽《云仙杂记》:“洛阳人家,寒食装万花舆,煮桃花粥。”清孔尚任《桃花扇·寄扇》:“三月三刘郎到了,携手儿妆楼,桃花粥吃个饱。”

清明及民俗

清明:

二十四节气之一。在农历三月初,阳历的4月4日、5日或6日,寒食节的后一天。唐时开始重视此节,因与寒食相联系,宫中于此日赐榆柳之火给近臣,民间也“改火”。此外,又有拔河、斗鸡、抛球、秋千等活动,试新茶、上坟、食饧粥等习俗。自宋以下,民间更于这天插柳条于门,出郊游园饮酒,以贺佳节。《淮南子·天文训》:“春分后十五日,斗指乙为清明。”东汉崔寔《四民月令》:“清明节,令蚕妾理蚕室。是日也,杏花盛,种百谷。”《渊鉴类函·岁时·清明》引《岁时记》:“唐朝于清明,取榆柳之火,以赐近臣,顺阳气也。”又引上《会要》曰:

“禁火乃周之旧制，唐宋清明日赐新火，亦周人出火之义。”又引唐《辇下岁时记》：“长安清明尚食内园官小儿，天殿前钻火，先得火者，进上，赐绢三匹，金碗一口，都人聚门外以观。”唐张说《清明日诏宴宁王山池》诗：“今日清明宴，佳景惜芳菲……承恩如改火，春去春来归。”宋苏轼《东坡志林》：“黄州俗，清明陶井。”宋孟元老《东京梦华录·清明节》：“寒食第三节，即清明日矣。凡新坟皆用此日拜扫。都城人出郊……士庶填塞诸门，纸马铺皆于当街用纸衮叠成楼阁之状。四野如市，往往就芳树之下，或园囿之间，罗列杯盘，互相劝酬。都城之歌儿舞女，遍满园亭，抵暮而归。各携枣餶、饮饼、黄胖、掉刀，名花异果，山亭戏具，鸭卵鸡雏，谓之‘门外土仪’。轿子即以杨柳杂花装簇顶上，四垂遮映。”宋吴自牧《梦粱录·清明节》：“至日……官员士庶，俱出郊省坟，以尽思时之敬。车马往来繁盛，填塞都门。宴于郊者，则就名园芳圃，奇花异木之处；宴于湖者，则彩舟画舫，款款撑驾，随处行乐。此日又有龙舟可观，都人不论贫富，倾城而出，笙歌鼎沸，鼓吹喧天，虽东京金明池未必如此之佳。”

踏青：

初春时，芳草始生，杨柳泛绿，至郊外野游，谓之踏青。唯踏青的日期，因时地而异，或于二月初二，或于三月上巳，或于清明节前后。明刘侗、于奕正《帝京景物略·春场》：“三月清明日……是日簪柳，游高梁桥，曰踏青。”清李稷勋《都门竹枝词》：“山花押鬓踏青行，儿女相逢各问名。”

扫墓：

清明前后，士庶并出郊，持牲、醴、纸钱祭扫祖先坟墓，谓之“扫墓”，又叫“上坟”。每至扫墓之日，路远者则泛舟具馔而往，近者则提壶担盒而出。至坟前，则挑新土、烧纸钱，祭山神、奠坟邻，哭泣尽哀而去。除祭祖先外，亦有女婿祭岳父母墓，族人祭无祀孤冢者。相传，先秦已有祭墓，是望墓为坛而祭，后渐变为直接祭于坟前。汉魏时已很重视上坟之礼，但其时尚未成为正式礼制。至隋唐时，寒食上墓，民间已相沿成俗。唐开元二十年朝廷始下诏，令将寒食上墓编入“五礼”，永为常式。因清明距寒食仅一二日，故宋时扫墓多在清明。至清，上墓日期规定更不严格，清明前一日直至立夏日，皆是扫墓之日。

立夏，浴佛节，药王生日

立夏：

二十四节气之一。在农历四月初，阳历的5月5日或6日。为夏的开始。古代此日天子亲率公卿出南郊，举行迎夏之礼，众皆穿赤衣，以符夏神赤帝之意。至明清时，江南一带有烹新茶、尝新、供祖先、秤人诸风俗。《礼记·月令》：“孟夏之月……是月也，以立夏。先立夏三日，大史谒之天子，曰某日立夏，盛德在火，天子乃齐(斋)。立夏之日，天子亲率三公九卿大夫迎夏于南郊。还反，行赏、封诸侯、庆赐遂行，无不失说。”古代诗文中，“初夏”“孟夏”“首夏”“夏首”亦指立夏。唐太宗《初夏》诗：“一朝春夏改，隔夜鸟花迁。”明田汝成《西湖游览志》：“立夏之日，人家各烹新茶，配以诸色细果，馈送亲戚比邻，谓之七家茶。富家以侈丽相竞，果皆雕刻，饰以金箔，若茉莉、林禽、蔷薇、桂蕊、丁檀、苏杏，盛以哥、汝瓷瓯，鲜艳夺目。”清顾禄《清嘉录·四月·立夏见三新》：“立夏日，家设樱桃、青梅，供神享先，名曰夏见三新。宴饮则有烧酒、酒酿、海狮、馒头、面筋、芥菜、白笋、咸鸭蛋等品为佐，蚕豆亦于是日尝新。”又《四月·秤人》:“家户以大秤权人轻重,至立秋日秤之,以验夏中之肥瘠。”

浴佛节:

民间宗教节日。在农历四月初八日。相传为释迦牟尼诞辰。寺院至此日以香汤浴佛,并煮乌米饭,施予信众,民间有放生活动,店肆中亦作乌米糕,居民皆买归供佛。起于六朝,后世沿之。《高僧传》:“四月八日浴佛,以都梁香为青色水,郁金香为赤色水,丘隆香为白色水,附子香为黄色水,安息香为黑色水,以灌,以求施利。是日西湖作放生会,舟楫甚盛,略如春时小舟,竞买龟鱼螺蚌放生。”清顾禄《清嘉录·四月浴佛》:“僧尼香花灯烛,置铜佛于水盆,妇女争舍钱财,曰浴佛。居人持斋礼忏,结众为放生会,或小舟买龟鱼螺蚌,口诵《往生咒》放之,竟日不绝。”又《四月·阿弥饭》:“市肆煮青精饭为糕式,居人买以供佛,名曰阿弥饭,亦名乌米糕。”又引《吴县志》:“僧家以乌叶染米,作黑饭赠人。”龙佩芳《脉药联珠》:“取天南烛叶,煮法渍炊之,名黑饭,故俗又名乌米饭。”

药王生日:

在农历四月二十八日,以间于此日祭祀药王。药王指春秋时大医学家扁鹊,民受其惠,除了其家鄚县外,各地多有立庙祀之者。《史记·扁鹊仓公列传》:“扁鹊者,勃海郡郑人也,姓秦氏,名越人……为医或在齐,敬在赵。在赵者名扁鹊。又家于卢国,因命之曰卢医也。”裴骃集解:“郑,当为鄚。鄚,县名,今属河间。”司马贞索引:“勃海无郑县,当作鄚县,音莫,今属河间。”清吴梅村《过鄚州》诗:“香火年年赛药王。”清高士奇《扈从西巡日录》:“药王庙,专祀扁鹊。四月二十八日,贺药王生日。”《清一统志》:“药王庙在任丘县鄚州城东北,祀扁鹊。”清顾禄《清嘉录·四月·药王生日》:“二十八日药王生日。医士备分烧香,骈集于(苏州)洙泗巷之三皇庙,即医这也。郡县医学官司香火。卢家巷亦有药王庙,诞日,药市中人击牲设醴以祝嘏。或集众为会,有为首者掌之,醵金演剧,谓之药王会。”按:鄚,唐代县名。故城在今河北省任丘市北。

端午民俗

端午:

又名“端王”“重五”“重午”“端阳”。中国汉民族传统节日,在农历五月初五日。“端”为始之义,每月有三个五日,端五,意为第一个五日。又因农历五月称“午月”,故亦称“端午”“重午”。为我国传统三大节(春节、端午、中秋)之一。其起源甚古,大概与祈求农业丰收及防止夏季疫病有关。至晋以后,楚地纪念伟大爱国诗人屈原的活动也与端午密切联系起来。此日民间历来有悬蒲于门户、饮酒、竞渡、挂天师符、沐浴、驱五毒虫、戴长命缕、食粽子(角黍)等风俗。《后汉书·礼仪志》:“仲夏之月,万物方盛。日夏,至阴气萌作,恐物不懋……故以五月五日,朱索、五色印为门户饰,以难止恶气。”明余有丁《帝京午日歌》:“都人午五女儿节,酒蒲角黍榴花辰。金锁当胸符当髻,衫裙簪朵盈盈新……踏归百草毒可禳,系出五丝命可续。结缕仍将艾叶悬,祓祥却把兰汤浴。”

挂钟馗:

传说唐玄宗因病昼卧。梦一大鬼破帽蓝包、角带朝靴,捉小鬼啖之。自称终南进士钟馗,应举不第,触阶而死。玄宗梦觉而疾愈,命画家吴道子图其像。其说自唐时始传,时翰林院例于岁末进钟馗像，皇帝并以之赐大臣。民间亦是悬像于门首，谓可驱邪逐鬼。唐、宋时挂钟馗像多在岁首，其后则改在端午。唐张说有《谢赐钟馗画表》、刘禹锡有《代杜相公谢赐钟馗历日表》。《新五代史·吴越世家》："岁除，画工献《钟馗击鬼图》。"宋沈括《补笔谈》："熙宁五年，上令画工模搨吴道子钟馗像镌版。除夜，遣内供奉官梁楷就东西府给赐。"清顾禄《清嘉录·五月·挂钟馗图》："堂中挂钟馗画图一月，以祛邪魅。"又引吴曼云《江乡节物词》小序："杭俗，钟进士画像，端午悬之以逐疫。"

端午景：

亦称"端午节物"。指端午节供养玩赏吃用诸物。宋孟元老《东京梦华录·端午》："端午节物：百索艾花、银样鼓儿花、花巧画扇、香糖果子、粽子、白团、紫苏、菖蒲、木瓜，并皆茸切，以香药相和，用梅红匣子盛裹。"清顾禄《清嘉录·五月·端午》："五日，俗称端午。瓶供蜀葵、石榴、蒲蓬等物，妇女又簪艾叶、榴花，号为'端午景'。"

赤口白舌帖子：

宋代民间于端午节时书写的一种帖子，谓能免除因口舌引起的纠纷灾祸。宋吴自牧《梦梁录·五月》："士宦等家以生硃于午时书'五月五日天中节，赤口白舌尽消灭'之句。"宋周密《武林旧事·端午》："又以青罗作赤口白舌帖子，与艾人并悬门楣，以为禳禬。"《京本通俗小说·菩萨蛮》："五月五日午时书，赤口白舌尽消除；五月五日天中节，赤口白舌尽消灭。"按唐、宋时端午节又称天中节。

女儿节：

明清两代端午节的别称。其时，小姑娘簪戴榴花，已嫁之女则回娘家省亲。明刘侗、于奕正《帝京景物略·春场》："五月一日至五日，家家妍饰小儿女，簪以榴花，曰女儿节。"清潘荣陛《帝京岁时纪胜·五月·端阳》："饰小女尽态极妍，已嫁之女亦各归宁，呼时日为女儿节。"《宛平县志》："五月五日……幼女佩纸符，簪榴花，曰女儿节。"《张北县志》："各家赶节前，搬请出嫁之女吃粽子，节后再送回。"

悬艾：

亦名"插艾"。以艾草悬插于门户、堂屋、床头等处。源于古代端午节采集众药草之俗。艾，又名艾蒿、家艾，茎叶含挥发性芳香油，味浓烈，有驱除蚊蝇虫蚁、净化空气的作用，艾绒可用于针灸。菖蒲作用类似，民间迷信它有辟邪免疫的神效。故自汉晋以来，端午节家家必插艾以应节景，唐以后更添以菖蒲，民间为"蒲龙艾虎"。京有以艾束为人形者。南朝梁宗懔《荆楚岁时记》："五月五日，谓之浴兰节。四民并踏百草。今人又有斗百草为戏。采艾以为人，悬门户上，以禳毒气。以菖蒲或缕或屑，以泛酒。"注："今人以艾为虎形，或剪彩为小虎，粘艾叶以戴之。"宋孟元老《东京梦华录·端午》："自五月一日及端午前一日，卖桃、柳、葵花、蒲叶、佛道艾，次日家家铺陈于门首……又钉艾人于门上，士庶递相宴赏。"宋吴自牧《楚梁录·五月》："家家……以艾与百草缚成天师，悬于门额上。"明张岱《夜航船·天文·夏》："端阳日以石榴、葵花、菖蒲、艾叶、黄槐花插瓶中，谓之端午，辟除不祥。"清光绪《左云县志稿》："五月初五日，天中节。插艾，食角黍，饮雄黄酒。"清潘荣陛《帝京岁时纪胜·五月·端阳》："五朋朔，家家悬硃符，插蒲龙艾虎。"

长命缕：

又名“续命缕”“避兵缯”“五色丝”“长命寿线”等。古代以五月为恶月，以其天气炎蒸，疾病易于流行，自汉以来，即于此月重五前后，以彩色丝线系于臂，谓可保平安健康，又谓能避刀兵之灾，故称。《太平御览》卷三一引汉应劭《风俗通》：“五月五日，以五彩丝系臂者，辟兵及鬼，令人不病瘟。”又“五彩，辟五兵也。”清顾禄《清嘉录·五月·长寿线》：“结五色丝为索，系小儿之臂，男左、女右，谓之长寿线。”又吴曼云《江乡节物词》小序：“杭俗，结五彩索系小儿臂上，即古之长命缕也。”诗曰：“编成杂组费功深，络索轻于臂缠金。笑语玉郎还忆否？年时五彩结同心。”

天师符：

民间端午节期贴在门上的符。为禳镇之一种。上绘天师或钟馗像，意在驱除疫病毒虫，保佑全家健康。亦称“灵符”“五雷符”等。其俗源于汉代。《后汉书·礼仪志》：“五月五日，朱索五色桃符，为门户饰，以止恶气。”宋吴自牧《梦粱录·五月》：“杭都风俗，自初一日至端午，家家买桃、柳……时果、五色瘟纸，当门供养。”明刘侗、于奕正《帝京景物略·春物》：“插门以艾……家各悬五雷符。”清顾禄《清嘉录·五月·贴天师符》：“朔日，人家以道院所贻天师符，贴厅事以镇恶，肃拜烧香，至六月朔，始焚而送之。有贻自梵氏者，亦多以红、黄、白纸，用朱墨画韦陀镇凶，则非天师符矣。而小户又多粘五色桃印彩符，每描画姜太公、财神及聚宝盆、摇钱树之类。受符者必至院观拈香，答以钱文，谓之符金。”清吴曼云《江乡节物词》小序：“杭俗，道家于端午送符，必署天师二字，以见其神。受者皆答以钱米。”诗云：“研将朱墨任鸦涂，春蚓秋蛇认得无？但乞人施五斗米，全家饱食仗灵符。”清潘荣陛《帝京岁时纪胜·五月·端阳》：“五月朔，家家悬灵符。”清富察敦崇《燕京岁时记·天师符》：“每至端阳，市肆间用尺幅黄纸，盖以朱印，或绘画天师、钟馗之像，或绘画五毒符咒之形，悬而售之。都人士争相购买，粘之中门，以避祟恶。”

五毒：

指蝎子、蜈蚣、蛇、蟾蜍、蜥蜴等五种有害于人的毒虫。端午节，民间有挂五毒图于门户及在儿童手臂或身上佩戴五毒形象饰物的习俗，其意在禳避病害，以求平安。源于宋代，五毒后世名目不一。它反映了我国古代人民进入夏季时除害灭病的愿望。宋周密《武林旧事·端午》：“插食盘架，设天师艾虎意思山子数十座，五色蒲丝百草霜，以大合三层，饰以珠翠葵、榴、艾花。蜈蚣、蛇、蝎、蜥蜴等，谓之‘毒虫’。”明刘侗、于奕正《帝京景物略·春场》：“簪佩各小纸符，或五毒、五瑞花草。”清顾禄《清嘉录·五月·五毒符》：“尼庵剪五色彩线，状蟾蜍、蜥蜴、蜘蛛、蛇蟀之形，分贻檀越，贴门楣、寝次，能魇毒虫，谓之五毒符。”又引吴曼云《江乡节物词》小序：“杭俗，午日扇上画蛇、虎之属，数必以五，小儿用之。”

六月六，伏日，立秋

六月六：

民间节日。北宋时为天贶节，谓乃神人降天书之日，出于真宗及王钦若的伪托。天贶，即天赐之意。至南宋时，将此日作为崔府君诞辰。崔府君，东汉时人，宋高宗谓其曾有磁州“护驾”，乃建宫观于临安崇奉香火，也出于统治者的假托。当时临安（今浙江杭州市），每逢此日，宫廷差使臣降香设醮，都人士女除至观献香，以求护佑外，则多为避暑之游。至明、清时，又有晒衣晒书、浴猫狗等习俗。宋吴自牧《梦梁录·六月》："六月初六日，敕封护国显应兴福普佑真君诞辰，乃磁州崔府君……此日内庭差天使降香设醮，贵戚士庶，多有献香化纸。是日湖中画舫，俱舣堤边，纳凉避暑，恣眠柳影，抱挹荷香，散发披襟，浮瓜沉李，或酌酒以狂歌，或围棋而垂钓，游情寓意，不一而足。盖此时烁石流金，无可为玩，姑借此以行乐耳。"明刘侗、于奕正《帝京景物略·春场》："六月六日，晒鸾驾。民间亦晒其衣物，老儒破书，贫女敝缊，反覆勤日光，晡乃收。"清顾禄《清嘉录·六月·狗馈浴》："谚云：六月六，狗馈浴。谓六月六日牵猫犬浴于河，可避虱蛀。"清郭麟《浴猫犬词》："六月六，家家猫犬水中浴。不知此语从何来，辗转流传竟成俗。"又：《六月·晒书》："六日，故事：人家曝书籍图画于庭，云蠹鱼不生。"

伏日：

又称伏天。三伏的总称。古代也专指三伏中祭祀的一天。古人以为，伏天之时，阴气迫于阳气而藏伏，故名之。春秋时秦德公始作伏，祠社，此为设伏日之始。夏日炎热，尤以三伏为盛，故人于伏日有避暑之举。汉魏时，伏日有酒食之会。汉和帝曾令伏日尽日闭门，不干他事。唐时，长安人伏日多于风亭水榭，浮瓜沉李，流杯曲沼，每至通夕而罢，富家子或植画柱，搭凉棚，召客聚坐，作纳凉盛会。此外，自三国魏时，六月伏日即有家家作汤饼之俗，谓食之可避除疾患。《艺文类聚·岁时·伏》引《历忌释》："伏者何也，金气伏藏之日也。"又引晋程晓诗："平生三伏时，道路无行车。闭门避暑卧，出入不相过。"宋吴自牧《梦梁录·六月》："六月季夏，正当三伏炎暑之时，内殿朝参之际，命翰林司供给冰雪……以解暑气。"清顾禄《清嘉录·六月·三伏天》："旧传有夏九九，今已不传。但从夏至日起，第三庚为初伏，第四庚为中伏，立秋后初庚为末伏，谓之三伏天。好施者，于门首普送药饵，广结花缘。街坊叫卖凉粉、鲜果、瓜、藕、芥辣索粉，皆爽口之物。什物则有蕉扇、苧巾、麻布、蒲鞋、草席、竹席、竹夫人、藤枕之类，沿门担供不绝。茶坊以金银花、菊花点汤，谓之双花。"

洗象：

明清时，皇宫中例于三伏日为畜养之象洗浴，届时遣官以鼓乐引导、监浴。往往河两岸观者万众，其情形多于诗人吟咏见之。明刘侗、于奕正《帝京景物略·春场》："三伏日洗象，锦衣卫官以旗鼓迎象出顺承门，浴响闸。象次第入于河也，则苍山之颓也，额耳昂回，鼻舒纠吸嘘出水面，矫矫有蛟龙之势。象奴挽索据脊。时时出没其髻。观时两岸各万众。"清潘荣陛《帝京岁时纪胜·六月·洗象》："銮仪卫则驯象所，于三伏日，仪官具履服，设仪仗鼓吹，导象出宣武门西牐水滨浴之。城下结彩棚，设仪官公廨监浴，都人于两岸观望，环聚如堵。"又，明徐渭有《宣武门河看洗象》，清王士祯有《洗象行》咏其事。

乘风凉：

吴地夏夜纳凉消暑之称。清顾禄《清嘉录·六月·乘风凉》："纳凉，谓之乘风凉。或泊舟胥门万年桥洞，或舣棹虎阜十字洋边，或分集琳宫、梵宇、水窗、冰榭，随意留连。作牙牌、叶格、马吊诸戏，以为酒食东道，谓之斗牌。习清唱为避暑计者，白堤青舫，争相斗典，夜以继日，谓之曲局。或招盲女、瞽男弹唱新声绮调，明目男子演说古今小说，谓之说书，置酒属客，递为消暑之宴。盖此时烁石流金,无可消遣,借乘凉为行乐也。”清徐崧、张大纯《百城烟水·苏州》:“六月二十四日,画船箫鼓竞于荷花荡,观荷纳凉。”

立秋:

二十四节气之一。在农历七月初,阳历的8月7或8日。古代至此日,天子亲率公卿大夫迎秋于西郊。汉代,于郊礼之后,皇帝必须射死一牲,荐于宗庙。后代立秋之日,有插戴楸叶、食豆水、西瓜、饮烧酒诸俗。又俗传此日若雷鸣及有虹,则有害农稼。《后汉书·礼仪志》:“立秋之日,夜漏未尽五刻,京都百官皆衣白,施皂领缘中衣,迎气于白郊:礼毕,皆衣绛,至立冬。立秋之日,白郊礼毕,始扬威武,斩牲于郊东门,以荐陵庙……斩牲之礼,名曰驱刘。”宋范成大《立秋》诗:“析枝楸叶起园瓜,赤豆如珠咽井花。”宋吴自牧《梦粱录·七月》:“立秋日,太史局委官吏于禁廷内,以梧桐树植于殿下,俟交立秋时,太史官穿秉奏曰:‘秋来!’其时梧叶应声飞落一二片,以寓报秋意。都城内外,侵城满街叫卖楸叶,妇人女子及儿童辈争买之,剪花样,插于鬓边,以应时序。”清顾禄《清嘉录·七月·秋穀碌收粃谷》:“立秋日雷鸣,主稻秀不实。谚云:‘秋穀碌,收粃谷。’……范《志》又云:‘立秋后虹见,为天收,虽大稔亦减分数。’(范《志》,指宋范成大《吴郡志》)”又《七月·立秋西瓜》:“立秋前一月,街坊已担卖西瓜,至是居人始荐于祖祢,并以之相馈贶,俗称立秋西瓜。或食瓜饮烧酒,以迎新爽……盖本《豳风》‘七月食瓜’之意。”

七夕民俗

亦称“乞巧节”“女儿节”。传统节日。在农历七月初七。自东汉以来,即传说牛郎与织女二星于此夕在天河相会,民间有“乞愿”、晒衣等活动。至南朝,七夕有穿针乞巧之俗,从此乃成为妇女的一个节日。唐宋以下,除乞巧外,更有拜祀牛、女双星、卖巧果、丢巧针、染红指甲、种五生等活动内容。诗人亦多吟咏其事。汉崔寔《四民月令》:“七月七日曝经书,设酒醇时果,散香粉于筵上,祈请于河鼓、织女,言此二星神当会。守夜者咸怀私愿,或云见天汉中有奕奕正白气,如地河之波,辉辉有光曜五色,以此为征应,见者便拜乞愿,三年乃得。”《艺文类聚》卷四引《竹林七贤论》:“阮咸,字仲容,籍兄子也。诸阮前世皆儒学,内足于财……七月七日,法当晒衣,诸阮庭中烂然,莫非绨锦。咸时总角,乃竖长竿,摽大布犊鼻于庭中,曰‘未能免俗,聊复尔尔’。”又引《世说新语》:“郝隆,七月七日见邻人皆曝晒衣物,隆乃仰卧出腹,云晒书。”南朝梁吴均《续齐谐记》:“桂阳城武丁,有仙道。谓其弟曰:‘七月七日,织女当渡河,诸仙悉还宫。’弟问曰:‘织女何事渡何!’答曰:‘织女暂诣牵牛。’世人至今云织女嫁牵牛也。”南宋梁刘孝威《咏织女》诗:“金钿已照耀,白日未蹉跎。俗待黄昏至,含娇渡浅河。”

乞巧:

古代传说,七夕(七月初七)为天上牛郎、织女相会之期。自东汉至南朝,有向织女乞求智巧之俗,称为“乞巧。”每年至此夕,妇女穿七孔针,设瓜果于庭,礼拜双星。齐武帝并曾起穿什楼,令宫人于七夕登楼穿针。至宋代,除传统的活动外,七夕前,市上竞卖乞巧物品,如魔喝乐、縠板、花瓜、五生盆等精致玩意及食物,民间往往铺陈于门首,以奇巧侈丽相尚。至明代,又有“丢巧针”等习俗。反映了古代人民对美好生活的向往。晋葛洪《西京杂记》卷一:“汉彩女常以七月七日穿七孔针于开襟楼。”南朝梁宗懔《荆楚岁时记》:“七夕,妇人结彩楼，穿七孔针；……以乞巧。”宋孟元老《东京梦华录·七夕》：“至初六日、七日晚，贵家多结彩楼于庭，谓之‘乞巧楼’。铺陈磨喝乐、花瓜、酒炙、笔砚、针线，或儿童裁诗，女郎呈巧，焚香列拜，谓之‘乞巧’。妇女望月穿针。或以小蜘蛛安合子内，次日看之，若网圆正，谓之‘得巧’。”

七夕节物：

古代七夕节期妇女、儿童所吃的和玩的物品。宋代时，有油炸的果食（后世称为巧果）、雕有图案的花瓜、水蜜木瓜、双头莲花、泥孩儿“磨喝乐”（也写作“摩喉罗”）、笔砚、针线、蜡制凫雁水禽、田舍人家模型“谷板”及“五生盆”等。“磨喝乐”一般为泥娃娃，宫廷中也有用象牙、香木制造的，受到妇女的喜爱，大约与向神乞求生子有关。笔砚、针线，则为男女幼童乞巧之物。当时，街市上均有出售，以供居民度节。北宋时的东京（开封）、南宋时的临安（杭州），由于经济的繁荣，人民的文化生活发达，在七夕期间，均极一时之盛。明、清时之节物，大体承袭宋代。宋孟元老《东京梦华录·七夕》：“七月七夕，潘楼街东宋门外瓦子、州西梁门妇外、瓦子北门外、南朱雀门外街及马行街内，皆卖‘磨喝乐’，乃小塑土偶耳，悉以雕木彩装栏座，或用红纱碧笼，或饰以金珠牙翠，有一对值数千者。禁中及贵家与士庶为时物追陪。又以黄蜡铸为凫雁、鸳鸯、龟鱼之类，彩画金镂，谓之‘水上浮’。又以小板上傅土，旋种粟令生苗，置小茅屋花木，作田舍家小人物，皆村落之态，谓之‘谷板’。又以瓜雕刻成花样，谓之‘花瓜’……皆于街心彩幕帐设出络货卖。七夕前三五日，车马盈市。罗绮满街，旋折未开荷花，都人善假做双头莲，取玩一时，提携而归，路人往往嗟爱。又小儿须买新荷叶执之，盖效颦磨喝乐。儿童辈特地新妆，竞夸鲜丽。”宋周密《武林旧事·乞巧》：“七夕节物，多尚果食、茜鸡。及泥孩儿号摩喉罗，有极精巧，饰以金珠者，其直不赀。并以蜡印凫雁水禽之类，浮之水上……七夕前，修内司例进摩喉罗十卓，每卓三十枚，大者至高三尺，或用象牙雕镂，或用龙涎佛手香制造，悉用镂金珠翠。衣帽、金钱、钗镯、佩环、真珠、头须及手中所执戏具，皆七宝为之，各护以五色萎金纱橱。”陈元靓《岁时广记》卷二六“磨喝乐，南人目为巧儿。今行在中瓦子后市街众安桥，卖磨喝乐最为旺盛，惟苏州极巧，为天下第一”。据孟元老《东京梦华录注》引《阿弥陀经疏》一磨喝乐（摩喉罗）当作罗喉罗，为佛所生子，佛出家六岁，罗喉罗乃生。宋代民间七夕所制磨喝乐，乃是受佛经故事的影响而创造的形象。

种五生：

宋代以来，民间岁时风俗，于农历七月初七前，将绿豆，小豆（赤豆）、小麦五谷之属，用水浸于瓷器中，待生芽数寸，以红蓝彩线束之，置小盆内，七夕供祀牵牛星，谓之“种生”。此类以彩线所系之物，称“五生”。其盆名“生花盆”或“五生盆”。街市上并有出售。培种五生，同时也成了妇女、儿童的一种巧艺，此俗至近代犹存。元白朴《梧桐雨》第一折：“龙麝焚金鼎，花萼插银瓶，小小金盆种五生。供养着鹊桥会，丹青帧。”帧，指画幅。明陶宗仪《辍耕录·绿窗遗稿》引元孙淑诗：“乞巧楼前雨乍晴，弯弯新月伴双星。邻家小女都相学，斗取金盆看五生。”参阅宋孟元老《东京梦华录·七夕》、陈元靓《岁时广记·七夕·生花盆》、清潘荣陛《帝京岁时纪胜·七夕》。

卖巧果：

旧时七夕，市上卖油炸面食，因用来供祀双星，故称“巧果”。源于北宋，当时称为“果食”。今已成为传统食品，不限于七夕。用油、面、糖、蜜等制成。宋孟元老《东市梦华录·七夕》：“又以油面糖蜜造为笑靥儿，谓之‘果食花样’，奇巧百端，如捺香方胜之类。若买一斤数，内有一对被甲胄者，如门神之像……谓之‘果食将军’。”清顾禄《清嘉录·七月·巧果》：“七夕前，市上已卖巧果，有以面和白糖，绾作苎结之形，油氽令脆者，俗呼为‘苎结’。”又引吴曼云《江乡节物词》小序：“杭俗，七夕设时果祀双星。谓之巧果。或以花俪之，为闺房韵事。”诗云：“乞巧谁从贷聘钱，瓜花谷板献初筵。阿侬采得同心果，不为双星证夙缘。”

染红指甲：

妇女采摘凤仙花（又名金凤花），捣碎取汁，以染指甲成红色。唐时已有之一，一般多于七夕前后进行。元杨维桢《美人红指甲》诗：“金凤花开色更鲜，佳人染得指头丹。”清赵翼《陔余丛考·金凤染指》：“凤仙花，红者捣碎，入明矾少许，染指甲，用片帛缠定过夜，如此三四次，则其色深红，洗涤不去，直至退甲方渐失之，回回妇人多喜此云云。今俗则不特回回妇人也。”清朱象贤《闻见偶录》：“七夕，妇女采凤仙花捣染指甲，红如琥珀可爱。张祐《听筝》诗去年‘十指纤纤玉筝红，雁行斜遏翠弦中’盖谓此。”

秋社，中元节

秋社：

秋季祭祀土地神的日子。始于汉代，后世在立秋后第五个戊日。古代收获已毕，官府与民间皆于此日祭祀神报谢。宋时有食糕、饮酒、妇女归宁之俗。后世，秋社渐微，其内容多与中元节（七月半）合并。唐韩偓《不见》诗：“此身愿作君家燕，秋社归时也不归。”宋孟元老《东京梦华录·秋社》：“八月秋社，各以社糕、社酒相赍送。贵戚、宫院以猪羊肉、腰子、妳房、肚肺、鸭、饼瓜姜之属，切作棋子、片样，滋味调和，铺于板上，谓之‘社饭’，请客供养。人家妇女皆归外家，晚归，即外公妻舅皆以新葫芦儿、枣儿为遗，俗云宜良外甥。市学先生预敛诸生钱作社会……归时各携花篮、果实、食物、社糕而散。春社、重午、重九，亦是如此。”宋吴自枚《梦梁录·八月》：“秋社日，朝廷及州县差官祭社稷于坛，盖春祈而秋报也。”清顾禄《清嘉录·七月·斋田头》：“中元，农家祀田神，各具粉团、鸡黍、瓜蔬之属，于田间十字路口再拜而祝，谓之斋田头。案：韩昌黎诗：‘共向田头乐社神。’又云‘愿为同社人，鸡豚宴春秋。’……则是今之七月十五日之祀，犹古之秋社耳。”

停针线：

古代岁时风俗。唐宋时，每逢春秋社日，妇女们不做针线活计，称为“停针线”。这一天，她们游玩和进行其他的活动。传说这一天如果不工作，人就会不聪明。唐张藉《吴楚歌词》：“今朝社日停针线，起向朱樱树下行。”宋张邦基《墨庄漫录》卷九：“今人家闺房，遇春秋社日，不作组紃，谓之忌作。”宋史达祖《玉楼春·社前一日》词：“忌拈针线还逢社，斗草赢多裙欲御。”清姚培谦《类腋·天部》引明谢肇淛《五杂俎》：“社日男女辍业一日，否则令人不聪。”

中元节：

俗称“七月半”。民间传统节日，在农历七月十五。起于南北朝间，本于道教三元（正月半为上元，七月半为中元，十月半为下元）之说，又受到佛教《盂兰盆经》目连救母故事的影响，遂成为超度亡魂之节。此日民间普遍祭祀祖先，有能力者且敛钱纠会，延请僧众，设坛追荐死者，以为善举，称为盂兰盆会。北齐颜之推《颜氏家训·终制》："有时斋供，及七月半盂兰盆，望于汝。"《盂兰盆经》："佛言：'汝（指目连）母罪重，非汝一人力所奈何，当须十方众僧威神之力。至七月十五日，当为七代父母危难中者，具百味五果，以著盆中，供养十方大德。'……是时日连母得脱一切饿鬼之若。目连白佛：'未来世佛弟子行孝顺者，亦应奉盂兰盆供养。'佛言：'大善。'"南朝梁宗懔《荆楚岁时记》："七月十五日，僧尼道俗悉营盆供诸寺。"原注："故后人因此广为华饰，乃至刻木割竹，饴蜡剪彩，模花叶之形，极工妙之巧。"宋孟元老《东京梦华录·中元节》："先数日，市井买冥器靴鞋、幞头帽子、金犀假带、五彩衣服。以纸糊架子盘游出买……要闹处亦卖果食、种生、花果之类，及印卖《尊胜目连经》。又以竹竿斫成三脚，高三五尺，上织灯窝之状，谓之盂兰盆，挂搭衣服、冥钱在上焚之。构肆乐人，自过七夕，便搬《目连救母》杂剧，直至十五日止，观者增倍……城外有新坟者，即在拜扫。禁中亦出车观诣道者院谒坟。本院官给祠部十道，设大会，焚钱山，祭军阵亡殁，设孤魂之道场。"清顾禄《清嘉录·七月·盂兰盆会》："好事之徒，敛钱纠会，集僧众，设坛礼忏诵经，摄孤判斛，施放焰口，纸糊方相长丈余，纸镪累数百万，香亭幡盖，击鼓鸣锣，杂以盂兰盆冥器之属，于街头城隅焚化，名曰盂兰盆会。或剪红纸灯，状莲花，焚于郊原水次者，名曰水旱灯，谓照幽冥之苦。"

中秋节及民俗

中秋：

农历八月十五为中秋节。俗以此日为三秋之中，故名。中秋赏月之事，唐以前并未盛行。相传唐玄宗与方士叶法善夜游月宫，此说系神说，而民间盛传，影响所及，赏月遂成风气。至宋代愈盛。每至中秋之夕，人家或登楼临轩，或安排家宴，赏玩月色，流连达旦。虽贫若之人，亦解衣沽酒，勉强迎欢，不肯虚度此夜。明代至中秋夜不祭月之俗：家家置月宫符像。男女肃拜烧香，至旦而焚之。至清代，又有烧斗香之俗：香肆以线香作斗，纳香屑于其中，僧俗皆买之，焚于月下。中秋又有月饼，为应时唯一食物，亦用于祭月及作馈赠之礼《太平广记》卷七七《叶法善》："法善又尝引上游于月宫，因聆其天乐。上自晓音律，默记其曲，而妆传之，遂为《霓裳羽衣曲》。"宋孟元老《东京梦华录·中秋》："中秋节前，诸店争卖新酒，重新结络门面彩楼花头……中秋夜，贵家结饰台榭，民间争占酒楼玩月。丝篁鼎沸，近内庭居民，夜深遥闻笙竽之声，宛若云外。闾里儿童，连宵嬉戏。夜市骈阗，至于通晓。"明刘侗、于奕正《帝京景物略·城东内外·春场》："八月十五日祭月，其祭果饼必圆；分瓜必牙错瓣刻之如莲华。纸肆市月光纸，缋满月像，趺坐莲华者，月光遍照菩萨也。华下月轮桂殿，有兔杵而人立，捣药臼中。纸小者三寸，大者丈，致工者金碧缤纷。家设月光位，于月所出方向供而拜，则焚月光纸，撤所供，散家之人必遍。月饼月果，亲属馈相报，饼有径二尺者。女归宁，是日必返其夫家，曰团圆节也。"清顾禄《清嘉录·八月·斋月宫》："比户瓶花，香蜡望空顶礼，小儿女膜拜月下，嬉戏灯前，谓之斋月宫。"清吴曼云《江乡节物词》小序："杭俗，糊纸为斗，炷香其中，高者可二尺许，中秋夜祀月则设之。"

食月饼：

中秋节食月饼，取合家团圆之意。至南宋尚无此习俗。周密《武林旧事·蒸作从食》所记各种饼中，虽有“月饼”之名，但并非节日食品。民间传说，元代末年，人民为反抗残暴统治，以饼子互相赠送，饼内附有字条，相约于八月十五日一同起义。此后，中秋食月饼并以饼祭月，遂成全国性的风俗。其饼以面制外皮，内馅有荤、素、五仁、百果、椒盐各种。近以来，以苏州及广州所制最为有名。乡村农户，则以面纳馅自制圆饼，烘烙而成。或称“烧饼”，实即最初之“月饼”。明田汝成《西湖游览志余·熙朝乐事》：“八月十五日谓之中秋，民间以月饼相遗，取团圆之义。”清顾禄《清嘉录·八月·月饼》：“人家馈贻月饼为中秋节物。十五夜，则偕瓜果以供祭月筵前。”又《吴县志》：“中秋卖饼，谓之月饼……冯慕冈《月令广义》亦云：燕都士庶中秋馈遗月饼、西瓜之属，名‘看月会’。”又引吴曼云《江乡节物词》小序：“杭俗，中秋食月饼，夜设祭月，取人月双圆意。”清李孚青《都门竹枝词》：“刻饼分瓜几案陈，团团同拜月光神。”参阅邓去乡《燕京风土记·饮食风尚录》。

兔儿爷：

清代北京中秋节供祀和玩赏的一种泥俑。最初京师祀月，有“月光纸”，上绘月光遍照菩萨像，趺坐莲花之上，花下月轮桂殿，有玉兔执杵而人立，捣药臼中。明后期有人照其形象，用泥模塑为像，供儿童们中秋祀拜。至清初，已普遍流行，受到大人孩子的欢迎。至清后期，其形象为一人兔脸，头上双耳，银枪金甲红袍的坐像，制作考究的面部贴泥金，背后插彩绸护背旗，如同戏曲舞台上扎靠的武将，很是神气威风。因而尊称为“兔儿爷”。后来，除戏装的兔儿爷外，又有取材于社会生活的兔儿爷及模仿妇女的兔儿爷等，形形色色，体现了艺人的巧思及其自身所蕴含的童趣，成为一种离开神话内容而戏剧化、风俗化、人物化的民间艺术品。旧时兔儿爷之上市，大约在每年中秋节前一月。邓云乡《燕京乡土记·岁时风物略下·中秋》引明纪坤《花王阁胜稿》：“京师中秋节，多以泥抟兔形，衣冠踞坐如人状，儿女祀而拜之。”清潘荣陛《帝京岁时纪胜·彩兔》：“京师以黄沙土作白玉兔，饰以五彩妆颜，千奇百状，集聚天街月下，京而易之。”清蒋士铨《京师乐府词·兔儿爷》：“月中不闻杵臼声，捣药使者功暂停。酬庸特许享时祭，抟泥范作千万形。居然人身兔斯首，士农工入市儿喧哗，担头争买兔儿爷。长须缺口供玩弄，可惜官人无角牙。”清富察敦崇《燕京刚时记·兔儿爷摊子》：“每届中秋，市人之巧者用黄土抟成蟾兔之像以出售，谓之兔儿爷。有衣冠而张盖者，有甲胄而带纛旗者，有骑虎者，有默坐者。大者三尺，小者尺余。其余匠艺工人无美不备，盖谱谑而虐矣。”夏仁虎《旧京秋词》：“银枪金甲巧装排，扑朔迷离总费猜。泥塑纸糊儿戏物，西者曰兔儿奶奶。识者所嗤，然愚民或高供以祈福焉。”参阅翁偶虹《北京话旧·漫话中秋节》。

重阳：

亦称“重九”“九日”。古代传统节日。在农历的九月初九。古代《易学》以奇数为阳数，偶数为阴数，九为“极阳”而九月九日更是两个“极阳”之数相遇，认为必有灾厄，故《西厢杂记》谓西汉武帝时已有佩茱萸、食糕饵、饮菊酒诸俗，以为禳避之术。至东汉时，又产生方士费长房指点桓景于九日避厄的传说，因而，至迟在汉魏之际已形成此节。此后，重阳登高游赏、佩萸泛菊、食糕饵成为自宫廷至民间的普遍风俗。《晋书·孟嘉传》：“后为征西桓温参军，温甚重之。九月九日，温燕龙山，僚佐毕集。时佐史并著戎服，有风至，吹良帽堕落，嘉不之觉。温使左右勿言，欲观其举止。孟嘉久如厕，温令取还之，命孙盛作文嘲嘉，著嘉坐处。嘉还见，即答之，其文甚美，四坐嗟叹。”晋陶潜《九日闲居》诗序：“余闲居，爱重九之名。秋菊盈园，而持醪靡由，空服九华，寄怀于言。”九华，重九所开之花，指菊。元张养浩《九日》诗：“一行作吏废欢游，九日登临拟尽酬。”参见“菊花酒”“登高”等条。

登高：

古代岁时民俗。即在节日登上山岭高处。其初多与避灾除厄的迷信传说有关，后乃成为游览健身活动的一种。多在人日、正月十五日或其他节日举行。至魏晋后，因费长房、桓景传说，相率于九月九日（重九）进行，遂以为俗。南朝梁吴均《续齐谐记》：“汝南桓景随费长房游学累年，长房谓之曰：‘九月九日，汝家当有灾厄，急宜去令家人各作绛囊，盛茱萸以系臂，登高饮菊花酒，此祸可消。’景如言，举家登山，夕还家，见鸡狗牛羊一时暴死。长房闻之曰：代之矣。今世人第六至九日，登山饮酒，妇人带茱萸囊是也。”茱萸，传有避疫之效。《南齐书・礼志》：“宋武帝在彭城时，九日上项羽戏马台登高。”唐王维《九月九日忆山东兄弟》诗：“独在异乡为异客，每逢佳节倍思亲。遥知兄弟登高处，遍插茱萸少一人。”明刘侗、于奕正《帝京景物略・春场》：“九月九日，载酒具、茶炉、食糕，曰登高。香山诸山，高山也；法藏寺，高塔也；显灵宫、报国寺，高阁也，释不登。凭园亭，闯坊曲为娱耳。”清顾禄《清嘉录・九月・登高》：“登高，旧俗在吴山治平寺中牵羊赌彩，为摊钱之戏。今吴山顶机王殿，犹有鼓乐酬神，喧阗终日者。或借登高之名，遨游虎阜，箫鼓画船，更深乃返。”

菊花酒：

自汉代以来，即有在重阳日饮菊花酒之俗，古人认为能使人长寿，历代尚之。至其日，人多提壶携食品，出郭登高，至明胜处饮酒赏节。《艺文类聚》卷四引三国魏曹丕《与钟繇书》：“岁往月来，忽复九月九日，九为阳数，而日月并应，俗嘉其名，以为宜于长久，故以享宴高会……辅体延年，莫斯（指菊花）之贵，谨奉一束，以助彭祖之术。”晋葛洪《西京杂记》卷三：“戚夫人侍儿贾佩兰，后出为扶风人段儒妻。说在宫内时……九月九日，并采茎叶、杂黍米酿之，至来年九月九日始熟，就饮焉，故谓之菊花酒。”南朝宋檀道鸾《续晋阳秋》：“陶潜尝九月九日无酒，宅边东篱下菊丛中，采摘盈把，坐其侧。未几。望见白衣人至，乃王弘送酒也。即便就酌，醉而后归。”唐李群玉《九日》诗：“玉醴泛金菊，云亭敞玳筵。”宋孟元老《东京梦华录・重阳》：“九日重阳，都下……酒家皆以菊花缚成洞户。”明田汝成《西湖游览志余・熙朝乐事》：“重九日……登高燕饮者，必簪萸泛菊，犹古人遗俗也。”

赏菊：

自汉魏以来，重阳（九月初九）有登山、佩茱萸、饮菊花酒之俗。晋代诗人陶渊明尤爱菊花。至唐宋时，重阳赏菊成为风俗。宋代，菊之名种培植繁多，盛况逾越前代，成为当时城市居民的一大活动。明、清继之，有堆菊花山等项目，实际即是菊花品种展览，其名目多至千种。北京、苏州等地皆达到相当大的规模。三国魏曹丕《与钟繇书》：“九月九日，草木遍枯，而菊芬然独秀，今奉一束。”唐李群玉《九日》诗：“江汉路长身不定，菊花三笑旅怀开。”宋孟元老《东京梦华录・重阳》：“九月重阳，都下赏菊，有数种：其黄白色蕊若莲房，曰万龄菊；粉红色曰桃花菊;白而檀心曰木香菊,黄色而圆者曰金铃菊;纯白而大者曰喜容菊,无处无之。”宋吴自牧《梦梁录·九月》:“年例:禁中与贵家皆此日赏菊,士庶之家,亦市一二株玩赏。其菊有七八十种,且作重九久。”宋周密《武林旧事·重九》:“禁中例于八日作重九排当,于庆瑞殿分列万菊,灿然眩眼,且点菊灯,略如元夕。”清顾禄《清嘉录·菊花山》:“畦菊乍放,虎阜花农已千盎百盂担入城市。居人买为瓶洗供赏者,或五器、七器为一抬……或于广庭大厦,堆叠千百盆为玩者,绉纸为山,号为菊花山,而茶肆尤盛。”清潘荣陛《帝京梦时纪胜·赏菊》:“秋日家家胜栽黄菊,采自丰台,品类极多。椎黄金带、白玉团、旧玉团、旧朝衣、老僧衲为最雅。酒炉茶设,亦多栽黄菊,于街巷贴市招曰:某馆肆新堆菊花山可观。”清富察敦崇《燕京岁时记·九花山子》:“九花者,菊花也。每届重阳,富贵之家以九花数百盆,架庋广厦中,前轩后轾,望之若山,曰九花山子。四面堆积者曰九花塔。”

重阳糕:

亦称“花糕”“菊糕”“发糕”等。为重阳节的传统食品。以来粉、豆粉等为原料,发酵,更点缀以枣、栗、杏仁等果镶、加糖蒸制而成。起于唐代以前,至宋代,汴京(今河南开封)、临安(今浙江杭州)及各地十分盛行,在为普遍的习俗。糕的制作,品种各目繁多,其上并插彩旗,极受儿童的喜爱。此后一直盛行不衰,直至近代。《渊鉴类函·岁时·九月九日》引隋杜台卿《玉烛宝典》:“九日餐饵,其时黍秫并收,因此粘米加味尝新。”又《岁时杂记》:“重阳尚食糕,……大率以枣为之,或加以栗,亦有用肉者。”宋邵博《邵氏闻见后录》:“刘梦得作九日诗,欲用‘糕’字以五经中无此字,辄不复为。宋子京以为不然,故《九日食糕》诗:飙馆轻霜拂曙袍,糗糍花影斗分曹。刘郎不敢题糕字,空负诗家一代豪。遂为古今绝唱。”宋孟元老《东京梦华录·重阳》:“前一二日,各以粉面蒸糕遗送,上插剪彩小旗,掺饤果实,如石榴子、栗子黄、银杏、松子之肉类。又以粉作狮子蛮王之状,置于糕上,谓之狮蛮。”宋吴自牧《梦梁录·九月》:“此日都人店肆,以糖、面蒸糕,上以猪羊肉、鸭子为丝簇饤,插小彩旗,各日重阳糕。”宋周密《武林旧事·重九》:“都人是月……且各以菊糕为馈,以糖肉秫面杂糅为之,上缕肉丝鸭饼,缀以榴颗,标以彩旗。又作蛮王狮子于上,又糜栗为屑,合以蜂蜜,印花脱饼,以为果饵。”明刘侗、于奕正《帝京景物略·春场》:“九月九日……饼面种枣栗其面,星星然,曰花糕。糕肆准纸彩旗,曰花糕旗。父母家必迎女来食花糕。”

十月朝,立冬,冬至

十月朝:

亦称“十月朔”。在农历十月初一。秦代统一中国后,改以建亥之月为首,夏历的十月一日相当于秦之元旦。宋代于立冬日外,更重视此节。本《诗经·豳风·七月》:“九月授衣”之义,朝廷在此日有赐衣之制,士民祭扫祖先坟茔,多烧纸剪冥衣,故明清时又称“烧衣节”。北方天寒,以此日始用炉火,称“开炉”。南朝宋宗懔《荆楚岁时记》:“十月朔日,黍臛,俗谓之秦岁首……今北人此日设麻羹、豆饭,当为其始熟尝新耳。”宋吴自牧《梦梁录·十月》:“十月孟冬……朔日,朝廷赐宰执以下锦,名曰授衣,其赐锦花色,依品从效扫松,祭祀坟茔。内廷车马,差宗室南班往攒宫行朝陵礼。有司进暖炉炭。太庙享新,以告冬朔。诸大刹寺院,设开炉斋供贵家。新装暖阁,低垂绣幕。老稚团圆,浅斟低唱,以应开炉之序。”明刘侗、于奕正《帝京景物略·春场》:“十月朔,纸坊剪纸五色作男女衣,长尺有咫,曰寒衣,奠焚于门,曰送寒衣。”明田汝成《西胡游览志余·熙朝乐事》:“十月朔日,人家祭奠于祖考,或有举扫松、浇墓之礼者。”清顾禄《清嘉录·十月·十月朝》:“月朔,俗称十月朝……人无贫富,皆祀其先,多烧冥衣之属,谓之烧衣节,或延僧道作功德,荐拔新亡,至亲亦往拜灵座,谓之新十月朝。”清富察敦崇《燕京岁时记·添火》:“京师居人例于十月初一日添设煤火,二月初一日撤火。”

立冬:

二十四节气之一。在农历十月,阳历的11月7日或8日。我国以这一天作为冬季的开始。仅以前,此日天子有出郊迎冬之礼,并有赐群臣冬衣、矜恤孤寡之制。后世大体相同。《吕氏春秋·孟冬》:“是月也,以立冬。先立冬三日,太史谒之天子,曰:‘某日立冬,盛德在水。’天子乃斋。立冬之日,天子亲率三公九卿大夫以迎冬于北郊。还,乃赏死事,恤孤寡。”高诱注:“先人有死王事以安边社稷者,赏其子孙;有孤寡者,矜恤之。”晋崔豹《古今注》:“汉文帝以立冬日赐宫侍承恩者及百官披袄子。”又“大帽子本岩叟野服,魏文帝诏百官常以立冬日贵贱通戴,谓之温帽”。

冬至:

亦称长至、长日、大冬、冬节。二十四节气之一。以此后白日渐长,故称。在农历的十一月,阳历的12月21日或22日。汉代视冬至为重要节日,仅次于元旦。此日,天子率三公九卿迎岁,祀五方帝及日月星辰于郊坛。当时朝贺、享神情,皆如元旦之仪。魏晋时始稍次于元旦。至宋,仍视冬至如元旦,百官上朝进贺,皆衣朝服,如大礼祭祀。民间虽至贫者,至此日亦更易新衣,备粉饮食,享祀祖先,庆贺往来,一如年节。吴俗更有“冬至大如年”之说。其受到特殊重视,与周代以冬至所在之月为首有关,当时冬至即是元旦,故天子有迎岁(新年)之礼。此风至清犹然,每到冬至日,士大夫家皆拜贺尊长,并交相立谒,平民百姓,亦必衣新衣相揖,谓之“拜冬”。古时又有向尊长进献履袜之俗,表示祝愿“长履景福”,后世则成为冬至日子妇进舅姑的一种节物。此外,并有作赤豆粥,粉团祭祖等俗。《渊鉴类函·岁时部·冬至》引《易通卦验》:“冬至之始,人主与群臣左右纵乐五日,天下之众亦家家纵乐五日,为迎日至之礼。”又引《玉烛宝典》:“十一月建子,周之正月。冬至日,南极景极长,阴阳日月万物之始,律当黄钟,其管最长,故有履长之贺。”又:“沈约《宋书》曰,冬至朝贺享祀,皆如元日之仪,又进履袜。”《淮南子·天文训》:“冬至日,天子率三公九卿迎新岁。”汉崔寔《四民月令》:“冬至荐黍糕于祖祢。”南朝梁宗懔《荆楚岁时记》:“共二氏有不才之子,以冬至日死,为疫鬼,畏赤小豆。故冬至日作赤豆粥以禳之。”宋周密《武林旧事·冬至》:“朝廷大朝会庆贺排当,并如元正仪,而都人最重一阳贺冬,车马皆华整鲜好,五鼓已填拥杂沓于九街。妇人小儿,服饰华炫,往来如云。岳祠城隍诸庙,炷香者尤盛。三日之内,店肆皆罢市,垂帘饮博,谓之‘做节’。享先则以馄饨,年馎饦之谚。贵家求奇,一器凡十余色,谓之百味馄饨。”清顾禄《清嘉录·十一月·冬至大如年》:“郡(指苏州)人阳重冬至节。先日,亲朋各以食物相馈遗,提筐担盒,充斥道路,俗呼冬至盘。节前一夕,俗呼冬至夜。是夜,人家更速燕饮,谓之节酒。女嫁而归宁在室者,至是必归婿家。家无大小,心市食物享先,间有悬挂祖先遗容者。

诸凡仪文,加于常节,故有'冬至大如年'谚。蔡云《吴歈》:'有几人家挂喜神,匆匆拜节趁清晨。冬服年瘦生分别,尚袭姬家建子春。'"姬家,指周朝,姬姓。

消寒会:

旧时冬至以后,富贵之家邀集亲朋饮酒,轮流做东举行宴会,以消磨冬日。其俗始于唐末。五代王仁裕《开元天宝贵事·扫雪迎宾》:"王元宝每至冬月大雪之际……扫雪为径路……迎接宾客,就本家具酒炙宴乐之,为暖寒之会。"《红楼梦》第九十二回:"明儿不是十一月初一日么?年年老太太那里必是个老规矩,要办'消寒会',刘打伙儿坐下,赐酒说笑。"

消寒图:

亦称"九九消寒图"。明清时流行的一种图画。画梅花八十一瓣,或为八十一圈。自冬至次日起,日染一瓣或涂一圈,作记号以志阴晴雨雪,每九日为一九,至第九个九日为八十一日,冬尽春来。是一种有趣的冬天日历。梅可自己画。圈有刻印售卖者。明刘侗、于奕正《帝京景物略·春场》:"日冬至,画素梅一枝为瓣八十有一,日染一瓣,瓣尽而九九出,则春深矣。曰九九消寒图。有直作圈九丛,丛九圈者,刻而市之,附以九九之歌,述其寒燠之候。歌曰:一九二九,相唤不出手。三九二十七,篱头吹觱篥。四九三十六,夜眠如露宿。五九四十五,家家堆盐虎。六九五十四,夜口中泗暖气。七九六十三,行人把衣单。八九七十二,猫狗寻阴地。九九八十一,穷汉受罪毕,才要伸脚睡。蚊虫吃蚤出。"按歌谣所叙,为明代北京情况。清富察敦崇《燕京岁时记·九九消寒图》:"消寒图乃九格八十一圈。自冬至起,日涂一圈,上阴下晴,左风右雨,雪当中。按《帝京景物略》:冬至日人家画素梅一枝……此事予儿时曾为之,不谓与古暗合也。"清潘荣陛《帝京岁时纪胜·消寒图》:"九九消寒之图,旁一联曰:'试看图中梅黑黑,自然门外草青青。'"

大傩,腊日,腊八粥

大傩:

秦汉时,于腊日前一日,民间击鼓驱除疫鬼,称为"逐除"。宫禁之中,则集童子百余人为侲子,以中黄门装扮方相及十二兽,张大声势以驱除之,称为"大傩"。又称"逐疫"。《吕氏春秋·季冬》:"命有司大傩旁磔。"高秀注:"大傩,逐尽阴气为阳导也。今人腊岁前一日,击鼓驱疫,谓之逐疫。其仪:选中黄门子弟年十岁以上,十二岁以下,百二十人为侲子。皆赤帻皂制,执大鼗。方相氏黄金四目,蒙熊皮,玄衣朱裳,执戈以恶鬼于禁中……因作方相氏与十二兽舞。欢呼,周遍前后省三过,持炬火,送疫出端门;门外驺骑传炬出宫,司马阙门门外五营骑士传火弃洛水中。"李贤注引《汉旧仪》:"颛顼氏有三子,生而亡去为疫鬼。一居江水,是为虐鬼;一居若水,是为罔两域鬼;一居人宫室区隅,善惊人小儿。"又"方相帅百隶及童子,以桃弧、棘矢、土鼓,鼓且射之,以赤丸、五谷播酒之"。方相,驱疫辟邪之神。

腊日:

古代岁祭祀祖先众神之日。周时腊与大蜡同日而异祭,民间行腊祭,天子诸侯行蜡祭,秦汉时蜡礼亡、通行腊。周以今农历十月为岁终,故腊日在孟冬;汉以后行夏历,以十二月为岁终,故腊日在十二月。腊虽在岁终,但古时日期无定。汉以冬至后的第三个戌日为腊,魏曾以辰日为腊,晋以丑日为腊。至六朝,曾以十二月八日为腊日,因此恰为佛之生日,故宋时即恢复汉制。清时十二月择日祭百神,可知其时腊祭已不复定在戌日。古时腊日除祭神祭先外,尚有其他活动。如汉时曾规定腊日以猪羊祠社稷,此日纵吏民宴饮。晋时腊日饮祭后老人儿童为藏钩之戏。六朝时每逢腊日,村人击鼓,戴假面扮傩以逐疫。唐时腊日召群臣赐食加口脂、腊脂、谓之"赐腊"。宋熙宁以后亦有腊日赐群臣口脂、面药之礼。汉蔡邕《独断》:"腊者,岁终大祭,纵吏民宴饮,非迎气,故但送不迎也。"《后汉书·礼仪志》:"季冬之月,星回岁终,阴阳以交,劳农大享腊。"汉应劭《风俗通》:"周曰大蜡,汉改为腊。腊者猪也,因猪取兽祭先祖也。"南朝梁宗慎《荆楚岁时记》:"十二月八日为腊日……谚云:'腊鼓鸣,春草生。'村人并击细腰鼓,戴胡公头及作金刚力士以逐疫。沐浴,转除罪障。"宋吴自牧《梦粱录·十二月》:"自冬至后戌日,数至第三戌,便是腊日,谓之'君王腊'。"

腊八粥:

亦称"佛粥""五味粥"等。农历十二月初八,俗称腊八,相传乃释迦牟尼成道日。宋代至此日,各僧寺俱以果、菜等及米煮粥馈送信徒,称为"腊八粥"。民间仿为之,遂成风习,直至现代。宋孟元老《东京梦华录·十二月》:"十二月……初八日,街巷中有僧三五人,作队念佛,以银铜沙罗或好盆器,坐一金铜或木佛像,浸以香水,杨枝洒浴,排门教化。诸大寺作日各家亦以果子杂料煮粥而食也。"宋周密《武林旧事·岁晚节物》:"八日,则寺院及人家用胡桃、松子、乳蕈、柿、栗之类作粥,谓之'腊八粥'。"清顾禄《清嘉录·十二月·腊八粥》:"八日为腊八,居民以菜果入米煮粥,谓之腊八粥。或者馈自僧尼者,名曰佛粥。"清叶调元《汉口竹枝词·时令》:"各家布施斗和升,化米都将腊八称。铙鼓喧阗人络绎,一群道士一群僧。"原注:十二月初,僧道各率其众上街化米,谓之"腊八米"。清潘荣陛《帝京岁时纪胜·十二月·腊八》:"家家煮果粥,皆于预日拣簸米豆,以百果雕作人物像生花式。三更粥煮成,祀家堂门灶陇亩,合家聚食,馈送亲邻。"

唐花:

亦作"堂花"。北方天寒,腊月所卖鲜花供新年所用者,出于暖室,称为唐花。《日下旧闻考》:"京师腊月即卖牡丹、梅花、绯桃、探春诸花,皆贮暖室,以火烘之。所谓唐花,又名堂花也。其法自汉即有之。汉世大官园冬葱韭菜茹覆以屋庑,尽夜然煴火得温气,诸菜皆生……唐人诗曰:'内园分得温汤水,二月中旬已进瓜。'亦是此法。"清富察敦崇《燕京岁时记·唐花》:"凡卖花者,谓熏治之花为唐花。每至新年,互相馈赠。牡丹呈艳,金橘垂黄,满座芬芳,温香扑鼻,三春艳治,尽在一堂,故又谓之堂花也。"

送历本:

历本,古称"时宪书""宪书"。俗称"皇历"。记载一年节气、月令、农事、宜忌等,古代由国家统一颁卖,为民间农家所必备。至清代苏州一带,下一年之新历本,则例由当地任保者分送,借以获利。清顾禄《清嘉录·十二月·送历本》:"各图地保,以新历逐户分送,人家必酬以钱文,如市价而倍之,号为'送历本'。"又:"吾乡新历,在阊、胥一带书坊悬卖。有官板私板之别:官板,例由理问厅署刊行;所谓私板,民间依样梓印,印成,仍由理问厅署钤印,然后出售。闻诸父老云,里正(指地保)送新历,始行于乡村,后沿于城中。张渔川有《咏时宪书庆清朝》词云:珠殿颁初,书棚悬后,行行墨翠朱殷。须省数时探节,趋避多端。纵不识丁也买,开编春早又冬阑。随年换,糊窗帖绣,故纸抛残。闲儿女,多拘泥,为上头穿耳,撰日偷看。那得此身重见,花甲循环?却笑虫鱼草木,厕名《月令》管喧寒。闻郎返,检逢归忌,又蹙眉山。”

祀灶及民俗

祀灶:

亦称“祭灶”“送灶”。本为古代“五祀”之一。汉代祀灶日在夏初,至晋代乃定于腊月二十四日,此后则普遍于二十三或二十四日送灶。迷信认为,灶神于此日上天,故向天帝禀报一家善恶之事,民间有请灶神、供灶糖、焚轿马灶疏、食糯米饭等习俗。接灶在除夕表示灶神已由上天返回本宅。又,民间有“男不拜月、女不祭灶”之说。《礼记·月令》:“孟夏祀灶。”汉班固《白虎通》:“祭五祀,天子诸侯以牛,卿大夫以羊。一说户以羊,灶以雉……井以豚。”《后汉书·阴识传》:“阴子方者,至孝有仁恩,腊日晨炊,而灶神形见,子方再拜受庆,家有黄羊,因以祀之。自是以后暴至巨富,田有七百余顷,舆马仆隶,比于邦君……至识(阴识)三世,而遂繁昌,故后常以腊日祀灶而荐黄羊焉。”晋周处《风土记》:“腊月二十四日夜,祀灶,谓灶神翌日上天,白一岁事,故先一日祀之。”宋孟元老《东京梦华录·十二月》:“二十四日交年,都人至夜请僧道看经,备酒果送神,烧合家替代钱纸,贴灶马于灶上。以酒糟涂抹灶门,谓之‘醉司命’。”宋吴自牧《梦粱录·十二月》:“二十四日,不以穷富,皆备蔬食饧豆祀灶。此日市间及街坊叫卖五色米食、花盯、胶牙饧、萁豆,叫声鼎沸。”清潘荣陛《京帝岁时纪胜·十二月·祀灶》:“二十三日更尽时家家祀灶,院内立杆,悬桂天灯。祭品则羹汤灶饭、糖瓜糖饼,饲神马以香糟、炒豆、水盂。男子罗拜,说以遏恶扬善之词。妇女于内室,扫除炉灶,以净泥涂饰,谓曰挂袍,燃灯默拜。”清筱延《成都年景竹枝词·卖灶马》:“涂烟黄纸卖盈城,到处喧呼灶马名。祭灶人家都来买,一张送去一张迎。”清顾禄《清嘉录·十二月·念四夜送灶》:“俗呼腊月二十四夜为念四夜,是夜送灶,谓之送灶节。比户以胶牙饧祀之,俗称糖元宝。又以米粉裹豆沙馅为饵,名谢灶团,祭时妇女不得预。先期,僧尼分贻檀越灶经,至是,填写姓氏,焚氏禳灾。篝灶载灶马,穿竹筋作杠,为灶神之轿,舁神上天,焚送门外,火光如昼。拨灰中篝盘未烬者,还纳灶中,谓之接元宝。稻草寸断,和青豆,为神秣马,具撒屋顶,俗呼马米豆。”又引冯应京《月令广义》:“燕俗,镌神于木,以纸印之,曰灶马……以腊月二十四日焚之,合家少长罗拜,祝:辛甘臭辣,灶君莫言。”

扫尘:

亦称“除尘”“除残”“掸尘”“打埃尘”等。旧时至农历二十日,大家小户准备过年。在祀灶前后至除夕,例有一次卫生大扫除,墙角床下及屋柱屋梁等处一年的积尘,均须于此日以扫帚清除干净;箱柜上的金属把手等,也应擦拭一新。此俗起源甚古。宋吴自牧《梦粱录·除夜》:“十二月尽,俗云月穷岁尽之日,谓之除夜。士庶家不论大小家,俱洒扫门间,去尘秽,净庭户,换门神,挂钟馗,钉桃符,贴春牌。”清徐崧、张大纯《百城烟水·苏州》:“二十七日扫屋尘,曰除残。”清顾禄《清嘉录·十二月·打埃尘》:“腊将残,择宪书(指历本)宜扫舍宇日,去庭户尘秽,或有在二十三日、二十四日及二十七日者,俗呼打埃尘。”清蔡云《吴歈》诗:“茅舍春回事事欢,屋尘收拾号除残。”又引《岁时琐事》:“十二月二十四日扫舍宇,凡有所为，不择宪书，多嫁娶，谓之乱丝日。”又《月令精钞》：“二十四日为无忌日。”

小年夜：

宋代指农历十二月二十四日。宋文天祥《二十四日》诗题注：“俗云小年夜。”清叶名沣《桥西杂记·小年》：“文天祥作此诗，在祥兴二年己卯。其年以十二月二十六日立春也。此风始于宋时禁中，大中祥符元年，以是日为降圣节，至乾淳时为小节夜。”明陈士元《俚言解·小尽大尽》：“宋人以腊月二十四日为小节夜，三十日为大节夜。今称小年夜、大年夜。”后以旧历除夕为大年夜，前一日为小年夜。清顾禄《清嘉录·小年夜大年夜》：“祀先之礼……或有用除夕前一夕者，谓之小年夜。”

除夕及民俗

除夕：

亦称除夜、大年夜。指农历一年最后一天的晚上，也指一年的最后一天。古时于腊日或腊前一日有击鼓驱疫之俗，谓之“逐除”，除夕之称，盖由此来。汉以后，逐除之俗改在除日谓之“驱傩”。举行驱傩仪式时，驱傩者戴假面，武神而行，谓如此便可驱祟。此俗官廷中亦盛行，参加者至有千人之多。除夕燃放纸裹火药的爆竹，始于宋。此夜红烛高烧，爆竹声不绝于耳，民间与宫廷，并无例外。除夕家人围炉团坐，小儿嬉戏，通夕不眠，谓之守岁，此俗于时已有。又，长幼聚饮，祝颂而散，谓之“分岁”，亦始于晋。后世大年夜合家团聚，吃年夜饭之俗，由此而来。此外，民间除夕有于门上贴门神之俗，每至夜半，辄除旧门神，易新门神，至于门上贴春联，则源于古时的桃符。以红纸书写联语，贴于门上，明以后才普遍流行。除夕夜或岁首，长辈给儿女钱物，谓之压岁钱，盖源于宋时宫廷于岁除，赐钱物于后妃之礼。

年夜饭：

农历除夕晚饭，吴地称为“年夜饭”。因一家团聚共餐，又称“合家欢”。其俗源于晋代以前之“分岁”。晋周处《风土记》：“蜀之风俗……至除夕达旦不眠，谓之守岁。祭先竣事，长幼聚饮，祝颂而散，谓之‘分岁’。”清顾禄《清嘉录·十二月·年夜饭》：“除夜，家庭举宴，长幼咸集，多作吉利语，名曰年夜饭，俗呼合家欢。”清周宗泰《姑苏竹枝词》：“妻孥一室话团圆，鱼肉瓜茄杂果盘。下箸频听谶语，家家家里合家欢。”

接灶：

亦称“迎灶”。多在除夕之日，也有在元旦或迟至正月十五者。接灶，表示灶神自天上返回。此日，民间将新的灶神像安置于灶的神龛上，并敬以酒果点心。清顾禄《清嘉录·十二月·接灶》：“安灶神马于灶陉之龛，祭以酒果糕饵，谓之接灶。谓自念四夜上天，至是始下降也，或有迟至上元夜接乾。”又引冯应京《月令广义》：“燕俗，元旦合家少长罗拜灶神以祝，曰迎灶。”又：“长、元、吴《志》皆云‘接灶，多以除夕’。《昆新合志》则于‘上元夜，煎油饨，烤糊涂，接灶’。《常昭合志》亦云：‘上元日，家和米粉为丸以接灶。’吴縠人《接灶诗》自序云：‘杭俗，元旦接灶，其神号曰东厨司命。’”参见“祀灶”。

将军炭：

用红箩炭末塑制成将军形，岁暮植于门之两旁，为旧时北京风俗。亦名“彩妆”。明刘若愚《酌中志·内府衙门职掌》：“三十日岁暮……门旁植桃符板，将军炭，贴门神。”清潘荣陛

《帝京岁时纪胜·十二月·岁暮杂务》:“除夕为尊亲师长辞岁而盥沐,祀祖,祀神,接灶,早贴春联挂钱,悬门神对,插脂麻秸,立将军炭,各家团拜。”清高士奇《金鳌退食笔记》卷下:“凡宫中所用红箩炭,皆易州山中硬木烧成。运至红罗炭,每根长尺许,圆径二三寸不一。又用炭末塑造将军或仙童、钟馗,各成对,高三尺,金装彩画如门神,黑面黑手,以存炭制,名曰‘彩妆’。”

挂喜神:

喜神指祖先画像。旧时人家多于除夕悬挂,以香烛果品茶点供奉,并率家人以拜,称为“挂喜神”。清顾禄《清嘉录·正月·挂喜神》:“比户悬挂祖先画像,具香蜡茶果粉丸糍糕,肃衣冠,率妻孥以次拜。或三日、五日、十日,上元夜始祭而收者。至戚相贺或有展拜尊亲遗像者,谓之拜喜神。”又:“厉樊榭《可庵遗像记》‘古者人子之于亲亡也,至汉代以来,乃有画像。虽非古制,实寓生存,遂相沿不能废’……《月令事宜》:‘除夕祭飨,即悬真(画像)于家庭,供奉以拜节。’”

欢乐图:

亦省称“欢乐”。一种上有人物故事的大红剪纸。由汉晋时春幡变化而来。长江南北一带,农户及居民于新年前买自市上,贴其上端于各处门楣,三五张一排,下垂于空,以取吉祥欢乐之意。清顾禄《清嘉录·十二月·欢乐图》:“门厅之楣,或贴欢乐图。图皆买自杭郡,以五纸为一堂,剪楮堆绢,为人物故事,皆取谶于欢乐,以迎祥祉。”又:“马如龙《杭州府志》谓之合家欢乐图。吴穀人诗云:‘披图春色好,欢乐相相兼。自妙青红意,无烦笔墨添。紫衫仙乐部,翠烛美人帘。隔岁痕犹在,房栊一例粘。’”又姚春漪诗自注:“欢乐图上贴福、乐、寿、喜四字,旁粘小春联,谓之欢乐对。”

守岁:

旧时民间于除夕之夜,一家团坐,饮酒笑乐,通夜不眠,称为“守岁”。源于晋以前,至今犹然。晋周处《风土记》:“至除夕,达旦不眠,谓之守岁。”唐孟浩然《岁除夜会乐城张少府宅》诗:“续明催画烛,守岁接长宴。”宋袁文《瓮牖闲评》:“守岁之事,虽近儿戏,然父子团圆把酒,笑歌相与,竟夕不眠,正人家所乐为也。”宋周密《武林旧事·岁晚节物》:“小儿女终夕博戏不寐,谓之守岁。”清顾禄《清嘉录·十二月·守岁》引席振起《守岁》诗:“相邀守岁阿咸家,蜡炬传红映碧纱。三十六旬都浪过,偏从此夜惜年华。”

压岁果子压岁钱:

旧时除夕,家中长辈以红绳穿铜钱与橘、荔、糕、枣(谐“吉”“利”“高”等)之类果点,一同置于小儿枕下,俟其元旦一早醒来得之,称为“压岁钱”,果子则称为“压岁果子”。或曰起于宋代宫中赏赐之制。至清初已普遍行之。宋周密《武林旧事·岁除》:“后妃诸阁,又各进岁轴儿及珠翠百事、吉利市袋儿、小样金银器皿,并随年金钱一百二十文,旋亦分赐亲王贵邸、宰臣巨珰。”清郭麟《淮阴岁除·咏压岁钱》诗:“红索青铜贯。”清顾禄《清嘉录·十二月·压岁钱压岁果子》:“长幼度岁,互以糕果朱提相赉献,谓之压岁盘。长者贻小儿,以来绳缀百钱,谓之压岁钱,置橘荔诸果于枕畔,谓之压岁果子,元旦睡觉时食之,取谶于‘吉利’,为新年休徵。”休,美好。又引吴曼云《江乡节物词》小序:“杭俗,儿童度岁,长者与以钱,贯用红置之卧所,曰压岁钱。诗去:百十一穿彩线长,分来角枕自收藏。商量爆竹饧箫价,添得娇儿一夜忙。"

守岁烛:

旧时人家于除夕之夜,点大红烛一双于卧室中,终夜不熄,直至天明,称为"守岁烛"。明王彦泓《残岁即事》诗:"纱笼椽烛焰如幢,火齐呈花喜一双。为惜轻风吹烬落,晓妆成后未开窗。"清吴曼云《江乡节物词》小序:"烛之大者,可通夕。杭俗除夕燃之,为守岁计。"清郭麟《淮阴岁除咏守岁烛》诗:"双枝争灿烂。"清吴锡麒《咏守岁烛》诗:"烛房人乍醒,蜡炬未全消。阅岁心三寸,流光影一条。"清顾禄《清嘉录·十二月·守岁烛》:"燃双椽烛于寝室中,宵永烬长,生花报喜,红荣四照,直接晨光,谓之守岁烛。"

取名、抓周与生日

《礼记·内则》记载,孩子出生三月后取名,男子二十弱冠而取字,女子十五许嫁行笄礼。古代有名、有字,字与名通常义相比附,以字释名。在礼节上,一般是自称或称呼下辈时用"名",称呼尊长时用"字"。

取名时最常见的是按照族谱字辈,比如,排到"银"字辈,那么名字中必然就有一个银字。其次是按照生辰八字来取名字。过去孩子出生后,通常由父母抱着到算命先生那里去算"生辰八字"。因为人们相信阴阳五行(金、木、水、火、土)的平衡与和谐,关系到一个人的命运与前途,认为一个人最好能同时拥有这五种成分。倘若孩子的"生辰八字"中缺少某种成分,那么在取名时就应当考虑这个因素,缺什么就补什么,使之能拥有这五种成分,从而保持某种平衡,比如,取名"润土""金发",必是命里缺土、缺金。

取名还寄托着父母对孩子的祈盼,不同的名字寄托着父母对孩子的不同期望。为父母者希望儿女有出息,能替国家出力,所起的名字就有"国栋""廷弼""辅臣""良臣""玉堂""传甲"等,推而广之,则为"耀坤""枕亚""镇欧"等。我国是礼仪之邦,必然重视道德,因而与道德有关的名字林林总总,如"冀圣""象贤""思齐""君范""绍德""安仁""怀义"等;女子名字则有"淑君""淑贞""冰心""冰莹"等。上述各种名字大都以大众为对象,如果缩小范围,只以一家为范围,则有"家鹤""家鹏""家骐"之类。女性方面,多以花卉为取意,乃有"惠芬""兰君""菊英""荷香""雪梅"等。给子女取名"兆福""兆富""介寿""介禄",或者"念曾""继祖""延庆""章孙"的,无非都是希望子女能够光宗耀祖。即使起个"伟""斌""勇""敏""健""康"之类的单名,也都隐寓了某种期望。名字里也有祝长寿的,如"松寿""鹤年""大椿";也有带颜色的,如"碧薇""黄石""紫君";也有以声为名的"啸天",以天气为名字的"雨苍""晦庵"等。佛教、道教也会影响到名字上来,如"山人""隐庐""大慈""圆瑛""觉慧""梦庵"等,不过这些名字已不是父母所取,大都是自己人到中年之后,尝尽了人世滋味才自题的。

民间有取乳名、贱名的习俗,这与古人求吉避祸的心理有关。在未给孩子正式定名之前,先给孩子起一个"乳名",或者叫"小名"。在取名中有根据排行呼唤的,如在一些多子女、家境贫寒的家庭,一般多以长幼为序,如"阿大""阿二",也有"大根""二根"等。最普遍的乳名,是根据孩子的生肖,在象征性的十二生肖中,将阿牛、大虎、小龙、狗剩等用作乳名。

一些家境好、子女少的人家，通常为孩子取一个避邪趋吉的小名，如“栓子”“锁子”；南方人则喜欢用“阿”字作前缀，如“阿宝”“阿囡”之类。更有以数目字取名的，如宋朝花灯艺人张十二、鲁迅笔下的“九斤老太”等。在取名方式上，人名与阶级职业、思想潮流、风俗时尚、寓意声韵等都有密切联系，典型地反映着特定的民俗文化。如在我国文化大革命中，就普遍流行“卫国”“卫东”“永革”“朝红”“大庆”“学军”“反修”之类的名字。

取乳名是婴儿诞生礼仪中十分重要的一项，所以旧时取乳名十分郑重，要由父亲携带糖、饼等礼物，请乡中长者或族中有威望者取名。在汉族某些地区，至今还流行着取贱名的习俗。子女长得俊俏，父母为其取名二丑、丑女；子女长得活泼可爱，父母为其取名赖狗、狗蛋；子女长得机灵、敏捷，名字上则往往带一“傻”字或“憨”字。这是反意正取，唯恐长相好、太聪明被鬼神看中，容易夭折，而取了难听的贱名如“阿狗”“阿猫”等，觉得鬼神就看不上这个孩子了，孩子就容易长大；至于叫做“留根”“锁子”等，则更带有明显的将孩子留住、锁住的祈求意味。

在孩子学着爬、学着坐、学着走、学着牙牙学语的过程中，特别值得一提的是孩子周岁时举行的抓周仪式。抓周，旧时又称拈周试晬，或称“试儿”。据《颜氏家训》记载，抓周这天，罗列锦席于中堂，烧香燃烛，孩子要打扮一新，在他面前的百眼筛里放上文房四宝、女子针线、彩缎花朵、金银财宝、秤尺刀剪、儿童玩具等各种东西，把男孩放入席中，看他先取什么东西，以观其性情志向。最忌先取女红，认为这是混迹女流、沉迷女色之兆，日后无大出息；也忌先取玩具，以为胸无大志；最喜他取文房四宝，预示孩子将来知书达理，必定学业有进、功业有成。《红楼梦》里贾宝玉抓周时抓了女红，触犯了世俗忌讳，贾政从此不假颜色于他：“那周岁时，政老爷试他将来的志向，便将世上所有的东西，摆了无数叫他抓，谁知他一概不取，伸手只把些脂粉钗环抓来玩弄；那政老爷便不喜欢，说将来不过酒色之徒，因此不甚爱惜”。抓周中的预卜信仰起源于原始的征兆观念。

庆祝生日的传统习俗始于抓周。孩子周岁，要备酒宴请亲友喝酒、吃饭和吃生日面，叫“做周岁”。为祈求健康成长，小孩自周岁起，就要做生日。这天，诸亲好友都要送礼物贺喜，主家也要备酒席相待，以示庆贺。以后每年周岁，都要过生日。此俗起于南朝齐梁间。据颜之推《颜氏家训》卷上《风操篇》载，当时江南风俗，小儿一周岁，举行抓周仪式，亲友齐集以表祝贺。此俗蔓衍，以后满两周岁、三周岁……也要举行庆祝活动，遂成寿诞之俗。到唐宋之时，做生日之风渐盛，自天子以至百姓，无不看重生日，都要开筵祝寿。《全唐诗》中有诗人李郢《为妻作生日诗》；唐太宗、唐中宗、唐玄宗等都有庆祝自己生日诞辰的记载。从宋代起，又开始了长吏生日、献物祝寿的风俗。明清之后，生日送礼风愈益繁奢。

除小孩周岁较隆重外，在汉族地区一直到四十岁以后再逐步注重寿诞，一般五十、六十、七十、八十，逢十为大寿，需“贺寿”。近世则每岁皆可做小寿、每十年皆可做大寿，甚至还有数人合作，将各人的岁数总加起来做九十、百岁盛筵的。旧时每遇寿辰，亲戚世交，门生故旧，齐赴寿堂行礼和送礼，寿礼多为糕、桃、烛面等，上面放置“福、禄、寿”等字样。礼毕肆筵设席，座上宾客，或雀戏，或扑克，或猜拳，尽一日之欢；席间时有清曲、髦儿戏、戏法、叫局、唱戏等娱悦宾客。席间必吃寿面，意在长寿。寿礼中，寿桃也是必不可少的。早在两汉时代，就出现了晚辈在老人寿诞之日“献祝寿桃”的习俗。鲜桃非一年四季皆有，于是以面捏成的人工寿桃应运而生。

求亲嫁娶的风俗变异

“迎娶”是古代婚礼的六礼之一，也是婚嫁喜事中最重要、最热闹的一环。亲迎礼成，才算完婚。古代迎娶发轿，均在黄昏以后。《白虎通》谓：“婚者，谓昏时行礼，故曰婚。”《酉阳杂俎》谓：“《礼》，婚礼必用昏，以其阳往而阴来也。”大约六朝之后，开始改变黄昏以后迎娶的习俗。民国以后，虽然还偶有这种遗风，但多数人家办喜事都已改在白天迎娶。

古代娶亲多用畜力车，直到唐代的迎娶风俗，仍然如此。迎亲那天，新妇的花车到来时，人们拥门塞巷，前去戏闹新妇，使得车子都无法行走，故称为“障车”。其实，这是唐人“闹房”的一部分。唐人在迎亲时就“既从傧相列出，向女家戏谑”，迎亲路上加以阻拦，实行“障车”戏妇。男家亲属、贺客宾朋甚至陌生路人都可以“障车”，对新娘品头论足，动手动脚，抚摸取笑，并向新娘索要礼品利市。有些人家为“障车”人发放礼钱利市，花费竟达“万计”，数量超过聘财，可见当时“障车”风俗之盛。唐时自天子嫁女到一般庶民娶妇，莫不如此。到宋元时，依然有其遗俗留存。至今许多地方尚有拦门亦即阻拦迎亲的遗习，迎娶新娘回至男家时，村人邻友塞路拦门不让花轿进门，讨要吉利钱。有的地方则是男方去迎娶新娘时，亲友拦门不让花轿进门，索要红包。

至于将轿子用于迎娶仪式上，以轿代车，大体上兴于宋代，以后历代沿袭成俗，直至民国后期。轿子本是古代的一种交通工具，乃是由车发展进化而来的。轿主要用于官府，称为“官轿”，是封建时代官员出巡的交通工具，平民百姓不得擅用。但是，百姓举行婚礼时却可以用带颜色和图案的专用轿子，谓之“花轿”“喜轿”，这是封建统治者对平民百姓的“特许”和“默许”，与新娘可以穿凤冠霞帔一个意思。封建时代，人们历来将结婚一事，视同考取了举人、进士一样的荣耀，谓此为“小登科”，新郎则被美称为“新郎官”。迎亲花轿“见官大三级”，人流、车马若与花轿在街头相遇，就一定要给花轿让路。

婚礼要喝“交杯酒”。“交杯酒”，古称“合卺”，又称“合欢酒”，也是自古以来即有的风俗。合卺，是指新婚夫妇在洞房内共饮“合欢酒”，以此象征夫妻以结永好。合卺之礼，创始于何时，今已不得而知，但在先秦礼书中已有记载。周时婚俗，用一个瓠(葫芦)剖分成两瓢，卺就是半瓢的意思。新婚夫妇各执半瓢喝酒漱口，这就成了合卺之仪，它象征男女两体的结合。到汉朝，葫芦瓢演化为酒杯。唐朝之前，合卺只是用酒漱口，并不真饮。到唐时，才真正演变成喝酒，还要一饮而尽。唐时合卺一般喝葡萄酒，还有人在旁唱祝福词。《东京梦华录》记载，宋人一般用彩线将两个酒杯连接，新人各饮一盏，称为交杯。此俗作为中国传统婚礼中一个很有特色的部分，一直传承至今。近代，均以杯代卺，两杯以红头绳拴在一起，以喻“千里姻缘一线牵”。

喝过喜酒就要闹新房了。俗以为“闹发闹发，不闹不发”，非闹不可。各个民族、各个地方都有自己独特的闹新房的习俗。闹洞房，又称“逗媳妇”“吵房”，此俗始于六朝，本来是新婚之夕对新郎、新妇的一种祝贺方式，但后来发展成了戏谑新人的恶作剧，现多流行于民间中、下层。除了寡妇、孕妇、产妇、戴孝者、属虎的女人以及生辰八字与新郎、新妇相克者之外,无论平辈、长辈都可以"三日无大小",不受尊卑长幼的限制哄闹新房。届时,有向新娘提各种难题,或以绕口令试其口才;也有以糖果、喜果抛撒的,成为撒帐的继续;有劝酒、灌酒的,成为合卺的继续;还有将苹果用线拴在帐上,令新婚夫妇对啃的……通常是妙趣横生,点到为止,但有的地方,闹房者则对新娘戏弄谑浪无所不为,也有一些不够文明的做法。为结束这场嬉闹,多以糖果抛撒而终。

第二节　民俗旅游的现状和问题

一、民俗文化旅游的概念

作为一种正在迅速发展的旅游形式，开发、利用独具特色、旅游功能强大的民俗旅游资源，推动旅游和经济发展，已成为旅游界和社会各界有识之士的共识。

(1)什么是民俗文化旅游

民俗文化旅游是一种典型的文化活动，是一种获取知识和文化的知识之旅，是一种体验异地民俗风情的旅游活动。当民俗文化成为旅游资源后，它就具备了旅游资源的一切共性，包括对旅游者的吸引性、区域性、多样性、综合性、永续性和不可再生性等。同时它也以强调旅游活动的体验性而与其他类型的旅游资源相区别，这包括生活方式和生活背景两方面的体验。生活方式的体验是直观朴实的"观光型体验"，是民俗文化旅游中最基本层次的旅游，即直接以一种简单的方式去寻求差异、开阔眼界、扩大知识面、满足猎奇心理。而生活背景的体验主要强调民俗风情是自然与社会、历史、生活、文化的结合，它因有丰富的文化底蕴和多彩的生活情趣而显出特殊魅力，所以更高层次的民俗文化旅游更注重深层次风俗文化背景的发现和体验，从而获得精神文化满足。无论是生活方式的体验还是生活背景的体验都展示了民俗文化作为旅游资源的特性，从而引发人们参与民俗文化旅游后的特殊感受。

民俗文化旅游是人们以享受文化和了解民俗风情为目的而进行的一种旅游活动，通过这种旅游活动，可以使人们在获得知识的同时，获得旅游的乐趣。在与其他旅游资源的交叉中，民俗文化旅游资源也体现出巨大的吸引力，民俗文化旅游已成为最具吸引力的旅游资源之一。

(2)民俗文化旅游的发展现状和作用

正是由于民俗文化旅游是以民俗文化为内容而进行的旅游活动，所以它一开始就与民俗文化和旅游活动的发展紧密相连。

文化本身的发展历程与人类社会的发展历程息息相关，而民俗文化的产生与发展更是滋生于社会文化的土壤之中。纵观世界民俗文化的发展轨迹，它的发展因地域性、民族性、时代性等的不同而有异同。人们所处的地方不同，所属的民族不同，所处社会发展阶段不同，其拥有的民俗文化自然就千差万别。

由于旅游活动带有一定的异域性，而不同地区的民俗文化必然不同，因此，旅游活动从一开始就不自觉地带有民俗文化旅游的色彩。随着人们对各方面知识和自身素质的要求越来越高，人们对自己不了解的传统文化和异域风情产生了强烈的兴趣。于是在现代旅游发展的不断推动下，逐渐形成了以民俗文化为内容的专题旅游。

民俗旅游资源开发的作用，可以从以下方面加以考察：

①努力挖掘、开发民俗旅游资源已成为各国旅游业竞争的一种重要手段。利用民俗开发旅游资源,在国内外引起了广泛的重视。哈尔滨的冰雕艺术节、四川的自贡灯会、贵州的蜡染及面具艺术展览、苏州的虎丘金秋庙会等,都是民俗文化推动旅游业发展的成功例子。

②丰富了旅游的文化内涵,丰富都市文化,营造旅游氛围。如茶是中国固有的民俗事象,数千年的历史形成了其非常独特的茶文化。又如汉族很多地方的婚礼,有传统的民俗婚礼、现代婚礼、集体婚礼、西式婚礼,也有完全商业化操作的玫瑰婚典,已成为街头的一道亮丽风景,增加了城市喜气祥和的气氛,使旅游者非常直观地感受到浓郁的地域和民间文化。

③增加了旅游情趣,提升旅游产品的文化内涵,健全旅游产品结构。首先,旅游产品必须具有深刻的文化内涵,并充分体现当地文化特色,这已经是不争的事实。旅游产品的开发,应该做到让旅游者一看就知道“这是北京的”“这是纽约的”。要做到这一点,就必须使当地的文化融入日益国际化的旅游理念、景观、服务等旅游产品要素中,使旅游产品具有鲜明的当地文化特色。如上海大世界始建于1917年,游乐项目中西合璧,主要有戏曲、曲艺、杂技、魔术、电影、茶室、中外游戏、风味小吃、民间艺术等,对中下收入水平的市民与旅游者有很大的吸引力。近年来经过改造,在游乐项目方面有了很大改变,优秀的传统项目在创新的基础上得以保留,又增加了很多富有现代都市文化气息的新项目。大世界已经成为上海这一中西文化的万花筒的最具有代表性的符号,其丰富的文化内涵正是源于对上海都市民俗的准确把握。其次,就旅游产品类型来说,许多地区的大多数民俗资源处于闲置状态,未经开发。对照国家旅游局“中国民俗风情旅游年”公布的民俗风情游项目一览,总计有5大类64项民俗旅游项目,这些项目所需资源,很多地区都有,这就为各地开发民俗旅游产品提供了资源保障。当然,开发民俗旅游还要考虑当地民俗资源的独特性乃至唯一性。

④丰富旅游商品。旅游商品包括旅游纪念品、文物古玩及其仿制品、实用工艺品及土特产品、特种工艺美术品、旅游日用品等五大类,其共同特点与要求是不论哪一种旅游商品都必须具有本国或本地区特色。从这些旅游商品的名称与内容来看,均与民俗文化有着千丝万缕的联系,因此可以充分利用民俗资源进行开发生产。

民俗和旅游历来就有着不可分割的联系。当前在世界旅游热潮中,民俗旅游的前景广阔。观风察俗,考察民间文化,自古就是推动旅游的一种动力。我国古代学者曾将了解民俗风情、采录民间神话传说、山歌俚语而进行的旅行,看成是和读书同等重要的事,提出“行千里路,读万卷书”的治学之道,古今中外的大量游记也证实了这点。不管是《山海经》《水经注》《徐霞客游记》,还是《马可 · 波罗游记》等,都有大量风土习俗、民间习俗、神话传说等民俗文化资料的记载,可见民俗对旅游的积极作用。许多民俗事象本身,也包含着旅游的内容,如朝山进香、上坟祭祖、端午采百草、踏青探春、重阳登高等。而一个地方独具特色的奇异风俗,一旦为人所知,它又会引起人们的兴趣,成为一种巨大的旅游吸引力,这种民俗本身也就成了一种独特的旅游资源。

以传统习俗和风土人情为主要内容的民俗文化,对于建设有中国特色的旅游项目来说,具有十分重要的意义。例如,北京有3000余年的建城史和800多年的建都史,在世界76个国都和历史名城中,建城史居第四位,建都史居第13位。北京又是历史上民族聚居最多的地区，长时期的民族民俗文化相交融和渗透，使北京的民俗风情极为多样多彩。针对这一优势，北京以文化为辐射，自1988年以来开展一系列特色旅游活动，如北海龙灯会、舞龙赛，还在“大观园”开展了红楼书画展览、红楼风筝展销、红楼茶社、红楼蜡人展等，尤其是元妃省亲仪仗表演，生动地再现了清代皇家礼仪的盛大场面。这些活动都收到了很好的经济效益。

我国有着丰富多彩的传统风俗、地方风俗和民族风情。地方风俗多沿习于传统风俗，而多集中表现在节日民俗里。

中国的节日民俗是十分丰富多彩的，它们对于旅游者来说都有着极高的观赏和品味价值，只要人们自觉加以利用，就会结出累累硕果。我国独特的传统文化节日，既为我国群众所喜爱，也为海外旅游者提供了欣赏我国民族艺术的机会。如端午节的龙舟大赛、中元节放河灯、中秋赏月、重阳节登山会等。

我国还是一个多民族的国家，各民族都有其独具特色的生活习俗和娱乐方式。随着国际旅游市场的变化，少数民族风情的吸引力越来越大，“西南少数民族风情游”，使海外游客能够在观赏中国西南美丽风光的同时，接触到藏、苗、傣、白、壮、纳西、黎等各少数民族，置身于当地民族奇妙多姿的民俗百花园中。例如，地处黔东南的贵州，民族风情旅游正在勃兴。少数民族占70%的黔东南苗族侗族自治州，蕴藏着丰富多彩的节日风俗，是一所研究民俗学的宝库。全州每年有130多个民族节日，而且几乎集中在风景旅游淡季的秋收后春耕前。在这期间去黔东南旅行，步入寨子中铺满鹅卵石路面的苗乡侗寨，就如进入了一个变幻无穷的节日民俗文化的世界，令旅游者心旷神怡。再以内蒙古为例，内蒙处于旅游的温冷线，发展旅游有着诸多的不利因素，但内蒙充分发挥其民族风情和草原风光特色，向国内外旅游市场推出草原骑马旅游、驾车旅游、游牧旅游等，特别是汇聚了蒙古族特色风情的那达慕大会，这些富有草原特色的专项旅游，吸引了越来越多的旅游者。

在地方风俗集中而独特的地区，还专门成立了各种民俗博物馆，以供旅游者集中观览，如苏州民俗博物馆。在山西境内已有乔家堡民俗博物馆、丁村民俗博物馆和河边村民俗博物馆，这三处民俗博物馆也已对外开放，接待着众多中外游客。延边地区也十分重视民族历史文化的整理与保护，他们把存留下来的独特风习，如民族节日、民族体育、民族饮食、婚丧嫁娶等集中起来，先后建立起龙井市民俗馆、延吉博物馆民俗陈列室等，开展旅游活动。多民族的贵州利用其丰富而多彩的民俗文化资源，先后在平坝天后山建立起反映地戏、侗戏、布依戏等民族民间戏剧艺术的戏剧博物馆，在安顺文庙建立蜡染博物馆，在黄果树附近建立了碑林博物馆、崖画博物馆和滑石哨露天民族博物馆，在福泉建立了城垣博物馆，在黄平建立了桥梁和民族节日博物馆，在雷山郎德寨建立了民族村寨博物馆，还建立了展现贵州酒文化辉煌成果的酒博物馆等。

再以无锡的吴文化公园为例加以介绍。吴文化公园，旅游界称之为无锡民俗村，已建成稻丰圩、堰里农舍、桃花村酒店、蚕桑巷、吴地船桥史馆、锡山交通馆、无锡院士馆、爱国碑廊、锡山教育馆、吴地开发史厅、吴地名人厅、教师山、吴地佛教文化馆、吴地民间信仰文化馆、吴地三百六十行展馆、江南风情苑、福寿山庄、财神阁等十八展馆，孕吴朝晖等十六胜景，把旅游业与吴地民俗风情、建筑风俗、文化艺术紧密结合起来，形成了独具特色和魅力的旅游文化环境，吸引了大批中外游客。

由于独特的民俗文化不仅可以单独成为人们旅游观赏和把握的对象，而且在众多的风景区和旅游点往往也是构成当地特定旅游审美对象不可或缺的内容，所以，挖掘并开发特有的、健康的民俗文化作为旅游开发的对象和内容，可以极大地推进旅游业的发展。

二、民俗旅游存在的现状

(1)较少市场调研，产业化程度不深

民俗旅游活动都或多或少的带有长官意志，忽视了民间节庆活动的自发性、群众性、娱乐性和观赏性。主办者、协办者和承办者往往都采取“拉郎配”的形式，对市场调查不够，不了解广大参与者的欣赏口味和审美情趣。

(2)开发经营普遍粗放，缺乏系统性和集约性

在目前的开发经营过程中，由于对民俗旅游的认识不足，开发层次普遍粗放。投入过少，使资源处于损耗利用阶段。开发经营手段落后，更谈不上深层次文化创意。加之宣传力度不够，丰富的水乡民俗旅游资源不被外界传播，致使旅游者印象淡薄。由于开发上的粗放，经营上缺乏系统性和集约性更不可避免这极大地阻滞了民俗旅游资源的开发，造成民俗旅游经济效益不明显。

(3)忽视地方特色，创新内容不多

区域民俗旅游资源作为专项旅游资源固然有它的特殊性，从而决定了其开发经营管理的形式、途径的特殊性。然而，只有与区域人文旅游资源的开发建设相辅相成、密切结合，才能带来良好的客源效应和经济效益。较长时间以来，许多地区民俗旅游资源开发与人文旅游资源改造建设相结合总的是远远不够的。一些主办者较少考虑这点，盲目模仿，许多民俗节庆活动大同小异，往往以歌舞晚会形式开幕，之后就是庙会形式的“大甩卖”，缺乏创新。而且品牌意识不足，有些民俗节庆活动的时空布局不合理。

(4)对外宣传力度不大

许多民俗节庆活动都以当地市民为主，外地乃至海外旅游者很少，参与的形式也以散客为主，团队很少，这说明在宣传、包装乃至促销上都有待提高。近年许多地方已经注意到对外宣传的重要性，如无锡提出了“打好太湖牌，唱好运河歌、拉好二泉曲、弘扬吴文化”，既是无锡旅游产业大发展的主旋律，又是提高无锡旅游城市品牌的必要前提，更是无锡民俗旅游实施“新品、名品、精品”战略的重要举措的战略发展方针。

(5)民俗旅游纪念品开发欠缺

现在许多旅游纪念品质量粗糙，工艺水平不到位，而且大同小异，真正作为民俗旅游纪念品使旅游者欣赏的很少。许多传统民俗工艺陷入了后继无人的窘境，如捏彩人、吹玻璃、放皮影、剪纸等都是以前为人们喜闻乐见而现在却难觅芳踪的传统民俗工艺。

第七章　中国旅游文化之旅游介体文化

文化的本质在于创新，旅游文化不是旅游和文化的简单相加，也不是各种文化的大杂烩，它是传统文化和旅游科学相结合而产生的一种全新的文化形态。

对于旅游文化来说，其他各种文化都是"原材料"。在旅游活动中，旅游者头脑中原有的思想观念、心理特征、思维方式等文化因素与目的地的异质文化因素的相互碰撞与结合，逐渐形成一种新的文化形态。

而旅游经营者经过潜心地研究本国本民族的传统文化，并进行适当的取舍，吸收一些外来文化，精心加工、组织和开发成为供旅游者观赏或享受的旅游文化产品，创造了旅游文化；旅游客体本身反映着人的智慧和力量，有相当的文化因素成分，它是人们内心的价值观、审美观等精神因素的外在表现，其本身也是旅游文化的不可缺的组成部分。

旅游业的核心产品只能是文化产品，旅游经营者必须为消费者提供文化享受，才能从交换中实现盈利目的。正因为旅游供求具有这样的特殊性，才决定了旅游业在具有经济性的同时还具有文化特性，在遵循经济规律的同时还必须遵循文化规律。

总之，文化是旅游者的出发点和归结点，是旅游景观吸引力的渊源，是旅游业的灵魂。所以，旅游文化的提出和研究既是理论建设的需要，也是旅游生产力发展的现实需要。正如有人所指出的那样："只有把旅游文化与旅游经济结合起来，才能使中国旅游业发展快、效益好。"

第一节　前进中的中国旅游产业

一、巨大的成就

弹指一挥，中国旅游业已经走过 30 个年头。这 30 年的发展速度，不但超过我国国民经济的平均增长速度，而且大大超过世界旅游业的平均增长速度，成就是巨大的。

当前我国旅游业发展现状：

①规模急速增长对社会经济发展带动强劲

《中国旅游报》等媒体报道，2013 年，中国旅游业增加值占全球 GDP 的 9.5%，对全球经济增长的贡献达3.1%,创造了1亿多个直接就业岗位。中国旅游业直接就业人数超过1350万人。2013年中国旅游消费近3万亿元人民币,占社会消费品零售总额的比例超过12%,旅游业对住宿业的贡献率超过90%,对民航和铁路客运业的贡献率超过80%。《中国证券报》报道,中国旅游市场规模也在急速增长。据全球商务旅行协会独立研究显示,即便在全球经济放缓的大环境下,中国商旅市场依然呈现稳步增长态势。2013年中国市场商旅支出2235亿美元;预计2014年增速将达到16.5%,2015年支出总额更可能超过3090亿美元,从而超过美国成为全球第一大商旅市场。据艾瑞咨询统计预测,2015年中国在线旅行预订市场交易规模将达到3630亿元。国家旅游局也预测表示,2015年中国将成为全球最大国内旅游市场。

②中产阶级的兴起带来旅游热

社会学研究者统计认为,目前中国的中产阶层占总就业人口的20%,如果按每年1%的增长速度,20年内中产阶层可以达到总就业人口的40%。这一由中国经济持续飞速增长催生出来的中产阶层,也使中国旅游、汽车、通信等多种消费品产业进入到一个新阶段。中国是高规格国内旅游发展最旺的国家,过去十年来,中国中产阶层的购买力大大增强,其发展速度惊人。这些大富豪要求的不仅仅是购买漂亮的物品;他们还越来越想看看本国的美丽风景区。《参考消息》等报道,中国中产阶级已走在成为这个星球上最重要社会群体的道路上。他们如何花钱、如何穿戴、住在何处、吃些什么、怎样教育孩子以及做出的众多其他选择将定义这个时代。报道称,每年大量的中国人在国内各地游玩,国内游正带来许多中国人过去几乎从未听说过的共同体验。

③出境旅游规模、消费比例上升

联合国世界旅游组织表示,中国人的旅游支出为全球最高,2012年,他们在出境游期间花费达到1020亿美元。中国旅游研究院表示,到2020年,中国出境游游客数量将从2012年的8300万增至2亿。中国是新西兰的第二大游客来源国。截至9月31日的前9个月,共有逾236 000名中国游客访问过新西兰,比去年跳增50%。《中国出境旅游发展年度报告2014》指出,2013年,中国世界第一大出境旅游客源市场与第一大出境旅游消费国的地位进一步巩固。出境旅游规模9819万人次,同比增长18.0%。出境旅游消费1287亿美元,同比提升26.8%。人民币升值、签证放宽,特别是有序发展的政策,为出境旅游发展营造了相对宽松的环境。此外,出境客源地正从一线城市与沿海地区向二三线城市和中西部转移。2014年,随着中国经济社会发展,《旅游法》对市场与产业的良性促进,我国出境旅游将继续保持高速增长态势。预计2014年出境旅游规模1.14亿人次,同比增长16%,出境旅游花费1400亿美元,同比增长18%。中国旅游研究院院长戴斌认为,出境正成为普通中产阶层常态化的生活方式。"浙江网视"报道,医疗旅行成中产阶级大势。海外医疗旅游已成为一门持续发酵多年,这个向中国都市各阶层广泛蔓延的大生意,成就了医疗旅行成为现阶段中产旅游的大势。

④旅游形式多样化,在线旅游、移动旅游等逐渐兴起,旅游者对旅游服务品质的追求不断加深

"大智慧通讯社"称,机构测算,近年在线旅游市场交易规模增长将维持在20%以上,

2013年中国在线旅游市场交易规模2204.6亿元，预计2017年市场规模4650.1亿元。巨大的市场空间将使在线旅游成为机构围猎的目标，未来度假业务增长将成为行业核心看点，移动旅游在行业的地位也将快速升级。分析人士指出，2013年10月《旅游法》发布以来，对于传统线下旅行社造成较大冲击，由于在线旅游拥有价格透明，产品多样化等优势，因此形成游客线下到线上的转移的趋势。展望未来，度假业务增长将成为行业核心看点。艾瑞咨询统计数据显示，2014年Q1中国在线旅游市场交易规模564.2亿元，同比增长16.9%；OTA市场营收29.9亿元，同比增长17.7%。《中国证券报》报道，得益于智能手机、平板电脑等新产品的兴起，在线旅游移动端的发展速度近年来明显提升，凭借更加便捷、更加个性的用户体验，在线旅游的高速增长也将成为推动中国旅游市场长期繁荣的新"助推器"。瑞银研报认为，未来3—5年，在线渗透率有望不断提升，中国在线旅游市场或保持10%—20%的高增长，超过美国等发达国家的个位数增速。

英国《金融时报》《经济参考报》等报道，针对中国人度假习惯的一项研究发现，中国中产阶层的游客正在增多，而且他们越来越愿意选择自由行。调查显示，约七成的中国游客现在选择出境自由行，跟团游的不到三分之一。此外，"串烧游"向散客游转变，更加体现了老百姓对深度游、集中游、慢慢品这种休闲旅游方式的青睐。这种变化反映了我国旅游者对旅游服务品质的追求在不断加深。北京交通大学旅游管理系教授王衔表示，旅游市场的散客化在过去很长一段时间内一直存在，但近一两年旅游散客化趋势出现了明显加速，对于行业来说甚至可以用突变来形容。中国旅游研究院产业所副研究员吴丽云表示，旅游散客化不是今年才出现的，几年前就已经出现迹象了。只是今年表现得更加明显，让大家觉得旅游散客化时代似乎是一下子就到来了。

二、当前我国旅游业出现的问题

(1)旅游业规模化产业化层次较低

《光明日报》报道，当前全国很多景区，尤其是各个山区小景点，由于彼此间恶性竞争或者交通不便等原因，各自分散经营，相互合作少，游客消费成本高，旅游市场发展面临着尴尬瓶颈。我国旅游业的发展已经开始从劳动密集型向资本技术密集型转变，从资源驱动向创新驱动转变，这一转变必然引起旅游产业链条的延伸，要求旅游集团从单一的"吃、游"向"吃、住、行、游、购、娱"横向延伸，从满足单纯的游览需求向专业和多样化需求的纵向延伸，以应对旅游业总量和结构上深刻变化所带来的挑战。报道称，我国旅游产品牌化多样化进程缓慢。国内旅游行业在品牌化多样化方面优势不足，尽管一些旅游景区已经取得了大部分旅游景区在挖掘自身文化内涵、细化景观设计、更新旅游理念、扩大延伸旅游层次方面进程缓慢，仍面临产品重复性高、专业化和多样性服务水平低的问题，导致对"门票旅游经济"的严重依赖。《海南日报》报道称，中国正向全面建成小康社会大踏步前进，旅游已走进普通家庭，旅游业步入黄金发展阶段。未来五年，中国旅游市场规模将超过2.5万亿美元，出境旅游将超过5亿人次。但中国旅游产品数量供给不足与城乡居民日益增长的旅游需求之间的矛盾长期存在，旅游服务质量不高与游客不断提升的需求层次之间的矛盾日益突出。

(2) 旅游业标准化规范化水平较低

综合“新浪”“中国旅游新闻网”等媒体报道，当前我国旅游市场“零负团费”经营模式普遍；旅行社承包、挂靠现象普遍，加剧了低价恶性竞争；旅游商品购物点、旅游景点的门票和旅游酒店的住宿费用虚高标价，导游获取回扣问题严重。虚高标价，导游和经营点相互勾结，从而获取回扣在旅游业是普遍存在的现象，既严重影响了旅游形象和旅游服务质量，也不利于自助式的散客旅游的壮大发展。此外，我国各个旅游城市和地区都不同程度的存在“四黑”现象。欺客宰客，兜售假冒伪劣商品，海鲜大排档等旅游餐饮点短斤缺两，以及黑团黑车甩客现象等都是游客常有的投诉。《光明日报》报道称，当前旅游业标准化、规范化水平较低。主要表现在：一是市场定价不规范。买卖双方市场存在信息不对称；部分景点定价随意。二是服务标准不统一。旅游消费活动链条多，一旦出现合同条款不明晰、各项活动安排服务标准和责任界限模糊。此外，与快速发展的旅游业相比，旅游服务行业的人才总量还存在较大缺口，人才整体素质偏低，旅游教育支撑不足，人才保障机制和开发机制相对滞后。由于旅行社经营者没有长远的战略计划，市场定位不明确，同时受经济利益驱动，各种不正当竞争现象在旅游市场中普遍存在。

(3) 基础设施建设缺乏科学性，监管机制不健全

“华汉旅”报道，当前不少旅游景区存在着重开发、轻规划，先开发、后规划的现象，开发规划工作没有摆在重要位置，规划意识淡薄。特别是在景区开发初期，建设的自发性、自主性和随意性明显。有些景区虽然在开发前制定了规划，但是规划不够科学合理，或是景区内各投资主体只进行了局部规划，缺乏总体规划、统一规划，还有科学、统一的规划在实施过程中并未很好执行，再加上管理部门对规划实施的监督不利，导致旅游开发失控。此外，由于景区的多重管理，使控制权力过于分散，群龙无首，各行其是，缺乏统一的管理和协调。因此景区无法制定和贯彻统一的开发建设规划，旅游主管部门对景区的纵向管理职能也受到了进一步削弱，景区内无序开发、恶性竞争在所难免。“中国报告大厅”关于《中国旅游业行业发展现状分析》中指出，由于我国国内旅游市场庞大，国内旅游服务的配套设施的发展跟不上旅游消费者的扩大的步伐，国家投资也相对较少，基本上是贯彻“以旅游养旅游”的方针，花钱多的项目几乎很少触及，只能因陋就简，以致设施不全。

《中国青年报》报道称，在全国主要旅游城市的景点周围，遍布着各种散发小广告、让游客参加价格低得离谱的旅游团或者自称是导游可以提供讲解的人。每到多部门联合执法整顿旅游市场秩序时，这些人马上销声匿迹；联合执法行动—结束，他们又全回来了。中国青年报旅游周刊经连续多年报道北京地区的“非法一日游”现象，北京市也年年加大力度整顿市场，可问题依然没有得到根治。浙江省旅游局局长赵金勇表示，杭州是全国整顿市场秩序做得比较好的城市，但“野导”依然存在。旅游部门想管，可管不到，只能联合其他职能部门共同执法，而这种联合执法无法常态化。国家旅游局副局长杜江表示，目前我国旅游市场监管主体主要面临以下问题：一是旅游监管的职能和手段有限。二是对旅游监管工作重视不够。三是旅游监管力量薄弱。四是旅游监管职能交叉。

三、对中国旅游业的意见建议

(1)做大旅游业规模提高旅游业综合效益

据《海南日报》报道称，作为一个负责任的政府，每当节假日来临的时候，中国政府既为国内旅游市场的繁荣感到欣喜，又为摩肩接踵的人群、超负荷运营的景区深感不安。这就要求从战略高度审视旅游业的发展，既要做大旅游业规模，更要提高旅游业发展质量，把旅游业的综合效益发挥好。中国旅游研究院第六部《中国旅游经济蓝皮书》建议，要推动中国旅游业改革创新，进一步转变发展方式，将旅游业的市场化、产业化、现代化、国际化提到更高的水平，围绕两大战略目标和世界旅游强国建设，着力打造中国旅游业升级版。放大旅游产业横向关联和带动作用。

(2)加强旅游品牌建设，探索多项旅游产品

《光明日报》有文章称，加强旅游品牌建设，探索多项旅游产品。要立足国际市场，积极参与国际竞争；努力挖掘旅游文化内涵，突出独特的文化特质，创新多种文化旅游展现方式。开发民族村寨、古村古镇、农业观光和体验式旅游，大力开展生态旅游和红色旅游，积极发展医疗养生、宗教朝圣等个性化专项旅游产品。

(3)净化旅游市场，彻底根治乱象

中国社科院旅游研究中心副主任刘德谦表示，中国旅游日在于唤起各个方面对于旅游意义和旅游价值的认识。对旅游业发展而言，经济效益固然重要，但是不能只看经济效益，更重要的是要为老百姓服务，让中国旅游业真正成为让老百姓满意的服务业。而要做到这一点，净化旅游市场，根治乱象势在必行。

四、“大旅游”的发展思路

旅游业是一个包括政治、经济、文化在内的综合性产业，它集吃、住、行、游、购、娱等六大要素于一体，各有关行业之间、各要素之间既相互联系又相互依存，既相互制约又相互促进，可以说是一个庞大的系统工程。这种鲜明的综合性和多样性决定了发展旅游必须具备相关的各种内外因素和条件，也就是要树立联系和发展的观点，确立“大旅游”的战略思想。要办大旅游就要注意用联系的观点，认真研究与旅游相关行业的联系，认真研究内部六大要素之间的联系，不能简单化，不能只抓景点建设而忽视基础服务设施的完状况和提高；不能只抓饭店建设而忽视交通条件的改善；也不能只抓硬件而忽视软件，否则就不能形成综合生产力，提高旅游整体效益。要改变目前的现状，就要从根本上克服一点论的单一思维定势，从观念上、体制上都加以更新，适应新的形势，牢固树立联系的观点，确立大旅游的思想意识。

(1)冲破旅游部门本身旧的狭隘的系统观念

各级旅游管理部门不仅要从宏观上制订管理、监督、协调全国和地方上的旅游发展计划，还必须关注与旅游相关行业的发展规划，否则失去依托，旅游规划也会落空。还应注意旅游业本身六大要素之间的联系，使其合理配置，优化组合，使有限的投资，尽快更好地发挥效益。确立大旅游的思想，不仅是行业联合的需要，旅游的动态属性，也决定了区域联合的需要。当前要重点解决好两个问题：在横向上要注意防止旅游资源的地方保护主义情绪，树立全国一盘棋思想，相互依存，相互促进；在纵向上不但要求数量上的增加，还要实现质量上的提升。

(2)注意调整旅游投资结构

任何事物都是在一定联系中存在和发展的，而这种存在和发展又都是在特定背景中，受一定条件制约的。旅游也不例外。因此，旅游发展规划，不应也不可能仅是风景点、饭店、各种中心的建设规划。当前不管认识上有多大距离，交通滞后、服务欠优已经并还在制约着旅游业的发展，由此而造成的中国旅游信誉下跌已不容忽视。从中央到地方对旅游的投资结构，视情况应做必要的调整，把建饭店、修庙宇的投资热情合理转到对交通的建设上来，把对旅游硬件的关注转移一部分到软件建设上来。

(3)自觉调整产业结构

目前我国旅游的经济效益不高，与依靠单一收费，守着资源吃死钱有关。一方面客人消费得不到满足，有钱花不出去有意见，另一方面旅游潜力又得不到发挥，手捧金碗讨饭吃。为此要转变观念，不能把客人的需求都推到社会上去，要充分利用旅游系统自身的设施、市场、信息、技术、外汇等优势，坚持改革与稳定并重，开发与管理并举，因地制宜，实现集团式的规模经营，走一业为主多种经营的路子，既可满足客人的要求，又能增强自身的经济实力，提高应变力。要面向国内外两个消费市场，做到内外互补，淡旺(季)相济。

(4)注意调整旅游产品结构

目前我国推出的旅游路线产品，基本上仍以观光型为主体。尽管不少地方和部门已经注意到正在兴起的有较高效益的各种专项旅游产品，并且进行投资建设，但就总体而言，数量还不多，影响也不大，特色还不够鲜明。确立办大旅游的思想，用联系的观点看问题，就会发现各种专项旅游活动的真正潜力蕴藏在社会之中，单靠旅游本身的力量是难以为继的。如美食节、民俗节、气功团、中医修学团等涉及的旅游内容，决非旅游部门就能解决的。因此旅游业应继续冲破独家经营或不顾客观条件全靠行政力量推动旅游活动的倾向。注意协调旅游部门与各种专业协会、学会、研究会等对外窗口单位的关系，发挥其作用，按照互利多赢原则，调动他们的积极性，实现旅游项目多元化、接待方式多样化、客源渠道多流化，达到旅游经济效益、社会效益和环境效益同步增长的目的。

(5)必须得到全社会的理解和支持

旅游业自身是一个综合性很强的事业，也是一个依托性很强的事业。它的发展一刻也离不开经济建设、市政建设、文化建设、社会治安等大环境的支撑和改善。旅游政策的实施、旅游景观的维护，需要全社会深刻的理解和自觉的执行；提高现代旅游业的经营管理和服务水平，需要社会各方面的人才和支持；至于旅游基础设施的建设，旅游景点的开发，旅游环境的美化，更离不开各方面的力量。从某种意义上讲，旅游业的发展也是一个国家综合国力的体现。所以我们要树立整体观念，立足全局，把旅游的发展作为整体来把握，端正对旅游业的认识，形成旅游业为全社会发展服务，全社会支持旅游业发展的良性循环。

第二节 建设中的旅游生活文化

旅游生活文化是旅游介体文化中不容忽视的一个组成部分。它是由旅游服务部门所提供的、旨在使旅游资源更好地满足旅游者的旅游需求的服务。现代旅游业的发展,更使旅游生活文化本身也成为旅游文化民族特色、地方风格的一种载体,成为连接旅游主体与客体、实现中外文化交流的媒介。

一、旅游生活文化建设的重要性

现代旅游作为一种新的生活文化方式,是社会经济发展到一定高度的时候才得以形成的。生产力水平的提高,使国民收入相对增长,劳动时间则逐步缩短,空暇时间尤其是带薪假期的不断延长,为广大劳动者外出旅游活动提供了可能性。现代化交通设施及交通工具的发明和普及,大大缩短了空间的距离,为旅游者进行远程旅游创造了客观条件。现代化的各种住宿游乐设施以及极为迅速的信息传递系统,使旅游者得以方便、愉快地进行国际性的旅游交往活动。现代旅游将人们带进了情调各异的物质生活和丰富多彩的精神生活享受的社会之中。

一位旅游者去过一个旅游目的地后,除非该次经历令人十分愉快,否则,他往往是不会重游故地的。旅游生活是否惬意,是旅游经历是否愉快的一个重要方面。如果这方面很差,那么即使旅游点的风景再赏心悦目,这种快意也会被冲淡甚至抵消。正如澳大利亚学者布赖恩·怀斯在《竞争性的旅游业》一文中所说,"正像所有主要旅游接待国已经发现的那样,旅游者是变化无常的。旅游者把相当可观的一笔钱用于度假及玩乐享受。开支、舒适和实际经历在旅游者考虑的诸因素中处于很高的位置"。如果该旅游的城市能给游客留下很好的印象,他不但可能会旧地重游,还会主动成为该地的义务宣传员,这其中城市旅游形象会给游客留下深刻印象。

应该肯定,现代旅游这种生活方式从本质上说是积极的、健康的和高度文明的人类活动,是建立在人民日益增长的物质生活和精神生活需要上的。旅游已成为教育人民、美化生活、增长才智、锻炼身心的一所新型学校,成为人类社会高级阶段的生活必需,或者可以说是人类在自身高度发展后的生活方式的组成部分。

现代旅游业是一个综合性极强的组合行业,它涉及100多个行业、20多个行政部门,人们在实践中深深感到充分发挥交通、住宿、饮食、服务等各行业相互配合作用十分必要,但这一难题,始终未能得到完善解决。除了计划不周和体制上的某些原因之外,旅游业如何发挥其组合优势,形成一个配合默契的"大兵团"作战的指挥部,则是一个急需解决的课题。旅游业的最关键部分是交通,旅游业不能调动交通,或者交通不能满足旅游业的需求,便谈不到现代旅游业。旅游业的另一关键部分是住宿,没有现代化的、充分保证供应的、食宿文娱活动俱全的住宿条件,也不能实现现代旅游。再有是满足旅游者各种需求的各类配套服务,这涉及许多单位和部门。旅游业的组合作用发挥得好,就可以带动其他各行业的发展,反之,它也会影响或阻碍其他行业并影响到旅游业本身的发展。

中国旅游业不能照搬西方旅游业的模式,跟在他们的后面,亦步亦趋,追求大洋全豪华阔气,到处都去搞旋转厅、总统房、游乐场、开辟海滩游泳场等,或是不顾国力浪费大笔投资去开发旅游新景点,建设高档豪华的旅游设施,甚至大量花费外汇购置国内完全可以供应的设备、材料以及旅游者的消费品,而应该致力于发展民族的、大众的、文明健康的旅游业。

世界上旅游业发达的国家和地区,都十分重视本国或本地区旅游业特点的研究,用有特色的旅游资源、游乐设施、游乐项目和导游服务去吸引广大旅游者。在旅游生活中,除了满足必要的生活需求,还隐喻着对文化的深层需求。旅游者可以舍弃快捷的现代化交通工具而坐古代的马车在古道上颠簸,或骑着骆驼在沙漠中跋涉;不去住豪华的饭店而宁愿憩息在古朴的四合院、原始的小竹楼;远渡重洋去品尝异国风味小吃、购买富有民族特点的土特产,这些都体现出一种对异地、异族、异国特殊文化的追求。旅游者的共同心理需求是求新、求知、求乐、求得美好享受,这就要求旅游经营者创造有特色的旅游产品。旅游者倘若不能到异地异国去领略特殊的生活情趣,那就失去了旅游的意义,许多外国人来中国旅游,中国人外出游览,都是为了寻求有特色的生活方式。因此,中国旅游业怎样认识自己的特色,并运用它去吸引国内外的旅游者,这是亟须探讨的课题。

二、旅游交通

1972 年,当美国总统查德·尼克松怀着政治家的远见卓识和忐忑不安的冒险心情,在北京机场第一次踏上中华人民共和国这一片广袤古老而又神秘的土地时,他没有预料到的是,追随他步履而来的,是滚滚的西方旅游浪潮!

从此,古老的中国步入了国际大旅游的洪流,现代旅游业终于在东亚大陆崛起,其势迅猛而又不可阻遏。纷至沓来的国际旅游者,一踏上中国的国土,就被融化在 960 万平方公里的土地中,被 600 多处开放城市和地区所吸引。中国,龙的故乡,数千年来它从未梦想到,短短十多年时间,它就成为东亚太平洋地区最大规模的旅游接待国。

滚滚而来的旅游洪流,促使我国加速交通运输条件的改善,以便根据旅游者的需要,“便利、高效、快速、安全、舒适、经济”地将旅游者运送到他们的目的地。

(1)我国旅游交通的四大台柱

①民航

二十多年来,中国民航事业发展很快,运力以年平均 20%以上的增长速度递增。地方航空公司和军队也陆续加入部分航线和营运。

中国民用航空事业的现代化,加强了我国与各国人民间的友好往来,极大地促进了旅游事业的发展。于是旅游部门在积极开拓国内、国际旅游活动项目的同时,又把着眼点转回本地,考虑到大多数的城市居民及乡村农民日常乘坐的交通工具基本是自行车、汽车、轮船或火车,他们对自己居住之地的观赏和了解的视角,都是局限于平地,因此,开辟了在城市上空或两邻近城市间的短途空中旅游项目。

②铁路

在水陆空交通运输工具中,铁路具有自己独特的优点——载客多,速度快、费用低,且平稳、安全,深受广大旅游者的欢迎,所以在现代化交通运输工具中,铁路运输所占的比重居于首位。为了适应旅游事业的迅猛发展,铁道部门除了采取加挂软卧空调车厢,增加班次等一系列措施外,还专门增设旅游班车,以增加运力,满足较高层次旅游者的需要。为运送国外大批旅游团体,铁路部门还专门与航运部门对接,增设了车船接待服务。

③水运

我国国土广袤,河川纵横交错,湖泊星罗棋布,加之有着辽阔的海域,因此,水运也是我国旅游交通运输的重要组成部分。我国水运主要有沿海航运和内河航运两大系统。沿海航运主要是我国北方、东南、华南沿海航运,内河航运主要是长江、珠江、黑龙江、运河水系干流航运,其他水系则有部分短途客运。

水路客运除了可供旅游者尽情欣赏沿岸风光的特点外,还具有安全舒适、经济实惠、客运量多、旅客回旋余地大等优点。在一些航线的客轮上,除有客航外,还设有餐厅、酒吧、舞厅、休息厅、阅览室、医务室、小卖部等。在一些豪华客轮上,还设有贵宾房、游泳池、电影院、医院、理发室,等等,从而确保旅客们旅途生活的舒适和情趣。

④公路

公路运输具有运价低、速度快、安全好、客运网广、机动灵活等优点,也是我国交通运输的重要组成部分。目前,我国公路主要有经济干线、疏港线、能源线和重点旅游线。而旅游公路的建设,已被交通部列入重点建设项目。这些新建或扩建、改建的高标准干线公路,贯通全国重要旅游城市和地区,其支线将通达我国成千上万个旅游景点。

(2)广开渠道加速旅游交通建设

但是,我国旅游交通总的来说还是较差,道路建设滞后,交通设施落后,服务水平和服务态度低下,已成为中国旅游业发展的重大障碍。

如何针对我国旅游交通的国情,结合我国特有的旅游资源文化,吸收国外旅游交通业的先进经验,发挥自己的民族特色和地方风格,以适应日益发展的我国旅游事业,是一项值得研究的课题。应结合区域经济的发展,加速建设旅游公路和水运航线,构成以重点旅游城市为中心,以民航运输为主体,铁路、公路、水路为辅助的水陆空配套的旅游交通网络,同时,挖掘潜力,广开渠道。

比如,水运旅游系统可以设立专门游舟、游艇、豪华游艇、远洋旅游轮船等以招徕游人,分解运输压力。如苏州、无锡等旅游部门开辟古运河旅游后,专制仿古御舟,舱内雕龙绘凤,富丽堂皇,富有民族特色。苏州还辟龙舟水巷旅游项目,船员身着古装,驾驶着仿古龙舟,边穿行在古城水巷之间,边介绍两岸名胜古迹、文人逸事,浓郁的吴地文化风情令游人久久难以忘怀。古谚道“上有天堂,下有苏杭”,在如锦似绣的苏杭两地,专设旅游客轮班船,旅客傍晚上船,可尽情欣赏世界上最长的运河——京杭大运河两岸风光,富有水乡情韵的古桥、古镇,一望无际的江南平原,炊烟袅袅的村庄,竹林掩映的房舍,悠闲的水牛,自在的鸭群……

待一觉醒来,不知不觉中已抵达"天堂",新的一天旅游生活即将开始。在长江三峡,旅游部门建造有豪华游船,既是旅游者的浮动旅馆,又是他们的旅游交通工具,游客们可饱览壮美的三峡景色,大江风光,领略"轻舟已过万重山"的情趣。

有的旅游部门还组织综合性的"海陆空"旅游活动,让旅客花上不多的钱,领略坐游船的雅趣、汽车的灵活、火车的舒适、飞机的豪迈,这对大多数没有出差机会的旅游者颇有吸引力,甚至吸引着他们扶老携幼,阖家出游。

此外,还可开发一些具有我国特色的旅游交通项目:

步行旅游。例如,组织一些以青年人、学者为主的旅游团,有目的地选择一些地方,作为步行旅游项目,安步当车,边考察当地风土人情,名胜古迹。

骑马旅游。这是青年人喜欢的一项活动,在山区、平原均可组织这类旅游活动,通过旅游学会骑马,又得到了马上观光的情趣,不亦乐乎!

骆驼跨沙漠。在充满传奇色彩的沙漠古道上,组织旅游驼队,大漠孤烟,驼铃叮当,头顶烈日,行进在荒无人烟、一望无际的沙漠间,入夜,繁星满空,篝火熊熊,跳起激动人心的迪斯科,扭起欢快的中国大秧歌。风沙袭来,又抢搭帐篷,保护驼队,在这孤寂的旷漠中,艰难困苦更能令旅游者们体会到人情的温暖,团结的力量……这种充满艰险的传奇生活,将使他们永生难忘!有的非洲国家在刚开发旅游业时,为了适应外国游客,特意进口了豪华轿车,但外国游客说:"要坐豪华车,何必在沙漠!"后来推出了驼队旅行,找一个小孩牵驼带路,结果大受欢迎。我国敦煌,从县城到鸣沙山的一段路上,就有驼队旅行,不但外国游客,就连国内旅客也纷纷一试,不仅饶有味道,而且有经济效益。

轿子。是我国传统的短途交通工具,在一些古镇、古典园林中,恢复传统的轿子,让旅游者坐轿观光,不失为一雅乐。

古舟。除了游艇、游船外,还可用一些传统的小舟、农船,甚至修造古代战舰来开发特色旅游项目。

此外,黄河的皮筏,漓江的竹筏,也是别具风味的旅游交通工具。

我国的旅游交通文化丰富多彩,有待进一步开发。这不但能相应缓解交通紧张,还能给游客增添新的乐趣。当然,旅游运力的根本解决,最终还是要靠大力发展民航、铁路、公路、水运设施来解决的。

三、旅游起居

旅游起居,是旅游生活的一个重要组成方面。旅游者在旅游过程中,需要有住宿之处,以解决休息、睡觉、漱洗、饮食等生活必需问题。

他们对起居之所即旅馆饭店的基本要求大致是:

第一,方便配套。希望所住饭店距离旅游景点较近,或处在城市的热闹地段,便于购物观光,有很方便的交通工具。要求饭店内部设施配套,生活方便。

第二,清洁卫生。包括旅馆饭店的内外环境,内部设施、供应的食品饮料以及客房内的床单被套等是否清洁,是否配套有卫生间等。据有关部门对3万名旅客的调查,有60%的旅游者将清洁列为住宿旅馆饭店的第一要求。

第三,安全可靠。在旅途中,旅游者由于对游览地点的生疏感、人流的多变性,以及要保管好旅游用具和财物而经常处于高度警觉的状态,来到下榻地后,他们需要彻底放松一下,以恢复疲劳,这就对安全问题特别重视,其中包括生命安全、财产安全等。

第四,安静舒适。旅客风尘仆仆住宿饭店后,总希望有个安静舒适的休息环境,不要有噪声或杂人随意干扰,因此对饭店的位置、环境、内部的隔音设备、服务质量是否安静舒适颇为讲究。

第五,亲切周到。主要是针对饭店的服务工作而言。旅客住店以后,需要服务员提供一系列的起居等服务,如果服务员在服务工作中亲切周到,让旅客有"宾至如归"之感,那么旅游者会很快消除陌生感和困惑感,产生亲切感和安全感,从而怀着对旅馆饭店的美好印象,继续新的旅行。好的旅游饭店,在这方面都很有建树。如假日饭店联号以"洁净、舒适、方便、安全、廉价"为特色;喜来登饭店则以质量信誉、"物有所值"为特色,使宾客近悦远来。

(1)旅游饭店的发展现状

随着大众旅游市场的逐步形成,旅游饭店在数量和质量上迅速向高层次发展。而随着市场竞争的加剧,旅游饭店不再仅仅是提供商业性食宿接待服务的场所,其功能的扩展和服务项目的增多使之日益成为旅游者及当地社会的重要社交中心,其建造、经营管理和服务已成为文化成分很浓的专业化活动。因而旅游饭店可以说是旅游业中最具有代表性的中坚力量。它与人们传统意识中的食宿接待设施不同,是现代化、专业化、高标准化的商业性接待企业。

目前世界流行的旅游饭店的划分和标定方式以星级表示,分为一星至五星 5 个等级。一星设备简单,二星设备一般,三星设备齐全,四星设备豪华,五星是最高等级。达到五星级的饭店为数不多。我国旅游饭店星级评定始于 1988 年《中华人民共和国旅游(涉外)饭店星级标准》的颁布,据此对旅游饭店的建筑装璜、设备、设施条件和维修保养状况、管理水平以及服务质量的高低、服务项目的多寡等方面进行全面考核,综合平衡后按一星、二星、三星、四星、五星划定等级。改革开放以来,我国的旅游饭店业发展迅速,表现在设施设备不断现代化,管理水平、服务质量开始向国际标准看齐,从业人员素质大大提高。

我国加入 WTO 后,旅游饭店业受到巨大的冲击。我们的出路只有一条,这就是正视竞争,适应竞争,提高自身素质,尽快与国际接轨。国内的一些旅游饭店早在几年前就已经在自己的小范围内从设施、管理、服务三方面改革入手,做好了应对的准备。其共同点就是从文化入手,把象征人们特有的价值观念、审美情趣、行为导向的文化内涵融入饭店中,使饭店成为文化的载体,以此满足旅游者的心理需求、价值认同与社会识别等人文需要,从而从情感上触动旅游者,引导其食、住、行、游、购、娱行为的产生。这种文化策略实在是有识之举。

我国悠久的文化积淀对饭店的文化设计是取之不尽的宝库。实际上我国早期的饭店是很注重文化品位的。"全聚德",意在德行操守在此相聚相融,似乎与烤鸭无关;"东来顺",颇有紫气东来、万事如意之意,也并非涮羊肉的专利。这些富有文化内涵的品牌,使游客不仅能品尝到美味佳肴,更能体会到中华京派文化特有的韵味。再如北京的"中国会",这是由香港著名企业家邓永锵先生经营,由世界知名的半岛集团管理的饭店。经营者对古建筑群进行修缮,形成4座主要院落和一些小庭院,四周由亭台走廊环绕连接,最高仅为三层楼阁,院内植古树名木、芳草佳卉,外观明式官邸的气派。内部安放古色古香的家具和艺术品,其高档豪华客房完全仿明末清初的式样设计,并巧妙地配上了现代化设施。餐饮服务既有精选的中国美食,如粤菜、川菜、淮扬菜,也有西餐供应,吸烟室可享用上好古巴雪茄。海外游客来此,既感受到"古老中国"的氛围,同时也可以享受到现代舒适的服务。

50多年来,世界饭店业发展迅速,总的发展趋势是少数大公司不断扩大它们的市场份额,形成饭店连锁集团,如假日饭店公司、希尔顿饭店公司、凯悦饭店公司、香港半岛集团等,总是以世界最先进的方式管理,从被动适应市场需求走向主动创造市场需求。其重要手段就是让文化资产在现代经济发展中发挥更大的作用,在市场运行过程中以创造附加值形式使饭店的财富实现快速增长。南京金陵饭店和广州白天鹅宾馆是最早的由中国人自己管理的大型旅游饭店。他们大胆引进国外饭店的管理经验,又结合我国的实际情况,逐渐探索出一套有特色的管理体系。他们充分发挥文化资产的作用,在市场竞争中出奇制胜、左右逢源。

市场经济发展到今天,非价格竞争又已成为商战的重点,服务竞争是非价格竞争的主流,而文化服务是其中的高着。文化服务就是把文化因素融入企业公关服务当中,让旅游者在享受精神文化性服务的同时,产生消费兴趣。

饭店服务内容相当广泛,住店的方便程度、舒适程度、服务态度;工作、生活、购物、娱乐的便利程度等。这里的关键是周到,中国有"有朋自远方来,不亦乐乎"的古训,"宾至如归"到处可见,但真正做到对游客关怀备至、体贴入微却是十分不易的。

(2)旅游起居与旅游文化

适应着旅游事业发展的需要,近年来,我国旅游饭店的建设速度非常快,尤其是热点旅游城市的旅游饭店建设速度更快。到2015年末,全国共有星级饭店8880家,拥有客房89.72万间,拥有床位172.95万张,拥有职工121.61万人。2002年,全国星级饭店营业收入总额为914.43亿元,年平均客房出租率为60.15%。

全国星级饭店的构成,按注册登记类型划分,国有饭店5061座,占全国星级饭店总数的56.99%;集体经济饭店893座,占10.06%;外商投资饭店279座,占3.14%;港澳台投资饭店407座,占4.58%。以上四种注册登记类型的饭店,共占全部饭店的74.77%。此外,联营、股份制、私营等其他注册登记类型的饭店共有2240座,占全部星级饭店总数的25.23%。

按饭店规模大小划分:(1)客房数在500间以上的饭店80座,共有5.19万间客房,占全国星级饭店客房总数的5.78%;(2)客房数在300—499间的饭店320座,共有11.73万间客房,占全国星级饭店客房总数的13.07%;(3)客房数在200—299间的饭店622座,共有15.00万间客房,占全国星级饭店客房总数的16.72%;(4)客房数在100—199间的饭店2225座,共有30.60万间客房,占全国星级饭店客房总数的34.10%;(5)客房数在100间以下的饭店5633座,共有27.21万间客房,占全国星级饭店客房总数的30.33%。

按星级划分,截至2002年底,全国共有:(1)五星级饭店175座,共有6.49万间客房,占全国星级饭店客房总数的 7.23%；(2)四星级饭店 635 座，共有 14.35 万间客房，占全国星级饭店客房总数的 15.99%；(3)三星级饭店 2846 座，共有 34.65 万间客房，占全国星级饭店客房总数的 38.62%；(4)二星级饭店 4414 座，共有 30.60 万间客房，占全国星级饭店客房总数的 34.10%；(5)一星级饭店 810 座，共有 3.64 万间客房，占全国星级饭店客房总数的 4.06%。

2015 年，在全国 8880 座星级饭店中，国有饭店平均客房出租率 57.92%，集体企业饭店 58.17%，外商投资饭店 64.80%，港澳台投资饭店 66.02%，联营饭店 61.03%，私营饭店 59.94%。其中国有饭店出租率最低，这是值得深思的。按客房出租率高低排列，位居全国前十名的地区如下：(1)上海 71.78%；(2)浙江 68.30%；(3)江苏 63.25%；(4)湖南 62.68%；(5)广东 62.13%；(6)北京 61.68%；(7)河北 61.55%；(8)贵州 61.10%；(9)重庆 60.91%；(10)江西 60.83%。

饭店是发展旅游事业的物质基础和旅游接待服务的基地。其发展规模是一个国家或地区旅游接待能力的重要标志。我国饭店企业以涉外饭店、宾馆为主。它要求根据客源发展状况和旅游者消费水平合理安排档次结构和网点布局。根据我国 20 多年来发展国际旅游的实际情况，四星级、五星级的豪华饭店应占 20%左右，三星级的中档饭店应占 30%—35%，其他饭店应占 40%左右。

我国的国力还不是很强，没有太多的资金像西方旅游业那样，追求大、洋、全、豪华、阔气，一味去搞旋转厅、总统房、游乐场之类外国人早已司空见惯而我们自己却被搞得劳民伤财的高档旅游设施，没有必要付出有限的外汇去购置国内可以供应的设备、材料以及旅游消费品，而应该结合本国国情，利用现有的并不算落后的饭店设施，挖掘潜力，搞好相应的软件建设，发展民族的、大众的、华夏文明的旅游，从而创造一个良好的舒适的旅游环境。外国旅游者对中国国际旅游的投诉，主要是导游和服务人员素质的低劣、食宿的配套设施跟不上，而主要不是硬件的问题(交通问题除外)，可见我们现在的主要工作，不是要盲目地在饭店的硬件上下功夫，更需要在饭店内外的软件上、在服务人员的素质上下功夫。外国有的学者很尖锐地提出：你们新兴的饭店设施和条件改善后的机场，是否能与人员培训水准及关心旅游者的服务意识相一致？

各个民族不论大小，都有只属于它自己而不为其他民族所有的居室结构和风格，而这才是吸引外国游客的最有魅力、最能经久不衰的关键所在。英国实业家嘉巴库在佛罗里达州，别出心裁地修建了一个珊瑚礁海底旅馆，吸引了四面八方的旅客。有的阿拉伯国家在发展旅游业之初曾大建西方现代化豪华客房，却并没有收到满意的效果。后来建起不少富有传统风格的木结构的阿拉伯式平房，西方游客却逐渐多了起来。这就给我们正确开拓中国旅游起居的新领域提供了借鉴和启迪。

饭店的兴建，应该是根据客源的增长和客人的需要而有计划、有目的地发展的。旅游者来自天南海北，各自的生活习惯、心理性格、宗教信仰、经济收入、社会地位、年龄性别等都不相同，因此对旅游起居的要求也就大为不同，甚至很多旅游者会进一步提出要求体验富有中国民族风情的起居习俗。现代旅游业的发展，要求我们不但要把饭店建设成舒适的住宿场所，而且把饭店本身也建设成具有中华民族文化内涵的旅游景点，使其也具有观光价值。

为了更好地弘扬我国旅游起居文化,开创旅游起居服务的新局面,国家旅游局在全国旅游饭店建设会议上正式提出:我国各地旅游住房的建设,应注意民族特色和地方特点,并与周围环境和谐一致,浑然一体;使旅游住房的建筑艺术为祖国山水增辉添色。这一决定,在相当大的程度上摒除了一味追求高档次、豪华型的旅游饭店的错误做法,而开始注意改变以前那种一味建造高档观光型饭店的做法,从多方位吸引客源的方面考虑,建造一些具有当地自然和人文、社会资源特点的专业性饭店和小规模的疗养型、度假型、参与型的各种风格的馆舍。于是,饭店成为文化旅游的一个组成部分的构想逐步得到实施,一批批具有我国民族风格和地方特色的旅游住房陆续兴建起来。

如深圳的香蜜湖度假村把热带园林景色、民族特色的建筑和大型游乐设施完美地结合起来,七座宾馆设置在楼台亭阁、假山湖廊之间,俨然一座美丽的大观园。再如1989年10月,山东临朐县旅游部门建成一所富有乡土气息的旅游饭店——沂山茅舍。饭店建筑面积仅2200平方米,床位50张,但标准客房、套房、大小餐厅、会议室、卖品部等一应俱全,“茅舍”的建筑充分体现了当地农家房舍的特色,给人一种粗犷、原始、充满田园诗般野趣的感觉。四合院是闻名中外的北方民宅建筑,北京的四合院更具有文化意味和时代烙印。为了让旅游者体验四合院风情,河北涿县建起四合院式的桃园饭店。此外,在内蒙古建造了装有卫生设备的蒙古包宾馆,在云南西双版纳建起了傣族竹楼式的宾馆,这类具有中国传统民宅特点的旅游饭店,颇能体现出我国绚丽多彩的住宅文化,既满足了中外旅游者追新、猎奇、求乐、求知的需求,又让他们品赏和领悟到中华民族住宅文化的博大精深。

旅游住宅的建筑,不仅在外观上体现出民族风格和地方特色,与周围环境和谐一致,浑然一体,为了更逼真、更生动、更形象地反映出地方风情,在其内部装修、布置和陈设上也要因地制宜,精心布置。以“沂山茅舍”为例,客房内陈设仿明、清式太师椅、八仙桌、卷头条几及古典灯笼式、煤油灯式的台灯等日常生活用具,一串串的红辣椒和玉米棒象征着农家“五谷丰登”,此外,反映地方风情、取材民间文学《聊斋》的草编壁挂,国画中堂及对联;充满农家气息的大酒坛、小酒盅、锡酒壶和铁酒罐……处处反映出引人入胜的民俗生活文化。福建武夷山的幔亭山房也很有特色,其建筑形式充分体现了闽南地区民居的建筑艺术,室内的陈设布置也利用了当地的土产资源和工艺,鲜明地突出了地方特点,如桌椅床铺均是原木本色的,墙上用民间工艺竹编装饰,甚至连吊灯的罩子也用竹子编制,住惯了现代化旅馆饭店的旅游者一旦置身在这种富有乡土气息的住宅中,顿时会强烈地体验到深厚古朴的中国住宅文化,从而游兴倍增。

许多旅游部门除了建筑具有地方特点的旅游饭店,并在其内部装修上也强化地方风情外,还进一步利用乡间城镇的民宅,开发新的旅游项目。苏州国旅组织日本乡间民宿团114人到昆山城北乡开展“乡间民宿旅游”活动,51户农户热情接待了这批日本游客,安排他们住进自己的家中,领他们参观农家设施,用油爆虾、白斩鸡、清蒸鲫鱼、炒鳝丝等一道道典型江南风味的家常菜及甲鱼、鲜贝、太湖银鱼等太湖名菜让客人大饱口福。在这偏僻的乡野农宿,日本旅游者们感到既新奇,又兴奋。

山东潍坊有座被称为“面向世界的农家村落”——石家庄,是一座位于“千里民俗游览线”上的“民俗村”。这里,家家户户都接待外国旅游者,“吃农家饭、住农家房、做农家活、随农家俗”活动,使旅游者体会到农宅之趣、天伦之乐、节庆之喜、助人之风、好客之情。已有成千上万名来自五十多个国家和地区的旅游者来此了解中国人民的日常起居,体察饶有特色的地方民情,享受牧歌般的田园情趣。

第三节　旅游接待地的文化传播和影响

一、旅游对接待地社会文化的影响

自20世纪50年代初期以来,大众旅游以前所未有的速度发展,旅游观念和旅游理论也在不断丰富和提高,旅游要素从吃、住、行、游四项增加为吃、住、行、游、购、娱六项就是典型的例子。在旅游实践过程中,人们逐渐认识到旅游发展不但能对一个国家、地区和城市产生巨大的经济作用,而且对旅游目的地的社会文化也会产生重大影响,必须正视这种影响的客观存在,积极利用其有利的一面,并尽量避免其消极的一面。

(1)旅游影响接待地社会文化的肌理

旅游对接待地社会文化所能产生的影响,表现在旅游者与接待地及其居民之间直接或间接的接触,表现在旅游者所代表的外来文化与接待地本土文化之间的交流和碰撞,以及由此引发的接待地文化的逐渐变化。

文化会随着时间的推移,在内外因素的作用下而不断发展演变。文化变迁的内部因素主要在于文化变迁的内在机制和人类的认知进步;文化变迁的外部因素则主要是外部环境的改变和不同文化的交流与传播。在现代社会,文化的交流和传播以及由此引发的不同文化之间的冲突和融合是文化变迁最主要的动因。旅游文化的交流和碰撞,也是既有相互促进、相互融合的一面,也有相互抵触、相互排斥的一面。这种交流和碰撞,冲突和融合,就会导致旅游接待地文化的变化。

①在旅游接待地这个特定的文化背景中,主客双方的接触和相互作用是不平衡的。就旅游者而言,与接待地居民的接触较为短暂,在一个接待地逗留的时间通常短则一两天,长则数十天,与当地居民实际接触的时间可能更少。而对于当地居民来说,由于他们接触的不仅是哪一个具体的游客,而是在不同时期接踵而至的游客群体,因而他们同旅游者的接触是长期而持续的。因此尽管旅游活动中文化扩散是双向的,但实际上旅游者给接待地带来的影响,比他们接受接待地社会的影响要大得多;旅游者从接待地获得的文化新内容,无论在数量上还是程度上,都远远比不上当地人民所获得的文化新内容。这种主客接触和相互作用的不平衡性,还会因双方经济上的不平衡而进一步加重。因为区域之间的文化传播通常都是从经济较发达地区向较落后地区传播的。经济欠发达国家和地区的社会文化,更易受到来自较发达国家和地区游客的影响和冲击。另外,原有经济水平比较低的接待地难以避免外来经济势力的直接渗入,外资旅游企业一旦落脚和壮大,其经济运行模式、科学管理方法、现代化观念以及相配套的设备和物质对接待地本土文化的影响都将造成巨大的冲击。美国夏威夷地区刚开发旅游时,原本淳朴的民风一下子被外来文化冲得七零八落,传统观念、家庭关系、道德法律都出现了严重的危机。我国张家界等地在旅游开发中,也出现过这

样的情况。

②旅游活动这一特殊形式促使接待地本土文化与外来文化之间有更大程度上的相融。通常情况下,任何本土文化与外来文化接触时,都只是选择和接受那些与本身文化价值观相契合的东西,而回避甚至排斥那些与本身不相融的成分。在旅游发展中,接待地对外来文化必然有所选择,但在经济目的的制约下,其选择接受的范围不得不有较大的扩展。旅游接待地要想得到良好的发展,就必须满足旅游者的需要,这一客观规定性逼迫旅游业及其相关行业乃至政府部门不得不接受外来文化中某些必要的内容。有学者将其称为"虚意接受",也即当地并不打算也不愿意让某些外来文化因素真正融入本土文化中,但考虑到旅游业发展的需要,有意识地为外来文化的进入做出让步,甚至主动创造适合旅游者的文化环境。接待地的"虚意接受",一般限制在一定范围内,如旅游者活动区域内。但随着时间的推移,"虚意接受"的某些文化内容会不以人们意志为转移地逐渐渗透到本土文化中。外来文化的扩散渗透最终会导致接待地文化发生重构和变迁。

(2)旅游对接待地社会文化的影响

对于接待地社会文化而言,旅游的积极作用主要表现在以下三个方面。一是促进旅游接待地的对外文化交流。二是促进旅游接待地民族传统文化的保护和复兴。三是促进旅游接待地社会文化的现代化:首先,旅游能促进接待地社会文化在物质层面上的现代化。为了适应旅游业发展的需要、给旅游者提供一个良好的旅游环境,接待地会不断改进自己的基础设施和物质生活条件,对城市独特风貌以及相关人文景观的形成具有推动作用。其次,旅游能促进接待地科技水平的提高。科学技术的发展是现代旅游产生和发展的前提条件,也是满足旅游者各种要求的保障,交通运输工具、通信以及旅游服务设施等,无不仰赖于科技水平的提高。而旅游需求是刺激这些领域加快发展的重要因素。同时,在旅游交流的过程中,一些旅游者会给接待地直接带来先进的科技思想和成果,促进接待地科学技术的发展。同时,在旅游活动的影响下,接待地的社会行为方式、价值观念会发生相应变化,在总体上会趋向于开放,趋向于国际化、现代化。比如,受所谓携带"欧风美雨"的国际旅游者的影响,我国民众的家庭观念、社会观念、消费模式,以及企业经营和城市管理意识等都发生了巨大的变革,在很大程度上促进了文化的现代化进程。

任何事物都有两重性,有利就有弊。旅游在给接待地带来经济增长和就业机会的同时,也有可能对其国民经济带来不利的影响,比如,引起物价上涨从而损害当地大多数居民的经济利益,导致当地产业结构发生不良变化,影响当地经济的稳定和持续发展等。同时,旅游对接待地社会文化的影响也有消极的一面:旅游使接待地的历史文化遗产遭到不同程度的人为破坏,使旅游接待地固有文化模式化、商品化、庸俗化。一些具有地方文化特色的东西为了迎合旅游者的需求,被人改头换面或大肆模仿,缺乏当地社会文化生活的原真状态和环境,一些愚昧落后的鬼文化、占卜文化等被刻意渲染;一些与本地文化无任何关联的人造景观或节庆活动重复出现,活动的内容和形式带有明显的表演色彩,在很大程度上失去了原有的意义和价值。更有甚者,为旅游目的建立所谓的"保留区"——驱走一些当地居民,把余下的群众"保留"起来,为游人进行"文化展示"。为了满足游人购买纪念品的需要,地方特色工艺品制作转向面对大众市场,这种纯商品化的过程难免造成急功近利的心态,使工艺品日渐粗制滥造、失去传统艺术形象和价值。受旅游活动的影响,接待地的宗教文化也极易失去其本来的神圣性和象征意义。正如美国人欧内斯特·蒂希特在为梅奥等人撰写《旅游心理学》所作的前言中指出的那样:“许多国家的外貌正在发生变化……巴黎郊区正开始变得像底特律一样,维也纳和其他许多城市也是如此。一些非洲国家的那种异国情调也在发生变化。有一种错误的观念认为,旅游者在非洲寻求的东西,同他们在欧洲、远东或迈阿密海滩寻求的东西是相同的,正是这种错误的观点促使一些非洲国家逐渐失去其原有的特色。”

旅游还可能扭曲接待地的道德标准,促成或加剧了接待地的社会问题。旅游者会把积极和消极的文化因素一并带入接待地。发展中国家或地区在发展旅游过程中,难免会受到西方社会生活方式和思想意识的影响,从而使当地的传统道德观念发生裂变和扭曲。“卖淫、酗酒、抢劫皆因旅游业而起”的说法虽然片面,但旅游开发与一些社会问题的出现和蔓延确实有着一定的联系。在西方旅游者“现代化”消费观念的诱惑下,在主客之间生活水平差异悬殊这一客观事实的刺激下,接待地的部分居民极易失去纯朴的美德,堕落到罪恶的泥沼中,使当地社会风气恶化,色情、赌博趋于严重,犯罪率、离婚率趋于上升,进而影响社会秩序的安定。旅游发展与社会问题增多的相关现象在国内外的许多旅游地都有所表露。

旅游甚或可能引发媚外或排外的情绪,甚至出现反旅游的倾向,严重影响接待地旅游文化的健康发展。旅游者的大量涌入会激发他们与当地居民之间的某些矛盾;特别是在接待地综合接待能力有限的情况下,外来游客的大量增加和游客密度的提高,会干扰和妨碍当地居民的正常生活,从而使当地居民对旅游者的态度从起初的友好热情转为不满甚至怨恨。美国学者西奥多·斯坦杰曾撰文说:法国巴黎每到旅游旺季总是大军压境,人山人海,造成交通堵塞,市民外出困难,对此市民苦不堪言,个个怨声载道,他们抱怨众多的游客使他们宁静安逸的生活遭到破坏,于是在不少景点,当地居民自发组织起来,阻止满载游客的大客车进入市区。世界著名旅游城市意大利的威尼斯,1945 年拥有人口 15 万,如今只剩下不足 8 万,当地居民认为人口锐减是由旅游者造成的。为了保护生态环境和土著文化,法国绿色和平组织曾发动一场全国性的运动,要求对旅游业严加限制,特别是对那些飞速蔓延的海滨旅馆以及其他与旅游有关的建筑物。它的一位官员甚至说:“旅游业做了希特勒没能做到的事情:大西洋建起了一道混凝土墙!”加拿大人卢汉曾针对旅游对文化的负作用发出这样的悲叹:“人类已故文明的清单上,在巴比伦、迦太基、库斯科这些美好的名字之后,要加上巴厘、清迈、塔希提,还有成千上万其他的名字。”

总体来看,虽然旅游对接待地社会文化的消极影响客观存在,但旅游业对接待地文化的影响,正如世界旅游组织所指出的那样“总体上是积极的”,旅游业的发展乃是社会经济发展的必然趋势,关键是要做好旅游业接待地可持续发展中的文化调适工作。

二、旅游业接待地可持续发展中的文化调适

(1) 可持续发展思想和旅游可持续发展

可持续发展作为一种思想,是从西方社会发端的。它源于由生态学家首先提出的“生态

持续性”这一概念,起初的含义局限在“保护和加强环境系统的生产和更新能力”,后来逐步扩展到了人类社会、经济活动的所有领域,只满足当代人需要又不危害后代人满足需要能力、既符合局部人口利益又符合全球人口利益的发展。它既不是单指生态持续,也不是单指经济发展或社会发展,而是指以人为中心的自然—经济—社会复合系统的可持续,使人类在不超越资源与环境承载能力的条件下促进经济发展,保持资源永续性和提高生活质量。1992 年,在巴西里约热内卢联合国环境与发展大会上,可持续发展思想得到全世界科学界的普遍认可,并被视为 21 世界人类的行动准则。

1994 年,我国政府制定和公布了《中国 21 世纪议程——中国 21 世纪人口、环境与发展白皮书》,把可持续发展作为我国发展战略的唯一模式和最终目标。旅游是社会经济发展的重要组成部分,是实现社会经济可持续发展并最终实现国家可持续发展不可缺少的因素。因此,旅游可持续发展成为我国学界、政界普遍关注的热门话题。

国外对旅游可持续发展的研讨开展得相对早一些。1990 年在加拿大召开的 Globe’90 国际大会,阐述了旅游可持续发展的基本理论框架及其主要目标。根据 Globe’90 国际大会上所达成的共识,旅游可持续发展有五个目标:一是增进人们对旅游产生的经济效应和环境效应的理解;二是在发展中维持公平,即维持旅游活动中人与人之间、民族与民族之间、国家与国家之间的相互尊重、相互平等;三是提高旅游地居民的生活水平;四是为游客提供高质量的旅游感受;五是保护上述目标所依赖的环境质量,其核心内容是保证在从事旅游开发的同时,不损害后代为满足其旅游需求而进行旅游开发的可能性。1995 年 4 月在西班牙召开的旅游可持续发展会议上通过的《旅游可持续发展宪章》进一步指出:旅游可持续发展的实质是要求旅游与自然、文化和人类的生存环境成为一个整体,以协调和平衡彼此间的关系,在全球范围内实现经济发展目标与社会发展目标的统一。

任何一个旅游接待地,要实现旅游可持续发展的目标,就必须对旅游的社会文化效应加以高度重视,在旅游发展过程中对文化的迁移做出合理化的调适。

(2)旅游接待地发展中的文化调适

旅游接待地的文化调适主要体现在两个方面:旅游开发的文化平衡和当地居民文化心态的调整。

①接待地旅游开发的文化均衡

接待地旅游开发的文化均衡主要表现在以下四个有所交叉但侧重点有所不同的方面:

一是传统性和现代化的均衡。从旅游供给的角度看,文化传统是接待地发展旅游的基础,强调和维护本土文化的传统,实质上等于强调和维护接待地的旅游吸引力。同时,现代旅游者大都又有现代文化背景,在旅游过程中也会显示出对现代化的必然需求。比如,旅游者一方面喜欢住有民族风味的竹楼木屋,另一方面也希望在传统的屋子里有现代化的彩电、空调和洗浴设备。因此,在旅游开发中存在着传统性和现代化的调合问题。从接待地文化的可持续发展来看,也必须重视传统性和现代性的均衡。一方面,要保护和弘扬富有特色的传统文化,在追求旅游设施现代化、思想观念现代化、管理手段现代化的同时,不忘以传统文化作为底蕴;另一方面,在继承和发扬传统的过程中,必须融入现代化中的合理性内涵,以求创新和发展。旅游文化具有明显的二元结构——传统性与现代化的极化互补结构,只有建立合理的二元结构,才能更好地促进旅游业的发展和提高。

二是民族性和世界性的均衡。如果说传统性和现代化的均衡着重考虑的是接待地自身文化在时间轴线上的平衡问题的话,那么民族性与世界性的均衡则重在处理空间轴线上接待地文化与外部世界文化的关系问题。接待地的发展过程在某种程度上也是其民族文化走向世界的过程。而民族性的文化要想具有世界意义,一方面要吸收外来文化中有价值的东西,同时又要避免民族文化特色的消失和削弱。接待地可以在旅游资源开发、旅游企业的经营管理等诸环节上合理利用外来文化,或者赋予外来文化以民族特色,这既能促进旅游者对接待地文化的认同和理解,又能为文化再创造提供新的动力。京剧与交响乐的嫁接、中餐西吃或西餐中吃等都是比较成功的尝试。冯久玲《文化是好生意》说得好,要让真文化变成好生意,“文化是生动的生意,它把活的观念注入产品和服务内以建立活的事业”,从而常青不朽。随着经济全球化进程的加快,不同地域不同民族人们的日常生活出现越来越相似的趋势,要保持自己的特色,旅游文化产业经营管理者就必须立足于本土传统文化的特色。

三是原真性和商品化的均衡。文化的原真性是指文化发展中展示的真实性和自然性。应该说,文化的原真性和文化的商品化并非截然对立的两个方面。一些文化模式的出现或重现与商品化有直接关系。法国作家让·多梅松就曾指出:黑人音乐、阿兹特克人的艺术、印度人的修行、日本人的园林等之所以在完全不了解它们的人们眼中具有无与伦比的魅力,并从而得到发展的机会,正是因为它们与文化的商品化有着不解之缘。当然,如果处理不当,文化的商品化往往会导致文化失去本真性,并最终遭到侵蚀和破坏。因为商品化会照顾公众的一般爱好,使文化的发展和展示只维持在较低俗的水平上,从而降低甚至肢解文化。因此,许多文化学家认为:文化商品化构成随文化政治化而来的文化上的第二个大危险。

旅游地的开发,尤其是人文旅游资源的开发,如果是以旅游业为驱动力,那么商品化是无法避免的。关键在于把握原真性与商品化的均衡。首先,不能把旅游可持续发展理解为经济型的永续发展,从而将旅游的经济效益摆在过高的地位,为过度的商业化提供便捷。其次,旅游产品或商品的开发设计既要遵循经济规律,又要遵照文化规律。置文化内涵于不顾的随心所欲的粗制滥造,难以获得长远的经济效益,事实上违反了商品化的原则。我国大批人造景观的兴衰成败,就是很好的例子。一些古典园林被“切块”包租给个体商贩,秀雅园林湮没于阵阵喧嚣吆喝声,引来颇多微词,甚至有人称其为“国耻”。这种“耻辱”,诚如周歆红在其论文中所说:“并不在于商品本身,而在于对商品化肤浅的理解和低级的运用。”最后,在旅游活动的组织形式上,接待地既有必要设计和推出专为游客展示的“表演文化”,如各种各样的“文化节”“民俗村”等,同时也要为游客在一定范围内亲身体验当地人民的真实生活创造条件,以防止“伪文化”的传播。

四是开放性和限制性的均衡。接待地要发展旅游,就必须开放自己的社会文化门户,接受外来文化的渗透和冲击,但是,每个社会的文化承受能力是有一定限度。为了使主客文化的冲突和融合能够在互不伤害的前提下稳步进行,许多专家认为,在有些情况下,有必要对以旅游者为媒介的外来文化的进入和扩散给予适当限制。通常所采用的办法是:错开旅游区和居民区,使主客之间保持一定距离。比如,威尼斯在古城外再建新城,江南水乡古镇在古镇区外再建新镇区,既使游客能观赏到古色古香的旅游风貌,又不影响旅游地人民的正常工作和生活。那种全开放式三位一体(指旅游者、当地居民、工作人员及其他外地人)的旅游发展模式已日益遭到批评。当然,任何限制措施都应以不导致本土文化与外来文化的隔绝为前提,否则就成了变相的排外和自封,也将阻碍旅游业的正常发展,接待地可根据自身的特点做出合理的选择。

②接待地居民文化心态的调适

这里所讲的接待地居民心态,特指接待地居民对旅游和旅游者的态度。经验表明,这种态度会直接影响旅游的社会文化氛围,进而影响旅游业的可持续发展。

接待地居民对旅游的态度实际上是一个相当复杂的问题。首先,它受到诸多客观因素的影响,如当地的历史、经济、社会发展状况,当地居民与游客在价值观念、行为方式等方面的差异,旅游业给当地经济、环境和社会文化带来的影响,国家的政治、文化、外交、经济政策等,都会影响到居民对旅游的态度。因此,不同的接待地,居民文化心态可能会有相当大的差异。其次,同一个接待地的居民又会因个体方面的差异,如年龄、文化程度、职业、社会地位等,以及自身在旅游发展中所能得到的利益和所付出的代价,而对旅游和旅游者表现出不同的态度。最后,接待地居民的态度会随旅游业的发展而不断变化。

从总体上看,接待地居民的文化心态呈现为五种基本类型:抵触、回避、保持距离、选择接受和全盘接受。其中,抵触和全盘接受会导致排外和媚外两种不可取思潮,而从回避、保持距离到选择接受,态度逐渐积极和主动。居民文化心态的调整,目的在于防止出现抵触和全盘接受这两种弊端,引导居民向积极的一面发展。要实现这一目标,首先,必须加强旅游业的宏观管理:经济效益、社会效益一起抓,促进旅游与社会文化共同的发展;健全旅游管理体制,对各种不良行为及时予以取缔和打击。其次,要尊重接待地居民的主人地位,吸收他们参与旅游决策,充分考虑当地居民的各种期望,在全面了解的基础上做出各项决策。最后,强化宣传教育工作,提高居民的文化素质:引导接待地人民克服认识上的局限性,树立正确的旅游态度,使居民与旅游者在平等的基础上交流;加强文化传统教育,强化本土文化中重要的价值观,树立民族自信心和自豪感,防止出现“客尊主卑”的思想和行为;引导接待地居民加强自身修养,树立正确的人生观,吸收外来文化中先进的东西,抵制腐朽的思想意识和生活方式。

(3)发展生态性旅游

旅游业是一个依托旅游资源、依靠自然禀赋和社会遗赠的产业。保持优良的生态环境和人文环境是旅游业赖以生存和发展的重要基础。近几十年来,在各种因素的刺激下,大众旅游迅猛发展,使旅游业成为世界上最大的产业,为全球经济的繁荣做出了巨大的贡献。与此同时,大众旅游活动对人类自然和文化环境的污染却日益严重,大有“旅游摧毁旅游”之势。面对这样的形势,一些学者开始冷静思考发展旅游业的方法论问题,提出旅游要实现可持续发展就必须摒弃传统的追求规模和数量的大众旅游,寻求一种既能使东道社会收入最大化、又能保护生态环境和文化多样性的有效途径。“生态性旅游”这一新术语就是在这种背景下出现的。

生态性旅游,是指人与人、人与接待地自然、社会和文化环境相协调,兼顾东道主、旅游者、旅游行业和政府等各方面利益的旅游形式。其核心是筛选出"变通性游客",即"尽量多和当地居民接触、避开旅游基础设施而同当地居民共同使用住宿、交通设施的游客"。研究者认为:修学旅游、宗教旅游、考古旅游、探险旅游、民俗旅游等特色旅游,都可归于变通性旅游的范畴。与传统的大众旅游相对照,生态性旅游具有谨慎、保证质量、保护性、计划性和由当地控制等优点。

生态性旅游强调旅游活动的有组织编排,提倡让游客看到接待地活生生的现实世界;强调旅游基础设施的建设必须把同当地自然、社会文化环境的和谐放在首位,而不是简单地为经济目的服务;强调接待地居民的权利,倡导旅游发展决策中的社区参与;强调旅游从业人员在主客交流中的作用;强调旅游产品的设计者、旅游企业和旅游地整体的管理者必须了解和熟悉本土文化和外来文化。

变通性旅游尽管有"肩负环境责任且具备环境伦理"的美称,但也受到许多人的质疑:一是在旅游市场中,所谓"生态性游客"所占的比例较小,缺乏足够的市场推广基础;二是"一个自由的社会和高度集中的产业中,控制适合于区域游客的数量和种类实际上是很难的",很难避免大众旅游的渗入。

虽然不可能期望生态性旅游取代大众旅游,但其所倡导的"旅游地发展与当地自然、社会和文化环境相协调""在平等基础上建立主客相互关系"等一系列思想,构成了旅游可持续发展思想的重要内容之一,却是每个国家和地区在发展旅游业过程中都应该遵循的,从而最大限度地缓解大众旅游的各种负面影响,开创新的旅游世界。

第四节 文化传播和市场宣传

旅游宣传和文化传播具有把特定旅游产品推销出去的特殊性能。这一性能决定了旅游市场的宣传开发的重要性。它是旅游业软件建设和前沿开拓的主要内容。

一、文化传播和市场宣传的重要性

旅游业已成为世界上最大的产业,世界各国为招徕更多游客,推销旅游产品,展开了前所未有的激烈竞争。而竞争的主要武器就是加强全方位的宣传攻势,提高各自的国际旅游形象。旅游大国意大利原旅游局长莫雷蒂先生说:"我们积 100 多年经营旅游业之经验,深知宣传工作是带动旅游业前进的火车头。"

任何商品的推销都依赖于宣传的媒介作用。旅游业经营的也是商品,只不过它是一种特殊的商品,是某一地区的自然风光、历史名胜、风土人情和为旅游者提供的各种服务等。由于旅游产品不能运出去陈列和展销,游客事先看不到、摸不着他们所需求的旅游资源,所以最终是否购买这些旅游产品在很大程度上依赖于各种宣传手段。旅游宣传不同于一般政治宣传,旅游宣传的最终目的是使旅游商品为广大顾客所了解、喜爱,激发消费者对所宣传推销的旅游产品感兴趣,并产生购买的欲望,从而使旅游供需双方实现买卖的成交。因此,在国际旅游市场竞争日趋激烈的今天,许多国家不惜一掷千金,利用各种宣传手段和宣传工具开展全球性的旅游宣传大战,以使旅游市场成为振兴经济、争取外汇的重要基地。瑞士这样的小国,每年向世界各地散发旅游宣传印刷品竟达六百吨。美国每年旅游宣传要花几亿美元,其中广告费一项即达 6000 万美元。由此可见,旅游宣传在旅游业发达的西方国家是何等的重视。

1978 年,中国的大门一下子向全世界敞开了,世界各地的旅游者们争先恐后地来到中国,想一睹这个神秘的东方古国的真容。这给人造成一种错觉,似乎客源"取之不尽",无须宣传,游客不招自来。尤其是一些热点城市,更是"皇帝女儿不愁嫁"。殊不知,这种神秘感其实也是宣传的效果,只不过这不是自己宣传,而是别人替我们宣传罢了。1981 年后,中国这个神秘的"百慕大之谜"被揭开后,游客日趋减少,到 1983 年,国际旅游社的接待指标上第一次亮起"红灯",不招自来的历史宣告结束。

应该承认这样一个事实:作为一个旅游目的地国,我们的总体知名度较低,我们经常挂在嘴边的"甲天下""举世闻名""天下第一""世界之最"的旅游景点,在我们一些主要客源国却鲜为人知。前些年,在澳大利亚,有谁来过中国,并能津津乐道地谈论中国的情况,乃是一种时髦。而且还要看到,一些本来是我们的优势,是我们的独特吸引物的旅游产品,已被别人先一步打入国际市场,赢得了市场并成了人家的优势。如中国的园林艺术、武术的名声现在竟然不如日本园林、武术的名声大。盆景艺术源起中国,但英文的盆景一词 BONSAI 却取之于日本的“盆栽”。特别是中华民族之文明美德，似乎在新加坡、泰国等地体现得更深。许多游人离开中国后留下的只有朦胧印象，又由于旅游人数骤增，设备、服务、质量等却没有相应地跟上，再加上价格上涨等因素，大大影响了中国旅游业的声誉和形象，许多游人的观感是“中国不可不来，也不可再来”。如此种种，对于一个要从旅游大国发展为旅游强国的旅游国家来说是十分不利的。

在旅游业起步阶段，赢得信誉、树立形象要比一时多招徕些游客更为重要。经过40多年的发展，我国旅游业已进入一个新的发展阶段，已经由卖方市场进入买方市场。买方市场是以消费者为导向，市场经营以销售为主的经营格局。能否以有力的宣传招徕更多的国际游客，已经成为影响我们旅游业发展的一个重要因素。客观形势对旅游宣传的要求已越来越多、越来越急、越来越高。为此，我们应根据中国实际情况，着眼于全局，着眼于全行业，在国际旅游市场树立起独具魅力的中国旅游形象，并将宣传与促销紧密地结合起来，以最大限度地增加客源，实现我国旅游发展规划的战略宏图。

随着各国旅游事业的发展，海外游客对旅游方式、旅游路线、旅游季节、旅游项目和旅游服务的选择范围越来越大，竞争也越来越激烈。世界各国都在千方百计改善旅游设施，丰富旅游项目，提高服务质量，加强市场宣传。近几年，亚太地区各国政府纷纷举办“旅游年”及大型国际活动，加强对外宣传，招徕更多游客。为了适应外国旅游者的不同需求和爱好，吸引更多的国外游客，亚太地区许多国家都从本国的旅游实际情况和特点考虑，开展狩猎、登山、摩托车、森林旅游等富有特色的专项旅游活动。如韩国为了吸引大量的日本青少年，大力开展修学旅行；新加坡利用华人、马来西亚人和印度人等多民族杂居的特点，推出“风筝节”“小印度灯节”“龙舟节”等民俗风情项目，招徕西方游客；印度也正在重点开发东部和东北部地区，利用险要的自然地理环境，开展登山、漂流等探险旅游活动；菲律宾新印了许多宣传手册，向日本、美国、香港等地做宣传，意在使世界了解菲律宾；泰国旅游局大力开展宣传推销活动。除制作各式宣传品，参加各类国际活动外，还同泰国在国外的600多个领事馆、民航办事处、餐馆和商店取得联系，将这些机构作为泰国旅游局在国外的宣传品分发点，并协助其做好所在地区的旅游宣传、推销工作。针对会议旅游的兴起，新加坡、菲律宾、日本以及中国香港地区还专门成立了会议旅游机构，修建国际会议中心，培训专业人才，开展国际会议招徕业务。目前，亚太地区开展会议旅游的势头有增无减。

在亚洲，我国的旅游起步较晚，起点较低。所以我们不能不重视中国特色的旅游宣传开发。

二、客源心理分析

旅游宣传、推广离不开客源市场的动机和心理分析，对市场心理科学的分析和准确的认识，是制订宣传战略和计划的基础。从美、日、法、英、德五国游客访华动机的资料表明，外国游客想了解中国人民的生活的占100%，想了解历史文化的占80%，游览风景和品尝佳肴，各占40%。

但是我国旅游起步较晚，对外宣传较少，所以外国人大多对中国的旅游市场缺乏足够的了解。即使来过中国的,也因旅游生活中存在的种种不如意,而大大削弱了再做回头客的想法。这对中国开发国际旅游市场是十分不利的。仅以美国市场为例,对中国旅游的主要评价,好的有:悠久的历史文化,多民族的风情;美丽的风景名胜;没有发生过恐怖活动,比较完全;精致的工艺美术;独特的美味佳肴;好客的人民大众。同时,也有不少短处和缺点:路程远,机票贵;旅游设施不足;卫生条件差;旅游日程和交通安排变化多,没保证;饭店、导游服务差;夜间文娱生活单调;旅行方式不够灵活,难以适应不同层次游客的不同需求。因而,我们在宣传中要着重宣传优势,宣传近年来取得的进展,以打消想来华旅游者的顾虑,并调动潜在游客的积极动机;对劣势,一方面,要与有关各方互通信息,使其了解国际市场的反映,改正缺点,改进服务,提高质量;另一方面,在宣传中要注意实事求是地宣传那些有改进的方面,以逐渐消除潜在游客的消极动机。

要加强宣传的针对性,就得知己知彼。知己者,即充分了解并正视自己的长处和短处,在宣传中既要扬长也要补短,逐步树立一个独具魅力、有竞争力的旅游形象。过去,我们对这方面做得还很不够。

我们的市场调研要解决对什么人宣传什么。每一个旅游者都有一定的特点。以老年市场为例,美国现有老年人占人口1/4;日本现有的老年人占1/4;未来10年,欧洲50岁以上者将达1.5亿。老年旅游者有什么特点呢?由于经济上已无负担,时间又充裕,他们外出旅游一般行程较远,能在旅游淡季出游,在外停留的时间也较长,他们更多信赖旅行代理商的安排。老年人还有些特殊心理。首先,对旅游广告及各种宣传活动较一般人更易做出反应;其次,他们对旅行住宿是否安全很敏感,讲究住好吃好;最后,不愿别人注意他们的年龄,多数人自认为较实际岁数年轻10—15岁。对老年人宣传,要注意他们的旅行特点及心理特征,多强调旅行能提供的经历和心理上的满足,注意介绍目的地的住宿情况及安全措施。不要向老年人强调说,某一产品是专为他们设计的,这会使他们更意识到自己的年龄而失败。正确的宣传是告诉老年人,这个产品正适合他们的兴趣与目标。

三、旅游市场的动向分析

瞬息万变的国际旅游市场对旅游工作不断提出新的要求。为了增强吸引力和竞争力,我们不仅要顺应不断变化着的市场需求,而且要探索和依据市场的潜在趋向,创造新的需求。

(1)国际旅游社会化的五大特征

当今,生产的高度社会化带来了旅游的高度社会化,这是现代旅游在本质上与历史上其他任何时期旅游的不同之处,并形成了旅游经济的重大特征。

大众性。现代旅游已普及到普通劳动人民阶层。社会生产力的发展和劳动生产率的提高,使劳动者能获得较多的收入和闲暇时间来用于旅游。同时,随着资本主义企业管理方法的不断改进,旅游也成为资方用来改善劳资关系的一种手段(如奖励旅游等)。在这种情况下,旅游面向了大众,大众也使旅游事业蓬勃兴旺起来。

世界性。现在,旅游者是无处不到,就连新几内亚、澳大利亚腹地和南印度洋上的马尔代夫,甚至南极洲等地,每年也有不少旅游者光顾。交通工具的发达,使如今的世界已成为一个“迅速缩小的世界”。区域或边远地区旅游的局限性正在消失,人们通过各种手段在追求和开拓着新的旅游天地。现代科技赋予了旅游业大规模发展的条件,“周游世界”的旅行越来越方便,旅游者的足迹已跨出国界、洲界而走向世界。

综合性。人们出门旅游,涉及一系列行业,如交通、住宿、饮食、金融、商业、娱乐等;而且对各方面的需求都越来越高,希望能融吃、住、行、游、购、娱于旅游一体,真正有个愉快难忘的旅游生活。

持续性。旅游不是偶然的享受,而已成为人们一种经常性的活动。假日旅游已成为人们的生活之必需,在一些发达国家的大城市里,往往周末歇市,甚至倾城而出去度周末。据1981年上海对日本来华旅游者的资料分析,有8%的人是两次以上来华的。当时,我国的旅游开放只有两三年时间,但多次访华者竟已占到这样高的比例,出国旅游在日本等海外游客中的持续程度可见一斑。随着世界经济的发展,现代旅游的持续性还会更加明显地表现出来。

(2)国际旅游方式的改变

近几年,随着游客兴趣爱好的改变,国际旅游方式也发生了变化。过去那种单纯游山玩水的消遣性观光旅游正在逐渐被形式多样、内容丰富的多样化旅游所取代。具体说来,又可分为两大部分:一是新颖、独特的娱乐性旅游。当前旅游者到海外旅行的兴趣发生了很大变化,他们不再满足于单纯观光游览、欣赏异国风情,而是希望旅游方式与个人的兴趣相结合,寻求旅行的最大享受,以消除平日紧张工作带来的精神疲劳,增进身心健康。为此,许多国家根据游客的兴趣受好、旅游动机和消费心理,结合本国的旅游资源,开展了形式多样、内容丰富、并具有地方色彩、富有民族特色、能吸引游客的多项旅游活动,如探险、滑雪、登山、狩猎、骑马、钓鱼、烹饪、武术,汽车、摩托车旅游及森林旅游等,名目繁多,引人入胜。二是层次有别、形式各异的专题旅游。为了不断扩大客源,许多国家针对不同职业、阶层,不同性别、年龄的游客的不同需求,开展各种类型的专题旅游。其主要内容有:会议旅游、奖励旅游、新婚旅游、修学旅游、疗养旅游、宗教旅游及各项专业旅游,这些专题旅游的开展,进一步促进了国际旅游业的发展。据调查,目前日本每年海外新婚旅行约50万—55万对,海外修学旅行也有很大发展。奖励旅游近几年也有了发展。会议旅游也受到各国的广泛重视,过去会议旅游多集中在欧、美地区,但近年来,亚太地区的日本、新加坡、菲律宾、泰国、中国香港以及中国内地都在大力发展会议旅游,亚太地区已成为新的国际会议旅游中心。

(3)旅游人员组织的变化

近年来各国游客的旅行目的、形式和构成也发生了变化,越来越多的游客不愿受集体活动的约束,也不愿把自己的度假旅游限制太死,而喜欢按照自己的意志,进行自由的、富有浪漫色彩的旅游。目前这种个体散客旅游在欧美发达国家十分盛行,所占比重较大,一般约在80%,有些国家高达90%。而亚太地区国家海外旅行的个体散客旅游者所占比重相对较小,但从发展趋势来看,正在逐年增加。从世界国际旅游市场的发展变化来看,20世纪60年代前,个体散客旅游占主体,到了70年代,则盛行团队包价旅行,进入70年代以后,个体散客旅游又再度兴起，但在不同国家和地区，团体包价旅游与个体散客旅游所占比重则有所差别。总的来说，选择团体包价旅游还是个体散客旅游，关键是由旅行者根据自己的兴趣爱好与个性来决定。在今后一个时期内，两者将互为补充，竞相发展，但个体散客旅游者所占比重将越来越大。我们应该适应这种变化格局，开发针对个体散客旅游者的产品，并进行相关的宣传。

第五节 国际旅游市场的宣传开拓

相比国外，我们的旅游宣传十分乏力，花费在吸引一个外国游客身上的宣传费，英国平均为1美元，新加坡为2.2美元，日本为8.1美元，我国仅0.25美元左右，许多外国人由于不了解我国旅游产品性能而不敢贸然来华。注重旅游宣传，是旅游服务的一项重要组成部分，也是旅游介体的文化特征之一。比如，1999年12月11日，张家界组织了匈牙利、俄罗斯、美国、哈萨克斯坦、捷克、立陶宛、法国等国飞行员参加的穿越张家界天门洞的竞赛，盛况空前，大获成功，奇山秀水顷刻间世界知名，特殊的宣传方式使张家界旅游火爆起来。

我国的旅游宣传促销近年来虽已引起注意，但与国际市场竞争的需要相比，仍显得很落后。从数量上来看，宣传品种单调，数量很少，没有形成声势，如美国南中部地区广大旅游者还不太了解中国。由于我国的宣传资料在国外很少见到，因此，许多欧洲人到日本、东南亚去旅游，经中国大门而不入。我国宣传资料几乎千篇一律，缺乏针对性。风景多，人情少；静态的多，动态的少。故而，从质量上看，更需提高。我们要走中国式的旅游道路，要实现经济和社会效益双丰收，那么，我们的旅游宣传工作，就必须创出自己的特色。一方面要积极推销旅游产品，扩大市场，取得更大的经济效益；另一方面又要体现社会主义中国的精神文明和物质文明，使旅游者增进对我国历史和现状的了解，从而塑造“伟大中国”的形象。因此，我们必须树立竞争观念，加强信息工作，根据不同对象，明确宣传内容和重点，调动国内外一切积极因素，不断探索中国式的对外旅游宣传之路，共同努力开创对外旅游宣传的新局面。

一、大力宣传唯我独有的旅游资源文化

我国是世界旅游资源大国之一。在我国辽阔的国土上，绚丽的河山，灿烂的文化，交相孕育了丰富多彩的旅游资源，为我国发展旅游事业奠定了丰厚的基础。

与世界上其他国家相比，我国的旅游资源又具有以下几个独有的特点：

一是我国作为世界著名的文明古国，在五千多年连绵不断的历史发展过程中，创造了灿烂辉煌的文化，留下了极为丰富的历史文化遗产，它们自成体系，风格独特，风貌犹存，蕴藏分布在全国各地，构成了我国旅游资源的核心，受到了世界各国的瞩目。

二是我国国土幅员辽阔，气象万千，复杂的地质结构塑造了千姿百态的地貌景观，构成了我国自然旅游资源的主体，其中不乏由世界上罕见而独特的地貌类型组成的雄伟壮丽的珍奇自然景观，对现代旅游有着极大的吸引力。

三是我国乃是一个多民族的国家，各个民族都保持着浓郁的生活习俗和多姿多彩的节庆佳日活动，颇受旅游者的喜爱。如此丰富的自然资源和人文、社会资源相互交汇集于一国，使我国旅游资源的综合优势更加突出，在当今激烈的国际旅游市场中，备受国际旅游者的瞩目。

有人说:“好花自来香,不用大风扬。”此论不无道理。但是,如果用这个观点来看待旅游宣传,就未必尽然了。从某种意义上来说,宣传促销已成为旅游业赖以生存和发展的必不可少的重要条件。在旅游业发达的国度里甚至有人极言:没有宣传,就没有旅游。

由于我国经济不富裕,旅游宣传经费很少,甚至远远不及泰国、菲律宾等国家旅游部门的旅游宣传经费。在经费不足的状况下,要搞好旅游宣传推广,就必须扬长避短,走锥形透射、层层推进、联合促销的中国特色旅游宣传之路,集中宣传“唯中国独有”“唯地方特有”的确有竞争力的拳头产品,给人以突出印象,打入既定客源市场。对温冷线、平淡季的宣传也要跟上。各地都要树立以重点创名牌的思想,将本地的旅游资源进行锥形开发宣传,以最有代表性的内容为锥尖,形成有透射力的攻势。

无锡国际旅游电影节中,来自20余国的30多部旅游影视片里,内容上展示“唯我独有”,已成为共同趋势,而且都提出了响亮的宣传口号:诸如“纽约,世界购物之地”“新西兰,最安全的国家”等。美国的《众人向往之地》点明了夏威夷这一太平洋中心的仙山绿岛的独特魅力,从阳光、沙滩、海浪间的专项旅游中,道明了各种肤色人种在此相睦过程中体现的“自由精神无处不在”的至理。可见,海外旅游片力求以形式的“唯我独有”来体现内容的“唯我独有”。而中国的旅游片缺乏“唯我独有”主题,主题明确、朗朗上口的旅游宣传口号更为我们所忽视。

国内外旅游发展的实践表明,旅游业要在国际市场的激烈竞争中站稳脚跟、挫败群雄,一个十分重要的秘诀就是突出特色、唯我独有。特色,即特殊之处,亦即此物不同于它物的独到之处。突出特色,是旅游宣传的一个基本原则,也是旅游宣传取得成功,特别是增强旅游产品竞争力的必然要求。在旅游资源丰富、旅游商品繁多、服务质量日益提高的情况下,要搞好旅游宣传,必须在特色上做文章,在增强竞争力上下功夫,做到“人无我有,人有我优,以质量取胜,以信誉取胜”。

东南亚国家和地区开拓国际市场面临的一个问题是很难相互区别,欧美人看这里,都是古老文明、东方风情。如何树立各自形象,是竞争对手们对内思考和对外宣传的一个重要课题。在世人眼里,我国香港一直是个短期逗留的购物地。近几年,香港旅游界致力于改变形象。在对外宣传中,将风光、海滩、庙宇、风情、精美的食品和完整的文化糅为一体,利用各种传统节日,如春节、中秋,端午组织龙舟竞赛等活动,近年来又推出“中国艺术节”“香港食品节”等广为招徕。新加坡由于是中国、印度、马来西亚后裔的聚合,曾被视为亚洲的缩影。然而现代化的过度建设,造成其亚洲魅力的减退,新加坡在旅游者的心目中丧失了鲜明的形象。为此,新加坡旅游促进局致力于恢复和保持东方传统和地方风情,精心组织有民族特色的节日活动,如风筝节、“小印度”节等。

东亚和东南亚的许多国家均与我国有着历史和文化的渊源,中国旅游要在东方大陆独树一帜,任务是很艰巨的。然而,唯有如此,才能在激烈的市场竞争中获胜并求得发展。

什么是唯我独有,在国际市场有竞争力的旅游资源呢?可以说,我国得天独厚的旅游资源,如具有山者、水秀、洞奇、石美四绝之胜、风景甲天下的桂林山水,美丽的杭州西湖,驰名中外的苏州园林,雄伟的五岳奇观,集天下名山特点于一身的张家界,奇特秀丽的四川九寨沟,云南的石林、丽江、苍山洱海、西双版纳,世界建筑史上最伟大的奇迹之一万里长城,世界第八大奇迹之一西安秦陵兵马俑,丝绸之路,孔子故乡;中国的各处石窟、名塔、古寺、帝王陵墓;闻名遐迩的中华武术、拳技、气功、药膳……所有这些自然、人文和社会旅游资源,都是世界上独一无二、唯我独有的旅游资源。我们要不断摸索、筛选、找出那些最有特色、最具魅力、最能体现中国旅游特色的宣传内容。

对唯我独有的旅游资源的宣传,应从旅游资源的美、特、奇、古、名上形成独特的宣传视角,立体地展示中国旅游的独特魅力。美来源于资源的质性。美感是欣赏者对于美的认识以及由于美而引起的主观情感。登长城会感到雄伟壮伟,观海潮会觉得气势万千,仰望教堂尖顶有腾升天堂之想,幽居深山古刹有超世脱俗之感。这些都说明,在宣传旅游资源时应注意资源所引起的联想,所引起的美的感受,特别是资源外貌与内在要素的独特结合所形成的特有或少见的资源,如西双版纳的原始热带雨林、云南路南的石林,少数民族的节日、婚礼,熊猫、丹顶鹤等珍禽异兽。奇也来源于资源的独特性,但更给人以新奇之感,如四川峨眉金顶的佛光,云南大理的蝴蝶泉,苏州太湖石公山农历八月十六的日月双照,贵州打鸡洞内的银雨树等。探古访幽是国外游客旅游猎奇的一大嗜好,古庙、古城、古建筑、古墓、古战场、古书院等遗址,都反映出不同于现代文化、现代生活的文化和生活,最容易使人发生联想,所以资源的"古"具有特殊的吸引力。名是具有声名的事物或与名人有关的事物,它来源于资源的知晓度和美誉度。旅游者对资源的认识或了解,或因阅读各种文史著作,或因各种中介,尤其是名人的介绍,或因名人而起,如苏州虎丘的声名鹊起,乃是因为大文豪苏东坡说过"到苏州而不游虎丘枉到苏州"。

二、选准目标搞好针对性宣传

在宣传费用少而海外市场广告费又十分昂贵的情况下,旅游宣传要有针对性,不能东南西北、男女老少都是一个宣传内容。

美国商业部曾就旅游者旅游动机进行调查,结果表明,大多数人认为,旅游的最佳组成部分之一是接触新的文化和新的生活方式。美国、英国、法国的旅行者都喜欢了解当地人和他们的生活及其独特的风格。他们把这看成是摆脱平凡日常生活的一种方式。

但是,过去我们对外宣传的内容,对风俗民情重视不够。据我国驻外办事处反映,我国提供的幻灯片缺乏人物和民俗风情。在国外,100 张旅游幻灯片中 30—50 张为风光其余皆为风土人情,比例是 3∶7—5∶5。法国记者阿兰·西弗尔旅华后撰文"在中国旅游",文中说,他在华三周,带回 600 张幻灯片,其中反映风光古迹内容的 300 张,反映市场与农民的 230 张,表现自行车的 70 张。德国出版的一本介绍中国旅游的书籍,内有照片 300 张,其中中国风土人情占有 70%以上。由此可见,外国人是很重视既能体现古老文化,又可表现当地风貌的内容的。

而我们的宣传品中这部分内容没有占到应有的比例。仅以中国旅游出版社出版的二十六省(市)系列导游图为例,表现风俗民情最多的是新疆(28%)、陕西(27%)、云南(26%)。有些省的导游图中则根本没有这方面的的图片。如何表现风土人情,是个亟待研究的题目。

我们要观察外国人喜欢拍什么,为什么拍那些内容。在我们看来司空见惯的事,外国人未必都了解。有的外国人看到一些人家贴的春联,就问这是不是大字报,听来好像是笑话,但这并不奇怪。街上卖的炸油条,在我们眼里是极普通的食品,美国人则认为是中国的独特风味,美国有位总统在北京还亲自买几根尝尝。有外国人参观碧云寺孙中山纪念堂,后来对人讲,他参观了中国共产党创始人的纪念堂。可见,他连孙中山先生也不了解。诸如此类例子很多。

因此,我们对外发行的旅游读物,就应做些调查研究,了解他们想知道的有关知识,尽可能给予正确的解答,做到宣传有的放矢。同时,我们要根据各国不同阶层、性别、年龄、居住地区、民族特点,采取不同特点的宣传,如对日本青年宣传来中国徒步旅游和自行车旅游,对新婚夫妇宣传蜜月旅游,向西方游客宣传东方奇遇,等等。而现在一个游览地通常只有一份"万金油"式的导游手册或导游图,而且各游览点的宣传内容又很雷同,远远不能适应旅游市场营销的需要。

瞄准目标市场是解决宣传针对性,提高宣传效率的首要条件。20 世纪 90 年代以来,在美国旅游市场占据中心地位的是管理人员和专业技术人员,旅华游客的 53%来自这两个职业层。这部分人文化素质高,带着求知欲旅行,要求对中国有一个较深入的了解。现代旅游是个性自由发展的需求,是高度精神文明的产物,是高层次的消费方式。知识界人士参加旅游,不仅为消遣度假、解除疲劳,而且视旅游为一个获取知识的机会,一次人生的经历。接待国要通过旅游,宣传本国的科学、文化、风光、民俗,给旅游者以启示与知识。对这部分人的宣传要有一定的深度,介绍中国的历史、风情、琴棋书画等要多讲些背景,加强宣传的知识性。再如,被称为"银色市场"的 50 岁以上的老年人,是美国人口年龄结构中一个重要组成部分。近年来,随着美国人均寿命延长,年出生率降低,50 岁以上人口日益增多,目前,约有 5800 万人,占总人口 1/4,来华者 59.7%在 50 岁以上。对老年游客的宣传要注意他们的兴趣和爱好,如喜欢游览田园风光,参观文物古迹,讲究吃好住好,对住宿的安全十分敏感。宣传要侧重风光、历史古迹、饭店设施等。

日本市场不仅来华人数多,而且经济效益好。据调查,来华旅游者的人均消费,日本游客的消费居于首位,比美国游客高 36.3 美元,是欧洲游客在华花费的 2 倍。日本游客消费之高为世界所公认。因而,增加日本游客就等于增加更多的外汇收入,这对于我们完成旅游战略目标关系甚大。但是,在日本,除大旅行社的中国室(课)对中国旅游的某些情况较熟悉外,其他人员和一般公众对我们仍了解甚少。据国家旅游局对 7000 人抽样调查得知:日本游客对中国一点不了解的占 8.8%,了解很少的占 62.3%,这两项之和高达 71%,这说明日本虽然距中国较近,但我国旅游产品在日本市场上知名度仍较低。而据调查,日本对中国文化感兴趣的占 39.8%,对风景名胜感兴趣的占 36.8%。日本《旅行周刊》调查结果是:对中国历史文化感兴趣的占第一位,对风俗感兴趣的占第二位,对冒险项目(如游西藏、丝绸之路)感兴趣的占第三位。为此,我们要大量出版修学旅游、宗教旅游、度假疗养旅游、民俗旅游等专题印刷宣传品,并拍摄专题电影片、录像片;选准宣传媒介,适当增加邀请记者批数;以修学、武术、疗养度假、传统文化等专题旅游项目为主开展针对性宣传。

旅游者的不同需求,往往会在旅游市场的营销活动中明显地反映出来,如法国人喜欢冒险,德国人爱好以阳光、海滩为主的度假,美国人喜欢大自然风光、历史古迹,日本人喜欢文物古迹等。随着国际间交往与合作关系的不断发展,越来越多的外国旅游者对参与式旅游项目兴趣越来越浓。旅游者的喜好决定了旅游者的去向。

国家与国家、民族与民族之间由于历史上的原因,具有某种血缘关系,也会形成一个较大的客源市场。如东欧各国对外开放后,大批的欧美游客前往旅游,他们中许多是东欧人的后裔,因此,他们对其祖先所居住的地方以及那里的文化都有一种特殊的情感。福建妈祖旅游也是同样的道理。从这一观点出发,亚洲人又在血缘和文化上较为接近,因而也有着更多的可以理解之处。从客源市场来说,随着经济的发展,亚洲正由过去的单一旅游接待地转变为旅游输出逐渐增大的国际客源市场。从客源结构来看,据调查表明,本洲的游客总是占绝大多数。因此,举办旅游节,各城市应充分调研,首先考虑本市的活动对具有相同或相近文化和血缘的客源市场是否可以构成强烈的吸引力。

公关是搞好旅游市场宣传开发必不可少的手段,也是一门崭新的、有效的管理科学。旅游接待地或旅游企业应通过开展公关活动准确、及时、有效地了解舆论,研究客源心理及动向,并做出相关反应,努力与外界变动和发展趋势保持同步,巧妙地激发公众对旅游目的地及企业的了解、支持和合作。如1986年,无锡市旅游局邀请日本一家音响公司的老板和日本著名作曲家暨诗人中山大一郎来锡旅游。他深为无锡的风光和主人的热情所感染,谱下了一曲《无锡旅情》,又拍摄了无锡旅游项目专题电视片,在日本五家电视台播放,每周二次,连续半年,覆盖全日本。随着这首歌的红遍岛国,无锡旅游的吸引力也在日本大增。该年起,日本友人发起在无锡营建友谊樱花村,参加募捐的人达数万,筹集到4300多万日元。到1990年4月,三期植树工程结束,并举办了首届无锡国际樱花节,有文艺表演、泥塑、剪纸等民间艺术交流,有力地促进了当地的旅游和经济发展,促进了中外文化的交流。

三、确立旅游品牌战略

现代社会是一个商品品牌无处不在的社会,旅游既然是一项能带给人们更高层次精神享受的商品,当然应该有自己的品牌。我国的星级饭店、国家级旅游风景区、国家旅游度假区、一类旅行社等都是一种品牌,是国家旅游行业管理部门依据相应的条件对旅游行业进行的等极评定,是国家授予旅游业的品牌。

随着市场竞争的激烈,仅靠政府的行政恩赐是远远不够的,更需要旅游业自身具有勇创品牌的意识、创造名牌产品、名牌企业,进而发挥品牌效应。1999年5月"北京旅游品牌设计研讨会"在北京召开,大家一致认为,旅游品牌的竞争说到底就是知识的竞争,是高素质旅游策划、经营的竞争。那种粗放型的出卖旅游资源,靠降价这种原始方法开展的竞争,不能发挥产品高价值作用,难以实现旅游业的可持续发展。实际上旅游品牌塑造和发展过程,就是不断对企业文化形成、发展、改造、创新的过程。比如,北京饭店是一家百年老店,它之所以成为品牌就是因为在百年沧桑中经历了风风雨雨,它丰富的历史背景,独特的地理位置,不同时期的文化精华都曾在国际旅游的大舞台上有过举足重轻的地位。它的每次改造,在继承和创新的关系上处理恰当,凸显了各个历史时期的特色,四座外观风格迥异却又浑然一体的建筑群,反映了我国饭店业几个时期的更迭,不愧为中国饭店业发展史的活化石,"神州第一店"。

要树立中国旅游业的大品牌,就要展示整体形象,促进合作发展。2000 年 4 月在大连举行的"2000 年中国旅游风景区度假区博览会",首次将中国优秀旅游城市、参创城市、其他城市和地区的旅游风景区、度假区、国家森林公园、大型主题公园、旅行社、旅游饭店、旅游车船公司、旅游纪念品和酒店用品生产企业汇于一体。一是通过展示业绩,增进了解,宣传我国旅游业的整体形象,使业内人士和社会公众更深刻全面地了解中国旅游业的品牌。二是促进合作,推动发展,通过对旅游资源和产品的集中展示,促进旅游六大要素相关企业之间的了解和广泛合作。三是加强旅游管理部门与旅游企业的联系与沟通,促进旅游业质量的全面提高。这是中国旅游业追踪国际旅游业的重要举措。

旅游宣传和接待中的形象宣传,是我们在发展旅游立体宣传中最薄弱的环节。其实,形象宣传是旅游业的一项重要的无形工程,它对旅游业的发展起着巨大的推动作用。

旅游形象是人们对一个旅游接待国、一个旅游地、一个旅游点、甚至于一个旅游企业(如饭店)、一种旅游方式在头脑中所形成的图画,它可能是朦胧不清的,但却具有强烈的魅力,对旅游者旅游的选择有着巨大影响。作为一个旅游点,树立一个生动鲜明的旅游形象,对招徕游客有着极为重要的作用。世界上越来越多的旅游点都非常注意在宣传上有意识地塑造自身的旅游形象。如香港努力在西方游客心目中建立神秘的东方城市的旅游形象,新加坡竭力宣传"到处有奇观"的旅游形象;而我国既要树立千年文明古国的历史形象,又要树立"人间天堂"这个具有社会主义特色的旅游形象。在一个时期内,树立一个生动鲜明的形象,一切旅游资源的开发、吸引物的建设、设施的安排、旅游纪念品的生产,以及旅游接待宣传、推销活动等都应围绕着树立这一形象来进行。这样,既可以使旅游业的各项工作和每个工作人员都有一个统一的目的,又能给予各种潜在旅游者以心理刺激,招徕更多的游客。

我们不能陶醉于资源优势之中,坐在家里侈谈优势。要清醒地认识到,作为一个旅游资源,我们的总体知名度还较低,也尚未确立一个良好的旅游形象。

据调查,旅游者对第一次出访的目的地的选择,绝大多数是受亲朋的影响,也就是说亲朋们的寻访在潜在旅游者对目的地的选择过程中起着十分重要的作用。因此,旅游者本身的经历,他们在旅游过程中的满意程度,将在很大程度上影响着他们周围的人。他们对自己亲身经历的表述,其作用远比旅游地做广告大得多。我们必须用具有特色的旅游资源和高质量的服务树立旅游形象,使旅游者感到满意,通过他们去替旅游地做宣传,施行"滚雪球招徕式",这是旅游形象产生营销效果的最有效途径之一。

现代旅游是一项新兴产业,它的吸引力、兼容性和渗透力往往能超越国际政治的、经济的、文化的交流过程。对一个经济不发达的国度来讲,旅游形象宣传的作用是巨大的。许多从中国旅游回去的海外游客久久地沉浸在东方色彩的风情和近乎原始服务的百感交集之中。如果我国没有丰富多姿、唯我独有的旅游资源,如果不致力于旅游形象的建树,如果我们旅游从业人员不能提供优质服务的话,那么我们要想跻身世界旅游强国行列,恐怕不是那么轻而易举。

在旅游形象宣传中,我们胸中一定要有国际形象这个坐标。从某种意义上说,旅游形象宣传是为国际形象作铺垫的。因此,各地在进行旅游形象宣传时应基于树立国际旅游形象来考虑和安排如何使内容与形式、动机与效果达到最佳组合,把树立国际旅游形象作为一种指导思想贯彻始终。就各地来说,树立国际旅游形象应包括两个层次:一个是以活动载体为特征的直觉形象宣传,比如,苏州的古典园林形象、潍坊的风筝形象、曲阜的孔子文化形象等。这种形象能给人以美感和直感的印象,使人下意识地把某种物质现象同具体地方联系起来,在心理上对这些地点形成一种先入为主的信赖和向往。另一个层次是在活动之后的隐形形象,即以地方活动的媒介,把当地的经济文化政策、精神文明状态、城乡建设水平、对外开放前景等展示给海外人士,并由一地的见闻推及到全省乃至全国,进而树立起整个中国的旅游形象。

树立形象是旅游宣传开发的重要手段,消费者都有"买名牌货"的心理,生产厂家的信誉、商标的知名度,是产品能否畅销的极为重要的因素。从某种意义上说,一个国家、一个地区的旅游业在国际市场的形象与声望,就如同厂家的信誉、商标的名望,直接影响着潜在游客的选择。西班牙作为世界上最大的旅游接待国之一,以其灿烂的阳光、细软的沙滩、内容丰富的水上运动和无微不至的优质服务,树立了良好的旅游形象,吸引着世界各国旅游者。"太阳普照西班牙",不但指西班牙的自然风光,而且是那里的人文景观、优良服务的体现,是总体旅游形象的象征。要把中国的旅游产品打入国际市场,也一定要树立中国旅游的形象,创出名牌、推出精品!西班牙的旅游,随着"太阳"而普照世界,我们中国,该以怎样的形象崛起于旅游大国之中,成为万千游客向往之地呢?

第六节　世界遗产旅游概述

“世界遗产”是全人类共同继承和拥有的财富，主要代表了人及其生存环境对世界的三大贡献：人类的创造、大自然的创造、人类与大自然的共同创造，于是有了文化遗产、自然遗产和双重遗产，有了文化景观遗产，还有了非物质遗产。世界遗产地几乎都是旅游胜地，对世界遗产地有一个全面的了解和掌握，有利于更好地利用和保护这一珍贵的旅游资源。

现代人的旅游文化觉醒反映为文化产业的兴起和文化消费需求的旺盛，导致了稀缺文物的价值猛涨。在文化产业方兴未艾的大背景下，遗产旅游必然强势登场，成为“遗产产业”。我国的旅游业发展事实证明，遗产资源的市场化开发是经济发展环境代价最小的一种现实选择。

世界遗产——人类共同的宝贵财富。

一 、世界遗产的诞生和发展

随着社会的发展和观念的进步，人们越来越认识到世界遗产的珍贵。近现代工业化、城市化进程中有意无意的破坏，已使众多珍贵遗产遭到无可挽回的毁损，必须加以保护。于是，就有了一系列保护文化和自然遗产的宪章和公约，有了世界遗产的申报、认定和保护。

1972 年 11 月，在巴黎召开的联合国教科文组织第 17 届全体会议上，正式通过了影响深远的全球性保护世界遗产的最重要的国际公约——《保护世界文化与自然遗产公约》，简称《世界遗产公约》。该公约一共包含了四部分内容：一是确定了文化遗产和自然遗产的定义和被列入世界遗产名录的条件；二是指出公约缔约国在确定潜在遗产项目方面所负的责任，以及他们在保护这些遗产项目时所起的作用；三是阐述世界遗产委员会的功能；四是解释如何使用和管理世界遗产基金。

按照《世界遗产公约》的规定，世界文化和自然遗产各有明确的内涵，有着严格的入选标准。所以，能够入选《世界遗产名录》的，都是极其珍贵、值得一游的地方。世界遗产地是我们能够留给未来的最珍贵的礼物之一，其中包括一些世界上伟大的自然奇迹。所以，虽然这些遗产地只占地球陆地面积的 1%，但却具有无与伦比的科学价值、美学价值和历史文化价值，具有科研功能、教育功能和旅游功能。为了保护世界遗产的原真性和完整性，很多国家甚至禁止本国世界遗产地发展以营利为目的的旅游。

二、中国世界遗产的现状和特点

(1) 中国世界遗产的现状

中国地大物博、历史悠久，纵向的漫长历史和横向的地理景观交相辉映，形成了众多具有突出普遍价值的文化和自然景观，以及悠久而独特的非物质文化遗产。我国从中精选出来的世界遗产项目,几乎都同时具备多项遗产申报标准,因而都极具价值,极具旅游吸引力。

虽然中国加入《世界遗产公约》从1985年至今只有20年时间,但成果非常显著,已经成为名副其实的世界遗产大国。自1987年我国拥有第一批世界遗产以来,至2005年已有31个世界遗产项目,遗产数目排在意大利、西班牙之后,位居世界第三。我国31处世界遗产中,有22处文化遗产、1处文化景观遗产、4处自然遗产、4处文化和自然双重遗产;我国另有非物质类世界遗产2项。

由于被列入世界遗产名录能带来巨大的旅游、经济和社会效应,各地都争报世界遗产。以丽江古城为例,仅2003年该市共接待海内外游客458万人次,旅游综合收入18.44亿元,旅游业为主的第三产业在全市国民生产总值的比重达58%。丽江的经济繁荣在很大程度上归功于当地自1997年被列为世界文化遗产以来的旅游业的发展。旅游业的繁荣又促进了传统文化的发展。丽江每年把旅游收入中的一部分用于古城修复与文化保护,许多濒临失传的纳西族文化在旅游大潮的触动下开始"复活",得到了新生和"重构",如木府、洛克故居、白沙壁画等古迹的修复,纳西古乐、东巴歌舞、字画等民间艺术的复活,打铜、制陶、民族服饰等传统手工业也获得新生。传统的民族工艺已形成一个产业,2003年的产值达8000万元,2015年的产值达47000亿元。

(2)中国世界遗产的特点

在文化产业方兴未艾的大背景下,中国的遗产旅游也强势登场,成为"遗产产业"。我国的旅游业发展事实证明,遗产资源的市场化开发是经济发展环境代价最小的一种现实选择。中国的世界遗产包含了世界遗产的全部类别,时跨几十万年,自然与人文资源融为一体,因而具有独特的魅力。

中国的世界遗产在全球世界遗产的历史上创造了几项世界之最:

①中国是拥有世界遗产类别最齐全的国家

我国拥有世界遗产全部5个类别的遗产,这在全世界的《世界遗产公约》缔约国中是唯一的。我国拥有全部5类世界遗产:世界文化遗产,如故宫;世界自然遗产,如九寨沟;世界文化与自然双重遗产,如泰山;文化景观遗产,如庐山;人类口头及非物质遗产,如昆曲。

②中国是拥有世界文化与自然双重遗产数量最多的国家

我国现已拥有泰山、黄山、峨眉山——乐山大佛、武夷山4项世界文化与自然双重遗产,在《世界遗产公约》缔约国中名列第一。而其他国家最多只拥有两项双重遗产。

③中国拥有符合文化遗产全部标准的遗产数量最多

世界文化遗产的标准共有6条。迄今全球只有3项世界文化遗产是以符合文化遗产的全部6条标准而被确认的。除了意大利的威尼斯及其泻湖外,其余两项均在我国,那就是泰山和莫高窟。

④中国拥有符合世界遗产标准最多的遗产

目前的世界遗产中只有两项遗产是以符合7条标准进入名录的,一项为澳大利亚的塔斯马尼亚公园群,另一项即为我国的泰山。泰山不仅符合文化遗产的6条标准,同时还符合自然遗产中的第3条标准。

⑤北京是全球拥有世界遗产项目最多的城市

北京拥有故宫、周口店、长城、天坛、颐和园和十三陵等6项世界遗产，是世界上拥有世界遗产项目最多的城市。

由于中国的世界遗产都具有很高的可观赏性，同时也具有很强的教育意义，因而“行千里路”游历世界遗产地，宛如“读万卷书”。中国加入《世界遗产公约》后，就积极参与到与此相关的各项活动中，在与世界遗产相关的国际场合发挥着重要的作用。

(3)中国世界遗产的不足

根据联合国教科文组织关于世界遗产均衡性的政策导向，比较全世界各国世界遗产的总体情况，我国的世界遗产总数虽然已经名列全球第三位，但在有些方面仍然存在着明显的不足。

①“现代遗产”的申报缺项

“现代遗产”是世界遗产中一个重要的类型，被界定为19世纪以后出现的人类杰出创造。“现代遗产”也是文化遗产的重要组成部分，见证着近两个世纪以来的人类发展步伐。如巴西的首都巴西利亚，从1960年建成到1987年被批准成为世界遗产，只有27年的历史，但因其表现出了城市完整和谐的设计思想，具有原真的有益于世界发展的普遍价值，照样成为世界遗产中的一员。

近年新增的世界遗产项中，“现代遗产”的比重有所加强，相对而言，我国对“现代遗产”的研究及申报则冷寂得多。我国已有31项物质类世界遗产，其中有23项文化遗产和4项双重遗产，类别涉及皇宫、皇家园林、帝王陵墓、宗教场所、城市、村落、私家园林、水利工程、防御工事、考古遗址等各个方面，横向内容不可谓不充实，但纵向观之则有缺憾，因为见证近现代中国进程的遗产项至今仍是空白。按照世界遗产的评定标准，其实中国的许多近现代文化遗存是非常值得珍视和保护的，如位于京城北郊的京张铁路关沟段，上海的历史城区，青岛的八大关老城区等。

历史文脉是一个国家、一个民族、一个城市形成、变化和演进的轨迹和印痕，是其历史悠久、文化底蕴和生生不息的象征。而历史文脉是由一系列代表不同时期的传统文化、古建街道和文物古迹等历史坐标点串成的，不是只有古代的文化遗产才重要，现代遗产也非常重要。

②真正意义上的“文化景观”遗产较为欠缺

“文化景观”的概念始于1992年的第16届世界遗产大会，大会作出了吸纳具有世界意义的杰出文化景观进入《世界遗产名录》的决定，文化景观由此成为世界遗产的一个崭新类别。

乍看起来，文化景观与双重遗产不易区别，我国的文化景观世界遗产庐山与双重遗产泰山、黄山等相比，似乎并没有太大的区别。但是，两者在理念上还是有着重要的差别。双重遗产只要既符合文化遗产标准又符合自然遗产标准，文化与自然的标准兼备即可。而文化景观更注重人与自然环境的相融和谐，确认并颂扬人与所处的自然环境之间所建立的一种长久、亲密、和谐互补的关系。体现在具体的遗产项当中，文化景观往往是最适宜居住、劳作和休养的地方。不足的是,这类强调人类日常生活融入自然环境的文化景观遗产,我国迄今只有庐山一项。

③具有国家公园规模和价值的自然遗产较为薄弱

从1872年世界上第一个国家公园——美国黄石国家公园诞生,国家公园体制发展至今已经非常成熟,并为世界各地普遍采用。国家公园模式的长处在于最具完整性地保护、保持生态原貌,使其免遭损伤和破坏。《世界遗产名录》的160多项自然遗产中,约有7成是国家公园,大多分布于美洲、非洲、大洋洲和南部亚洲各国。我们的邻国尼泊尔,国土面积不大,却拥有两个大型的国家公园。相比之下,我国具有国家公园规模和价值的自然遗产较为薄弱,中国地域辽阔,理论上讲应当具备大区域自然遗产的丰富资源,但迄今只有九寨沟名胜风景区、黄龙名胜风景区、武陵源名胜风景区和三江并流保护区4个自然遗产项,无论从人口比还是国土面积比上看,我们的自然遗产资源都显得严重不足。

④遗产地区分布不平衡

世界遗产在中国也存在着分布不平衡的问题。目前中国的世界遗产主要集中在东部,表现西部自然景观和少数民族文化价值的则很少。在中国已有的31处遗产中,属东部地区的就有16处,这其中北京就占有6处;属中部地区的有13处;属西部地区的仅有2处。这使人想起那条著名的"胡焕庸线",即从黑龙江省的黑河向云南的腾冲画一条线把中国分成两部分:东南只占我国领土的36%,而人口却占96%,西北却正相反;世界遗产在中国的分布同样也呈现这样一种东南多西北少的状况。

⑤在所谓遗产保护的旗号下门票涨价

世界遗产该如何保持适当的游客数量、进行适度的旅游开发,曾是第28届世界遗产大会讨论的话题。但打开网站搜索引擎,打出"门票涨价"字样,你会发现,北京故宫、颐和园、八达岭长城,苏州园林,张家界……全国几乎所有的遗产地门票都要涨,而且不是5元或10元地涨,而是40元、60元地疯涨。

涨价似乎都是有理由的,主要有老生常谈的"投入加大说""调控人流说",还有"品牌效应说"。因"投入加大"而涨价,似乎顺理成章。"调控人流说"似乎也很有理,用价格杠杆来选择游客,防止高峰期游客拥堵,但现实情况是黄金周景区纷纷抬价而游人仍然拥堵,提价让景区赚了钱,却大都未能控制人流。世界上许多文化遗产都采取了限量游览的措施,这是值得借鉴的好办法。

三、未来的中国世界遗产

世界遗产有力地促进了旅游业和地方经济的发展,并引发了一股持续不断的"申遗热"。仅安徽古村落的申报成功就引来上百个镇、村群起而效之;云南每年由政府投入数百万元开展申报工作;陕西全民动员矢志成为西部遗产大省。

(1)中国申遗"预备清单"

在2016年第40届世界遗产委员会议上,中国已经申遗42个世界遗产项目。

为了引导各级政府把申报世界遗产的立足点和积极性放在保护遗产本身上,改变一些地方政府“重申报、轻管理”的现象，我国申报世界文化遗产新的预备名单，将参照现有的世界遗产的价值标准，建立严格的考察、咨询、评估、审议制度，形成一个透明而有制度的程序。新的名单将根据未来5—10年的申报工作而制定，名额最多不会超过50个。

由于申遗要牵涉大量的人力、物力和财力，因此申遗必须注意申报成本，由于前期的规划建设问题，很多将申报的景区内部及周边环境的治理、整改资金将是一个庞大的数字，而即使列入世界遗产，短时间内也不能收回投资，更何况列入世界遗产后对旅游开发还有诸多的限制因素，是为了保护而不是为了发财。所以，对遗产申报，我们一定要有清醒的认识和科学的步骤。

(2)非物质类遗产的申报

物质类的世界遗产保护走上正轨，非物质类遗产的保护和申报也在紧罗密鼓地进行着。

同历史文物一样，传统民族民间文化中的有形遗产也有受损后不可再生性，也是十分脆弱的，而目前它们又和历史文物不同，几乎完全处于不设防状态。人们生活方式的迅速变化必将继续，经济改革所引起的震荡短期内也不会减轻；老艺人年岁在继续增长，人亡艺绝的危机在加重。所以保护民族民间文化传统的工作必须加速，要抓紧制定一个保护民族民间文化的全国性总体规划，尽早保护。

由文化部和中国文联联合立项的中国民间文化遗产抢救工程已进入正式的工作运营阶段；其子项目——“中国人类口头与非物质遗产普查及认证体系”建设，目前也已经取得重要成果。中国准备申报的口述与非物质世界遗产的准备工作，也与此同步进行着。

非物质文化遗产的申报项目主要有：少林功夫、南京云锦、以陕北剪纸为代表的剪纸艺术、梁祝传说、越剧、围棋、中医药、南音、太极拳、京剧等。除了上述项目，粤曲、粤剧、皮影等也都有申报世界非物质遗产的设想。重庆也有多项亟待保护的文化遗产，如川江号子、梁山灯戏和川剧，还有巫山踩堂戏、秀山花灯、酉阳土家摆手舞等。北京的庙会、天桥绝活、景泰蓝等，上海的金山农民画、宣卷等，也都有申报的设想，并已开展了大量工作。无论申报与否，在得到专项保护之前，抢救和继承这些濒临灭绝的文化形态已迫在眉睫。

第七节 中国世界遗产地的可持续发展

一、中国世界遗产的开发过度与保护缺失

世界遗产为遗产地所带来的巨大的广告效应,以超过任何一种营销方式的吸引力,为遗产地带来了巨大的社会和经济效益。络绎不绝的游人为遗产地带来了可观的收入,但游人的数量一旦超过承载量,也会使原本脆弱的遗产地陷入危险的境地。旅游业与文化遗产之间的相互依赖性和矛盾性已日益突出。不少地方政府和旅游部门大兴土木,导致许多景区商业化、城市化、人工化;受到世界遗产委员会的黄牌警告后又不得不拆除,劳民伤财,还败坏名声。

这一方面是管理者的认识错位,将世界遗产等同于一般的旅游资源;但更因为管理者的鼠目寸光和急功近利,把世界遗产片面理解为单纯的经济增长点,在保护区内大搞旅游开发和经济建设,既严重违背了世界遗产必须遵循"真实性和完整性"的保护原则和我国政府对世界遗产"保护第一,合理利用"的方针,也严重影响了世界遗产的可持续发展。

比如,世界遗产地敦煌石窟由于近年来游客过多,40 年间的损坏超过过去几百年来的侵蚀;泰山,为修索道,月观峰的"额头"被破坏了 19000 平方米,山上宾馆、商店林立,像一个乱哄哄的小县城;黄山,山顶兴建了很多星级宾馆,制造出大量的生活垃圾,为了供水,又修了 20 多个水库和蓄水池;九寨沟,自 2000 年后,每年有超过 100 万人次的游客涌入,并且数量年年递增,一些影视剧组更使九寨沟"不堪重负";张家界,曾因在主要景区内兴建大量商业建筑而被联合国遗产委员会出示红牌,勒令整改;武当山遇真宫主殿被焚;乐山大佛旁塑建"巴米扬大佛";遗产保护工作曾令专家引以为豪的都江堰,虽然圈内甚至有"要学就学都江堰"的话,但"都江堰再建新坝"的消息还是打破了曾经的美好。一个简单的对比就能形象地说明"三化"问题在中国的严重性:目前,全世界 750 多处世界遗产中,除澳大利亚热带森林不得不设一条索道外,其他国家还没有发现在遗产地上建索道的。而在中国,这种现象太普遍,一些遗产风景区甚至架设了多条索道:泰山为了"把风景的泰山,改造成经济的泰山"、把"岱顶建成热闹非凡的天上城市",3 条索道和一条公路真的把泰山变成了带着沉重镣铐的"经济山";黄山、张家界也修了 3 条索道,造成地形、生态破坏和视觉污染。

少数民族地区往往具有丰富的文化多样性和独特性,但漫无节制的旅游景点和旅游设施,不但会给土著文化带来前所未有的冲击,而且会给生态环境带来巨大的压力。随着旅游业的快速发展,丽江古城的局部地段开始出现了不正常的迁移,居民们由于利益驱动,把住房改为店铺,或自己经营,或出租,然后迁到新城居住。这使原本集居住、商贸、游览于一体的历史街区,慢慢演变为商贸旅游区,丧失了街区的历史真实性。古朴的民风已逐渐被浓郁的商业氛围所占领,更谈不上什么文化气息和文化精髓了。云南石林申报世界遗产未能成

功,最主要的原因就是所申报的石林已充斥了人类活动的遗痕和建造物,不再具有真实性和完整性。

出于经济和政绩的考虑,地方政府难免会把申报世界遗产视作赢得地位和声望的一种方式,而且把它视为促进旅游乃至整个经济的一种有效手段。但是,常常忘了在给当地带来好处的同时,也要担负起全世界所赋予的保护和管理遗产地的重大责任。我国的很多世界遗产地都较偏远或贫困,而申报的成功使那里的人很大程度上改善了贫穷、落后的面貌。因而许多地方都竭力依靠旅游业来扶“贫”。但这些地方也已显露出一些不容忽视的问题,如缺乏旅游长期发展规划、对自然旅游资源的过度开发导致的生态失衡与环境破坏、一味的跟风模仿而缺乏特色等。一些贫困地区的人们脱贫心切,在利益的驱使下,急功近利,目光短浅,不考虑自然资源与环境保护,为了追求利润最大化,在开发过程中竭泽而渔,采取一种掠夺式的开发方式,对遗产地的自然环境造成极大的破坏。

我国已有长城、北京故宫、敦煌莫高窟、秦始皇陵等 14 处世界遗产受联合国监测,有的已处于“病危”境地。对此,联合国教科文组织北京办事处文化遗产保护专员十分忧心,“以损坏或牺牲文化遗产为代价去‘变现’经济效益,长此下去,很可能无法通过联合国 6 年一次的检查,而被列入濒危世界遗产名录”。

二、中国世界遗产的保护

我国世界遗产保护的最大危机,就是无法可依、有法不依、执法不严。与世界遗产保护有关的法律零星、滞后,无法解决层出不穷的问题:《文物保护法》不能涵盖对自然原生态的保存,《自然保护区条例》不会触及历史、考古、建筑,《风景名胜管理暂行条例》及其《实施办法》由于出发点不同,其“风景名胜”的概念界定与世界遗产有一定距离;对昆曲等口头与非物质遗产的保护也还没有上升至法律的层面上来。由于上述问题的存在,才会出现“偷一个兵马俑的头可以判死刑,将泰山月观峰的头炸掉三分之一却找不到处罚的依据”的荒唐现象。专门法规的缺位,加大了世界遗产保护工作的随意性。

中国的世界遗产保护,当务之急是要吸取国外相关规定和条例的精髓,因地制宜地制定出符合国情的《世界文化遗产保护管理条例》,依法保护世界文化遗产。现在许多国家都有一系列这方面的法律法规,使遗产保护有法可依。比如,美国法律严格禁止在所有国家公园和历史文化遗产地修建索道;公园内除了按公路美学的原则修建必要的公路外,严格限制其他机动交通。

在欧洲以及日本、加拿大等国,世界遗产保护区内几乎见不到索道,即使有,也都远离遗产保护区。“人满为患”被国外视为破坏景观生态的严重现象。不但要健全法制,还要有法必依,立即整改各地对世界遗产的违规行为。对那些不断上演的破坏性开发,要让有关部门和责任人付出巨大代价,这样才能惩前毖后,使那种“先污染后治理”“先破坏后重建”的“理论”与“实践”,不再威胁世界遗产!还要严格限制利用世界遗产来拍摄电影、电视和举办大型活动。不能动不动就把世界遗产当作影视拍摄和大型活动的基地,其价值再大也是无法跟世界遗产的价值相比的。不妨参考一下《美国国家公园手册》:“允许公园被用于商业目的的旅游，是对国家公园的独特绝佳财富的浪费。所有这类旅游都应被制止。”“必需的公园内宿营地应根据自然景观要素来设计和操作，豪华宾馆无疑是不合适的。”

世界遗产是前人和自然给予我们的精神和环境的恩赐，今人享用着它们已经是极大的利用。如果将之视为赚钱工具，以盈利为最终目标，那就根本违反了设立世界遗产的宗旨。

三、遗产旅游——遗产保护与利用的双赢举措

遗产价值可以概括为“文化价值”与“经济价值”两类，而遗产的经济价值则源自它的文化价值。因此遗产保护是实现其文化价值与经济价值的前提，是遗产旅游经济赖以发展的基础。

(1) 遗产旅游是世界遗产可持续发展的必然选择

世界遗产是经国内外专家鉴定，世界遗产委员会确认的人类最高品位的遗产，它是一部存在于环境之中的大型的、直观的、生动的、全面的历史书，包括文化史、民俗史、政治史、军事史、经济史、建筑史、科学史、技术史、教育史、自然史、进化史、地质史、地貌史、动植物史等等人类活动和自然演变的一切方面的历史。它的认识价值绝不是任何文献资料和用文字写成的历史书所能替代的。

世界遗产地本身的美非常值得欣赏，它们是“活的自然、历史博物馆”，蕴含着自然美和历史美。作为“具有广域旅游市场的国际级旅游地”，世界遗产地对游客产生的吸引力是其他旅游地所无法比拟的。人们通过高品位的“遗产旅游”，不仅获得高层次的生活享受，且能增进与自然界和社会界的全方位接触，扩大眼界，增长知识，获取信息，恢复体力，提高健康水平，在全新的状态下投入学习、工作与生活。可以预见，“遗产旅游”将是人类进入经济发达时期的一种高质量回归自然、回归历史的必须性的社会生活组成部分。遗产生态旅游保护遗产地生态系统并尊重东道社区的完整，遗产科考旅游推动新发现，遗产寻根旅游发扬民族文化传统和增进亲情……“遗产旅游”作为一种世界现象，是人类求得与外部世界和谐的最有效形式之一。

没有保护的开发，是不可持续的开发；而没有开发的保护，则是没有根基的保护，不可能成为有效的保护。合理的开发利用，有助于遗产保护在资金保障机制方面进入良性轨道。同时，有效的开发利用，在本质上也积极发挥了遗产本身作为文化载体必须承载文化传播的社会功能。在目前，把遗产地同时作为文物旅游景区进行开发，是包括我国在内的世界范围内遗产开发利用的一种普遍形式。因此，开发利用并不是问题，关键是怎样科学有效地开发。遗产旅游就是以它所提供的服务带动“消费链”的实现，进而带动国民经济。

人类的生存、文明延续都是与自然融合在一起的，不善待自然，人类的创造也就无以久存。“和谐”是我国传统文化的一种基本精神，“天人合一”的世界观深刻地影响着祖先们的社会活动，留下了今天的世界遗产。如果我们在世界遗产保护中，观照这种民族文化心态，并且以“科学”管理来实现遗产保护，许多难题都会迎刃而解。

用可持续旅游保护世界遗产，首先需要转变观念。申遗之目的和最终效果都是保护遗

产,在这个前提下才能谈开发,所以摒摈弃急功近利思想和“重申报、轻保护,重开发、轻管理”的错位倾向。世界遗产的确是“含金量”高的品牌,可世遗资源又是非常有限、不可再生的,一旦自然遗产不复存在,文化遗产遭到破坏,游人就不会再来。因此,看待世界遗产要有长远眼光。只有做到保护性开发,可持续旅游,才能创造永不衰竭的财源。

我国的旅游业发展事实证明,遗产资源的市场化开发是经济发展环境代价最小的一种现实选择。中国的世界遗产包含了世界遗产的全部类别,时跨几十万年,自然与人文资源融为一体,因而具有独特的魅力。遗产是旅游业发展的基础,同时旅游业促进了人们对遗产的感知、认知和重视,也增强了保护遗产的社会共识和经济实力。

虽然我国是文化遗产大国,但我国遗产保护起步较晚,因此,在处理遗产保护和旅游利用的关系时,不妨积极借鉴国际社会的成功经验。如日本制定于1950年的《文化遗产保护法》里,特别强调不能将文化遗产简单地停留在“保护”的阶段上,同时还要学会活用,要充分发挥其作用,即在妥善保管、将现存的文化遗产完好无损地过渡给下一代的前提下,将文物尽可能地公开展示,最大限度地发挥其影响和作用。

(2)中国世界遗产旅游可持续发展的对策

我们既不能让“遗产变遗憾”,也不能使“遗产成遗物”;我们国家目前无法做到像美国国家公园那样一切由国家出资保护和管理,因此我们既要高度重视遗产地的保护,也要进行合理的旅游开发,以创造经济效益,从而更好更长久地做好保护工作。

针对中国国情,中国的“遗产旅游”必须充分认识遗产旅游资源的珍稀性及其非同寻常的价值和意义,始终坚持“保护第一,开发第二”的原则;旅游发展必须建立在生态环境的承受能力之上,保障遗产旅游资源利用的永续性;要合理利用资源,有效保护自然文化遗产,改善生态环境,保持文化完整、基本生态进程、生物多样化和生命支持系统,满足经济、社会和审美方面的需求。

世界文化遗产是一种珍稀而脆弱的特殊资源,必须将保护置于核心地位,决不能为了短期利益或地方、部门的经济利益而牺牲人类享有遗产的全体和长远利益,否则也将损害旅游业未来发展的基础。世界自然和文化遗产不能再生,世界遗产的公益性不能被经济目的所取代,世界遗产不能成为世界遗憾;应借鉴发达国家的相关理念和举措,更多地从世界遗产的公益性质出发,而不是单纯以营利为目的,从规划建设到立法和管理,都要从遗产保护和遗产旅游的可持续发展的角度进行;要强化旅游保护,淡化旅游开发;强化旅游文化,淡化旅游经济;强化旅游供给的质量意识,淡化旅游项目的数量意识;同时,应加强和普及遗产旅游可持续发展的教育,使全体民众都加入到世界遗产保护的行列,始终贯彻保护第一的思想,采用多种手段和形式,使政府、企业与旅游者在认识上和行动上取得一致,形成自觉的珍惜资源、保护生态、改善环境、文明旅游与依法治旅的社会氛围,使遗产旅游能真正得到可持续发展。

特别需要一提的是,遗产地要提高综合经营能力,不能以门票涨价来提高效益。长期以来,我们都处于旅游开发和保护的两难境地。在利润无可抗拒的诱惑前,开发占据不可抗衡的优势。多年来我们始终没有做到适度开发、妥善保护。但是,文明的价值,也绝非价格可以保护,保护的担子必须由政府挑起来。遗产经营与一般经济资源经营的最大区别是,其盈利应当与遗产事业的非盈利性相一致。坚持遗产保护优先,这是遗产经营的出发点,又是遗产经营的归宿。

对照上述原则,遵循"真实性和完整性"的保护原则和我国政府对世界遗产"保护第一,合理利用"的方针,我们应加强对遗产地保护和利用的管理与引导,建立健全对遗产保护和利用的监测、监督体系,建立一个包括预警指标、反应机制、预防措施等的预警系统。旅游部门应该和遗产管理部门共同建立和遵守一套指标体系和监测手段,以便收集必要的资料数据,对遗产旅游做出即时评估,并对其进一步发展和保护提供必要的信息。如果涨价真是为了控制游客人数的话,那就应该限定每天入园的人数,而不能来者不拒。

提价并非是控制人数的唯一方法。就如意大利比萨斜塔当游客达到饱和量时,则采取发布旅游情况通报,及时疏导游客;美国大峡谷有游客要在内过夜,必须提前一年申请,由管理部门统一安排;埃及国王吐特阿蒙法老墓限制开放时间和接待人次,每天限定 100 人参观。我们的景点何不借鉴一下其法,计算出最大承载力,限定参观人数,甚至采取预约的形式。既然下决定要进行园林保护,就要花大力气,不能怕"得罪"游客,这才是有效之举。不能仅靠想当然的提价手段来控制人数。

一是巧用价格杠杆,实行分时票价,采取多种经营。

遗产地的经济亏损不能一味靠涨价来扭转,还应当借助可行的多种经营以及必要的国家财政倾斜,以及全社会对遗产开发和保护的关注。景区热衷于门票涨价暴露了景区盈利手段过于单一的弊端,同时也折射出景区营销手段的贫乏。目前我国的旅游景点仍以观光游为主,到景区住宿、就餐、购物的仍是少数。对绝大多数景区来说,门票是其最主要的收入来源,要想增收,就不得不在门票价格上做文章。而从长远来看,发展休闲度假游,将游客消费引向宾馆住宿、餐饮、购物等领域,不仅可以增加景区的盈利能力,而且有利于打破旅行社仅靠门票折扣难以自保而不愿意做入境游的窘境。遗产地的大幅度提价,不但会使许多外地游客望而却步,而且也会严重损害本地群众的切身利益,使之望园兴叹,甚而对遗产保护失去兴趣。

二是实行控流手段,以不破坏环境和旅游感受为限。

目前很多国家对世界遗产都采取控流手段,即控制每日的参观人数,有计划地限制开放时间,从而有效地控制客流量。在国内,颐和园以不断开发新的游览区域和游览项目来增加游园承载能力;莫高窟一方面对日趋退化的壁画及彩塑实施全面的数字化存贮,对存在多种病害的壁画、彩塑进行全面、科学的保护与修复,另一方面建设游客服务中心,防止洞窟承载过量,科学确定最高接待量,采取洞窟参观预约、调节游客人数、限制入洞人数的频率和停留时间等措施,把游客对洞窟的危害降到最低,以延缓壁画的衰老。这些都启发我们科学确定遗产地的入园人数,分时分类开放景点,科学设计旅游线路,使有限的区域在不破坏环境和游览氛围的前提下尽可能多地接待游客。

三是主动树立"抗文物消失"的理念,以"部分景点轮休制"来求得遗产地生命周期的有效延长。

一切物质都在不断地运动之中,文物也不可能静止不动,而是处于不断消失的过程中。

但遗产在相对合适而稳定的环境中却能延缓消失的过程，有些传世文物已经流传了千年以上，关键是保存的条件，人类只要不断改进文物保护的条件，文物的消失相对来说也是可以抗拒的。我们应最大限度地延缓其消失的过程，旅游开发中的遗产保护，也应持如是观。我们可把黄山等地"部分景点轮休制"的做法加以推广，既可减少文物或建筑耗损率又可吸引游人探访兴趣，提高重游率。

世界文化遗产是一种珍稀而脆弱的特殊资源，其公益性不能被经济目的所取代，从规划建设到立法和管理，都要从遗产保护和遗产旅游的可持续发展的角度进行，避免使世界遗产成为世界遗憾；同时，应加强和普及遗产旅游可持续发展的教育，使全体民众都加入到世界遗产保护的行列，强化旅游供给的质量意识，将"严格保护"落实到"有效保护"，将"领导拍板"扩大到"民主决策"，将"部门管理"扩展到"社会监督"，将"孤军奋战"提升到"全民行动"，使遗产旅游能真正做到可持续发展。